농상의식촬요 역주
農桑衣食撮要譯註

An Annotated Translation of the Agricultural Manual "Nongsanguisigchwalyo"

저 자 **노명선**魯明善

원(元) 연우(延祐) 갑인(甲寅)년(1314) 간행.

역주자 **최덕경**崔德卿 (dkhistory@naver.com)

국립 부산대학교 사학과 교수를 거쳐 현재 명예교수로 있다.
주된 연구방향은 중국농업사이다.
중국사회과학원 역사연구소 객원교수와 북경대학 사학과 초빙 특임교수를 역임한 바 있다.
저서로는 『중국고대농업사연구』(1994), 『중국고대 산림보호와 환경생태사 연구』(2009), 『동아시아 농업사상의 똥 생태학』(2016)과 『麗·元대의 農政과 農桑輯要』(3인 공저; 2017)가 있다. 중국 농서의 역주서로는 『농상집요 역주』, 『보농서 역주』, 『진부농서 역주』, 『사시찬요 역주』 및 『제민요술 역주』, 『마수농언 역주』, 『음선정요 역주』 등이 있으며, 역서로는 『중국고대사회성격논의』, 『중국의 역사(진한사)』, 『진한 제국경제사』 등이 있다.
그 외에 중국학자와의 공동저서가 적지 않으며, 필자 이름의 국내외 전문 학술잡지에 게재된 논문이 110여 편 있다. 이후에도 인류 최고의 유산인 농서연구에 매진할 예정이다.

농상의식촬요 역주農桑衣食撮要譯註
An Annotated Translation of the Agricultural Manual "Nongsanguisigchwalyo"

2022년 11월 1일 초판 1쇄 인쇄
2022년 11월 12일 초판 1쇄 발행

저 자 ■ 魯明善(王毓瑚 校註)
역주자 ■ 최덕경
펴낸이 ■ 정용국
펴낸곳 ■ (주)신서원
주소 : 서울시 마포구 만리재로 15 제일빌딩 1202호
전화 : (02)739-0222 팩스 : (02)739-0224
신서원 블로그 : http://blog.naver.com/sinseowon
등록 : 제300-2011-123호(2011.7.4)
ISBN 978-89-7940-560-6 93910
값 25,000원

신서원은 부모의 서가에서 자녀의 책꽂이로
'대물림'할 수 있기를 바라며 책을 만들고 있습니다.
잘못된 책이 있으면 연락주세요.

이 책은 2021년 9월 1일 3자간 상호협의를 통하여
"중국농업출판사유한공사의 판권을 위임받아 출판한다.
[本书由中国农业出版社有限公司授权翻译出版.]"

Annotated Translation of the Agricultural Manual "Nongsanguisigchwalyo"

농상의식촬요 역주
農桑衣食撮要譯註

魯明善 지음 (王毓瑚 校註)   최덕경 역주

신서원

역주자 서문

『농상의식촬요農桑衣食撮要』는 농업과 양잠이 곧 만백성 의식衣食의 근원이라는 요지를 담은 농서로서, 1314년[延祐 元年]에 원대 노명선魯明善이 월령형식으로 편집하여 근세의 여명기에 나타난 재배작물의 실태와 농민의 일상을 잘 보여주고 있다.

본 역주서의 저본은 왕위후[王毓瑚] 교주校註의『농상의식촬요農桑衣食撮要』(중국농업출판사, 1962)이며, 중국에서조차 아직 본서의 번역서가 출간되지 않았다는 점에서 출판의 의의가 있다.

저자 노명선의 행적은『원사元史』에 열전이 없어 정확히 알 수 없지만 그의 막료인 장률張桌의 서문에 의하면, 노명선은 위구르인으로 이름은 철주鐵柱이고 명선明善은 그의 자라고 한다. 이 책은 원元 연우延祐 원년에 노명선이 권농사勸農使로 출사出仕하여 강회江淮지역의 농정을 시찰하면서 경험 있는 존장尊長들과 토론하여 얻은 경험으로 편찬한 것인데, 자서自序에서 지순至順 원년(1330)이라고 서명한 것을 보면 편찬 이후 17년이 지나 본서가 재차 간행되었음을 알 수 있다.

자서 속에 나타난 저자의 저술 동기는 한 마디로 농민에게 의식衣食의 근본인 농상農桑을 익히게 하는 것으로, 이러한 생각은 부를 창출하고 풍족한 식용의 길을 찾아 위로는 부모를 섬기고 아래로는 자식을 양육할 바탕을 마련할 수 있고, 의식이 족해지면 예의로써 교화할 수 있으며, 그렇게 되면 국가와 천하는 오랫동안 안정되고 평화가 유지될 수 있음에 기반하고 있다. 그래서 장률이 서문에서 지적한 것처럼 평소에 일용의 근본 도리를 알지 못하는 어린이와 노인일지라도 한번 보면 바로 알 수 있도록 책을 구성하여 백성의 근본을 굳건하게 하고자 했다. 더구나 천시天時와 지리地利에 따라 농업에 종사하고, 본서를 널리 다른 지역에까지 보급할 것을 바랐던 것을 보면 저자의 농민 의식衣食에 대한 관심과 관리官吏로서의 책임의식을 느낄 수 있다.

본서의 구성은 상하 2권으로 편성되어 있으며, 상권은 정월에서 6월까지이고, 하권은 7월에서 12월로 되어 있다. 각 권은 월별로 농사일을 다양하게 편성하고 있는데, 상권의 경우 3월(전체 농사일의 18.4%), 2월(14.5%), 정월(12%), 6월(10.1%)의 순으로 농사일이 집중되어 있고, 하권은 12월(7.2%), 9월(6.3%), 8월(과 10월: 5.8%)의 순으로 농사일이 배열되어 있는데, 재배와 작업의 가짓수만으로 헤아리면 전반기(1-6월)의 양이 68.6%로서 후반기의 31.4%보다 2배 이상 많다. 봄, 여름에는 각종 곡물, 과수 및 야채 파종과 김매기, 치즈나 버터와 초醋 등의 가공식품의 제조와 누에치기에 주목했고, 가을과 겨울에는 수확과 저장, 보수補修와 나무 베기, 야채절임 등의 작업이 많았다. 특히 12월과 1월에는 납육臘肉, 기름 제조, 수리와 정비작업 등이 집중되어 있다.

본서의 저술시기가 원대였던 것은 주목할 만한 특징 중 하나이다. 송원대는 시대구분상으로도 당송의 변혁기를 거쳐 새로운 변화가 일어나는 시점이며, 이러한 현상은 농서 상에도 반영된다. 우선 일상을 제시한 월령형식도 차이를 보인다. 기존의 『예기·월령』은 오행상생五行相生에 귀납되어 있고, 한대漢代의 『사민월령』은 지주 경영의 가력家曆이고, 당대唐代의 『사시찬요』는 점술과 기양祈禳의 미신적 요소와 사치 향유품을 위한 농업노동이 적지 않다. 반면 본서는 이들과는 달리 자영농민의 민생에 필요한 생산 활동을 총결한 가이드북의 성격이 강하다. 무엇보다 작품별로 편성된 『농상집요』(1273년 간행)에서는 세용잡사歲用雜事라는 항목을 말미에 첨부하여 미완으로 처리했던 내용을 본서는 일상의 본령으로 설정하고 이를 보충하고 있다. 게다가 이들의 내용은 모두 백성과 일상을 같이하며 노농老農과 깊이 토론하는 과정에서 실용적인 것을 찾아내어 종합적인 농서로 탄생시킨 것으로 생산자에 대한 권농관의 깊은 배려를 보여준다.

사실 당대 이전 『제민요술』과 『사시찬요』와 같은 중세시기 농서에는 농상農桑의 재배나 음식물의 가공 및 조리의 대상이 주로 귀족이나 지주 중심적이었다. 게다가 『제민요술』의 시대에는 남북과 서역 간 각종 접촉과 충돌이 첨예화되면서 다양한 작물과 기술이 직간접으로 중원으로 유입되어 수용, 융합의 모습을 보이는데, 대표적인 내용이 권10의 「중원으로 유입된 오곡·과일·채소[五穀果蓏菜茹非中國物產者]」라는 항목으로, 이 분량이 『제민요술』의 거의 절반을 점한다. 이러한 작물과 재배기술의 융합은 수당시대와 같은 중국의 형성(Making of China)에 적지 않은 기여를 했을 것으로 추측되며, 『사시찬요』는 그 결과로서 외래 종교의 색채와 지배집단을 위한 농업생산을 적지 않게 살필 수 있다.

하지만 송원시대를 거치면서 기존의 농업방식은 자영농민과 생산자 중심의 농업 체계로 전환했음을 볼 수 있다. 여기에는 관찬의 『농상집요』가 그 기준을 제시하고, 『왕정농서』(1313년 간행)의 경우 소농민의 모습을 기록하지는 않았을지라도 「백곡보百穀譜」, 「농기도보農器圖譜」 속에 생산자의 입장에서 재배방식과 생산수단을 자세하게 배치하고 묘사한 것이 기존 농서와의 차이점이다. 무엇보다 주목되는 것은 다양한 교류 속에서 풍토와 농시農時에 매몰되었던 농업 방식이 점차 기존의 한계를 극복하고, 적극적인 선종選種과 재배방식을 모색하게 되었다는 점이다. 동시기의 『농상의식촬요』는 이런 변화된 농촌 속에서 농민의 농업노동과 생활상을 구체화시켜 월령형식으로 보여주고 있다.

비록 송원시대에도 여전히 전호의 지주에 대한 예속은 강고했을지라도 자영농민의 생산자 중심의 경제와 이를 기반으로 한 국내외 시장의 확대와 상인들의 활동은 농업의 재배방식과 농업기술의 향상은 물론 이를 외부로 개방, 확산하는 데 크게 기여했다. 이러한 양상은 『도이지략島夷志略』과 『음선정요飮膳正要』란 책들에서 잘 나타나며, 이런 교류의 흔적은 조선 농서 속에 나타난 작물과 재배 기술을 통해서도 살필 수 있다. 조선에서는 『제민요술』, 『사시찬요』의 기술을 직접 수용하기보다 원대의 관점에서 재정리한 『농상집요』나 『왕정농서』의 재배기술과 농법을 주로 수용하였고, 이러한 현상은 19세기의 농서에까지 지속되고 있다.

전환기의 신문화의 수용과 전파는 언제나 적지 않은 문화충돌이 수반된다. 분명 풍토 차이로 인한 저항과 갈등, 수용을 위한 검증과 시험, 화해와 정착의 과정을 거치게 된다. 『농상집요』 단계에도 곡물의 품종이 다르고 제각기 풍토를 주장하며 수용에 저항했고, 심지어 풍토에 맞지 않는다는 핑계로 주의조차 기울지 않았다. 하지만 풍토와 관련하여 각 지역에서 모두 똑같은 농시農時를 채용하는 것은 "마치 비파의 기러기발을 아교로 붙여서 연주하는 것처럼 음률의 변통을 알지 못하는 것"[1]이라는 주장은 주목된다. 그 결과 풍토에 얽매이지 않고 각 지역의 정황에 따라 농시를 조정하면서 결국 서역, 남방 및 아프리카의 물산까지 재배하여 오히려 원산지에서의 생산과 다를 바 없는 작물을 생산해 내었으며, 지금은 이런 물산들이 다른 지역에서 들어왔다는 사실조차도 모르게 되었다. 이런 작물은 모시, 목면, 수박, 호두, 포도, 차, 석류, 홍람화 등 이루 말할 수 없었으며, 큰 이익도 보았다. 조선 역시 『농사직설』과 그 이후의 농서에 실린 작물을 보면 마찬가지의 길을 걷고, 나아가 이를 식용과 약재에 이르기까지 적극적으로 개발했던 사실을 볼 수 있다.

『농상의식촬요』는 중세기에 수용된 외부세게의 농직물이 송원시대로 진입하면서 안정적으로 소규모 자영농가에서 재배되는 데 중요한 지침 역할을 하였다. 특히 저자 노명선이 서북지역 출신으로 본서를 집필하면서 자연스레 한족 노농老農들의 생산경험과 서북 소수민족의 생산경험을 총결했을 것이며, 그렇게 정립된 농업기술과 생산방식이 재차 외부로 전파되는 데 가교 역할을 했던 것이다. 필자는 본서를 역주譯註하면서 『농상의식촬요』를 가운데 두고 이전 단계 농서와의 수용과 변화를 살피고, 이를 통해 원대 농촌과 농민 그리고 농업의 일상을 들여다보고자 하였으며, 나아가 송원시대에 정착된 이들 기술이 외부로 어떻게 전파되고 수용되었는지를 조선의 농서와의 비교를 통해 살폈다. 따라서 본 역주서는 중국 고중세의 농업이 근세를 거치면서 어떤 모습으로 변했으며, 인접한 조선의 농업에는 어떤 영향을 주었는지를 살필 수 있다는 점에서 의미가 있다.

『농상의식촬요』를 연구하면서 주목해야 하는 또 다른 점은 바로 판본板本의 문제와 그 판본을 수집하고 정리하기 위해 많은 노력을 경주

---

1 최덕경, 『농상집요 역주(農桑輯要譯註)』(서울: 세창출판사, 2012)(이후 『농상집요 역주』로 간칭) 권2 「論九穀風土時月及苧麻木綿」, p.183. 아울러 『범승지서(氾勝之書)』를 인용하여 "파종시기는 고정된 날이 없고 마땅히 각 지역의 정황에 따라 농사 시기가 결정되는 것"이라는 말도 덧붙이고 있다.

한 왕위후[王毓瑚]의 업적이다. 『농상의식촬요』의 판본과 관련된 문제는 본 역주서에 실린 왕위후의 서언[引言]에 잘 담겨있다. 본서의 판본은 연우延祐 갑인甲寅 원간본原刊本과 지순至順 원년(1330)의 중간본重刊本 두 종류가 있었고, 명대 초기에는 『영락대전』에 편입되고, 각 지역의 관부와 민간에서도 전각傳刻이 있었을 것이지만 원대 각본은 더 이상 찾아볼 수 없다. 더구나 청대에는 규모가 큰 농서가 유행하면서 본서는 더 이상 사람들에게 언급되지 않았다. 다만 관방에서 『사고전서』를 편찬할 때 『영락대전』의 초본을 채용할 것을 표방하면서 주목을 받게 된 것이다. 청대의 각종 각본에서는 본서를 『농상의식촬요』라고 명명하고 있으나 현존하는 명대 두 각본에서는 모두 『농상촬요農桑撮要』(이 중 한 종은 전면에 '신간(新刊)'이란 글자가 첨부)라고 제목하며, 이 외 북경 도서관에 소장된 명대 판각본의 이름은 『양민월의養民月宜』이다. 이 내용은 『농상촬요農桑撮要』 2부와 완전히 일치하여, 이 3종의 판본이 기본적으로는 내원이 서로 같음을 알 수 있다. 왕위후는 본서를 정리하면서 명나라 때 판각한 '농상촬요본農桑撮要本'을 가장 중심으로 삼았는데, 그 이유는 명대 각본의 내용이 비교적 완전하고 착오가 적기 때문이었다고 한다. 이처럼 책의 제목과 판본이 많고 혼란스러워 책이 온전한 지의 여부조차 불투명하였다. 이런 책을 왕위후가 철저하게 해부하여 온전한 책으로 복원했다는 점은 의미가 크다. 왕위후는 그의 서문에서 "본서의 교정 작업은 진실로 원서의 면모가 보존되어 여러분들이 참고하기를 바랄 뿐이다."라고 하여 복원된 원서의 보존을 염원하고 있다.

본서를 역주하면서 처음에는 저본의 원문만을 번역하고 주석하려 했지만 작업도중에 왕위후의 이런 업적을 소홀히 할 수 없었다. 그래서 중국농업출판사와 연락하여 저자의 저작권을 받게 된 것이다. 이 과정에서 오랜 친구인 농업출판사 순밍펑[孫鳴鳳] 선생과 왕위후의 장남이신 왕징양[王京陽] 교수의 도움이 컸다. 특히 왕징양 교수는 수년 전 부친 왕위후 탄생 100주년에 참석했던 역자를 기억하고 흔쾌히 부친의 역작을 한국에서 출판할 수 있도록 허락해주었다. 뿐만 아니라 책이 출판된 이후 왕위후 선생이 유작으로 남겨두신 초판본에 대한 교주자수정校注者修訂을 본서의 출판을 위해 처음으로 제공해줌으로써 본서의 내용을 더욱 충실하게 해주었다.

마지막으로 본서가 출판되기까지 고마운 분들이 적지 않다. 우선 여러 차례 본문의 난제 해결을 위해 함께 토론해준 중국 정주대학 역사학과 젊은 학자인 이용[李勇], 장판[張帆]과 자오위빙[趙玉兵] 선생님과 남경농업대학 후이부핑[惠富平] 교수에게 감사드린다. 그리고 필자가 정년 이후에도 연구할 수 있게 가정에서 저마다의 무게 중심을 잡아주며 격려를 아끼지 않았던 가족들과 아내 이은영 님에게 고마움을 전한다. 더불어 본서를 위해 조건 없이 저작권을 동의해주신 중국농업출판사 천방쉰[陳邦勛] 대표代表님에게 고마움을 전하며, 흔쾌히 출판을 허락하시고 귀찮은 일을 도맡아 해결해주신 신서원 정용국 사장님에게도 진정 감사를 전합니다.

2022년 3월 27일

부활절 기간에 예로니모[JEROME]란 세례명 받은 것을 기념하며:
해운대 동백섬 건너 1723호에서 역주자 쓰다.

• 일러두기

1. 본서의 원문은 왕위후[王毓瑚] 교주校註,『農桑衣食撮要』(북경: 農業出版社, 1962)(이후 '왕위후의 교주본'으로 간칭)본을 저본으로 하면서, 청 건륭제 때 완성한 흠정사고전서欽定四庫全書 농가류農家類의『농상의식촬요』본(이후 '사고전서본'으로 간칭)과 대조하고 참고하였다.

2. 왕위후의 교주는 세 가지로 구분된다. 우선 본서의 저본인 1962년 초판의 교기校記, 그리고 조판된 이후 발견된 명대『양민월의』의 유인본과 그 필사본인 월의본의 차이를 교후보기(校後補記; 이후 '왕위후의 보기(補記)'로 간칭)로 추가했으며, 마지막은 본서를 통해 처음 공개된 유고遺稿로서 초판본에 대한 왕위후의 교주자 수정校注者修訂이다(이후 '왕위후의 교주수정(校注修訂)'으로 간칭).

3. 번역문은 가능한 직역을 위주로 작성하였으며, 부자연스러운 경우 ( )에 넣어 보충하거나 약간의 의역을 덧붙였다. 그리고 책이나 잡지는『 』에 넣고, 편명이나 논문의 이름은「 」에 넣어 표기했다.

4. 본서에 등장하는 원대 동·식물의 명칭은 우선 중국 Baidu 백과를 근거하여 파악하고, 그 학명이 한국의 국가표준식물목록(KPNIC로 간칭)과 생명자원정보서비스(BRIS로 간칭)에서는 국명으로 어떻게 명명되는가를 살펴 정리했다.

5. 한자표기는 뜻으로 표기할 경우 [ ] 안에 한자를 넣었으며, 발음이 동일할 경우 한자를 병기하고, 각주의 경우에는 ( )에 넣어두었다. 그리고 번역문의 원문을 표기할 때는 번역문 다음에 원문을 [ ] 속에 삽입하여 병기했다.

6. 그림과 사진은 최소한의 이해를 돕기 위해 중간중간 원문의 끝에 함께 배치하였다.

7. 현대 중국어의 표기는 교육부 편수용어에 따라 표기하였음을 밝혀둔다.

목차

- 역주자 서문 5
- 일러두기 12

서 언
序言

노명선 자서(魯明善自序) 23
장률서(張桌序) 27
전보당서(錢保塘序) 31

농상의식촬요 권상
農桑衣食撮要 卷上

● 정월(正月)

- 1-1 원단에 은혜 보답하기[元旦酬恩] 37   1-2 정월 초하룻날 아침 점험하기[驗歲朝] 38
- 1-3 정월에 풀로 점치기[驗歲草] 39   1-4 소 기르기[敎牛] 40
- 1-5 나무시집보내기[嫁樹] 41   1-6 각종 과실수와 나무 옮겨심기[移栽諸色菓木樹] 42
- 1-7 각종 과실수와 나무 거세하기[騸諸色菓木樹] 44   1-8 뽕나무 옮겨심기[栽桑樹] 44
- 1-9 각종 나무 옮겨심기[移栽諸樹] 45   1-10 수양버들 파종하기[種柳] 47
- 1-11 뽕나무 가지치기[修桑] 48   1-12 삼 파종하기[種麻] 49
- 1-13 가지·박·동아·호리병박·오이·울외 파종하기[種茄匏冬瓜葫蘆黃瓜菜瓜] 50
- 1-14 토란 모종 심기[種芋秧] 51   1-15 각종 과실수와 나무 가지치기[修諸色菓木樹] 53
- 1-16 파·부추·염교 파종하기[栽葱韭薤] 53
- 1-17 노랑선쏨바귀·상추·생채·4월갓 심기[種苦蕒苣生菜四月芥] 54
- 1-18 소두장 담그기[盦小豆醬] 56   1-19 농기구 수리하기[修農具] 57

목차 13

1-20 담장 쌓기[築牆圍] 57　　1-21 도랑 치기[開溝渠] 58
1-22 잠실 수리하기[修蠶屋] 58　　1-23 집 누수 정비하기[整屋漏] 58
1-24 각종 꽃 옮겨심기[移栽諸般花窠] 58　　1-25 잠박 짜기[織蠶箔] 58

● 이월(二月)

2-1 월내삼묘(月內三卯) 61　　2-2 경칩일(驚蟄日) 61　　2-3 묵은 오디 파종하기[種舊椹] 62
2-4 각종 과실수 묘목 만들기[簇諸色菓木] 63　　2-5 찰기장과 메기장 파종하기[種黍穄] 64
2-6 산초 파종하기[種椒] 67　　2-7 차 파종하기[種茶] 68　　2-8 수박 파종하기[種西瓜] 69
2-9 호리병박・오이・울외・동아・가지 파종하기[種葫蘆黃瓜菜瓜冬瓜茄子] 70
2-10 닥나무 파종하기[種穀楮] 71　　2-11 연뿌리와 연밥 심기[種藕蓮] 72
2-12 대추나무 파종하기[種棗] 74　　2-13 찻잎 따기[摘茶] 75
2-14 무・숭채 파종하기[種蘿蔔菘菜] 75　　2-15 접시꽃 파종하기[種蜀葵] 76
2-16 부용 꽂기[揷芙蓉] 77　　2-17 대비두 파종하기[種大豍豆] 77
2-18 뽕나무 가지 휘묻기[壓桑條] 79　　2-19 잇꽃 파종하기[種紅花] 79
2-20 흑완두 파종하기[種豌烏豆] 79　　2-21 조각자나무 심기[種皁莢] 80
2-22 댑싸리 곧 독소 파종하기[種䒼箒卽獨掃] 81　　2-23 은행 파종하기[種銀杏] 81
2-24 차조기 파종하기[種紫蘇] 83　　2-25 암삼씨 파종하기[種疏子] 83
2-26 들깨 파종하기[種蘇子] 84　　2-27 포도나무 꺾꽂이하기[揷蒲萄] 86
2-28 각종 과실수 접붙이기[接諸般菓木] 88　　2-29 요접하기[腰接] 90
2-30 뿌리 접붙이기[根接] 90

● 삼월(三月)

3-1 월내삼묘(月內三卯) 93　　3-2 냉이꽃 거두기[收薺菜花] 93
3-3 콩 파종하기[種大豆] 94　　3-4 모판 쟁기질하기[犂秧田] 95

3-5 벼 종자 담그기[浸稻種] 95   3-6 조 파종하기[種粟穀] 97
3-7 마 파종하기[種山藥] 98   3-8 아욱 파종하기[種葵] 101
3-9 고수 파종하기[種香菜] 101   3-10 토란뿌리 파종하기[種芋子] 102
3-11 모시풀 파종하기[種苧麻] 103   3-12 지치 파종하기[種紫草] 105
3-13 찰기장 파종하기[種秫黍] 105   3-14 쪽 파종하기[種藍] 107
3-15 청대 파종하기[種靛音'殿', 俗作'靛'] 107   3-16 생강 파종하기[種薑] 109
3-17 참외 파종하기[種甜瓜] 110   3-18 줄풀·남방개 파종하기[種葵筍茈菰] 112
3-19 홍동부·백동부 파종하기[種紅豇豆白豇豆] 112   3-20 참깨 파종하기[種芝麻] 112
3-21 검정콩 파종하기[種黑豆] 115   3-22 목면 파종하기[種木綿] 115
3-23 회향 파종하기[種茴香] 118   3-24 치자 파종하기[種梔子] 118
3-25 마늘 김매기[鉏蒜] 118   3-26 구기자 파종하기[種枸杞] 119
3-27 나리 파종하기[種百合] 121   3-28 석류 옮겨심기[移石榴] 121
3-29 누에 기르는 법[養蠶法] 122   3-30 개미누에 깨기[生蟻] 123
3-31 개미누에 떨기[下蟻] 126   3-32 냉난방 온도관리 총론[涼暖總論] 126
3-33 누에치기 총론[飼養總論] 128   3-34 누에채반 나누기 총론[分擡總論] 130
3-35 초기 개미누에 먹이는 방법[初飼蠶法] 133   3-36 첫잠누에 먹이는 방법[頭眠飼法] 133
3-37 두잠누에 먹이는 방법[停眠飼法] 134   3-38 막잠누에 먹이는 방법[大眠飼法] 134

● 사월(四月)

4-1 월내삼묘(月內三卯) 137   4-2 초파일 비 점후[初八日雨] 137
4-3 안개로 인한 맥의 손상을 방지하기[防霧傷麥] 137   4-4 닥나무 베기[斫楮皮] 139
4-5 죽순 말리기[做笋乾] 140   4-6 새죽순 삶기[煮新笋] 140
4-7 각종 채소 씨 거두기[收諸色菜子] 142   4-8 꿀벌 거두기[收蜜蜂] 142
4-9 가죽 제품을 좀먹지 않게 하기[蟲不蛀皮貨] 143
4-10 양탄자나 모직물을 좀먹지 않게 하기[蟲不蛀氈毛物] 144
4-11 살구씨 수확하기[收杏子] 145   4-12 치즈 만들기[造酪] 146

● 오월(五月)

5-1 단오 날 누에 종자 담그기[午日浸蠶種] 149
5-2 단오 날 대추나무 시집보내기[午日嫁棗] 150 5-3 볏모 심기[揷稻秧] 150
5-4 뽕나무 가지치기[斫桑] 152 5-5 오디 수확하기[收椹] 152
5-6 복사나무·살구나무·자두나무·매실나무 씨 파종하기[種桃杏李梅核] 153
5-7 대나무 옮겨심기[移竹] 154 5-8 모시풀 베기[刈苧麻] 155
5-9 밀 수확하기[收小麥] 156 5-10 잇꽃 수확하기[收紅花] 158
5-11 여름에 무·숭채 심기[種夏蘿蔔菘菜] 159 5-12 배토하기[壅田] 160
5-13 완두 수확하기[收豌豆] 161 5-14 청대 베기[刈靛] 161
5-15 버터 만들기[造酥油] 163 5-16 마른 치즈 만들기[曬乾酪] 164

● 유월(六月)

6-1 장 덮어두는 법[畬醬法] 167 6-2 보리초 만들기[做麥醋] 168
6-3 묵은 쌀초 만들기[做老米醋] 171 6-4 쌀초 만들기[做米醋] 171
6-5 연화초 빚기[造蓮花醋] 173 6-6 두시 만들기[做豆豉] 174
6-7 밀기울메주 만들기[造麩豉] 176 6-8 외와 가지장아찌[醬醃瓜茄] 177
6-9 맥전 갈이[耕麥地] 177 6-10 산초 수확하기[收椒] 179
6-11 녹두 파종하기[種菉豆] 179 6-12 삼 베기[刈麻] 180 6-13 벼 김매기[耘稻] 181
6-14 밀 햇볕에 말리기[曬小麥] 181 6-15 무 파종하기[種蘿蔔] 184
6-16 당근 파종하기[種胡蘿蔔] 184 6-17 늦외 파종하기[種晩瓜] 185
6-18 지치 수확하기[收紫草] 186 6-19 순무 파종하기[種蔓菁] 187
6-20 토란 김매기[鉏芋] 188 6-21 밥 쉬지 않게 하기[飯不餿] 189

농상의식촬요 권하
農桑衣食撮要 卷下

● 칠월(七月)

7-1 쪽 베기[刈藍] 195   7-2 메밀 파종하기[種蕎麥] 196
7-3 대나무와 나무 베기[斫伐竹木] 197   7-4 시금치 적근채 파종하기[種菠菜 又名赤根菜] 198
7-5 호리병박·가지·박 말리기[做葫蘆茄匏乾] 199   7-6 옻 채취하기[取漆] 200

● 팔월(八月)

8-1 보리와 밀 파종하기[種大麥小麥] 203   8-2 안개로 인한 대추 손상 방지하기[防霧傷棗] 204
8-3 생강 절임[糟薑] 205   8-4 파 씨 파종하기[種葱子] 206   8-5 부추 뿌리나누기[分韭菜] 206
8-6 가시연 파종하기[種雞頭] 207   8-7 마름 파종하기[種蔆] 207
8-8 마늘 파종하기[種蒜] 208   8-9 토란 뿌리 크게 하기[放芋根] 209
8-10 모과 옮겨심기[栽木瓜] 210   8-11 감물 거두기[收柿漆] 211
8-12 대나무밭 김매기[鉏竹園] 212   8-13 거위·오리알 거두기[收鵝鴨彈] 212

● 구월(九月)

9-1 한로에 차와 모시풀 종자 수확하기[寒露收茶子苧蔬子] 215
9-2 각종 겨울 채소 옮겨심기[栽諸般冬菜] 216   9-3 지치 베기[刈紫草] 216
9-4 참깨대 거두기[收芝麻稭] 217   9-5 밤 저장하기[收栗] 218
9-6 가지 종자 수확하기[收茄種] 218   9-7 각종 콩대 거두기[收諸色豆稭] 219
9-8 오곡 종자 거두기[收五穀種] 219   9-9 유채 파종하기[種油菜] 220
9-10 갓 절이기[醃芥菜] 221   9-11 각종 채소 절여 저장하기[醃藏諸般菜] 222
9-12 생강 저장하기[藏薑] 223   9-13 닭 종자 거두기[收雞種] 224

● 시월(十月)

10-1 무 절이기[醃蘿蔔] 227   10-2 배추절임[醃醎菜] 229
10-3 근대 수확하기[收莙薘菜] 231   10-4 동아 수확하기[收冬瓜] 231
10-5 각종 과일 저장하기[藏收諸色果子] 232   10-6 모시풀 북돋우기[壅苧麻] 232
10-7 밀 김매기[耘麥] 233   10-8 모과·석류·각종 과실수 감싸기[包裹木瓜石榴諸般等樹] 233
10-9 꿀뜨기[割蜜] 234   10-10 돼지종자 거두기[收猪種] 237
10-11 소 멍석 만들기[造牛衣] 238   10-12 소·말 우리 진흙 바르기[泥飾牛馬屋] 239

● 십일월(十一月)

11-1 산초나무 북돋우기[壅椒] 241
11-2 소나무·삼나무·향나무·측백나무 등 나무 심기[種松杉檜栢等樹] 242
11-3 유채 김매기[鉏油菜] 243   11-4 오곡 종자 시험하기[試穀種] 243
11-5 오리알 염장하기[鹽鴨子] 245   11-6 소똥 거두기[收牛糞] 245
11-7 연못 보수하기[修池塘] 245

● 십이월(十二月)

12-1 뽕나무 옮겨심기[栽桑] 249   12-2 뽕나무 가지치기[修桑] 250
12-3 누에 알받이종이 씻기[浴蠶連] 251   12-4 깔개 거두기[收蓐草] 251
12-5 어저귀 파종하기[種苘檾] 253   12-6 마른 뽕잎 갈기[擣磨乾桑葉] 253
12-7 대와 나무 베기[伐竹木] 254   12-8 눈물 거두기[收雪水] 255
12-9 기름 만들기[造油] 256   12-10 납월 술지게미 효모장 만들기[收臘糟酵渾頭] 257
12-11 쏘가리 거두기[收鱖魚] 257   12-12 돼지비계 거두기[收猪肪脂] 259
12-13 납육 만들기[臘肉] 260   12-14 양 종자 거두기[收羊種] 261
12-15 통속직설(通俗直說) 262

- 부록

부록 1 사고전서총목 제요(四庫全書總目提要) 265

부록 2 교주 후 보충기[校後補記] 269

부록 3 초판본 교주자 수정기록 272

부록 4 왕위후의 "교정 농상의식촬요"의 서문 276

- 中文介紹 289
- 찾아보기 295

서 언
序 言

노명선 자서 魯明善自序
장률서 張 栗 序
전보당서 錢保塘序

노명선 자서[1]

역문

농상은 의식의 근본이다. 농상에 힘쓰게 되면 의식이 족해질 것이고, 의식이 족해지면 백성들을 예의로써 교화할 수 있으며, 백성들을 예의로써 교화할 수 있다면 국가와 천하는 오랫동안 안정되고 평화가 유지될 수 있을 것이다. 우虞, 하夏, 은殷, 주周 왕조가 흥성했던 것은 모두 이와 같이 했기 때문이다. (하지만) 진한시대 이래 구휼(정책)을 시행한 적이 적었다! 우리 세조世祖 황제께서 중통中統[2]이란 연호를 세우고 초기에 제일 먼저 관리들에게 조칙을 내려 계절에 따라 농사를 감독함으로써 민생을 두텁게 하고, 대사농사大司農司[3]를 세워 그 책임을 전담하게 하였다. 여러 성현들의 가르침을 서로 계승하고 조상의 교훈을 법식으로 삼아 준수했으니, 무릇 우리 신하들은 누군들 감히 정성을 다하지 않겠는가? 이전에 외람되게 법률과 기강의 책임을 맡은 적이 있어 그로 인해 의식의 근본을 생각하게 되었고, 보관해왔던 『농상촬요農桑撮要』를 꺼내 학궁學宮에서 간행함으로써, (위로는) 공경으로 황제의 뜻을 받들

---

1 역자주 이것을 흠정사고전서(欽定四庫全書) 농가류(農家類)에는 『노명선농상의식촬요원서(魯明善農桑衣食撮要原序)』라고 제목하고, 왕위후[王毓瑚]의 교주본(농업출판사, 1962)에서는 이 제목을 「작자자서(作者自序)」로 표기하고 있다.
2 역자주 '중통(中統)'은 원세조 쿠빌라이의 연호로서 대몽골국의 첫 연호이다. 1260년 5월에서 1264년 7월까지이다.
3 역자주 '대사농사(大司農司)'는 원조의 농상, 수리, 향학, 기황(饑荒), 의창 등의 제반 일을 관장하는 중앙관서이다. 세조 지원(至元) 7년에 사농사(司農司)를 세웠다가 동년 12월에 사농사를 대사농사로 개칭하였다.

고 (아래로는) 백성들을 가르치고 농업에 힘쓰도록 하였다. 무릇 하늘의 때와 토양의 조건(이치)에 합당하게 파종하고 수확하고 저장하는 방법이 모두 한 점도 빠짐없이 이 책에 담겨 있다. 실로 백성된 자가 사람마다 그 같이 농사짓는 법을 익힌다면 부를 창출하고 풍족한 식용의 길을 찾아 위로는 부모를 섬기고 아래로는 자식을 양육할 바탕을 마련할 수 있다. 그러면 언제 거두더라도 항상 풍족하여 서민에 대한 교화가 이루어져 백성은 아래에 있을지라도 편안하게 될 것이다. 이것은 실로 오랫동안 안정되고 평화를 유지할 수 있는 대책이다. 그러하니 농사의 세세한 일을 소홀히 할 수 있겠는가? 비록 말업에 빠져 그것을 좇아서 이 책을 버리고 본업에 힘쓰지 않아 스스로 가난해지면 이는 실로 우리 백성들의 잘못이나, 시기를 놓쳐 그 일을 못하게 되어 이 책이 헛된 말이 되어버리면 그것은 관리의 책임이다. 아아! 때에 순응하여 해마다 풍년이 들게 되면 집집마다 넉넉하고 사람들은 풍족해져서 우리 백성과 더불어 길에서 서로 격양가를 부르는 지역을 잊게 될 것이니, 돌아보면 멋지지 않은가? 삼가 이 책의 앞쪽에 자서의 제목을 붙여서 후대에 알리고 목민자가 권면할 바를 알게 하고자 하는 것이다.

지순至順 원년 6월 갑신甲申일[4] 삼가 서문을 짓는다.

4　역자주 원대 지순(至順) 원년은 1330년에 해당한다.

魯明善自序

원문

　　農桑衣食之本. 務農桑則衣食足, 衣食足則民可教以禮義, 民可教以禮義則家國天下可久安長治也. 虞·夏·殷·周之興, 罔不由此. 秦漢而降, 知恤鮮哉! 我世祖皇帝中統建元之初, 首詔有司歲時勸課, 以厚民生, 立大司農司以專其任. 列聖相承, 式遵祖訓, 凡我臣子, 孰敢不虔? 乃者叨蒙[5]憲紀之任, 因思衣食之本, 取所藏農桑撮要, 刊之學宮,[6] 所以欽[7]承上意而教民務本也. 凡天時地利之宜, 種植斂藏之法, 纖悉無遺, 具在是書. 苟爲民者人習其業, 則生財足食之道, 仰事俯育之資. 將隨取而隨足, 庶乎教可行而民安於下矣. 固久安長治之策也. 其可以農圃細事而忽之哉?[8] 雖然, 游末是趨, 舍是書而不務, 以自取貧困, 固吾民之罪; 而奪其時以落其事, 使是書爲徒設,[9] 則[10]有司之咎[11]也. 於戲! 時和歲豐, 家給人足, 與吾民相忘於謠

5　역자주 '몽(蒙)'을 欽定四庫全書本(이후 '사고전서본'으로 간칭)에서는 '몽(㝱)'으로 기록하고 있다.
6　'궁(宮)'자는 명 각본에서는 '관(官)'으로 잘못 적고 있다. 또 이 몇 구절의 신간농상촬요본(新刊農桑撮要本)에서는 "의식의 어려움을 생각하였기 때문에 보관해 둔 『농상촬요』를 판목에 새겼다[因思衣食之艱難, 所藏農桑撮要鋟諸梓]."라고 적고 있다. 역자주 본서에 게재한 왕위후의 「교정 농상의식촬요의 서문[校訂農桑衣食撮要引言]」에 의하면 신간농상촬요본(新刊農桑撮要本)은 글자체가 특별히 크기 때문에 '대자본(大字本)'이라고 칭하여, 이후 대자본(大字本)으로 간칭한다.
7　'흠(欽)'자는 대자본에서는 '욕(欲)'자로 잘못 적고 있다.
8　'재(哉)'자는 대자본에서는 '야(也)'자로 적고 있다.
9　역자주 '도설(徒設)'은 허설(虛設), 즉 헛된 말의 의미이다.
10　'즉(則)'자는 대자본에서는 '예(禮)'로 잘못 적고 있다.
11　'구(咎)'자는 대자본에서는 '의(義)'자로 잘못 적고 있다.

衢擊壤之域, 顧不美歟? 謹題其篇端, 以告來者, 庶牧民者知所勸也.

至順元年六月甲申謹序.

장률[1]서[2]

역 훈

　황제[3]께서 사해를 하나로 통일하여, 경작과 양잠을 생민生民의 근본이 되게 했으며, 수령守令에게 권유하여 기강과 법도로 감독하게 하고 대농을 거느리고 제어하니 중하지 않음이 없었다. 그러나 농사에 관한 책은 어떤 것은 번잡하고 어떤 것은 너무 간결하여서 농민들[田疇之人]이 종종 많은 것을 다 갖출 수 없었다. 비록 관리들이 하나하나 더듬어 보기를 자주 행할지라도 수고에 비해 효과는 적었다.

　연우延祐 연간의 갑인년(甲寅; 1314년)에, 명선明善 노공魯公이 수군壽郡에 가서 (농업을) 감독하면서 직분 상 걱정이 이것보다 더 급한 일이 없다고 여겼다. 이내 여러 동년배들과 의논하고 경험 있는 여러 존장尊長들을 방문하여 심고 기르고 거두고 저장하는 절기를 살펴서 계절과 복랍伏臘 시기에 필요한 것을 모으고, 일을 월별로 묶고 같은 것끼리 편집하여 차례를 만들고 내용을 적절하게 요약하여 이름을 '촬요撮要'라고 하

1　역자주 '장률(張㮚)': 이것은 노명선의 막료인 도강(導江) 장률(張㮚)의 서문으로 노명선이 위구르인이었다고 전한다. 저자인 노명선은 『원사(元史)』에도 열전이 없어 그 구체적인 상황은 알 수 없다.
2　역자주 이는 명대 '농상촬요(農桑撮要)'본에 제시된 장률(張㮚)의 서문으로 사고전서총목의 본서제요(本書提要) 속 별본에도 존재한다.
3　역자주 '황송(皇宋)'의 뜻은 모호하다. 뒤 문장으로 보아 '송 태조'라고 하기에도 시기적으로 적합하지 못하기에, 이것은 원(元)을 건국한 쿠빌라이가 아닐까 생각된다. 쿠빌라이는 원을 세운 이후 유목을 포기하고 농업을 국시(國是)로 한 것과도 상응한다. '혼일(混一)'이란 단어를 볼 때 유목과 농경의 잡다한 민족이 섞여 하나가 된다는 의미도 이 단어가 쿠빌라이를 가리킬 가능성이 더욱 크다.

였다. 또 이를 목판에 새겨서 그 책[傳]을 널리 보급하도록 했다. 여러 폭[方幅]의 종이에 촘촘히 적어 한 해의 계책을 두루 갖추어서 어린이와 노인이 일용日用의 근본 도리를 알지 못하더라도 한 번 훑어보면 바로 알 수 있는 것이 꿈속에서 홀연히 깨달은 것 같다.[4] 하늘의 때를 이용하고 토양의 조건(이치)에 따라서,[5] 그 백성들이 굶주리지 않고 추위에 떨지 않게 하는 것이 나라의 근본을 굳건하게 하는 것이다. 그 책을 보고 여러 차례 교정한 것은 마음속의 간절함이 있어서가 아니겠는가? 지금부터 계속 집집마다 이 책을 보유하면 백성들이 편리해져 바야흐로 여러 군의 표준이 될 것인데, 어찌 유독 수양군壽陽郡만 가질 수 있는 일이겠는가? 공公의 이름은 철주鐵柱이며 외오아畏吾兒[6] 사람으로 아버지의 족성인 '노魯'를 성[氏]으로 삼았으며 명선明善은 그의 이름[字]이다.

도강導江 장률張槼은 일찍이 황송하게도 (노명선의) 수군壽郡의 막료가 되어 그의 뜻을 동조하였기에 이 서문을 쓴다.

---

4 왕위후의 유고(遺稿)인 교주자수정(校注者修訂)[이후 '왕위후의 교주수정(校注修訂)'으로 간칭]에는 빠진 글자를 '如夢呼覺'이라고 제시하고 있는데, 그 의미가 분명하지 못해 '如夢忽覺'으로 고쳐 이해하여 번역하였다.
5 역자주 이 문장은 원래 원문에서는 빠진 글자가 많다. 최근 유작으로 공개된 왕위후의 교주수정(校注修訂)에서 구영산(瞿映山) 필사본(手抄本)에 의거하여 보충하였는데, 본서는 보충한 내용에 근거하여 번역하였음을 밝혀둔다.
6 역자주 외오아(畏吾兒)는 현재의 중국 서북부의 위구르족이다.

張櫜序

원문

　皇宋[7]混一四海, 以耕桑爲生民之本, 勸以守令, 督以風憲, 統以大農, 非不重也. 然務農之書, 或繁或簡, 田疇之人, 往往多不能悉. 有司點視雖頻, 勞而寡效. 延祐甲寅, 明善魯公出監壽郡, 職思其憂, 莫此爲急. 乃謀諸同列, 訪諸耆艾, 考種藝斂藏之節, 集歲時伏臘之需, 以事繫月, 編類成帙, 繁簡得中, 名爲「撮要」. 且錄諸梓,[8] 用廣其□. □□□幅之楮, 而備□□之計; 黃童白叟, 日用不知, 一覽瞭然也. □□□用天時, 因地利,[9] 使斯民不飢不寒, 以固邦本. 視彼施鞭撲・頻點集者, 其用心之誠否爲何如? 繼自今家有此書, 於民旣便, 方當

7　역자주 최근 유작으로 공개된 왕위후[王毓瑚], 1962년 농업출판사에서 간행된 초판에 대한 수정기록인 교주자수정에는 '황송(皇宋)'에서 '송(宋)'자를 삭제하고 방주(旁注)로 '원(元)'이라고 연필로 적어 두었다.
8　역자주 '재(梓)'는 낙엽교목으로 재수(梓樹)인데, 고대에는 이 나무로 기구나 조판을 제작할 때 사용하여 의미가 목기(木器), 목공, 판목(板木), 인쇄 등으로 파생되었다. 또한 고대의 가정에서는 항상 뽕나무와 재수(梓樹)를 재배하였기 때문에 '桑梓', '梓里' 등의 말로 고향을 표기하기도 하였다. Baidu 백과에 의하면 '재(梓)'의 학명은 Catalpa ovata G. Don이며, KPNIC에서는 이를 농소화과 개오동속 '개오동'이라고 이름하고 있다. 『제민요술 역주(齊民要術譯註)Ⅱ』(서울: 세창출판사, 2012)(이후 『제민요술 역주Ⅱ』로 간칭) 권5「種槐柳楸梓梧柞」, pp.419-420에 그 파종법을 볼 수 있으며, 『농상집요 역주』권6 「竹木・梓」, pp.516-517에도 그대로 답습하고 있다. 간혹 '추(楸)'와 혼동하기도 하지만, '추(楸)'의 학명은 Catalpa bungei C. A. Mey이다.
9　역자주 본문의 빠진 글자에 대해 왕위후는 유고의 '교주수정(校注修訂)'에서 본문의 "□. □□□幅之楮, 而備□□之計; 黃童白叟, 日用不知, 一覽瞭然也. □□□用天時, 因地利"의 내용을 구영산(瞿映山) 필사본에 의거하여 보충하여 "傳. □以數幅之楮, 而備周歲之計; 黃童白叟, 日用不知, 一覽瞭然, 如夢呼覺. 用天時, 因地利"라고 연필로 수정하고 있다.

爲諸郡式, 豈壽陽之所能獨有乎? 公名鐵柱, 畏吾兒人, 以父字「魯」爲氏, 明善其字也.

　　　　　　　　導江張桌曾忝郡幕, 喜公之志, 故爲之序.

전보당서[1]

역문

『농상의식촬요農桑衣食撮要』 두 권은 간단명료하여 알기 쉬우며 모두 사민四民의 일상에 있어 매우 긴요한 내용이다. 비록『제민요술齊民要術』의 풍부함에 미치지 못한다 하더라도 시대도 가깝고 언어도 대부분 이해할 수 있어 활용하기에도 용이하다. 이전에『묵해금호墨海今壺』,『주총별록珠叢別錄』,『장은실총서長恩室叢書』중의 일부로 판각된 적은 있으나 간행된 양이 많지 않고 단독으로 판각하여 통용한 본은 없었다. 그 때문에『주총별록』본의 것을 취해 재차 목판에 새겨 간행했다. 원래 교정의 말이 있었는데 모두 이전대로 따르고, 그 중간에 나의 견해를 삽입하여 이름을 넣어 구분했다.『사고총목四庫總目』에 제시된 도강 장률서導江 張槊序는 이 본이 사라지면서 교정하여 보충할 길이 없다. 세간에서 좋은 일이 있으면 널리 간행하여 공포하는 것 또한 민간의 의식衣食에 일조하는 일이다.

광서光緒15년 9월,

해녕海寧 전보당錢保塘, 대족大足 관아에서 서문을 쓰다.

---

1 **역자주** 이 내용은 본서 청대 각본인 '청풍실본(淸風室本)'의 총서 편찬자인 전보당(錢保塘)의 서문이다. 전보당(1833-1897)의 자는 철강(鐵江)이다. 절강 항주부 해녕주(海寧州) 사람으로 함풍9년에 은과(恩科)의 거인이 되었으며, 광서5년에는 사천 청계현(淸溪縣) 지현(知縣)에 부임하고 광서8년에는 정원현(定遠縣) 지현, 14년에는 대족현(大足縣) 지현, 19년에는 십방현(什邡縣) 지현에 보임되었다. 학문이 뛰어났으며 저술이 많다.

錢保塘序

> 원문

　　農桑衣食撮要二卷, 簡要淺顯, 皆四民日用切近之事. 雖不及齊民要術之備, 然時代不遠, 語多可曉, 行之亦易. 向惟刻於墨海今壺·珠叢別錄·長思室叢書中, 印行無多, 別無單刻通行之本. 因取珠叢別錄本重錄付梓. 原有校語, 悉仍其舊; 間有參以鄙見者, 以名別之. 四庫總目所稱導江張槀序, 此本佚去, 無從校補. 世有好事者, 廣爲刊布, 亦民間衣食之一助也.

　　　　　　　　　　光緒十五年九月, 海寧錢保塘序於大足官廨.

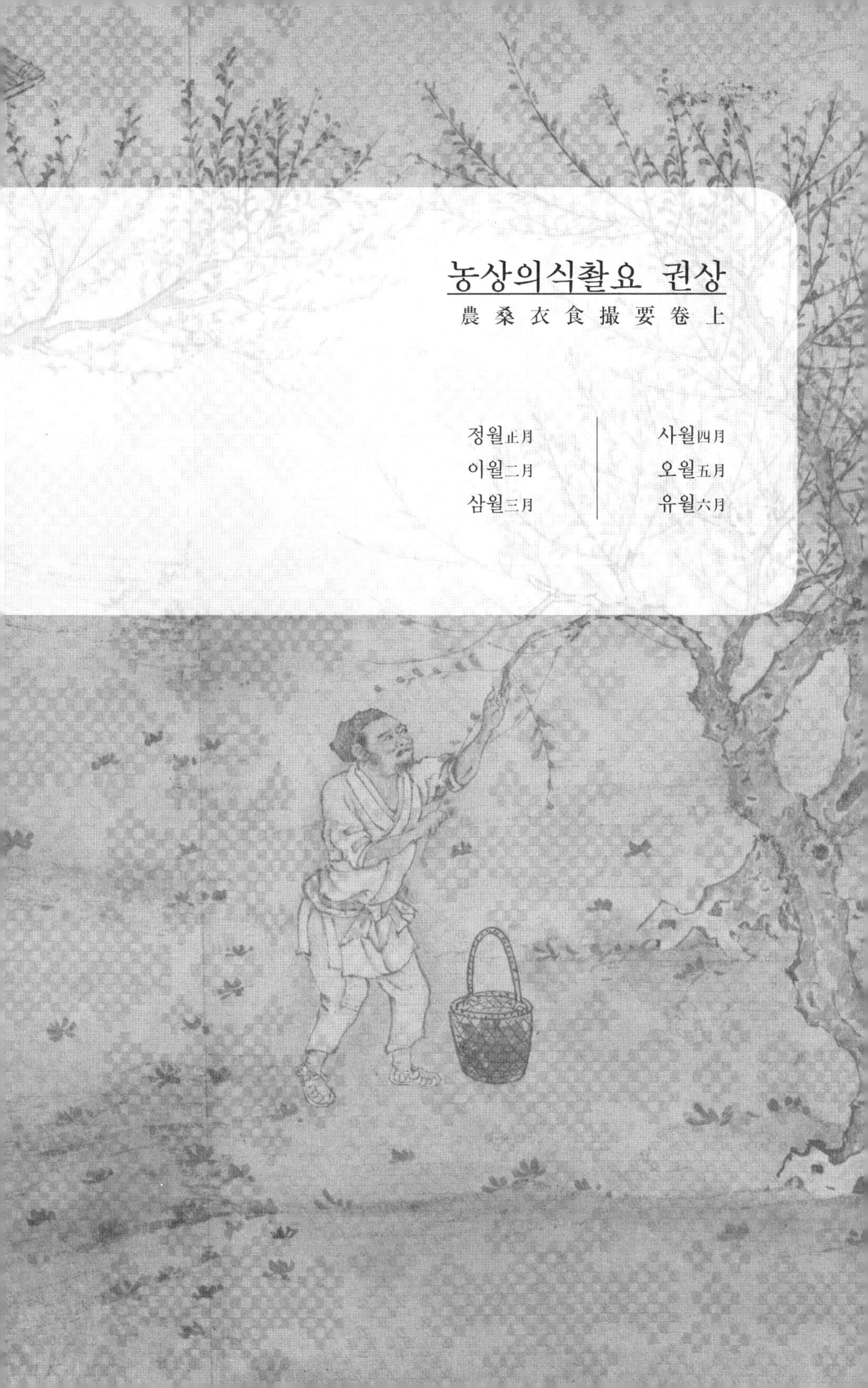

농상의식촬요 권상
農桑衣食撮要 卷上

정월正月　　사월四月
이월二月　　오월五月
삼월三月　　유월六月

정월 正月

역문 1-1 원단에 은혜 보답하기[元旦酬恩]²

원단元旦에는 마땅히 목욕재계하고 향불을 피우고 등촉을 밝혀서 천지와 일월성신에게 감사의 배례를 하고, 국왕, 자연신[水土], 조종 부모, 사직社稷과 육신六神에게 배례하고, 나쁜 생각을 해서는 안 된다. 매월 초하루와 보름날에 위와 같이 향불을 피워 배례하고 감사하면 복덕이 반드시 두터워질 것이다.

---

1   **역자주** 이 부분은 왕위후[王毓瑚]의 교주본에서는 이 말 전체가 누락되어 있으며, 欽定四庫全書本(이후 '사고전서본'으로 간칭)에는 권상(卷上)이란 말이 누락되어 있다. 하지만 「칠월(七月)」 앞부분에 "농상의식촬요 권하(農桑衣食撮要卷下)"란 말이 있는 것에 근거하여 보충하였다.

2   **역자주** 이 제목은 흠정사고전서본에는 누락되어 있다. 왕위후[王毓瑚]의 교주본에 의거하여 보충하였음을 밝혀둔다.

1-2 정월 초하룻날 아침 점험하기 [驗歲朝]³

정월 초하룻날은 닭, 이튿날은 개, 사흘날은 돼지, 나흘은 양, 닷새는 소, 엿새는 말, 이레는 사람, 여드레는 곡식의 날이다. 이 날의 날씨가 청명하고 온난하면 후손이 번성하고 건강하며, 바람 불고 눈 내리며 비 오고 구름이 껴서 추위가 혹독하다면 질병과 손실이 있으니, 각각의 날에 이를 살펴본다.

원문 1-1 元旦酬恩⁴

宜齋戒, 焚香點⁵燭, 拜謝天地·日月星辰·國王·水土·祖宗父母·社稷六神,⁶ 勿興惡念. 每月若遇朔望之日, 依上焚香拜謝, 福德必⁷厚.

1-2 驗歲朝

一日雞, 二日犬, 三日豕, 四日羊, 五日牛, 六日馬, 七日人, 八日穀.⁸ 日色晴明温暖, 則蕃息安康;⁹ 風雪雨陰寒慘冽,¹⁰ 則疾病衰耗; 以

---

3 **역자주** 본 조항의 "歲後八日, 一日雞·二日犬·三日豕·四日羊·五日牛·六日馬·七日人·八日穀."의 내용은 漢 동방삭(東方朔)의 『점서(占書)』의 내용이다. 최덕경, 『사시찬요 역주(四時纂要譯註)』(서울: 세창출판사, 2017)(이후『사시찬요 역주』라고 간칭)「正月·歲首雜占」, pp.48-50에 이에 대한 구체적인 설명이 전한다.

4 **역자주** 청대의 각본 즉 『묵해금호본(墨海金壺本)』, 『주총별록본(珠叢別錄本)』, 『장은서실본(長恩書室本)』, 『반무원본(半畝園本)』과 『청풍실본(清風室本)』(이들은 이후 청각각본(清刻各本)으로 간칭)에서는 모두 이 표제가 없고, 원단(元旦) 두 글자는 "宜齋戒, 焚香點燭 …"과 연결되어 한 구절을 이루며, 직접 '정월' 아래에 연결되어 있고, 수은(酬恩) 두 글자는 없다. 이것은 사고전서본도 마찬가지이다.

5 '점(點)'자는 청각각본(清刻各本)에서는 모두 '봉(捧)'으로 적고 있다.

6 **역자주** 명대 각본 즉 『농상촬요본(農桑撮要本)』, 『신간농상촬요본(新刊農桑撮要本)』과 『양민월의본(養民月宜本)』(이후 명각각본(明刻各本)으로 간칭)에서는 이 구절의 '천지(天地)'와 '국왕(國王)'에서 모두 별도로 행이 시작되며 줄 또한 바뀐다.

7 '필(必)'자는 청각각본에 의거하였으며, 명각각본에서는 '우(又)'로 잘못 적고 있다.

8 청대 각본인 청풍실본(清風室本)에서는 이 아래의 주에서 말하길, "보당(保塘)이 살피건대, 이러한 말들은 『북사(北史)』「위수전(魏收傳)」에서 진(晉) 의랑(議郎) 동훈(董勛)이

各日驗之.

역문 1-3 정월에 풀로 점치기[驗歲草]

냉이[薺菜]¹¹가 먼저 나면 그 해는 작물이 달고, 꽃다지[葶藶]¹²가 먼저 나면 그 해는 힘들어지며, 연뿌리[藕]가 먼저 나면 그 해는 비가 많이 오고, 남가새[疾藜]¹³가 먼저 나면 그 해가 가물며, 쑥[蓬]이 먼저 나면 그 해가 재앙이 들고, 물풀[水藻]이 먼저 나면 그 해가 불길하며, 황해쑥[艾]¹⁴이 먼저 나면 그 해에 병이 들게 되는데 모두 정월에 이들을 점친다.

예속을 답문하여 인용한 말에 보인다[保塘按, 數語見北史魏收傳引晉議郎董勛答問禮俗語].”라고 하였다.

9   '강(康)'자는 양민월의본(養民月宜本; 이후 월의본(月宜本)으로 간칭)에서만 '태(泰)'자로 적고 있다. 역자주 사고전서본에서도 '태(泰)'자로 적고 있다.

10 이 구절은 대자본과 월의본에 의거한다. 명대 농상촬요본(이후 '명각본'으로 간칭)에는 "풍□우음한참렬(風□雨陰寒慘冽)"이라고 적고 있으며 청각본은 이 중 '설(雪)'자가 없고, 『구선신은서(臞仙神隱書)』(이후 '신은서(神隱書)'로 간칭)와 『경세민사록(經世民事錄)』(이후 '경세록(經世錄)'으로 간칭) 또한 이 글자가 없다. 역자주 『구선신은서(臞仙神隱書)』 즉 '신은서(神隱書)'는 Baidu 백과에 의하면 명대 주권창(朱權創)의 잡기형 저술로 주로 '은거습도(隱居習道)'의 일상적인 내용을 담고 있다. 이중 '귀전지계(歸田之計)'는 월령(月令) 형식의 농업기술 자료가 적지 않게 실려 있는데, 왕위후는 서문에서 이 내용은 『농상의식촬요』의 내용을 그대로 복사한 것이라고 한다. 『경세민사록(經世民事錄)』(곧 '경세록')은 명 계악(桂萼)이 1616년 무렵에 편집한 것으로, 명 대통력(大統曆)에 기재된 월의 절기에 따라 기술한 내용으로 이 또한 왕위후는 『농상의식촬요』의 내용을 복사한 것이라고 한다.

11 역자주 Baidu 백과에 의하면 제채(薺菜)는 제(薺)를 가리키며, 학명은 *Capsella bursa-pastoris* (Linn.) Medic.이다. KPNIC에서는 이를 배추과 냉이속 '냉이'라고 명명한다.

12 역자주 Baidu 백과에 의하면 정력(葶藶)은 1-2년생 초본으로 학명은 *Draba nemorosa* L.이다. KPNIC에서는 이를 배추과 꽃다지속 '꽃다지'라고 명명하고 있다.

13 역자주 질려(疾藜)는 백질려(白疾藜)나 굴인(屈人) 등으로 이름하며, 1년생 초본식물이다. 학명은 *Tribulus terrestris* L.으로 KPNIC에서는 이를 남가새과 남가새속 '남가새'라고 명명하고 있다.

14 역자주 이 '애(艾)'자는 애호(艾蒿)로서 동일 문장에 제시된 앞의 '봉(蓬)'과는 달랐음을 알 수 있다. Baidu 백과에서는 애(艾)의 학명을 *Artemisia argyi* Lévl. et Van.라고 한다. 국가표준식물목록[이후 KPNIC로 약칭]에서는 이 학명을 *Artemisia argyi* H.Lév. & Vaniot라고 하여 황해쑥[*Artemisia argyi*]과 근연식물임을 명명하고 있다. 그런데 1830년경 조선의 『농정회요(農政會要)』 권9 「농여·동호(農餘·同蒿)」에는 "同蒿一名蓬蒿"라고 한다. Baidu 백과에 의하면 蒿菜는 同蒿, 蓬蒿, 蒿菜, 蒿子 등으로 칭하며, 학명은 *Glebionis coronaria*라고 한

1-4 소 기르기[教牛]

소는 농사의 근본이며 가정을 위해서도 보탬이 되니, 모름지기 마음을 써서 살펴야 한다. 매일 물과 풀을 주는 때를 어겨서는 안 된다. 물소는 여름동안에는 물웅덩이에 풀어두어 더위를 먹지 않게 하며, 겨울동안에는 따듯하게 해줘야 하는데, 절대로 눈과 서리로 인해 추위에 떨고 굶주리게 해서는 안 된다. 집에 한 마리의 소가 있으면 일곱 사람의 인력을 대신할 수 있다. 비록 가축일지라도 성정은 사람과 같으니 반드시 아끼고 잘 먹여야 한다.

원문 1-3 驗歲草

薺菜[15]先生歲欲甘,[16] 葶藶先生歲欲苦, 藕先生歲欲雨, 蒺藜先生歲欲旱, 蓬先生歲欲荒,[17] 水藻先生歲欲惡, 艾[18]先生歲欲病, 皆孟春占之.

1-4 教牛

牛者農之本, 爲家長者, 須要[19]留心提調. 每日水草不可失時. 水牛夏間下水坑不可觸熱; 冬間要[20]溫暖, 切忌雪霜凍餓.[21] 家有一牛, 可代

    다. KPNIC에서는 이 학명[*Glebionis coronaria* (L.) Cass. ex Spach]을 국화과 쑥갓속 '쑥갓'이라 명명하고 있다.
15 '채(菜)'자는 묵해금호본(墨海金壺本; 이후 묵해본(墨海本)으로 간칭)에서는 '채(采)'로 잘못 적고 있다.
16 '감(甘)'자는 대자본에서는 '건(乾)'으로 잘못 적고 있다.
17 '황(荒)'자는 청각각본에 의거하며, 명각각본에서는 모두 '류(流)'로 적고 있다. 신은서와 경세록에서도 모두 '류(流)'로 적고 있다.
18 '애(艾)'자는 대자본에서 '문(文)'자로 잘못 적고 있다.
19 '요(要)'자는 청각각본에서는 모두 '당(當)'으로 적고 있다,
20 대자본에서는 이 구절의 '요(要)'자가 빠져 있다.
21 대자본에서는 이 구절의 '설(雪)', '상(霜)' 두 글자가 전도되어 있으며, 또한 '아(餓)'자가 없다. 월의본(月宜本)에서는 이 구절의 '동(凍)'자가 빠져 있다.

七人力. 雖然畜類, 性與人同, 切宜愛惜保²²養.

〈그림1〉 냉이[薺菜]와 그 꽃

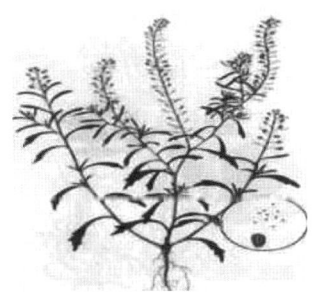

〈그림2〉 꽃다지[葶藶]

〈그림3〉 남가새[蒺藜]와 그 열매

〈그림4〉 황해쑥[艾]

역문 **1-5** 나무시집보내기[嫁樹]²³

정월 초하루[元日] 5경(五更: 새벽 4시부터 6시)에 불을 밝혀 뽕나무, 대추

---

22   '보(保)'자는 대자본, 월의본에서 '포(飽)'로 적고 있다. 신은서(神隱書)에서도 포(飽)로 적고 있다. 이에 대해 왕위후의 교주수정에서 연필로 '구영산(瞿映山) 필사본[手抄本]'으로 보충하고 있다.

23   역자주 '나무시집보내기'를 할 때 나뭇가지에 돌을 끼워두거나 도끼머리로 나뭇가지를 뚝뚝 치는 작업은 오늘날 과수의 생리 조절에서도 매우 중요하다. 가지에 돌을 끼워 나뭇가지의 각도를 벌려 각도를 조정하거나 가지의 곳곳에 상처를 내는 것은 양분이나 호르몬의 이동을 제한하는 효과가 있다. 최근에도 가지를 박피하여 과수의 생리현상을 조절하기도 한다.

나무, 과일나무와 유실수 등의 나무를 비추면 벌레가 없어진다. 칼과 도끼날을 사용해 군데군데 나무의 몸체를 치면 열매를 많이 맺게 된다.[24] 이를 일러 나무시집보내기라고 한다.[25]

1-6 각종 과실수와 나무 옮겨심기[移栽諸色菓木樹][26]

옛 사람들이 이르길, "나무를 옮겨 심는 데에는 정해진 때가 없고 나무에 대한 지식이 없더라도 본래의 흙을 많이 남겨두고 그 남쪽 가지를 기록해둔다."라고 하였다. 구덩이는 넓고 깊게 파야 하며 약간의 거름물[糞水]에 흙을 섞어 진흙탕[泥漿]을 만든다. 뿌리에 본래의 흙이 있는 채로 진흙탕 속에 옮겨 심고 물을 머금기를 기다렸다가 다음날 바야흐로 흙으로 덮어준다. 뿌리에 본래 흙이 남아 있지 않은 것은 깊은 진흙탕 속에 옮겨 심었다가 가볍게 나무의 뿌리를 들어 올려 지면과

---

24 **역자주** 정월 나무 시집보내기[嫁樹]는 당대 『사시찬요(四時纂要)』 「正月・嫁樹法」에도 등장하는데, 여기서는 초하룻날 해 뜨기 전에 도끼로 과일나무를 치면 열매가 많아지고 떨어지지 않으며, 자두나무의 경우 나뭇가지 사이에 돌을 끼워 둔다고 하여 본문과 표현을 달리 하고 있다.

25 **역자주** 대표적인 것으로 대추나무와 자두나무 시집보내기가 있다. 최덕경, 『제민요술 역주(齊民要術譯註)II』(서울: 세창출판사, 2012)(이후『제민요술 역주II』로 간칭) 권4「種棗」, pp.212-213;『제민요술 역주(齊民要術譯註)II』 권4「種李」, pp.243-245에는 정월 초하루 해 뜰 무렵에 도끼머리[反斧]나 막대기로 가지를 군데군데 두드리거나 초하룻날이나 보름날에 가지 사이에 벽돌을 끼워 두었는데, 이 같은 방식이 최덕경, 『농상집요 역주(農桑輯要譯註)』(서울: 세창출판사, 2012)(이후『농상집요 역주』로 간칭) 권5「果實・李」, pp.458-459「果實・棗」, p.464에로 이어지고 있다. 방식은 정월 초하루나 보름에 나무를 도끼머리[反斧]로 군데군데 두드리거나 가지 사이에 돌이나 벽돌을 끼워 놓거나 섣달과 정월 그믐에 막대기로 두드려주기도 했다. 주로 과일나무나 유실수, 뽕나무 등에 많이 사용하였다. 조선시대의『농가집성(農家集成)』(1655년 편찬)「사시찬요초(四時纂要抄)・정월(正月)」초하루 날에도 해가 뜨기 전에 벽돌을 과일나무 사이에 끼우고 있으며, 『산림경제(山林經濟)』(1715년경 간행)에는 도끼로 찍는 방식을 택하고 있다.

26 **역자주** 제목에서 '과목(菓木)'은 과일나무를 뜻하는지, 과일나무와 나무를 뜻하는지가 분명하지 않다. 그런데 '과목(菓木)' 아래에 '수(樹: 나무)'자가 있는 것으로 보아 과목(菓木)은 과일나무라고 해석하는 것이 합당할 듯하다. 이하의 내용도 이와 같이 해석하였음을 밝혀둔다. 『사시찬요 역주』「正月・栽樹」, pp.100-101에도 이와 매우 유사한 항목이 등장하며, 정월 15일 이전이 가장 좋으며, 그렇지 않으면 열매가 많이 맺히지 않는다고 한다.

평평하게 해주면 뿌리가 편안하게 퍼져 잘 살아난다. 사나흘 후 바야흐로 물을 준다. 정월 중순 이전에 옮겨 심으면 열매를 많이 맺는다. 정성을 다해 보호해야 하며 흔들어서는 안 된다.

원문 **1-5** 嫁[27]樹

元日[28]五更, 點火把照桑棗菓[29]木等[30]樹, 則無蟲. 以刀斧斑駁[31]敲打樹身則結實. 此謂之嫁樹.

1-6 移栽諸色菓[32]木樹

古人云,「移樹無時, 莫敎樹知, 多留宿土, 記取南枝.」宜寬深開掘, 用少糞水和土[33]成泥漿. 根有宿土者, 栽於泥中,[34] 候水喫定, 次日方用土覆蓋. 根無[35]宿土者,[36] 深栽於泥中, 輕提起樹根與地平,[37] 則根舒暢, 易得活. 三四日後方可用水澆灌. 上半月移栽則多實.[38] 宜愛[39]護, 勿令動搖.

---

27 왕위후[王毓瑚]는 본서 목차의 교기(校記)에서 '가(嫁)'자는 원래 '가(家)'로 잘못 쓰였다고 한다. 역자주 사고전서본(四庫全書本) 농상의식촬요에는 '가(嫁)'로 쓰여 있다.
28 '일(日)'자는 묵해본(墨海本)에서 유독 '단(旦)'으로 적고 있다.
29 역자주 '과(菓)'를 사고전서본에서는 '과(果)'로 적고 있다.
30 명각본에서는 이 구절에서 '등(等)'자를 빠뜨리고 있으며, 지금은 대자본, 월의본과 청각각본에 의거하여 보충해 넣는다.
31 '박(駁)'자는 청풍실본(淸風室本)에서는 '박(駮)'으로 적고 있다. 살피건대 이 두 글자는 서로 통용된다.
32 역자주 사고전서본에서는 '과(果)'자로 적고 있다.
33 역자주 '토(土)'자는 장은서실본(長恩書室本; 이후 장은실본(長恩室本)으로 간칭), 반무원본(半畝園本), 청풍실본에서는 '지(之)'로 적고 있으며, 사고전서본에서도 이와 동일하다. '신은서(神隱書)', '경세록(經世錄)'에서는 모두 '토(土)'라고 적고 있다.
34 청각각본은 이 구절을 모두 "재어어니중(栽於淤泥中)"이라고 적고 있다. 신은서, 경세록에서는 모두 '어(淤)'자가 없다.
35 '무(無)'자는 대자본에서는 '니(泥)'자로 잘못 적고 있다.
36 명각각본의 이 구절은 '자(者)'자가 빠져 있으며, 지금은 대자본, 월의본과 청각각본에 의거하여 보충해 넣는다. 신은서, 경세록에는 모두 '자(者)'자가 있다.
37 대자본의 이 구절은 '지(地)', '평(平)' 두 글자가 전도되어 있다.
38 명각본의 이 구절은 '상반월(上半月)' 세 글자와 '다(多)'자를 빠뜨리고 있으며, 지금은 대

역문 **1-7** 각종 과실수와 나무 거세하기[騸諸色菓木樹]⁴⁰

나무의 싹이 아직 나오지 않았을 때 뿌리 곁의 흙을 파는데, 모름지기 넓고 깊게 파서 땅에 박힌 중심 뿌리를 찾아 잘라주고 사방의 곁뿌리는 움직이지 않게 하며, 도로 흙으로 덮고 잘 다져주면 열매를 크게 맺어서 접붙이는 것보다 좋으니 이를 "나무 거세하기[騸樹]"라고 이른다.

1-8 뽕나무⁴¹ 옮겨심기[栽桑樹]⁴²

땅을 갈아 부드럽게 해준다. 옮겨 심을 때, 행은 모름지기 넓게 해주는데, 가로 행의 간격은 8보步로 하고, 긴 행에는 서로 4보步 간격에

자본, 월의본과 청각각본에 의거하여 보충한다.

39 '애(愛)'자는 월의본에서 유독 '보(保)'자로 적고 있는데, 그러나 유인월의본[油印月宜本: 이후 유인본(油印本)으로 간칭)]에서는 빠져 있다. 신은서, 경세록에서는 모두 '애(愛)'자로 적고 있다.

40 **역자주** '선(騸)'은 거세한다는 의미이다. 여기서와 같이 땅속 중심 뿌리를 찾아 잘라주면 열매의 수확이 접붙이는 방법보다 좋다고 한다. 식물은 지상에서는 탄소(C)를 통해 광합성을 행하고, 뿌리에서는 질소(N)를 흡수한다. 이 두 기능이 균형을 이룰 때 과수의 꽃이 많이 열리고 수확도 좋아진다. 그렇지 않고 뿌리의 작용으로 질소의 성분이 지나치게 많아지면 가지와 잎만 무성할 뿐 개화와 열매 맺기가 부실해진다. 따라서 양자 간의 균형을 맞추기 위해 뿌리의 직근(直根)을 절단함으로써 과수 생리의 균형을 조절한다. 뿌리의 거세는 바로 이러한 식물 생리현상을 정상화하는 기술이며, 이 같은 기술이 이미 6세기『제민요술』시기에 등장하고 있는 것은 주목할 만하다.

41 **역자주** 뽕나무는 桑[뽕나무: *Morus alba* L.]과 柘[꾸지뽕나무: *Maclura tricuspidata* Carrière]로 구분되며, 뽕나무는 중국 재배작물 가운데 가장 오래된 것 중 하나로 알려져 있다. 뽕나무 종류 중 대표적인 것으로 형상(荊桑)과 노상(魯桑)이 있다.『농상집요 역주』권3「栽桑·論桑種」, pp.190-200에서『사농필용(士農必用)』을 인용하여 양자를 구분하길, 형상은 오디가 많고 노상은 오디가 적다. 형상의 잎은 얇고 뾰족하고 잎의 가장자리에 톱니가 있고, 줄기, 가지와 뽕잎이 모두 거칠고 강하다. 반면 노상은 잎이 둥글고 두꺼우며, 진액이 많으며, 줄기와 잎이 부드럽고 무성하다. 또 형상은 뿌리가 깊고 견고하여 큰 나무로 자라기에 적합한 데 반해, 노상은 뿌리가 깊지 못하고 키도 작아 지상[地桑: 작은 뽕나무] 재배에 적합하다. 따라서 형상류의 뽕잎은 큰 누에에게 먹이기 적합하고 그 실은 질겨서 사(紗)와 나(羅)와 같은 비단생산에 적합하다. 반면 노상류는 애누에에게 적합하다고 한다.

42 **역자주** 뽕나무에 대한 기록은『제민요술 역주II』권5「種桑柘」, pp.331-332과『농상집요 역주』권3「栽桑」에도 등장하지만, 후자의 경우 주로『사농필용(士農必用)』,『무본신서(務本新書)』등에 의지하며, 본문의 내용 역시『농상집요』속『사농필용』의 인용문에 등장한다.

한 그루씩 마주보게 옮겨 심는다. (이렇게 하면) 뽕나무의 행 사이에 우경을 할 수 있기 때문에 밭은 황폐해지지 않고 뽕나무도 거칠어지지 않는다. 2월 내에 옮겨 심는 것도 좋으며 섣달에도 심을 수 있다.

1-9 각종 나무 옮겨심기[移栽諸樹]⁴³

초하루부터 그믐에 이르기까지 소나무[松],⁴⁴ 측백나무[柏],⁴⁵ 회화나무[槐],⁴⁶ 느릅나무[楡]⁴⁷ 등을 옮겨 심을 수 있다. 2, 3월에도 또한 가능하다.

---

43 역자주 『제민요술 역주Ⅱ』 「栽樹」, p.197에는 나무를 옮겨 심을 때, 정월이 가장 좋다. 2월이 그다음으로 적합한 시기이며, 3월이 나무 심기에 가장 좋지 않은 시기라고 한다. 그리고 최식(崔寔)은 정월 초하루에서 그믐에 이르기까지 각종 나무를 옮겨 심을 수 있으며, 15일이 지나면 열매가 적게 맺힌다고 하다.

44 역자주 소나무[松]는 『제민요술 역주Ⅱ』 권4 「栽樹」, p.200에는 최식(崔寔)의 말 중에 '재수(栽樹)' 중 하나로 등장하지만, 『농상집요 역주』 권6 「竹木·松」, p.493에는 독립된 항목으로 그 파종시기와 방법이 등장한다. 1544년에 간행된 조선의 『구황촬요(救荒撮要)』, 『증보산림경제(增補山林經濟)』(1766년 간행) 권3 「種樹·松」, 『임원경제지(林園經濟志)』(1840년경 편찬) 등에는 목재 뿐 아니라 솔잎, 송순(松筍), 송진 등을 식용, 구황(救荒), 벽곡(辟穀) 및 약재의 재료로 용도가 확대되고 있는 것이 주목된다.

45 역자주 '백(柏)'과 [11-2] 항목에 등장하는 백(栢)의 차이는 무엇일까? 동일한 책속에 다르게 표현한 것은 차이가 있었음을 의미하는데, Baidu 백과에서는 서로 동일하며 번체와 간체의 차이라고 인식하고 있다. 『한어대사전(漢語大詞典)』(漢語大詞典出版社, 1994)에 의하면 '백(柏)'은 백과(柏科) 식물의 통칭으로, 『설문(說文)』에는 국(椈)이라고도 하며, 측백(側柏), 원백(圓柏), 자백(刺柏), 대만편백, 복건편백, 조선애백(朝鮮崖柏: *Thuja koraiensis* Nakai: KPNIC에서는 '눈측백'이라 칭) 등 여러 종이 있다고 한다. 내한성이 강하고 겨울에도 잎이 시들지 않고 목질이 단단하고 치밀하여 건축, 선박용으로 사용된다. 한편 백(栢)은 Baidu 백과에서는 백(柏)과 동일하다고 간단하게 언급하고 있다. 다만 백수(柏樹)는 백목(柏木)으로 학명이 *Cupressus funebris* Endl.이고, KPNIC에서는 이를 측백나무와 쿠프레수스속 '중국 수양쿠프레수스'라고 한다. 본서에서는 이해를 돕기 위해 백(柏)을 '측백나무'라고 이름하였다. 하지만 조선의 『임원경제지(林園經濟志)』(1840년경 편찬) 「贍用志」 권2 「營造之具·木料霧·品第」에 의하면 민간에서는 백(栢)이라고 부른 것은 바로 오만송(五鬣松)으로, 중국에서는 이를 해송자(海松子)라고 했으며, 건축용도에 적합했다고 한다. Baidu 백과에 의하면 해송자의 학명은 *Pinus koraiensis* Sieb. et Zucc.이며, KPNIC에서는 이를 소나무과 소나무속 '잣나무'로 명명하고 있다. 따라서 19세기 조선의 민간에서 말했던 柏과 송원시대의 柏은 다소 차이가 있었음을 알 수 있다.

46 역자주 '괴(槐)'는 중국의 Baidu 백과에서는 *Styphnolobium japonicum* (L.) Schott이라고 하는데 KPNIC에서는 이를 '회화나무'로 명명하고 있다. 회화나무 역시 『제민요술 역주Ⅱ』 권5 「種槐柳楸梓梧柞」, pp.409-411; 『사시찬요 역주』 권3 「五月·種槐」, pp.303-304; 『농상집요 역주』 권6 「竹木·槐」, pp.509-510에서 본서에 이르기까지 동일한 내용이 전하며,

원문 **1-7** 騙諸色菓⁴⁸木樹

樹芽未生之時, 於根傍掘土,⁴⁹ 須要寬深, 尋纂心釘地根截去, 留四邊亂根勿動, 却用土覆蓋, 築令實, 則結菓肥大, 勝插接者, 謂之「騙樹」.

1-8 栽桑樹

耕地宜熟. 移栽時, 行須要⁵⁰寬; 橫行闊八步,⁵¹ 長行相離四步對栽.⁵² 行⁵³中間可用牛耕, 故田不廢, 桑不致荒. 二月內移栽亦可, 臘月亦得.⁵⁴

이것은 조선의『산가요록(山家要錄)』(1450년경 간행) 「槐」와『穡經』상권 「槐」에도 같은 내용이 이어지고 있다. 하지만 이 나무의 용도에 대한 설명이 없는 것이 아쉽다. 다만 18세기『증보산림경제(增補山林經濟)』권3 「種樹・槐」에 의하면 "씨를 먹으면 장수할 수 있고, 꽃은 물감을 만들며, 껍질과 가지는 종기나 치질을 치료한다."라고 한다.

47 역자주 유(楡)에 대한 학명이 Baidu 백과에는 등장하지 않는데, 그것은 근연식물이 많아 역사상의 식물 이름을 고정하기가 어려웠기 때문인 듯하다. Naver 한자사전에는 이를 느릅나무로 명명한다. KPNIC에는 느릅나무의 학명을 *Ulmus davidiana* Planch. ex DC. var. *japonica* (Rehder) Nakai로 표기하고 있으나 근연식물로서 당느릅, 왕느릅, 중느릅, 참느릅 등으로 10여종 이상이 보인다. 이들의 속명은 모두 *Ulmus*이나 종소명과 명명자가 모두 상이한 것을 보면 다양한 갈래의 식물이 등장하고 있음을 알 수 있다. 위의 학명을 Baidu 백과에 적용하면 춘유(春楡)라고 하여 楡屬임을 말하고 있어 느릅나무로 명명해도 무관할 듯하다.『제민요술 역주Ⅱ』권5 「種楡白楊」, pp.387-390에 느릅나무의 용도를 서까래, 그릇에서 수레바퀴까지 구체적으로 소개하고, 아이가 태어나면 이 나무를 심어 결혼 할 때쯤이며 혼수비용으로 사용했던 것을 보면 오래전부터 경제작물로 중히 여겼음을 알 수 있다. 1경의 느릅나무를 파종하면 한 해 천 필의 비단 수확과 맞먹으며, 무엇보다 각종 재난을 걱정할 필요가 없어 오곡 파종에 비해 노력과 편안함이 만 배나 차이난다고 한다. 이러한 느릅나무의 효용성이 조선의『증보산림경제(增補山林經濟)』권3 「種樹・楡」에 그대로 소개되고 있다.

48 역자주 사고전서본에서는 제목과 내용 속의 '과(菓)'를 '과(果)'자로 적고 있다.

49 명각각본의 이 구절은 '방굴토(傍掘土)' 세 글자가 빠져 있으며 지금은 대자본, 월의본에 의거하여 보충한다. 그러나 유인본(油印本)에서는 굴(掘)을 '추(推)'라고 적고 있다. 또 '방(傍)'자를 청각각본에서는 '방(房)'으로 적고 있다. 이하 동일하다.

50 '요(要)'자는 청각각본에서 '용(用)'으로 적고 있다.

51 대자본(大字本)에서 이 구절은 '횡활□팔보(橫闊□八步)'로 적혀 있다.

52 역자주『농상집요 역주』권3 「栽桑・布行桑」, p.226에는 "闊八步一行, 行內相去四步一樹, 根對栽之."라고 적고 있다.

53 역자주 사고전서본에서는 '행(行)'을 '상행(桑行)'이라고 적고 있다.

54 '득(得)'자는 대자본에서 '가(可)'로 적고 있다.

1-9 移栽諸樹

自朔曁晦, 可移松・柏・槐・楡等樹. 二三月亦得.

<그림5> 회화나무[槐] 꽃과 열매

<그림6> 느릅나무[楡]와 그 꽃

역문 1-10 수양버들 파종하기[種柳]⁵⁵

사람의 팔뚝만하고 길이가 한 자[尺] 반 정도 되는 여린 수양버들 가지를 취하여 아래 끝 두세 치[寸] 부분을 그을려 그것을 땅에 묻고 공이로 잘 다져주고 늘상 물을 주면, 반드시 몇 개의 가지가 함께 자라난다.⁵⁶ 서너 개의 무성한 가지만 남기고 가지 끝을 잘라 주면 그 가지는 반드시 무성해진다.⁵⁷ 간혹 대여섯 자[尺] 길이의 가지를 꽂아 심어도 좋다. 민가에서 만약 천 그루를 심으면 족히 땔나무를 충당할 수 있다. 키버들⁵⁸의 경우, 강변과 하습지에서 떨어져 오곡을 심을 수 없는

---

55 역자주 사고전서본에는 정월 난에 '종류(種柳)' 항목이 누락되어 있고, '移栽諸樹' 다음에 바로 '修桑'이 이어진다.
56 역자주 이 문장의 내용은 『제민요술 역주II』「種槐柳楸梓梧柞」, pp.411-413에도 전하지만 이하의 문장은 본서에서 추가된 것이다.
57 역자주 본문과는 달리 『제민요술』과 『사시찬요』「正月・種柳」에는 무성한 한 가지만 남긴다고 하여 본문과 재배 방식의 차이를 보이고 있다.
58 역자주 키버들[箕柳]은 버드나무과에 속하는 낙엽 활엽관목이다. 고리버들이라고도 한다. 한국민족문화대백과에는 우리나라에서만 자생하는 한반도 고유종으로 전통 공예품을 만드는 용도로 사용된다고 한다. KPNIC에 의하면 키버들은 버드나무과 버드나무속이며, 학명은 *Salix koriyanagi* Kimura ex Goerz이며 근연식물이 많다.

곳에는 땅을 여러 번 갈이하고, 네다섯 치 크기로 잘라 흩뿌려 심고 항상 물을 끌어다 담가두면 가을에 거두어서 키나 되[升], 말[斗]을 만드는 용도로 쓸 수 있다.[59] 2월에도 꽂아 심을 수 있다.

원문 1-10 種柳[60]

取弱柳枝大如臂, 長一尺半, 燒下頭三二寸埋之. 用杵打實, 常以水澆之, 必數條俱生. 留三四條茂者, 削去枝梢, 其枝必茂. 或栽插[61]者長五六尺, 亦得. 人家若種千樹, 足可[62]以供柴. 箕[63]柳去[64]河邊及下地不堪種五穀之處, 耕地數遍, 刈取四五寸, 漫撒栽[65]之, 常引水[66]浸, 至秋間收取, 可爲簸箕升斗用度. 二月亦可栽插.[67]

역문 1-11 뽕나무 가지치기[修桑][68]

마른 가지와 아래쪽의 다소 엉킨 가지를 잘라내고 뿌리 곁을 파내

---

59 역자주 당대『사시찬요』「춘령·정월」편에도 이와 동일한 항목이 존재하지만 내용은 상당한 차이가 있으며, 특히 수양버들의 용도까지 제시하고 있다.
60 이 조항은 칭깍긱본에서 모두 빠져 있다.
61 역자주 재삽(栽插)은 '옮겨 심고 꽂아 심는다.'는 의미보다 전후 문맥으로 미루어 '꽂아 심다'라고 해석하는 것이 좋을 듯하다.
62 왕위후의 유고(遺稿)로서 최근 공개된 초판본에 대한 왕위후의 교주자 수정문[이후 '왕위후의 교주수정(校注修訂)'으로 간칭]에 의하면 '足可'는 구영산(瞿映山)의 필사본[手抄]에는 '可足'으로 적고 있으며, 또 다음 구절의 '시(柴)'도 '시(紫)'로 적고 있다.
63 '기(箕)'자는 대자본에서 유독 '신(薪)'으로 적고 있다. 또한 이 구절의 첫머리에 있는 '족(足)'자를 유인월의본(油印月宜本)에서는 '시(是)'자로 잘못 적고 있다.
64 '거(去)'자는 대자본(大字本)에서 유독 '근(近)'으로 적고 있다.
65 대자본에서는 이 구절에 '재(栽)'자가 빠져 있다.
66 '수(水)'자는 월의본에서는 '입(入)'으로 잘못 적고 있다. 또 대자본에서의 이 구절은 '상이수만(常以水漫)'으로 적혀 있다.
67 '삽(插)'자는 대자본에서 유독 '류(柳)'로 적고 있다.
68 역자주『제민요술 역주 II』「種桑柘」, pp.340-341에 의하면 뽕나무 가지치기는 12월이 가장 좋은 시기이고 그다음이 정월이고 2월이 가장 좋지 않다. 2월에 가지를 치면 흰 유즙이 흘러나와 뽕잎이 손상된다고 한다.

어 거름을 섞은 흙으로 북돋아주는데, 섣달과 같게 한다. 이 달에 가지치기를 하지 않으면 잎이 더디게 나고 얇아진다.[69]

1-12 삼 파종하기[種麻][70]

옛 사람들이 이르길 "무 밭은 10번 갈이하고 삼밭은 9번 갈이한다."라고 하였다.[71] 땅은 기름지고 부드러워야 하며 재 흙에 종자를 섞어서 간혹 흩어 뿌리며 재 흙에 썩은 풀을 섞어서 덮어주면, 조밀하게 파종한 곳은 싹이 가늘고 듬성듬성 파종한 곳은 굵어진다. 잎이 나 펼쳐지면 땅을 깎아 김매기 한다. 이슬이 맺히면 재를 흩뿌려 김을 매줘야 한다. 두세 차례 거름을 준다. 2, 3월에는 모두 삼을 파종할 수 있으며, 일찍 파종해야 하고 늦으면 좋지 않다.[72] 섣달 여드레 날에도 파

---

[69] **역자주** 『농상집요 역주』 권3 「栽桑·科斫」, pp.239-240에 의하면 가지치기를 하는 데에는 네 가지의 경우가 있는데, 그것은 물이 떨어져 바로 말라버리는 가지, 몸을 찌르는 가지, 나란히 붙어 있는 가지, 자질구레하고 쓸모없는 가지라고 한다.

[70] **역자주** 『제민요술』에는 마(麻)와 마자(麻子; 암삼)를 구분하여 기술하고 있다. 본문의 내용은 마(麻)로서 『제민요술 역주 I 』 권2 「種麻」, pp.241-251에 상술하고 있으며, 이것은 『농상집요 역주』 권2 「播種·麻」, pp.154-159에도 그대로 이어진다. 문제는 이들의 중간에 놓인 당대의 『사시찬요』에는 "種麻子"편이 있고, 그 내용은 『제민요술』 권2 「種麻」와 동일하다. 하지만 "種麻"편은 보이지 않는다. 그런데 흥미롭게도 『사시찬요』에는 앞의 두 책에는 없는 「五月·種苴麻」가 보이며, 그 속에 내용은 모두 『제민요술』 「種麻」의 내용과 동일하다. 저마(苴麻)란 『제민요술』 권2 「種麻」의 첫머리의 해석에 의하면 마자(麻子) 즉 암삼이라고 하였는데, 『사시찬요』 권3 「五月·種苴麻」에서는 제목과 내용을 모순되게 배치한 것이다. 이렇게 보면 『제민요술』의 麻와 麻子에 대한 기록이 원대의 『농상집요』에 이르기까지 이어지고 있음을 알 수 있다. 이러한 기록은 조선의 『농사직설(農事直說)』 「種麻」에도 위의 기본 내용을 유지하고, 『색경(穡經)』 상권 「麻」에서는 『농상의식촬요』의 내용도 추가하고 있으며, 『증보산림경제(增補山林經濟)』, 『해동농서(海東農書)』(1798년 경 간행)』 권3 「大麻」와 『농정신편(農政新編)』 권3 「利·皮」에로 기본적인 내용이 이어지고 있다.

[71] **역자주** 최덕경, 『제민요술 역주(齊民要術譯註) I 』(세종출판사, 2018)(이후 『제민요술 역주I』로 간칭) 권2 「種麻」, p.245; 『농상집요 역주』 권2 「播種·麻」, p.155에서 "갈이는 부드러울수록 좋다. 종횡으로 일곱 차례 이상을 갈면 문드러지거나 잎이 누레지지 않는다."라고 한다.

[72] **역자주** 조선의 『색경(穡經)』(1676년 간행) 상권 「麻」 속에는 『농상집요 역주』 권2 「播種·麻」의 내용이 그대로 전재되어 있으며, 말미에는 본문의 내용도 덧붙여 전해진다.

종할 수 있다.

원문 **1-11** 修桑

削去枯枝及低小亂枝條, 根傍開掘,⁷³ 用糞土培壅, 與臘月同. 此月不修理, 則葉生遲而薄.⁷⁴

1-12 種麻

古人云,「十耕蘿蔔九耕麻」. 地⁷⁵要肥熟以土灰拌種, 或撒子, 以土灰和腐草蓋, 密則細, 疎則粗. 布葉則刪⁷⁶耘. 宜帶露撒灰耘. 糞三兩次. 二三⁷⁷月皆可種之, 宜早, 不宜遲. 臘月八日亦得.

역문 **1-13** 가지⁷⁸ · 박 · 동아 · 호리병박 · 오이 · 울외⁷⁹ 파종하기
[種茄匏冬瓜葫蘆黃瓜菜瓜]

이 달에⁸⁰ 미리 먼저 거름을 재와 흙과 섞어 화분에 담거나 통에 저

---

73 대자본에서는 이곳에 '削去枯枝及低小亂枝條□□□同'이라고 적고 있다. 또 '근방(根傍)' 두 글자는 유인본에서는 도치되어 있다.
74 '박(薄)'자는 월의본에서는 '부(簿)'로 잘못 적고 있다.
75 명각본에서는 이 구절에 '지(地)'자가 빠져 있으며, 지금 대자본, 월의본과 청각각본에 의거하여 보충한다.
76 '산(刪)'자는 대자본에서는 '산(㧕)'으로 잘못 쓰고 있으며, 월의본에서는 '강(剛)'으로 잘못 적고 있다.
77 대자본에서는 이 구절에 '삼(三)'자가 없다.
78 역자주 가지에 대한 기록은 『제민요술 역주 I』 권2 「種瓜」의 말미에 첨부되어 있다. 이후 같은 내용이 『사시찬요 역주』 권2 「二月·種茄法」, p.161과 「十月·區種茄」, p.493에서 독립된 항목으로 전해지고, 『농상집요 역주』 권5 「瓜菜·茄子」, pp.396-398에는 『제민요술』의 기록을 그대로 전재하고 있다. 조선에는 『사시찬요초(四時纂要抄)』 「四月」에 "가지, 동아[東瓜], 박[瓢]의 모를 옮겨 심는다."라고만 되어있고, 『산가요록(山家要錄)』 「茄」에는 『농상집요』 「瓜菜·茄子」의 내용을 줄여 전재하고 있다.
79 역자주 '채과(菜瓜)'는 Baidu 백과에 의하면 호리병과 오이속 1년생 덩굴식물로 越瓜, 梢瓜, 白瓜라는 별명도 있다고 한다. 학명은 Cucumis melo subsp. agrestis (Naudin) Pangalo이다. KPNIC에는 이에 대응하는 국명이 등장하지 않는다. 다만 학명 Cucumis melo가 '참

장했다가 발열하여 발효가 끝나면 각종 외[瓜][81]와 가지[茄]의 씨를 재거름 속에 넣고 항상 물을 준다. 낮 동안은 햇빛을 향하게 하고 밤 동안은 거두어서 부뚜막 옆 따뜻한 곳에 둔다. (싹이) 껍질을 쓰고 나올 때가 되면 기름진 땅에 나누어 파종하며 항상 약간의 거름과 물을 뿌려주고 위에는 낮게 시렁을 만들어 덮어준다. 무성하게 자라났을 때 흙째로 옮겨 심으면 잘 살아난다. 춘사일[82]이 지난 이후에도 그것을 파종할 수 있다.

1-14 토란 모종 심기[種芋秧][83]

우선 밭[園地][84]을 한 차례 호미질 하고 또 새 황토로 호미질을 한 위를 덮어주며, 토란 싹이 위로 향하도록 촘촘하게 파종하고 풀로 덮어

외'를 뜻하는 것으로 보아 근연식물인 듯하나 어떤 것인지는 분명하지 않다. 게다가 Naver 백과에서는 월과(越瓜: Cucumis melo var. conomon)를 울외라고 하고, 일본에서는 울외를 된장에 담가 절여 울외장아찌[나라스케]로 만들어 먹는다고 한다.

80 **역자주** 『농상집요 역주』 권5「瓜菜‧冬瓜」, p.383에서는 위 본문과는 달리 10월에 구덩이에 파종하고 파종법에 대해 "冬瓜越瓜瓠子 十月種, 如種瓜法. 冬則堆雪著區上, 爲堆."라고 한다.

81 **역자주** 과(瓜)의 종류는 무수히 많다. 그런데 본문처럼 과(瓜)가 단독으로 표기되어 있을 때는 어떤 과(瓜)를 의미할까? 『제민요술 역주I』 권2「種瓜」, pp.320-326의 첫머리에 다양한 과를 설명하면서 과(瓜)의 특징을 "요동, 여강(廬江), 돈황에서 나오는 것이 좋다[맛있다].", "(瓜州의) 대과(大瓜)는 한 섬[斛]들이 크기이며,", "크기가 두 자인 것도 있다.", "(春白瓜는) 외가 작고 외씨도 작아서 저장용 외로 적당하고", "외가 맛이 좋아 '동능과(東陵瓜)'라고 하였다." "(영가(永嘉)의 과는) 8월에 익고 11월이 되면 과육의 겉 부분이 청록색이고 외속은 홍색이 되며, 달콤한 냄새가 나고 아삭아삭하다."라고 한다. 이러한 특징들을 모두 지닌 과(瓜)를 특정하기는 어렵다. 묘치위[繆啓愉]는 그의 책, 『제민요술교석(齊民要術校釋)』(중국농업출판사, 2009), p.155에서 고대에는 첨과(Cucumis melo; KPNIC에서는 이를 박과 오이속 참외라고 명명함)를 통칭 과(瓜)라고 한다. 본장의 월과(越瓜), 호과(胡瓜), 동과(冬瓜)의 과(瓜)는 과류(瓜類)의 총칭은 아니라고 하였다.

82 **역자주** 춘사(春社)는 한족의 전통 민속절기 중 하나로 대개 입춘 후 다섯 번째 무일이다. 대략 춘분 전후로써 2월 2일, 2월 8일, 2월 12일, 2월 15일의 설이 있다.

83 **역자주** 『제민요술 역주I』 「種芋」에는 토란은 대개 2월에 파종한다고 한다.

84 **역자주** 원지(園地)는 채원(菜園), 과원(果園), 화원(花園)의 총칭으로 밭으로 번역했다.

주고서 서너 장의 잎이 나올 때면 약 네다섯 치[寸] 정도로 자라는데, 3월에 그것을 옮겨 심는다.

원문 **1-13** 種茄匏冬瓜⁸⁵葫蘆⁸⁶黃瓜菜瓜

此月預先以糞和灰土, 以瓦盆盛, 或桶盛貯, 候發熱過, 以瓜茄子插於灰中, 常以水酒之. 日間朝日影,⁸⁷ 夜間收於灶⁸⁸側暖處. 候生甲⁸⁹時, 分種於肥地, 常以少糞水澆灌, 上⁹⁰用低棚蓋之. 待長茂, 帶土移栽則易活.⁹¹ 社後亦可種之.

1-14 種⁹²芋秧⁹³

先將園地鉏過一遍, 又以新黃土覆在⁹⁴鉏過地上, 却將芋芽向上密排種之, 用草覆蓋,⁹⁵ 候發出三四葉, 約四五寸高, 於三月間移栽之.

---

85 역자주 동과(冬瓜)는 Baidu 백과에 의하면 1년생 덩굴식물로서 학명은 *Benincasa hispida* (Thunb.) Cogn.인데, KPNIC에서는 이를 박과 동아속 '동아'라고 명명하고 있다.
86 역자주 호로(葫蘆)의 학명은 *Lagenaria siceraria* (Molina) Standl이며, 변종을 호(瓠)라고 한다. KPNIC에서는 '박'이라고 명명하는데 반해 Naver 백과에서는 '호리병박'이라고 한다.
87 역자주 '영(影)'자는 청각각본에서는 '경(景)'으로 적고 있으며, 그것이 저본으로 삼은 사고전서본에서도 마찬가지이다.
88 역자주 사고전서본에서는 조(灶)를 조(竈)자로 적고 있다.
89 '갑(甲)'자는 대자본에서는 '신(申)'으로 잘못 적고 있다.
90 '상(上)'자는 청각각본에서는 '토(土)'로 잘못 적고 있다.
91 명각각본에서의 이 구절은 모두 '이(易)'자가 빠져 있다. 지금은 청각각본에 의거하여 보충했다. 경세록(經世錄)의 이 구절에도 '이(易)'자가 있다.
92 왕위후[王毓瑚]는 본서 목차의 교기(校記)에서 원래 '종(種)'자가 없었으며, 월의본도 동일하다고 한다. 역자주 사고전서본(四庫全書本)에서도 종(種)자가 없다.
93 이 조항의 제목에 각 판본에서는 모두 '종(種)'자가 없다. 살펴건대 책에서 각 항목의 작업을 열거하여 제목으로 삼았으며, 모두 앞에 동사를 붙였는데 이 조항도 예외가 아니다. 지금은 신은서에 따라 보충한다.
94 '재(在)'는 대자본에서는 '어(於)'로 쓰고 있다.
95 대자본에서는 '복(覆)'자와 '개(蓋)'자가 도치되어 있다.

〈그림7〉 동아[冬瓜]와 그 내부

〈그림8〉 울외[菾瓜]와 울외장아찌[나라스케]

〈그림9〉 토란[芋]과 그 줄기

〈그림10〉 호리병박[葫蘆]

역문 1-15 각종 과실수와 나무 가지치기[修諸色菓木樹]

다소 엉켜 있는 낮은 가지를 잘라내서 영양분이 분산되지 않게 하면, 열매가 열리는 것이 자연스레 크고 좋아진다.

1-16 파·부추·염교 파종하기[栽葱韭薤]⁹⁶

쓸데없는 수염뿌리를 제거하고 햇볕에 약간 말려 줄의 간격을 넓게 하여 촘촘하게 옮겨 심는다. 닭똥으로 북돋아주면 좋다.⁹⁷

---

96 역자주 『농상집요(農桑輯要)』와 『사시찬요』에는 이들을 각각 독립된 항목으로 언급하고 있는데 반해, 여기서는 통합하여 일괄 언급하고 있다. 특히 『농상집요』에서는 수염뿌리에 대한 언급이 없고 파종 시기와 방식에서도 다소 차이가 있다.

97 역자주 염교[薤]는 『제민요술 역주Ⅱ』 권3 「種蒜」, pp.68-69에 의하면 "염교는 햇볕에 말

1-17 노랑선씀바귀·상추[98]·생채[99]·4월갓[100] 심기
[種苦蕒[101]萵苣生菜四月芥]

2, 3월에 모두 옮겨 심으며, 덮고서 잘 부숙한 재거름으로 북돋아 주는 것이 좋다.

러서 (손으로) 비벼 마른 껍질을 떼어 내고 죽은 뿌리를 잘라 내는데, 죽은 뿌리를 남겨 두거나 또 햇볕에 말리지 않은 것은 비늘줄기가 쪼그라들고 가늘어져서 튼실하게 자랄 수 없다."라고 한다. 또한 『제민요술 역주II』「種葱」, p.76에서도 파 역시 "12월 말에는 마른 잎과 마른 껍질을 제거하는데, 마른 잎을 제거하지 않으면 봄에 피는 잎이 무성해지지 않는다."라고 한다.

98 역자주 『농상집요 역주』권5 「瓜菜·萵苣」, p.435에는 상추[萵苣]를 '신첨(新添)'이라고 하고 있지만, 『제민요술 역주』서두의 「雜說」, p.64에는 "種葵萵苣"라고 하여 상추[萵苣]가 이미 등장하며, 『제민요술』권3 「種蘘荷芹蘆」, pp.119-120에는 상추의 또 다른 이름인 거[蘆]가 등장하기도 한다. 물론 이 「雜說」의 내용은 가사협(賈思勰)의 기록이 아니라는 의심을 받고 있지만, '苣'가 아닌 '蘆'가 이미 6세기 무렵에 출현했다는 것은 부인할 수 없다. 이후 『사시찬요 역주』권2 「三月·冬瓜萵苣」, p.214에 3월 하순에 상추를 파종한다는 말이 전하며, 구체적인 파종법은 『농상집요』에 보인다. 이 기록을 조선의 『산가요록(山家要錄)』「萵苣」; 『색경(穡經)』상권 「萵苣」에서 그대로 인용하고 있으며, 『농가집성(農家集成)』(1655년 편찬)「四時纂要抄·六月」에도 "상추를 파종한다."는 기록이 남아있다.

99 역자주 '와거(萵苣)'와 '생채(生菜)'는 오늘날에는 둘 모두 상추의 의미로 통용되고 있지만 같은 문장 속에서 동시에 등장한다는 것으로 보아 두 가지 해석이 가능하다. 하나는 '와거'와 '생채'의 품종을 달리 해석하는 것이며, 다른 하나는 '와거생채(萵苣生菜)'를 한 단어로 상추라고 해석하는 것이다. 그런데 이 제목으로 미루어 볼 때 '와거'와 '생채'는 서로 다른 품종의 야채라고 인식된다. '와거(萵苣)'의 학명은 *Lactuca sativa* L.이며, 국명은 '상추'이다. 원산지는 유럽의 지중해 지역과 아시아 서부 지역이다. '생채(生菜)'의 중국에서의 학명은 *Lactuca sativa* L. var. *ramosa* Hort인데, 이와 대응되는 국명은 없으나 학명 상 상추[*Lactuca sativa* L.]와 유사한 것으로 보아 근연종인 듯하다.

100 역자주 '개(芥)'는 개채(芥菜)로서 갓이며 학명은 *Brassica juncea* (L.) Czern. et Coss.이다. KPNIC에서는 이와 동일한 식물은 없지만 갓[*Brassica juncea* (L.) Czern.]과 거의 동일하다. 개채의 변종 중 '시월갓[十月芥]'이 있는 것을 보아 '사월갓[四月芥]' 또한 갓의 변종인 듯하다.

101 역자주 '고매(苦蕒)'는 Baidu 한어에서는 '고채(苦菜)'라고도 한다. Baidu 백과에 의하면 고채의 학명을 *Ixeris chinensis*라고 한다. KPNIC에는 이 식물을 '노랑선씀바귀'로 명명하고 있고 이와 달리 한의학대사전에서는 고채의 학명을 *Sonchus oleraceus* L.라고 제시하고 있는데, 이것을 KPNIC에서 '방가지똥'으로 명명하고 있다. 한편 고매채라는 것도 있는데 이 식물의 학명은 *Ixeris polycephala*이며 KPNIC에서는 '벌씀바귀'로 이름하고 있다. 『농상집요 역주』권5「瓜菜·芹蘆」, p.445에서는 '고거(苦蘆)'를 강동지역에서는 '고매(苦蕒)'라고 부른다고 한다.

원문 **1-15** 修諸色菓¹⁰²木樹¹⁰³

削去低小亂枝條, 勿令分力, 結菓自然肥大.

1-16 栽葱韭薤

去冗鬚, 微曬乾, 疏¹⁰⁴行密排栽之. 宜雞糞培壅.

1-17 種苦蕒萵苣生菜四月芥¹⁰⁵

二三月皆可移種. 宜用盦¹⁰⁶過熟灰糞培壅之.

---

102 역자주 '과(菓)'자는 대자본에서 '초(草)'로 잘못 적고 있고, 사고전서본에서는 과(果)로 적고 있다.
103 왕위후[王毓瑚]는 본서 목차 부분의 교기(校記)에서 원래 '목수(木樹)' 두 글자가 없었다고 한다. 역자주 사고전서본(四庫全書本)에서는 '修諸色果木樹'라고 적고 있다.
104 역자주 사고전서본에서는 소(疏)를 '소(踈)'로 적고 있다.
105 왕위후[王毓瑚]는 본서 목차의 교기(校記)에서 원래 '월개(月芥)' 두 글자가 없었다고 한다. 역자주 사고전서본(四庫全書本)에서는 '種苦蕒萵苣生菜芥'라고만 표기하고 '四月' 두 글자는 빠져 있다.
106 '암(盦)'이라는 글자는 대자본에 의거했으며, 기타 판본은 각 판본마다 모두 '암(盦)'이라고 적고 있다. 청풍실본(淸風室本)에는 그 아래에 주석을 달아 이르길, "보당(保塘)이 생각건대 『설문』에서는 '암(盦)'은 덮는 뚜껑이라고 하였다. 『당운(唐韻)』에서는 압[烏合切]이라고 읽으며 『옥편(玉篇)』에서는 암[於含切]으로 읽는다."라고 했다. 유편(類篇)과 집운(集韻)에는 모두 압[烏合切]과 암[烏含切]으로 읽고 있으며, 이 글자는 본래 평성(平聲)과 입성(入聲)의 두 음이 있다. 오늘날의 글자에 '암(盦)'이라고 쓰고 있는 것은 반드시 원나라 때 이 의미를 읽고 압[烏合切]이라고 쓴 것이고, 압[烏合]의 뜻과는 구별되며, 마침내 그 글자가 잘못되어서 '합(合)'을 부수로 하여 한 때 민간의 글자체가 되었는데 사전에는 이 글자가 없다. 오늘날 남쪽 지역 사람들은 이 의미를 읽고서 바로 압[烏合切]으로 쓰고 있다. 생각건대 전보당(錢保塘)은 『설문해자』를 인용하여 글자를 '암(盦)'으로 써야 하는데 잘못 새겨 '암(盦)'으로 쓴 것이다. 이하 무릇 '암(盦)'자는 각 각본에서는 대부분 '암(盦)'으로 적고 있는데, 지금은 일괄적으로 '암(盦)'자로 고쳐 쓰고 있다고 한다.

〈그림11〉 염교[薤]와 그 꽃

〈그림12〉 노랑선씀바귀[苦蕒]와 그 꽃

〈그림13〉 상추[萵苣]와 그 뿌리

〈그림14〉 생채(生菜)와 그 뿌리

역문 **1-18** 소두장 담그기[盫小豆醬]¹⁰⁷

소두를 푹 찌고 식혀서 둥글게 떡처럼 만들어 덮어두었다가 누룩

---

107 역자주 소두장 담그는 기술은 우리의 전통적인 콩간장 담그기와 매우 흡사하다. 다만 소두가 중심이면서 대두를 첨가한다는 차이가 있는데, 이때 대두의 양이 소두의 10배이다. 흥미로운 점은 대두를 첨가할 때 볶고 갈아서 껍질까지 벗기고 체에 쳐서 익혀, 곰팡이가 핀 소두와 소금을 함께 섞어서 항아리에 넣어 발효시켰는데, 7일 후에는 바로 식용 가능했다는 점이다. 『농상의식촬요』보다 200년 이상 늦은 『거가필용사류전집(居家必用事類全集)』(1560년 간행) 「諸醬類・小豆醬方」에 의하면 본문과는 다른 순수한 '소두장'이 등장한다. 조선의 『임원경제지(林園經濟志)』「鼎俎志」권6 "味料之類・醬"의 '小豆醬方'에는 이 소두장을 그대로 인용하고 있다. 여기에는 소두와 함께 누룩, 밀가루와 소금이 들어갔으며, 주목할 만한 점은 소두를 본문의 대두와 같은 방식으로 처리하여 발효시켰다는 점이다. 하지만 이 소두장의 숙성기간은 2개월이나 소요되었다. 1936년에 간행된 『조선무쌍신식요리제법(朝鮮無雙新式料理製法)』에도 『거가필용사류전집(居家必用事類全集)』의 해당 내용을 그대로 전승하고 있다. 『농상의식촬요』의 속성장에 문제가 있었는지 아니면 『거가필용(居家必用)』의 소두장이 맛과 효능면에서 더 좋았는지는 좀 더 살펴보아야 할 듯하다.

곰팡이가 나오면 구멍을 뚫어서 바람이 잘 통하는 곳에 걸어둔다. 3-4월이 되면 검은콩이나 누런 콩을 볶아서 갈아 껍질을 벗기고, 깨끗하게 체에 쳐서 삶아 익혀 건져 낸다. 누룩곰팡이가 핀 소두 한 말[斗]과 익힌 콩 한 섬[石]마다 소금 40여 근을 고루 섞어서 문드러지게 찧어 항아리에 넣고, 매일 휘저어서 햇볕에 쬐면 7일 후에 바로 먹을 수 있게 된다. 장을 담글 때에는 누룩곰팡이가 핀 소두의 양을 참작하여 사용한다.

원문 1-18 盦[108]小豆醬

小豆蒸爛冷定, 團成餠, 盦出黃衣, 穿掛當風處. 至三四月內, 用黑豆或黃豆炒過, 磨去皮, 簸淨, 煮熟撈出. 每小豆黃子一[109]斗, 熟豆一石, 用鹽四十餘斤拌勻,[110] 擣爛入甕, 每日攪動, 曬過七日後, 便可食用. 盦[111]醬時, 斟酌豆黃用之.[112]

역문 1-19 농기구 수리하기[修農具][113]

1-20 담장 쌓기[築牆圍][114]

108 '암(盦)'자는 대자본에 의거했으며, 기타 각본에서는 '합(合)'으로 잘못 쓰여 있다. 분명히 '암(盦)'자의 획이 결손된 데서 말미암은 것이다. 역자주 사고전서본에서도 '암(盦)' 대신 합(合)으로 적고 있다.
109 '일(一)'자는 대자본에서 유독 '이(二)'로 적고 있다.
110 '균(勻)'자는 월의본에서는 '자(自)'로 잘못 적고 있다.
111 '암(盦)'자는 대자본에 의거하며 기타 각본은 모두 '합(合)'으로 적고 있다. 역자주 사고전서본에서도 '합(合)'자로 적고 있다.
112 대자본에서는 이 아래에 "晒用三伏日爲妙"라는 한 구절이 더 있다.
113 역자주 최덕경, 『진부농서 역주(陳旉農書譯註)』(서울: 세창출판사, 2016)(이후 『진부농서 역주』로 간칭함) 권상 「念慮之宜篇」의 첫머리에 "무릇 일은 미리 준비하면 잘 이루어지지만 준비하지 않으면 실패할 수도 있다. … 농사일은 더욱 깊이 생각하고 염려할 필요가 있다."라고 하여 농기구의 중요성을 강조하고 있다. 동일한 내용이 조선의 『임원경제지(林園經濟志)』 「論農貴豫」조에도 인용하고 있으며, 「論備器用」조에서는 "장인이 그 일을 잘 하려면 반드시 먼저 그 연장을 잘 벼려야 한다."라고 하고 있다.
114 역자주 『농상집요 역주』 권7 「禽魚·歲用雜事」, p.636에는 10월에 담장을 쌓고 북쪽 창

1-21 도랑 치기[開溝渠]¹¹⁵

1-22 잠실 수리하기[修蠶屋]¹¹⁶

1-23 집 누수 정비하기[整屋漏]

1-24 각종 꽃 옮겨심기[移栽諸般花窠]

1-25 잠박 짜기[織蠶箔]

원문 **1-19** 修農具¹¹⁷

1-20 築牆圍¹¹⁸

1-21 開溝渠

문을 진흙으로 바른다고 한다. 담장은 대개 장마철이 지나고 나면 지반이 침하되거나 바람에 견디지 못하거나 식물의 뿌리나 줄기가 담장 속으로 들어오거나 덩굴작물이 담장을 감아 오르면서 무너지는 경우가 허다하다. 농사일이 끝나면 농가마다 농한기를 이용하여 담장을 쌓는다.

115 농한기에 도랑을 치고 도로를 정비하는 작업은 일찍부터 전개되었다. 한대 호북성 강릉현(江陵縣)에서 출토된 『장가산한묘죽간(張家山漢墓竹簡)』「田律」에 의하면 "10월에는 다리를 만들고 제방을 수리하여 나루를 건너는 것을 편리하게 하였다.[十月爲橋, 修波堤, 利津梁.]"라고 했으며, 「徭律」에는 "길과 다리가 막힌 것을 제거하고 못과 저수지를 준설 하며, 크고 작은 도랑을 정리하였다.[除道橋, 穿波池, 治溝渠.]"라고 하였다. 전자의 경우 주로 통행을 소통한다는 의미가 크지만, 후자의 경우 관개나 배수에 역점을 둔 것이 아니었던가 한다. 특히 원대 농서에 등장하는 구거(溝渠) 개통은 관개, 배수와 밀접하게 관련되었을 것이고 이런 작업은 대개 농한기를 이용하여 해결했을 것이다.

116 역자주 『농상집요 역주』 권4에는 「修治蠶室等法」을 구체적으로 소개하고 있다. 『농상집요 역주』 권7 「禽魚·歲用雜事」에는 정월에 잠실을 수리하고 잠박을 짰다고 한다.

117 명각각본에서는 모두 이것을 표제로 하고 있는데, 이어서 「축장위(築牆圍)」 등 여섯 개 항목의 작업을 열거하여 본조의 내용으로 삼았으며, 분명 아주 적합한 방식은 아니다. 지금은 청각각본에 의거하여 일곱 개의 작업을 수평적으로 나열하여 모두 표제로 처리했다. 이 몇 항목의 작업을 상세하게 설명할 필요는 없기 때문에 단지 제목만 붙였다.

118 왕위후[王毓瑚]는 본서 목차의 교기(校記)에서 이하부터 [1-25]의 직잠박(織蠶箔)에 이르기까지 원래는 없었다고 한다. 역자주 그리고 왕위후는 본서의 목차에서는 위 본문과 달리 배열 순서를 '移栽諸般花窠', '整屋漏'로 했지만 본문에서는 위 순서와 같이 고쳐 배열하였다. 사고전서본(四庫全書本)에서도 본문과 같이 배열하고 있다.

1-22 修蠶屋

1-23 整屋漏¹¹⁹

1-24 移栽諸般花窠¹²⁰

1-25 織蠶箔¹²¹

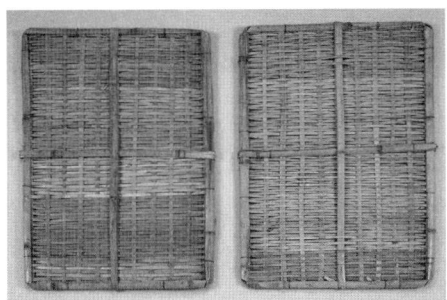
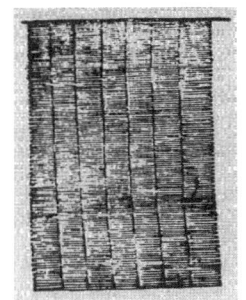

〈그림15〉 여러 형태의 잠박[채반]

---

119 대자본에서는 이 조항이 아래의 조항과 더불어 도치되어 있다.
120 '과(窠)'자는 대자본에서 유독 '과(果)'로 적고 있다. 생각건대 이 글자는 본서 중에서 '과(科)'를 대체하는 데 이용되었다. 앞부분에서 이미 "이재제색과목수(移栽諸色果木樹)"라는 조항이 있어 여기서 중복할 필요가 없으며, 같은 이유로 경세록에서 '목(木)'자로 적고 있는 것 또한 합당하지 못하다. 반대로 앞에서는 꽃을 옮겨 심는다는 말이 없었기 때문에 꽃[花科]을 옮겨 심는 것을 제시한 것은 충분히 이해할 수 있다.
121 '박(箔)'자는 월의본에서는 '박(泊)'자로 잘못 적고 있다.

이월 二月

역문 **2-1** 월내삼묘月內三卯

(2월 중에 삼묘가 있다면) 콩을 심는 것이 좋으며, 없다면 일찍 조[禾]¹²²를 파종한다. 농가에서의 매 년 경험에 따른 말이다.

2-2 경칩일驚蟄日¹²³

(이날) 석회石灰를 담장 바깥쪽 문턱에 놓아두면 각종 벌레와 개미를 물리칠 수 있다.

---

122 역자주 이 '화(禾)'는 '속(粟)'으로 여겨진다. 고대의 중국 화북 지역에서는 '화(禾)'를 일반적으로 '속(粟)'이라고 하였으며, 만약 '화(禾)'를 단순히 벼라고 한다면 2월에 벼를 파종한다는 것도 논리상 합당하지 못하여 여기서는 '속(粟)'의 의미로 해석하는 것이 좋을 듯 하다.

123 역자주 사고전서본에 의하면 이 항목은 목차와 내용이 독립적인 다른 항목과는 달리 앞의 원문 [2-1]의 항목 끝부분에 한 칸을 띄운 채 연결되어 있다.

2-3 묵은 오디 파종하기[種舊椹]

땅을 부드럽게 갈이하여 이랑을 만들어서 묵은 오디를 이랑 중에 흩뿌리고, 늘상 물을 뿌려주며 싹이 나오면 방법에 따라 잘 보살펴준다. 겨울에는 땅에 붙여서 그루를 베어내고 땔나무가지와 풀을 가볍게 덮어주며 불을 놓아 태운다. 불이 커지면 뿌리가 손상을 입게 된다. 풀거름을 덮어두고 봄이 되면 갈퀴로 끌어 모아 풀거름을 걷어내고 물을 뿌려준다. 한 그루마다 싹이 터 몇 개의 가지가 나오면[124] 왕성한 가지 하나만 남기고 나머지는 베어버린다. 가을이 되면 대여섯 자[尺]로 자라는데 이듬해 봄에는 부드럽게 갈이한 땅에 옮겨 심을 수 있으며 폭이 넓은 행간[줄]에 서로 마주보고 옮겨 심는다.

원문 2-1 月內三卯[125]

有則宜豆, 無則早種禾. 農家每歲經驗之言.

2-2 驚蟄日[126]

以石灰摻於門限[127]墻壁外, 則辟除諸般蟲蟻.

---

124 역자주 『농상집요 역주』 권3 「栽桑・種椹」, p.199에서는 '出芽數枝' 대신 '出芽三數箇'라고 쓰고 있다.

125 이 조항은 아래 조항 "경칩일(驚蟄日)"과 더불어, 청각본에서는 모두 표제가 독립되어 있지 않으며 직접 "이월(二月)"의 항목에 바로 붙어 있다. 기타 각 조항의 표제와 더불어 대비하면 이 두 개의 표제는 실로 서로 대등하지 않으며 청각본의 처리는 비교적 합리적인 듯하다. 지금 이에 명각본에 따른 것은 단지 비교적 빠른 판본의 면모를 보존하기 위한 까닭이다.

126 '일(日)'자는 월의본에서는 '월(月)'자로 잘못 적고 있다.

127 역자주 '문한(門限)'은 문턱, 문지방[門檻]의 의미로서 문에 진입할 때 바닥쪽에 설치해둔 작은 목판이다.

2-3 種舊椹

宜熟耕地, 打成畦, 以舊椹撒於畦中, 常用水澆灌, 俟[128]芽出時, 如法愛護. 冬間附地割去其窠, 用柴草薄蓋, 以走火燒過. 火大則傷根. 糞草蓋至春, 杷耬去糞草,[129] 用水澆灌. 每一窠出芽數枝,[130] 留旺者一枝, 餘枝削去. 至秋, 長五六尺, 來春可移於熟地內,[131] 相對作大寬行栽之.

역문 2-4 각종 과실수 묘목 만들기 [籤諸色菓木]

여리고 좋은 가지를 골라서 토란(뿌리줄기)이나 무뿌리에 묘목을 꽂아서 옮겨 심으면 잘 살아난다. (꽂아둔) 뿌리 부분은 약죽의 잎[132]으로

---

128 '사(俟)'자는 대자본, 월의본과 청각각본에서는 모두 '후(候)'로 적고 있다. **역자주** 청각각본이 저본으로 삼은 사고전서본에서도 '사(俟)'를 '후(候)'로 적고 있다.

129 이 구절의 '파루(杷耬)' 두 글자는 대자본에서는 '사루(祀摟)'로 적고 있으며 월의본에서는 명확하지 않고 유인본에서는 '파루(杷耬)', 청각각본에서는 '파루(杷摟)'라고 적고 있다. 생각건대 대자본의 '사(祀)'자는 명백히 잘못이다. '파(杷)'는 일종의 끌어 모으는 도구로, 『왕정농서』의 「농기도보(農器圖譜) · 파문문(杷朳門)」에서 파(杷)의 형상을 기록하여 "자루가 곧고 앞머리는 자루에 대해 가로로 놓여 있다. 자루는 네 자[尺]이며 머리의 폭은 한 자 다섯 치이다. 방형의 홈(구멍)이 쭉 나 있고 그곳에 이빨을 끼워 마디[節]로 삼았다."라고 하였으며, 청각각본에서 '파(杷)'라고 적은 것은 잘못이다. 왜냐하면 '파(耙)'는 갈이한 후 땅을 평탄하게 하고 흙덩이를 부수는 기구로서 '파(杷)'와는 전혀 같지 않다. '루(耬)'자는 여기에서는 당연 동사로 사용되었으며, 전체 구절의 의미는 '갈퀴를 사용해서 풀이나 거름을 끌어 모은다.'는 것이다. 청각각본에서 '루(摟)'라고 적고 있는 것은 『설문』에 의거한 것이며, 의미는 끌어서 '모은다'는 뜻인데, 바로 갈퀴의 기능과 더불어 서로 부합한다. '루(耬)'자는 사전에서는 단지 명사로 해석될지라도 『농상집요(農桑輯要)』에서 인용한 『사농필용(士農必用)』에서는 즉 "풀과 거름을 걷어낸다."라는 문장이 있는데, 『왕정농서』 중에서 갈퀴[耙]의 용도를 기록한 것 역시 "농포 위에 맥과 화를 끌어 모으고 짚과 이삭을 안아 쌓아둔다."라고 말하는 것은 모두 '루(耬)'자를 동사로 사용한 것이다. 이 때문에 여기서는 여전히 명각본에 따라 '누(摟)'로 고쳐 적지 않았다. 신은서에서는 이 구절을 "풀거름을 끌어 모으다[爬去糞草]."로 적고 있는데, '파(爬)'와 '파(杷)'는 서로 통하며, 여기에서는 동사로 사용되었다. 경세록에서 "杷耘去糞草"라고 쓴 것은 잘못된 것이다.

130 '지(枝)'자는 대자본에서 유독 '근(根)'으로 적고 있다.

131 대자본에서는 이 구절에 '춘(春)'자가 빠져 있으며 '이(移)'자 아래에 '재(栽)'자가 더 있다.

132 **역자주** '약엽(箬葉)': Baidu 백과에 의하면 학명이 *CommonAspidistra*이다. KPNIC에서는 이 식물이 등재되어 있지 않아 국명을 명명하기 어렵다. Baidu에는 약엽(箬葉)을 "화본과 대나무아과 약죽속 식물의 잎이라고 한다. 약죽의 줄기는 높이가 0.75m에서 2m

감싸준다. 각종 꽃가지를 뿌리에 꽂아도 좋다.[133]

2-5 찰기장과 메기장 파종하기[種黍稷][134]

갓 콩[豆]을 심은 밭이 가장 좋은데, 한 무畝에 종자 네 되[升]를 사용하며, 춘분春分 전후로 재와 흙을 종자와 섞어 파종하는 것이 좋다. 자주 김매준다. 3-5개의 포기가 하나의 떨기가 되도록 한다. 서書에서 이르길[135] "찰기장의 이삭이 패기 전에 빗물이 그 이삭으로 흘러 들어가면 이삭이 상해서 결실을 맺지 못한다. 찰기장의 이삭이 처음 패려 할

정도 되고, 직경은 4-7.5mm이며 마디 간의 길이는 25cm이다. 가장 긴 것은 32cm에 달한다. 작은 가지에는 2-4개의 잎이 있으며 잎자루가 단단하게 줄기를 감싸고 있다. 잎은 성장하면서 아래로 축 처져 있는데 넓은 피침형(披針形)과 둥근 피침형이 있다. 길이는 20-46cm이고 폭은 4-10.8cm이다. 앞쪽은 길고 뾰족하며 기저부는 쐐기 모양을 띠고 있다."라고 하여 감싸기에 용이한 '약죽의 잎'(篛葉)이 있음을 알 수 있다.

133 역자주 『제민요술 역주II』 권4 「栽樹」, pp.200-201에는 『식경(食經)』을 인용하여 명과(名果)를 파종할 때는 3월 상순에 5자 길이로 가지를 잘라 토란이나 순무[蕪菁]에 꽂아 파종하는 것이 씨를 파종하는 것보다 좋다고 한다. 같은 내용이 『사시찬요 역주』 「三月·種諸名果」에도 전한다. 그리고 『농상집요 역주』 권5 「果實·諸科」, p.476 "食經云, 種名果法, 三月上旬, 斫取直好枝, 如大拇指, 長五尺, (類要云, 一尺五寸.) 內著芋頭中種之. 無芋, 大蕪菁根亦可. (類要云, 蘿蔔亦得.) 勝種核. 核三四年乃如此大耳, 可得種."[( )는 小注.]에서도 엄지 굵기, 5자 길이의 과일나무 가지를 토란이나 순무(또는 무) 뿌리에 꽂아서 싹을 틔우고 있다. 이런 방식은 씨를 직접 뿌리는 것보다 크게 자라고 좋은 품종을 얻을 수 있으며, 씨를 뿌릴 경우 3-4년이 지나야 이 정도로 자란다고 한다. 이들 기록으로 볼 때 토란 뿌리 속의 안정된 수분과 유기물질을 이용하여 과일나무의 뿌리를 생장하게 하는 방식은 일찍부터 발달하여 이어져 왔음을 알 수 있다.

134 역자주 『한어대사전(漢語大詞典)』에 의하면 서(黍)는 기장이라는 일년생 초본으로 온난한 것을 좋아하고 서리에 약하나 내한성이 극히 강하다. 열매는 엷은 담황색을 띠며 껍질을 벗긴 것을 북방에서는 황미(黃米)라고 칭하며, 점성이 있고 양주(釀酒)용으로 사용한다. 반면 점성이 없는 것은 별도로 제(稷) 또는 미자(麋子)라고 하며 밥을 짓는 데 사용한다고 한다. Baidu 백과에도 이와 동일한 견해를 취하고 있다. 샤웨이잉[夏緯瑛], 『여씨춘추 상농 등 사편 교석(呂氏春秋上農等四篇校釋)』(農業出版社, 1979), p.97에서 양자는 원래 동종 식물이나 두 변종으로 나누어졌으며, 학명은 서(黍)는 Panicum miliaceum L. var. glutinosa Bretsch.이며, 제(稷)는 Panicum miliaceum L. var. effusum Alef.라고 한다. KPNIC에서 양자의 속명과 종소명인 'Panicum miliaceum L.'은 동일하고, 이를 '기장'으로 명명하지만 양자는 상호 변종 내지 근연식물이었음을 알 수 있다.

135 역자주 '서(書)'의 내용은 『제민요술』 권2 「黍稷」와 『농상집요』 권2 「播種·黍稷」에 함께 등장하는데 모두 『범승지서(氾勝之書)』의 내용을 인용하고 있다. 따라서 이 서(書)는 『범승지서』라고 볼 수 있다.

때 하늘에서 내리는 이슬136을 꺼리는데, 그 다음 날 일찍 어저귀[檾麻]137를 긴 새끼줄138 위에 여기저기 (끼우거나) 묶어서 두 사람이 서로 마주보고 잡고 기장 위로 끌어서 이슬을 털어내면 찰기장이 상해를 입지 않게 된다."라고 하였다. 메기장[穄]을 벨 때는 빨리 베어야 하며, 찰기장[黍]은 늦게 베어야 한다. 농언에 이르길, "메기장[穄]은 (기장대가) 푸를 때 베고, 찰기장은 머리가 꺾어져 익을 때 벤다."라고 하였다.139 찰기장과 메기장이 익으면 밥을 짓고 또한 술을 빚을 수 있으며 곱게 찧어 떡으로 쪄서 식량으로 비축할 수 있다. 봄이 시난 이후에 모두 파종할 수 있다.

원문 2-4 籤諸色菓木

揀140好嫩枝條, 籤於芋頭或蘿蔔頭上栽, 易活. 腦上用箬葉包之. 若籤諸般花枝接141頭亦得.

---

136 역자주 이슬은 한 여름에 광합성 작용으로 인한 수분 손실을 보충하여 생기를 북돋우지만, 이삭이 팰 때 내린 이슬은 기공을 막아 오히려 증산이나 광합성을 떨어뜨려 병균의 침입을 조장한다고 한다.
137 역자주 경마(檾麻)는 일년생 초본식물로서 줄기가 곧고 줄기 껍질의 섬유로 노끈이나 마대(麻袋)를 만들 수 있으며, 종자는 약으로 사용한다. 이것은 경마(苘麻)라고도 한다. Baidu 백과에 의하면 이 식물의 학명은 *Abutilon theophrasti* Medicus라고 한다. KPNIC와 BRIS에서는 이를 '어저귀'로 명명하고 있다. 『임원경제지(林園經濟志)』「展功志」권3「麻績·藝檾麻」에 의하면 경마는 저지대 습한 땅에서 생산되는데, 4-6월에 파종하며 6-7월에 누런 꽃이 피고 9-10월에 거둔다. 용도는 껍질로 베의 재료로 삼거나 줄기를 유황에 담가 등불의 심지를 만들고, 어린 씨는 먹기도 한다고 한다.
138 역자주 이 문장은 『제민요술』의 『범승지서』에 나오는 문장인데 내용이 완전히 일치하지는 않는다. 특히 『범승지서(氾勝之書)』에서는 단지 '장삭(長索)'이라고만 표현되어 있으나, 노명선은 어저귀를 묶은(끼운) 긴 새끼줄[長繩]로 표현하고 있는데 이것은 그동안의 기상재해 방지의 경험이 축적되어 첨언된 듯하다. [4-3]의 각주 참조.
139 역자주 '서제(黍穄)'의 수확에 관한 기록은 『제민요술 역주Ⅰ』권2「黍穄」, p.203;『사시찬요 역주』「三月·種黍穄」, pp.209-210;『농상집요 역주』권2「黍穄」, p.203에까지 동일한 내용이 이어지고 있으며, 조선의 『색경(穡經)』(1676년 간행) 상권 「黍穄」에서도 전해지고 있다. 당시 조선에서는 중국 농언[諺]의 내용까지 그대로 따르고 있다.
140 '간(揀)'자는 대자본, 월의본에서는 '채(採)'자로 적고 있다.
141 '접(接)'자는 청각각본에서는 '이(移)'로 적고 있다.

2-5 種黍[142]穄

新開豆[143]田爲上,[144] 一畝用子四升; 春分前後,[145] 宜用灰土和子種. 頻[146]鉏. 三[147]五窠作一叢. 書曰,[148] 黍心未生, 雨灌其心, 心傷無實. 黍心初生畏天露. 次日早, 用檾麻散綆[149]長繩上, 令兩人對持, 於黍上牽拽,[150] 抹去其露,[151] 則不傷黍. 刈穄欲早, 黍欲晚. 諺云,[152] 「穄青喉,[153] 黍折頭.」 黍穄熟時炊飯,[154] 又可釀酒, 擣碎[155]蒸饎,[156] 以備食[157]用. 春後皆可種.

---

142 '서(黍)'자는 청각각본에 의거한 것이며, 명각각본은 모두 '서(秫)'로 적고 있다. 이하 동일하다. 신은서, 경세록에서는 모두 '서(黍)'로 적고 있다. 왕위후는 본서의 목차에서도 黍자는 원래 '서(秫)'로 쓰여 있으며, 이하에서도 동일하다고 한다. [역자주] 사고전서본에서는 '서(黍)'로 적고 있다.
143 '두(豆)'자는 청각각본에서는 '두(荳)'로 적고 있다. 이하 동일하다.
144 대자본에서는 이 구절에서 '상(上)'자가 빠져 있다.
145 대자본에서는 이 구절의 '춘(春)'자 앞에 '지(至)'자가 더 있다.
146 '빈(頻)'자는 청각각본에 의거한 것이다. 명각각본은 '욕(欲)'으로 잘못 적고 있다. 신은서, 경세록에서는 모두 '빈(頻)'으로 적고 있다.
147 '삼(三)'자는 대자본에서는 '이(二)'자로 잘못 적고 있다.
148 정풍실본에서 이 아래에 각주에서 이르길 "보당(保塘)이 생각건대, 여기서 『서(書)』를 인용한 여러 구절이 『제민요술』에서 인용한 『범승지서』에 보인다."라고 하였다. 왕위후는 교주수정(校注修訂)에서 '書曰'에 대해 붉은색 연필로 주석하여 마땅히 "氾勝之書曰"이란 글자로 대체해야 한다고 하고 있다.
149 [역자주] 여기서 '전(綆)'은 '전(拴)'과 동일하여, '매다', '묶다'의 의미로 볼 수 있다. [역자주] '산전(散綆)'은 "광범위 하게 묶는다."거나 불규칙하게 "군데군데 묶는다."라는 의미로 사용했다. 이하에도 동일하게 적용했다.
150 '예(拽)'자는 대자본에서는 '예(俾)'자로 잘못 적고 있다.
151 '로(露)'자는 청각각본에서는 '한(寒)'자로 잘못 적고 있다.
152 [역자주] 사고전서본에서는 '운(云)'을 '왈(曰)'로 적고 있다.
153 '후(喉)'자는 대자본에서는 '후(候)'자로 잘못 적고 있다.
154 '반(飯)'자는 대자본에서는 '후(候)'자로 잘못 적고 있다.
155 '쇄(碎)'자는 대자본에서는 '상(上)'으로 잘못 적고 있다.
156 '고(饎)'자는 청각각본에서는 '고(糕)'로 적고 있다. 이하 동일하다.
157 '식(食)'자는 청각각본에서는 '일(日)'로 적고 있다. 신은서, 경세록에서는 모두 '식(食)'으로 적고 있다.

〈그림16〉 어저귀[檾麻]

역문 2-6 산초 파종하기[種椒]¹⁵⁸

    습윤하고 비옥한 땅을 골라 깊이 갈이하고 고르게 써레질하여 지난 해 땅 속에 묻어두었던 산초 열매를 취해서 파종하는데, 재거름과 고운 흙을 섞어 덮어주면 살아나기 쉽다. 이듬해 때에 맞추어 땅을 파고 매 그루마다 7-8치[寸]의 간격을 둔다. 땅에는 깻묵과 재거름을 시비하고 옮겨 심으며, 뿌리가 물에 잠기는 것을 꺼린다. 3년 후 여린 가지로 자라면서 바야흐로 열매를 맺는다. 자벌레가 산초를 먹는 것을 피하기 위해서는 구릿대[香白芷]¹⁵⁹를 파종하는 것이 좋고, 간혹 (구릿대의) 수염뿌리가 뿌리를 감싸주며, 생채生菜¹⁶⁰를 심어도 좋다.

---

158 역자주 본문의 초(椒) 즉 산초의 파종법은『제민요술』이나『농상집요』의 방식과는 차이가 있다. 산초는 화초(花椒)를 가리키며, 운향과 식물로서 낙엽관목이나 소교목이다. Baidu 백과에 의하면 화초의 학명은 *Zanthoxylum bungeanum* Maxim.으로, BRIS에서는 이를 '화초'라고 명명한다. 종속명이 동일한 *Zanthoxylum armatum* DC.의 경우, 국명이 '개산초'인 것으로 보아 산초 종류임을 알 수 있다.

159 역자주 향백지(香白芷)는 백지(白芷)라고도 하며, Baidu 백과에 의하면 학명은 *Angelica dahurica* (Fisch. ex Hoffm.) Benth. et Hook. f. ex Franch. et Sav라고 하며, KPNIC에서는 이 식물의 국명을 '구릿대'라고 한다.

160 역자주 생채는 상추이며 중국에서는 *Lactuca sativa* L. var. *ramosa* Hort. 라는 학명을 사용하는데, 우리나라의 상추는 *Lactuca sativa* L.라는 학명을 사용한다.

2-7 차 파종하기[種茶]¹⁶¹

비탈진 음지로 물이 잘 빠지는 곳이 좋으며 겨와 불에 그슬린 흙[焦土]을 사용해서 파종하며, 한 구덩이마다 60-70알을 파종하고 한 치 두께로 흙을 덮어주고, 싹이 나올 때는 잡초를 김매줄 필요가 없다.¹⁶² 가물면 쌀뜨물을 뿌려주되 평소에는 소변이나 똥물, 혹은 누에똥[蠶沙]을 물에 타서 끼얹어준다. 뿌리가 물에 잠기면 반드시 죽게 된다.¹⁶³ 3년 후에는 찻잎을 딸 수 있다. 두 자 간격으로 한 떨기[叢]씩 파종한다.

원문 2-6 **種椒**

擇濕潤肥地, 深耕, 耙¹⁶⁴勻取上年原¹⁶⁵埋¹⁶⁶地中椒子種之, 用灰糞和細土覆蓋, 則易生. 來年依時分開, 每株約離七八寸.¹⁶⁷ 地用麻籸灰

---

161 <u>역자주</u> 『제민요술』에는 차에 대한 독립적인 항목이 보이지 않는다. 하지만 당대 『사시찬요 역주』 권2 「種茶」, 「收茶子」, pp.182-184, 「收茶」, p.270에 이르면 차에 대한 기술이 매우 상세하다. 특히 '收茶' 항목에서는 "수확하여 1년 동안 마실 차를 비축했으며, 시기를 놓쳐서는 안 된다."라고 강조하고 있을 정도이다. 이러한 기록이 『농상집요 역주』 권6 「藥草・茶」, pp.547-548로 이어지고, 원대의 『음선정요 역주(飲膳正要譯註)』(서울: 세창출판사, 2021)(이후 『음선정요 역주』로 간칭) 권2 「諸般湯煎」, pp.201-211에는 20여 종의 잎차가 전해진다. 조선의 경우 『농정신편(農政新編)』(1885년 간행) 권3 「六部耕種上・葉」에서 19세기 일본의 차등급과 녹차제조법을 기술하고 있다.

162 <u>역자주</u> 『사시찬요 역주』 「二月・種茶」, pp.182-183에서는 "任生草木得耘"이라고 하여 『농상집요 역주』 권6 「藥草・茶」, p.548의 "任生草不得耘"과 상반된 견해를 보이고 있다. 그런데 이 항목의 후반부에 모두 "2년이 지나면 잡초를 김맨다."라는 조항이 있고, 『사시찬요』의 중각본과 필사본에서는 위의 계미자본과는 달리 모두 목(木)을 불(不)로 적고 있는 것으로 미루어 본문과 같이 해석하는 것이 좋을 듯하다. 최덕경, 『사시찬요 역주』(세창출판사, 2017), pp.182-183, 189 참조.

163 <u>역자주</u> 이 부문에 대해 『사시찬요』 「春令・種茶」와 『농상집요』 권6 「藥草・茶」에서는 거름물을 많이 주면 "뿌리가 약해질까 두렵기 때문이다."라고 한다.

164 '파(耙)'자는 대자본과 월의본에 의거한 것이며, 기타 각본은 '파(杷)'라고 잘못 적고 있다. 경세록에서는 '파(耙)'로 적고 있다. <u>역자주</u> 사고전서본에서는 '파(杷)'로 적고 있다.

165 '원(原)'자는 대자본과 청각각본에 의거하였으며, 명각본과 월의본에서는 모두 '원(元)'자로 적고 있다. 경세록에서는 '원(原)'으로 적고 있다. <u>역자주</u> 사고전서본에서는 '원(元)'으로 적고 있다.

166 '매(埋)'자는 대자본에서는 '리(理)'로 잘못 적고 있다.

糞栽之, 忌水浸根. 三年後換嫩枝, 方結實. 辟蛇喫椒, 宜種香白芷, 或以髮纏樹根, 種生菜亦得.

2-7 種茶

宜斜坡[168]陰地走水處, 用糠與焦土種,[169] 每一圈可用六七十粒. 覆土厚一寸, 出時不要[170]耘草. 旱[171]以米泔澆, 常以小便糞水或蠶沙壅之,[172] 水浸根必死. 三年後可採茶. 相離二尺種一叢.

〈그림17〉 산초[椒]와 그 뿌리　　〈그림18〉 구릿대[香白芷]와 그 뿌리

역문 2-8 수박 파종하기[種西瓜][173]

비옥한 땅에 심는 것이 좋다. 땅을 파서 한 말 들이의 구덩이를 만들어

167　'촌(寸)'자는 대자본에 의거하였으며, 기타 각본에서는 모두 '척(尺)'자로 잘못 적고 있다.
　　역자주 사고전서본에서도 '척(尺)'으로 적고 있다.
168　대자본에서는 이 구절에서 '파(坡)'자를 빠트리고 있다.
169　대자본에서는 이 구절의 '종(種)'자 아래에 '지(至)'자가 더 있다
170　'요(要)'자는 대자본에서 유독 '용(用)'으로 적고 있다.
171　'한(旱)'자는 대자본, 월의본에서 '조(早)'자로 잘못 적고 있다.
172　역자주 『제민요술』 권6 「藥草・茶」와 『사시찬요 역주』 「二月・種茶」, pp.182-183에는 "以小便稀糞蠶沙澆擁之."라고 쓰여 있다. 시비하여 덮어준 것은 소변과 묽은 똥과 '蠶沙澆'인데, 후자는 누에똥에 물을 탄 것이다.
173　역자주 Baidu 백과에 의하면 수박[西瓜]은 여름철 과일로 일년생 덩굴식물이며 원산지는 아프리카라고 한다. 학명은 *Citrullus lanatus* (Thunb.) Matsum. et Nakai인데, KPNIC에

서 구덩이마다 4개의 수박씨를 넣는데, 많이 파종할 경우에는 흩뿌린다. 싹이 난 후에는 뿌리 밑을 북돋아서 화분처럼 만든다. 자주 호미질해주면 열매가 많이 달리며 호미질을 자주 하지 않으면 결실이 없게 된다. (가장 건강한 덩굴만 남기고) 나머지 곁가지와 꽃을 따주게 되면 큰 수박이 달린다.[174]

2-9 호리병박·오이·울외·동아·가지 파종하기
[種葫蘆黃瓜菜瓜冬瓜茄子]

맑은 날에 이들을 파종하는 것이 좋다. 매일 아침 일찍이 거름물[糞水][175]을 약간 뿌려준다. 이 달의 하순에 옮겨 심으며 5월 중순에는 열매를 맺는다. 만약 3월에 이들을 파종하게 되면 이미 늦다.

원문 2-8 種西瓜

宜肥地種. 掘地作坑如斗大, 每坑納[176]瓜子四枚, 多種則漫撒. 苗

서는 이것을 박과 수박속 '수박'으로 명명하고 있다. 『음선정요 역주』 권3 「果品·西瓜」, p.505에 의하면 수박은 갈증을 해소하고 가슴의 번열을 치료하며 술독을 해독한다고 하여 이미 식용과 약용으로 사용되어 왔음을 말해준다. 『농상집요』 「瓜菜·西瓜」에는 수박을 '신첨(新添)'으로 표기하고 있으며, 실제 『제민요술』과 『사시찬요』에는 수박이 등장하지 않는다. 이런 사실로 미루어 볼 때 수박은 당송시기에 중국에 유입된 것이 아닌가 한다. 조선 초에는 『농상집요』의 내용을 축약하여 『산가요록(山家要錄)』 「西瓜」에 싣고 있으며, 『농가집성(農家集成)』 「四時纂要抄·四月」에는 이와는 다른 수박재배법, 즉 모래땅에서 분뇨를 이용하여 구덩이를 파서 파종하고 복토하는 방식 등이 전해진다. 『증보산림경제(增補山林經濟)』 권6 「治圃·西瓜」에서 회흘(回紇: 중국 서북방 소수민족의 이름으로 현 위구르족의 조상이다.)에서 왔기 때문에 서과(西瓜)라고 이름 지었다고 한다.

174 역자주 『농상집요 역주』 권5 「瓜菜·西瓜」, p.382에는 이 부분을 "欲瓜大者, 一步留一科, 科止留一瓜, 餘蔓花皆掐去."라고 하여 "큰 수박을 수확하고자 한다면 1보마다 한 그루씩 남기고, 각 그루에는 한 개의 수박만 남기고 나머지 덩굴과 꽃은 모두 따내 버린다."라고 한다.

175 역자주 분수(糞水)가 거름기 있는 물인지 똥오줌인지가 분명하지 못하다. 당송대 이후에는 똥오줌[淸水糞]을 수전과 한전에 시비한 사례는 적지 않게 발견된다. 최덕경, 『동아시아 농업사상의 똥 생태학』(서울: 세창출판사, 2016) 참조.

176 '납(納)'자는 대자본에서는 유독 '내(內)'로 적고 있다.

出後, 根下壅作[177]土盆. 多鉏則饒子, 不鉏則無實. 餘蔓花掐去, 則瓜肥大.

2-9 種葫蘆黃瓜菜瓜冬瓜茄子

宜晴明日中種之. 每日早, 以少糞水澆灌. 此月下旬栽, 五月中旬結實. 若三月種之, 已遲.[178]

〈그림19〉 울외[菜瓜]와 그 내부

〈그림20〉 수박[西瓜]과 그 단면

역문 2-10 닥나무 파종하기[種穀楮][179]

물이 흐르는 계곡 사이에 파종하면 좋다. 닥나무 열매가 익었을 때

---

177 '작(作)'자는 대자본에서는 '토(土)'자로 잘못 적고 있다.
178 대자본에서는 이 구절의 말미에 '의(矣)'가 더 있다.
179 역자주 '곡저(穀楮)': 『제민요술』 「種穀楮」편에 '곡저'가 보인다. 묘치위[繆啓愉] 校釋, 『齊民要術 校釋(第2版)』(중국농업출판사, 2009), p.384에 의하면 '곡(穀)', '저(楮)', '구(構)'의 이름은 동일한 종류의 나무로서 이는 오늘날 뽕나무과의 構樹[Broussonetia papyrifera]라고 하며, 그 나무껍질은 종이 제조의 원료로 쓰인다고 한다. Baidu 漢語에서도 楮는 뽕잎과 유사하나 거칠며, 원구형의 붉은 과일이 열린다고 한다. KPNIC에서는 '구수(構樹)'를 '꾸지나무'로 명명하고 있다. 한편 위의 '저수(楮樹)'는 Baidu 백과에 의하면 학명이 Broussonetia papyrifera(I)vent이며, KPNIC에서는 이 역시 꾸지나무라고 이름한다. 다만 중국의 燕雀草[yanquecao.com] 사이트에서는 楮의 학명을 Broussonetia kazinoki sieb라고 하고, KPNIC에서는 이를 '닥나무'로 명명하고 있다. Naver 백과에서도 楮를 '닥나무'라고 지칭한다. 닥나무의 학명을 KPNIC에서 검토하면 다양하게 존재하는데, 대개 속명이 Broussonetia

많이 따서 깨끗이 물에 일어 햇볕에 쬐어 말리고, 땅을 부드럽게 갈이하고 재차 누거로 부드럽게 갈이하여 암삼의 씨와 섞어서 흩어 뿌린다. 가을과 겨울에 삼을 남겨두고 베어 내지 않는 것은 닥나무를 따뜻하게 해주기 위함이다. 이듬해 봄이 되면 먼저 모두 베어내고 불을 놓아 태운다. 3년이 되면 바로 (닥나무를) 베어 껍질은 종이를 떠서[180] 아주 유용한 용도로 쓸 수 있다.

자르는 시기와 용도: 12월이 가장 좋고 4월이 그 다음이며, 그 가지는 모두 땔나무로 쓸 수 있다.

2-11 연뿌리와 연밥 심기[種藕蓮][181]

(끝눈이 달린) 연뿌리의 머리 부분을 캐내 바로 풀과 젖은 진흙으로 감싸 도로 연못에 그것을 옮겨 심거나 혹은 술을 증류하기 위해 항아리 주둥이를 밀봉했던 진흙을 감싸[182] 옮겨 심으면 그 해에 꽃이 핀

으로 동일하며, 그림 자료도 꾸지나무와 거의 흡사하다. 그런 점에서 닥나무는 꾸지나무와 근연식물임을 알 수 있다. 농촌진흥청 국역총서, 『색경(穡經)』(농촌진흥청, 2001), p.113에서는 '곡저'를 닥나무로 번역하고 있다. 양자의 차이점은 닥나무는 암수 한 그루인 데 반해, 꾸지나무는 암수가 다르며, 전자는 5m까지 자라지만 후자는 20m까지 자란다.

180 **역자주** 본 내용은 『제민요술 역주Ⅱ』권5「種穀楮」, pp.401-403의 내용과 거의 동일하다. 다만 소주(小注)에는 "삼씨와 같이 파종하지 않으면 대부분 얼어 죽으며," 1년 동안 자란 닥나무를 베어 "태우지 않으면 비쩍 마르며 자라는 것도 더디다." "3년이 되지 않은 닥나무는 껍질이 얇아서 사용하기 적합하지 않다."라고 한다. 같은 내용이 『농상집요 역주』권6「竹木·穀楮」, pp.506-507에도 그대로 전한다. 조선의 『산가요록(山家要錄)』「楮」와 『색경(穡經)』상권 「종제수법·穀楮」에는 같은 내용이 전재되어 있다.

181 **역자주** 최덕경, 『제민요술 역주(齊民要術譯註) Ⅲ』(서울: 세창출판사, 2018)(이후 『제민요술 역주Ⅲ』로 간칭) 권6「養魚」의 '種蓮子法', pp.206-207에도 이와 유사한 내용이 전한다. 『사시찬요 역주』「正月·種藕」, p.91에는 연의 파종이 '정월'에 편입되어 있다.

182 **역자주** '자주병두상니(煮酒缾頭上泥)'의 의미가 분명하지 못하다. 이는 『제민요술』에는 보이지 않는 새로 추가된 내용으로 세 가지로 짐작할 수 있다. 첫째는 술을 양조[煮酒]할 때 항아리 주둥이에 봉한 진흙으로, 이 진흙 속의 각종 유기물질을 이용한다. 둘째는 양조한 항아리에 진흙을 채워 파종한다는 의미이다. 셋째는 생활상으로 추측컨대, 술항아리 상층부의 술지게미로서, 특히 처음 양조한 술지게미는 아직 발효가 충분하지 못해 그 속에 비교적 양분을 많이 함유하고 있고, 공기와의 접촉으로 인하여 산화가 심하고

다.¹⁸³ 연밥[蓮實]을 옮겨 심을 때는 단단한 검은 씨를 벽돌 위에서 연밥의 머리 부분을 갈아 껍질을 얇게 해주면 싹이 트기 쉽다. 점토를 진흙처럼 만들어 연밥을 그 속에 감싼다. 연밥의 머리 부분을 약 세 손가락 굵기, 길이는 두 치 정도로 하여 뾰족하게 만들고, 바닥 부분은¹⁸⁴ 평평하면서 무겁게 한다. 진흙이 말라 못 안에 던져 넣으면 무거운 부분이 아래쪽으로 잠기면서 자연스럽게 자리 잡게 된다.

원문 **2-10** 種穀¹⁸⁵楮¹⁸⁶

宜澗谷間種之. 楮子熟時, 多收, 淨淘, 曬令乾, 耕地令熟, 再細耬耩, 相和麻子漫撒. 秋冬留麻勿刈去, 爲楮作暖.¹⁸⁷ 明年春首芟殺, 放火燒之. 三年便可斫取皮, 可以抄紙, 甚得濟用.

斫¹⁸⁸法: 十二月爲上, 四月次之, 其枝可以供柴矣.

2-11 種藕蓮

取藕接頭時, 就用帶草濕泥包裹,¹⁸⁹ 却於池塘中栽之, 或用煮¹⁹⁰

양분 역시 상대적으로 풍부하다. 본서에서는 문장의 구조로 보아 첫 번째로 해석했음을 밝혀둔다.
183 역자주 『제민요술 역주Ⅲ』 권6 「養魚·種藕法」, p.206에는 본문의 이 부분을 "春初掘藕根節頭, 著魚池泥中種之, 當年即有蓮花."라고 기록하고 있으며, '藕根節頭'에 대해 묘치위[繆啓愉 校釋], 『齊民要術校釋』(제2판), (中國農業出版社, 2009), p.466에는 연뿌리의 전단 2-3마디로서 끝눈[頂芽]이 달린 것이지 단순한 연 마디는 아니라고 한다.
184 역자주 『농상집요 역주』 권6 「藥草·蓮藕」, pp.554-555에서는 '底下'를 '체두(蔕頭)'라고 하며, 이것은 연밥과 연가지가 붙어있는 꽃받침 부분이라고 한다.
185 왕위후의 교주수정(校注修訂)에서는 곡(穀)을 곡(穀)자로 바꿀 것을 제시하고 있다.
186 이 조항은 청각각본에서는 모두 빠져 있다. 역자주 사고전서본에서도 이 조항이 빠져 이 위치에 보이지 않는다.
187 '난(暖)'자는 대자본에서 '난(煖)'으로 적고 있다. 이하 동일하다.
188 '작(斫)'자는 대자본에서 '절(折)'로 잘못 적고 있다.
189 대자본에서는 이 구절에 '포(包)'자가 빠져 있다.
190 역자주 사고전서본에서는 '자(煮)'를 '자(煑)'로 적고 있다.

酒[191]餅[192]頭上泥栽種, 當年開花. 種蓮子用堅黑者,[193] 於甄[194]石上磨蓮子頭令皮薄, 則易生. 取墡土作泥, 包裹蓮子在內. 蓮子頭上作尖樣, 約三指大, 長二寸, 底下務要平重. 候泥乾時, 擲於池中, 重頭沉下, 自然周正.

〈그림21〉 닥나무[穀楮] 열매, 가지와 잎

역문 2-12 대추나무 파종하기 [種棗][195]

맛이 좋은 대추를 가려 남겼다가 파종하는데 싹이 높게 자라나면 옮겨 심는다. 3보步마다 한 그루씩 심는다. 꽃이 필 때에 몽둥이로 나무를 쳐서 흔들어 무성히 핀 꽃을 떨어트리면 열매를 많이 맺는다.[196]

---

191 역자주 '자주(煮酒)'의 사전적 의미는 '탕주(燙酒)', '온주(溫酒)'의 의미이지만, 또한 조주(造酒), 양주(釀酒) 혹은 술을 증류할 때의 의미도 지닌다. 여기서는 후자의 의미가 적합한 듯하다.
192 '병(餅)'자는 묵해본에서 '병(餅)'으로 잘못 쓰고 있다.
193 대자본에서는 이 구절에 '견(堅)'자가 없다.
194 역자주 사고전서본에서는 '전(甄)'을 '전(磚)'자로 적고 있다.
195 역자주 '조(棗)'는 낙엽 소교목으로 높이는 10여m에 달한다. Baidu 백과에 의하면 학명은 Ziziphus jujuba Mill.이다. KPNIC에서는 이것을 갈매나무과 대추나무속 '묏대추나무', '대추나무'[Ziziphus jujuba Mill. var. inermis (Bunge) Rehder]라고 하여 갈래가 거의 같음을 알 수 있다.
196 역자주 『제민요술 역주 II』 권4 「種棗」, pp.212-213에는 이를 대추나무 시집보내기[嫁棗]

2-13 찻잎 따기[摘茶]¹⁹⁷

(차 잎을) 살짝 쪄서 색이 약간 변하면 펼쳐 늘어놓고 열기가 날아가게 하며, 두루 손으로 주물러 약죽을 태워서 연기와 화기를 쐬어 말려 약죽의 잎에 싸서 거두어들인다. 농언에서 이르길 "차는 풀이고 약죽은 보물이다."라고 하였다.

2-14 무·숭채 파종하기[種蘿蔔菘菜]¹⁹⁸

상순上旬에 흩뿌려 파종하면 3월 중순에 먹을 수 있다. 비옥한 토지가 좋으며 잘 부식된 거름[熟糞]으로 덮어준다.

원문 **2-12** 種棗¹⁹⁹

選好味者留種之, 候芽生高, 則移栽. 三步一樹. 至花開時, 以杖擊樹, 振²⁰⁰去狂花, 則結實多.

라고 한다. 여기서는 몽둥이가 아닌 도끼머리로 군데군데 두드린다. 만약 도끼로 찍게 되면 열매가 시들어 떨어져 버린다고 한다.

197 역자주 본 차의 항목은 [2-7]의 "차 파종하기"라는 항목에 이어 등장하지만 차의 종류와 특성에 대한 어떤 내용도 보이지 않는다. 하지만 1330년에 간행된 원대『음선정요 역주』권2「諸般湯煎」, pp.201-211에는 구기차, 옥마차, 금자차, 범전수차, 자순작설차, 여수아, 서번차, 천차, 등차, 과차, 연미차, 해아차, 온상차, 재차, 청차, 볶음차, 난고, 수첨, 건탕과 향차 등 20여 가지의 다양한 차를 제시하고 있어 원대(元代) 차의 보급의 정도를 잘 알 수 있다.

198 역자주 숭채(菘菜)가 당시 어떤 채소인지는 분명치 않다. Baidu 백과에서는 1-2년생 초본으로 십자화과(十字花科) 운대속(蕓薹屬)이며, 백채(白菜), 청채(青菜), 하숭(夏菘)이라 한다. 숭채의 학명을 *Brassica chinensis* L.라고 하고, 백채는 *Brassica pekinensis* (Lour.) Rupr.라고 한다. KPNIC에는 속명에 *Brassica*가 포함된 것을 국명으로 '배추', '순무', '방울다기'로 명명하고, 백채의 경우 이명으로 '배추'로 이름하고 있는 것은 근연식물이 많다는 증거이다. 실제 Baidu 백과의 백채 사진은 오늘날 배추와 동일하지만 숭채의 경우 바로 배추라고 해석할 수 있을지는 의문이다.

199 이 조항은 청각각본에서 모두 빠져 있다. 역자주 사고전서본에서도 이 조항이 빠져 이 위치에 보이지 않는다.

200 살피건대, 이 글자振는 여기서 '진(震)'자의 용도로 쓰인다. 이후 왕위후는 교주수정(校

2-13 摘茶

略²⁰¹蒸, 色小變, 攤開搹氣, 通用手揉, 以竹箬²⁰²燒烟火氣焙乾, 以箬葉收. 諺云, 「茶是草, 箬是寶.」

2-14 種蘿蔔菘菜

上旬撒種, 三月中旬可食. 宜肥地, 以熟糞蓋.²⁰³

〈그림22〉 죽약(竹箬)과 그 쓰임새

〈그림23〉 숭채(菘菜)와 그 꽃

역문 2-15 접시꽃²⁰⁴ 파종하기 [種蜀葵]

뜰 안 길가 담장의 두둑에 파종한다. 꽃이 완전히 피면 껍질이 푸

注修訂)에서 이 부분의 각주를 삭제할 것을 제시하고 있다.
201 역자주 사고전서본에서는 '략(略)'을 '략(畧)'으로 쓰고 있다.
202 역자주 죽약(竹箬)이 竹과 箬인지, 약죽(箬竹)의 의미인지 분명하지 않다. Baidu 백과에서는 이를 화본과 약죽속 식물의 약죽(箬竹)이라고도 부른다. 약(箬)은 곧 약죽(箬竹)으로 대나무의 일종이며, 잎은 크고 넓어 죽립을 짜거나 쫑즈[粽子]를 싸는 데도 사용된다. 약죽은 또 방습, 방풍, 防腐蝕에도 효과적이어서 다목적으로 사용되었다. 이런 점에서 竹箬은 箬 혹은 箬竹의 의미로서 茶와 비교대상이 되고 있다. 약은 이 외에도 죽엽(竹葉) 또는 죽순 잎[筍皮]의 의미도 있다. 箬竹의 학명은 *Indocalamus tessellatus* (Munro) Keng f.인데, KPNIC와 BRIS에는 이에 대한 국명은 제시하고 있지 않다. Baidu 백과에서 보면 2월의 약엽[箬葉: *Common Aspidistra*]과 약죽이 그림은 동일하지만 학명은 다르다.
203 대자본에서는 이 구절의 말미에 '지(之)'자가 더 있다.
204 역자주 Baidu 백과에 의하면 촉규(蜀葵)의 학명은 *Althaea rosea* (Linn.) Cavan.이다. KPNIC에서는 이를 '접시꽃'이라고 명명하고 있다.

를 때 그 대를 거두어들이고, 마를 때까지 기다려서는 안 된다. 물속에 하루 이틀 담가두었다가 껍질을 벗겨서 새끼줄을 꼬는 용도로 사용한다.

2-16 부용[205] 꽂기[揷芙蓉]

부용이 꽂이 안전히 피고 나면, 줄기가 푸른색을 띠고 있을 때 거두어 물에 담가두었다가 껍질을 벗겨서 삼과 어저귀[206]를 대신할 수 있다.

2-17 대비두 파종하기[種大豍豆][207]

(대비두는) 듬성듬성 파종하는 것이 좋으며 (파종 후에) 재로 덮어준다. 땅은 비옥해야 하며 자주 물을 주고, 싹이 나면 호미질 하여 잡초를 제거한다.

원문 2-15 種蜀葵

院內路傍墻畔種之.[208] 候花開盡, 帶靑收其稭, 勿令枯槁. 水中漚一二日, 取皮作繩索用度.[209]

---

205 역자주 부용(芙蓉)의 학명은 *Hibiscus mutabilis* Linn.이다. KPNIC에서는 이를 '부용'으로 명명하고 있다.
206 역자주 경(檾)은 경마(苘麻)라고도 한다. Baidu 백과에 의하면 이 식물의 학명은 *Abutilon theophrasti* Medicus라고 한다. KPNIC와 BRIS에서는 이를 '어저귀'로 명명하고 있다.
207 역자주 『광아(廣雅)』 「釋草」에서는 "豍豆, 豌豆也."라고 하며, Baidu 백과에는 '대비두(大豍豆)'를 '완두(豌豆)'라고 해석하고 있다. 그러나 5월에 '수완두(收豌豆)'라는 항목에 완두가 등장한다. 대비두가 해당 지역 고유 명칭일 수도 있겠지만 본고에서는 상호 구분하여 취급한다.
208 대자본에서는 이 구절의 말미에 '지(之)'자가 없다.
209 '도(度)'자는 대자본에서는 '지(之)'로 적고 있다.

2-16 揷²¹⁰芙蓉

候芙蓉花開盡, 帶靑²¹¹稭漚過, 取皮可代麻檾.²¹²

2-17 種大㔸²¹³豆

宜踈種, 用灰蓋. 地要肥, 頻澆灌,²¹⁴ 芽出, 鉏去²¹⁵草.

〈그림24〉 접시꽃[蜀葵]

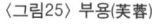

〈그림25〉 부용(芙蓉)

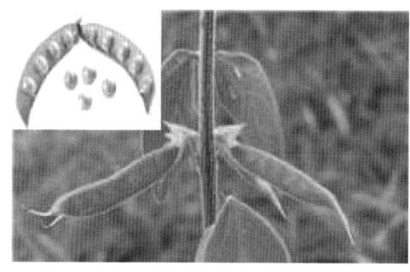

〈그림26〉 대비두(大㔸豆) 열매와 그 단면

---

210 왕위후는 이후 교주수정(校注修訂)에서 '삽(揷)'자 곁에 어떤 설명 없이 붉은 펜으로 (?) 표시를 해두고 있다.
211 명각본에서의 이 구절에서는 '청(靑)'자가 빠져 있으며, 지금 청각본에 의거하여 보충하여 넣었다. 경세록에서의 이 구절에는 '청(靑)'자가 있다.
212 대자본에서의 이 구절 말미에는 '용(用)'자가 있다.
213 '비(㔸)'자는 대자본에서는 '리(理)'로 잘못 적고 있다.
214 대자본에서는 이 구절을 '빈빈요관(頻頻澆灌)'으로 적고 있다.
215 '거(去)'자는 대자본에서는 '기(其)'로 잘못 적고 있다.

역문 **2-18** 뽕나무 가지 휘묻기[壓桑條]

축축한 토양에 (뽕나무 가지를) 휘묻이 하면 가지가 문드러져 뿌리가 나지 않는다. 마른 땅에 휘묻이 하면 뿌리가 자라나기 쉽다.[216]

2-19 잇꽃[217] 파종하기[種紅花]

파종할 때는 비가 오는 것이 좋으며 간혹 흩뿌리고 또 간혹 누거로 갈이하여 (조파) 파종한다.[218] 삼[麻]을 심는 방법과 같다. 5월이 되어 씨를 거두면 즉시 파종하며,[219] 늦은 홍화는 가을 8월 중에 파종해도 좋으며 12월에 파종해도 좋다.

2-20 흑완두[220] 파종하기[種豌烏豆]

춘사[221] 전에 대맥의 뿌리 곁에 파종하고, 덮어놓았던 재거름으로 고르게 덮어주고 자주 호미질 한다.

---

216 역자주 『농상집요 역주』 권3 「栽桑·壓條」, p.216 "仍以燥土雍之. (土濕則爛.)" [( )는 소주(小注)이다.]에서 일부 본문의 내용을 소주(小注)로 처리하고 있다.
217 역자주 Baidu 백과에 의하면 홍화(紅花)의 학명은 Carthamus tinctorius L.이다. KPNIC에서는 이를 '잇꽃'으로 명명하고 있다.
218 역자주 본문에서는 잇꽃의 파종시기를 제시하고 있지 않은데, 『제민요술』 권5 「種紅藍花梔子」와 『사시찬요』 「二月·種紅花」와 「五月·收紅花子」에 의하면, 2월말이나 3월초 비온 후 재빨리 파종하며, 『농상집요』도 동일하다. 그러나 조선의 『한정록(閑情錄)』(1618년 간행) 「習儉·紅花」에는 『농상집요』를 전재한 『색경(穡經)』의 파종 기일과는 달리 8월에 파종한 것을 보면 본문처럼 늦은 홍화[晚花]였음을 알 수 있다.
219 역자주 『제민요술 역주II』 권5 「種紅藍花梔子」, p.443; 『사시찬요』 권3 「五月·收紅花子」에는 5월에 파종하는 잇꽃을 '만화(晚花)'라고 한다. 위에 제시한 조선의 『한정록(閑情錄)』과 『농상의식촬요』의 8월 파종한 만화와는 또 다른 품종인 듯하다.
220 역자주 완오두(豌烏豆)가 중국사전에도 등장하지 않는다. Baidu 백과에 의하면 완두의 학명은 Pisum sativum L.이고, 오두는 Glycine max (L.) merr.이다. KPNIC와 BRIS에서는 이 오두(烏豆)의 학명을 국명으로 '콩'이라 명명하고 있다. 콩의 종류가 매우 다양하기 때문에 여기서는 일단 '흑완두'로 명명하기로 한다.
221 역자주 춘사(春社)는 입춘 후 다섯 번째의 무(戊)일이다.

원문 2-18 壓桑條

濕土壓則條爛, 不生根. 燥土壓之, 則易生根.

2-19 種紅花

種時欲雨, 或漫撒, 或耬耩. 如種麻法. 至五月收子便種, 晚花秋間八月種亦得, 臘月亦可.

2-20 種豌烏豆

社前大麥根邊種之, 以盦²²²過灰糞勻蓋, 頻鉏.

〈그림27〉 잇꽃[紅花]과 그 염료

역문 2-21 조각자나무 심기[種²²³皁莢]²²⁴

(조각자나무에) 꼬투리가 달리지 않는 것에 구멍 하나를 파서 생철

---

222 역자주 사고전서본에서는 '암(盦)'을 '암(盫)'으로 쓰고 있다.
223 역자주 본문의 내용은 조각자나무의 파종보다는 관리나 재배방식에 가깝다. 제목의 '종(種)'은 전후 항목과는 달리 인식해야 할 듯하다.
224 역자주 조협(皁莢)의 학명은 Baidu 백과에 의하면 *Gleditsia sinensis* Lam.이며, BRIS에서는 이를 콩과 주엽나무속 '조각자나무'라고 이름하고 있다. 조협은 『제민요술 역주』

3-5근을 삽입하고서 진흙으로 봉해주면 바로 꽃이 피고 열매를 맺는다. 간혹 나무의 남북방향으로 땅에서 1자 떨어진 곳에 각각 한 개의 구멍을 뚫어서 나무못을 박고 진흙으로 그 구멍을 봉해주면 곧장 열매를 맺는다.[225]

2-22 댑싸리 곧 독소 파종하기[種苔箒卽獨掃][226]

집 가의 길 곁에는 모두 (댑싸리를) 파종할 수 있다. 연한 싹은 채소로 만들어 먹을 수 있다. 풀 艹으로써 허리부분을 묶어 9월에 베어내어 돌로 납작하게 눌러두고서 거두어들인다. 3월에도 파종할 수 있다.

2-23 은행 파종하기[種銀杏][227]

비옥한 땅에 재거름[灰糞]을 사용하여 파종하는데, 작은 나무로 자

---

[225] **역자주** 권3「雜說」, p.142에 '勝皂莢'이란 단어만 등장하지만 『농상집요 역주』「竹木・皂莢」, pp.522-523에서는 단일 항목으로 존재한다. 열매의 껍질은 비누대용으로 쓰고 약재나 건축재로 쓰인다. 조선의 『증보산림경제(增補山林經濟)』와 『죽교편람(竹僑便覽)』(1849년 편찬)에서는 조협을 중풍, 기관지염, 변비 등의 비상용 약재나 구급방으로 소개하고 있다. 『농상집요 역주』 권6「竹木・皂莢」, pp.522-523에 의하면 본문의 두 문장 중 전반부는 『박문록(博聞錄)』의 기록이며, 후자는 신첨(新添) 기록으로 혹시 꼬투리가 달리지 않을 때에 취하는 조치라고 한다.

[226] **역자주** 초추(苕箒)에 대해 『왕정농서(王禎農書)』「農器圖譜集之八・帚」에는 "추(帚)는 지금은 추(箒) 또는 수(篲)라고도 하며, 『集韻』에서 소강(少康)은 기추(箕帚)라고 쓰고 있다."라고 할 뿐 그 재료에 대한 설명이 없다. 이것만으로는 Baidu 백과에서 어떤 식물인지 확인할 수 없다. 다만 흥미로운 것은 「農器圖譜集之八・帚」에 의하면, '추(箒)'의 용도를 설명하면서, 하나는 풀[草]로 엮어 방안을 청소하는 데 사용하며 납작하고 짧아 조[條 또는 苕]라고 하며, 다른 하나는 조리대[篠]를 묶어서 마당을 쓰는 용도로 사용하고 더부룩하고 길어서 소추(掃箒)라고 한다. 그 외 종생소추(種生掃箒)라는 것도 있는데, 이것은 한 그루로 한 개의 비를 만들 수 있기에 독소(獨掃)라고 했다고 한다. 묘치위[繆啓愉]외 1人 譯注, 『동노왕씨농서 역주(東魯王氏農書譯注)』(上海古籍出版社, 2008), p.497에는 종생소추(種生掃箒)를 지부(地膚)라고 주석하고 있는데, 지부의 학명은 Kochia scoparia (L.) Schrad.이다. KPNIC에서는 이것을 명아주과 갯댑싸리속 '댑싸리'로 명명하고 있다. 따라서 당시 비를 만드는 초추(苕箒)는 대개 풀, 대나무, 댑싸리를 이용하여 다양한 용도로 사용했음을 알 수 있다. 무엇보다 본문의 제목에서 "苕箒는 곧 獨掃"라고 표현한 것은 苕箒가 '댑싸리'였음을 말해준다.

라 이듬해 옮겨 심을 때, 흙이 달린 채 풀로 감싸거나 혹은 삼끈으로 묶어서 옮겨 심으면 살아나기가 쉽다.[228]

원문 2-21 種皂莢[229]

有不結莢者, 鑿一孔, 入生鐵三五斤, 用泥封之, 便開花結子. 或於樹身南北二面, 離地一尺, 各鑽一孔, 用木[230]釘釘之, 泥封其竅, 便結實.

2-22 種苔菷卽獨掃[231]

屋側路[232]傍皆可種. 嫩芽可做菜食. 以草繩腰束, 九月間刈取, 以石壓區, 收之. 三月亦可種.

2-23 種銀杏

於肥地內用灰糞種之, 候長成小樹, 次年移栽時, 連土用草包, 或[233]麻纏束栽之則易活.

---

227 역자주 유사한 내용이 『농상집요』 권5 「果實·銀杏」의 '신첨(新添)' 항목에 등장하며, 파종은 춘분 전후라고 한다.
228 역자주 본문 후반부의 내용은 『농상집요 역주』 권5 「果實·銀杏」, pp.472-473의 신첨(新添) 내용과 일치한다. 이 책에 의하면 은행은 암수가 있어 서로 마주보고 심어야 하며, 못가에 파종할 때는 나무 그림자가 비쳐도 열매를 맺는다고 한다. 18세기 조선의 『증보산림경제(增補山林經濟)』 권3 「種樹·銀杏」과 『농정회요(農政會要)』(1830년경 간행) 권10 「農餘·果·銀杏」에도 내용의 일부를 계승하고 있다.
229 이 조항은 청각본에 모두 누락되어 있다. 역자주 사고전서본에서도 이 조항이 누락되어 있다.
230 '목(木)'자는 대자본에서는 '일(一)'자로 적고 있다.
231 '즉독소(卽獨掃)' 세 글자는, 명각본에서 모두 큰 글자로 적었는데, 지금은 청각본에 의거하여 (작은 글자의) 주석문으로 고친다. 왕위후는 본서 목차의 교기에서도 이 세 글자가 큰 글자로 쓰여 있었다고 한다. 역자주 사고전서본에서는 작은 글자로 쓰여 있다.
232 '노(路)'자는 대자본에서는 '도(道)'로 적는다.
233 대자본에서는 이 글귀의 "혹(或)"자 아래 "용(用)"자가 더 있다.

〈그림28〉 주가자나무[皁莢]와 그 꼬투리   〈그림29〉 댑싸리[荏蔧]

역문 **2-24** 차조기[234] 파종하기[種紫蘇]

외[瓜] 심은 두둑 가에 줄을 지어 (차조기) 종자를 흩어 뿌리며,[235] 떨기마다 높게 자라면 두 가지 이익[236]을 얻을 수 있다.

2-25 암삼씨[237] 파종하기[種麻子][238]

검은 반점을 가진 암삼씨를 구해 파종하는데 1무畝에 3되의 종자를 파종한다. 싹이 나면 풀을 깨끗하게 호미질 하며 서로 두 자尺 간격으

---

234 역자주 자소(紫蘇)의 학명은 *Perilla frutescens*이며, 한국명으로는 이와 일치되는 이름은 없다. 한국에서는 가장 가까운 것이 청소엽(*Perilla frutescens* f. viridis Makino)인데 그 외의 변종으로는 차조기(*Perilla frutescens* var. acuta (Odash.) Kudo), 들깨(*Perilla frutescens* var. japonica (Hassk.) H. Hara)가 있다. 『이아(爾雅)』의 주(注)에서는 소(蘇)는 임류(荏類)로서 계임(桂荏)이라고 하고 있으며, Naver 백과에서는 임자(荏子)를 소자(蘇子)와 같은 '들깨'라고 한다. 바로 뒤[2-26]에 들깨[蘇子]가 등장하기 때문에 자소(紫蘇)는 이것과 구분하여 차조기로 번역했다.

235 역자주 들깨[荏]의 파종처에 대해 『제민요술 역주』 권3 「荏蓼」, p.106과 『농상집요 역주』 권5 「瓜菜·荏蓼」, p.443에서는 "園畔漫擲"이라 하고, 조선의 『농사직설(農事直說)』(1429년 간행) 「種胡麻」에서 '油麻[鄕名水荏子]'는 "路邊或田畔宜種"이라고 한다.

236 역자주 두 가지 이익은 구체적으로 말할 수는 없으나 대강 차조기로 약용, 향료 및 식용으로 사용할 수 있음을 말하는 듯하다.

237 역자주 섬유작물인 삼[麻]에는 저마(苧麻), 황마(黃麻), 청마(青麻), 대마(大麻), 아마(亞麻), 나포마(羅布麻)와 근마(槿麻) 등의 종류가 있다. 삼[麻]에는 암수의 구별이 있는데, 암삼[麻子]과 [1-12]의 수삼[麻]의 차이점에 대해 『제민요술 역주 I』 「種麻」, pp.241-243과 「種麻子」, pp.254-255에 따르면 손염(孫炎)은 암삼이 분(蕡), 저(苴), 자(芓)의 씨로서 삼씨가 많이 달린다고 하며, 암삼의 씨는 검은 반점이 있는 것이 좋다고 한다. 수삼

농상의식촬요 권상(農桑衣食撮要卷上) 이월(二月) 83

로 한 뿌리만 남긴다. 수삼의 꽃가루가 사방으로 퍼져나갈 때 수삼을 뽑아 버린다. 밭의 가장자리에 (암삼을) 파종하여 가축[六畜]의 침입을 차단한다.²³⁹ 종자를 거두어 기름을 짜서 등불을 밝히고, 각종 기물에 기름칠을 할 수도 있다.

2-26 들깨 파종하기[種蘇子]²⁴⁰

오곡을 심은 땅 주변 도로가에 (들깨를) 파종하며²⁴¹ 종자를 따서 기름을 짜서 등불을 밝히면 심히 밝다.²⁴²

삼씨는 청백색과 흰색이 있는데 흰색을 파종하는 것이 좋으며, 건조하여 기름기가 없는 것은 파종해서는 안 된다. 그리고 수삼은 꽃가루가 잿빛같이 날릴 때 바로 수확하는 것이 좋다고 하며, 최식(崔寔)에 의하면 수삼은 삼씨가 없지만 속껍질이 좋아 섬유로 사용된다고 한다. 『범승지서』에는 수삼을 시(枲)라고도 이름하고 있다. Baidu 백과에서는 삼씨는 식용, 통변(通便), 살충과 윤활작용에 효과적이라고 한다.

238 **역자주** 위 암삼의 내용은 『제민요술 역주 I』 권2 「種麻子」, pp.254-259에 상술하고 있으며, 이것은 『농상집요 역주』 권2 「播種·麻子」, pp.151-154에 그대로 이어진다. 앞의 [1-12] 항목에서 지적했듯이 『사시찬요』 「五月·種苴麻」의 내용은 마자(麻子)이어야 함에도 모두 『제민요술』 「種麻」의 내용과 동일하고 마자의 내용은 누락되어 있다. 혼돈한 것이다. 마(麻)에 대한 조선의 기록을 보면, 『농사직설(農事直說)』에는 「種麻」편만 있고 『색경(穡經)』 상권에는 「麻」와 「麻子」편이 있고, 그 속에는 『농상식촬요』의 내용도 추가되어 있다. 그 후 『증보산림경제(增補山林經濟)』, 『해동농서(海東農書)(1798년 경 간행)』 권3 「大麻」편에는 한 항목 속에 마(麻)와 마자(麻子)의 내용이 같이 있고, 『농정신편(農政新編)』 권3 「利·皮」에는 암삼, 수삼과 함께 유럽의 마(麻)도 기술하고 있다.

239 **역자주** 『제민요술 역주 I』 권2 「種麻子」, pp.255-256에 본문과 같은 내용이 전하는데, 다만 밭가에 깨와 암삼을 파종하면 깨[胡麻]는 가축이 먹지 않고, 암삼의 경우 끝부분을 뜯어 먹게 되면 더 많은 곁가지가 자라나 커다랗게 자라난다고 한다. 동일한 사실이 『농상집요 역주』 권2 「播種·麻子」, pp.151-152에도 전한다. 여기에는 모두 3월에 파종하는 것이 가장 좋고, 그 다음은 4월이고 5월 초순이 가장 좋지 않다고 한다. 조선의 『색경(穡經)』 상권 「麻子」에도 『농상집요』의 내용을 그대로 전재하고 있지만, 다만 파종시기에 있어 2월 파종이 가장 좋으며, 4월이 그 다음, 5월초는 좋지 않다고 하여 파종시기를 본문의 내용과 같이 한 달 정도 앞당기고 있다.

240 **역자주** '소자(蘇子)'를 Baidu 백과에서는 학명을 *Perilla frutescens* (L.) Britt.이라고 한다. 한국의 국가표준식물목록(이후 KPNIC으로 간칭)에서는 이를 꿀풀과 소엽속 '들깨'라고 하며, 근연식물로 소엽[*Perilla frutescens* (L.) Britton var. *crispa* (Benth.) W.Deane]이 다종 있다.

241 **역자주** 『제민요술 역주 II』 권3 「荏蓼」, p.106에는 "들깨는 적당할 때 밭두둑에 흩어 뿌려두면 매년 저절로 자라난다."라고 한다.

원문 2-24 種紫蘇

於瓜畦²⁴³邊成行撒子, 每叢長高, 可以得兩利.

2-25 種麻子·²⁴⁴

取斑黑麻子爲種, 一畝可種子三升. 芽出, 鉏草淨, 相離二尺留一根. 待放勃時, 拔去雄²⁴⁵者. 田邊宜種,²⁴⁶ 遮六畜. 收子打油然燈, 可油諸物.

2-26 種蘇子

於五穀²⁴⁷地邊近道處種, 收子打油然²⁴⁸燈甚明.

---

242 역자주 『제민요술 역주 I 』 권2「種麻子」, p.256;『농상집요 역주』권2「播種·麻子」, p.152에는 "대개 길가에 오곡을 심는 밭은 항상 가축들의 피해를 입기 마련인데, (밭머리에) 호마(胡麻)와 마자(麻子)를 심으면 이런 피해를 막을 수 있다."라고 하였다. 그리고 小注에는 이런 작물을 수확하면 등불을 밝힐 비용을 건질 수 있다고 한다. 조선의 『색경(穡經)』(1676년 간행) 상권 「荏蓼(附蘇子)」에서도 비슷한 내용을 인용하고 있지만 위의 '麻子'가 아닌 본문과 동일한 '蘇子'를 파종하여 대처하고 있는 점은 『색경』이 『농상의식촬요』를 적지 않게 활용했음을 알 수 있다.
243 '휴(畦)'자는 대자본에서 '비(肥)'로 잘못 적고 있다.
244 이 조항은 청각각본에서 완전히 빠져 있다.
245 이 구절은 명각본에서는 원래 "待放勃拔時去雄者"라고 적고 있다. 기타 각본에서는 모두 서로 동일하다. 생각컨대 『제민요술』「播種·麻子」에서는 "旣放勃, 拔去雄"이라고 적혀 있어서 본서의 이 구절의 원본 역시 마땅히 "待放勃時, 拔去雄者"라고 적혔는데 옮겨 적거나 새길 때 '시(時)', '발(拔)' 두 글자가 도치되었음을 알 수 있다. 신은서의 이 구절은 명각본과 더불어 같으며 대개 전해지는 초기에 잘못된 듯 하다. 경세록에서는 "待放勃稜時去雄者"라고 적고 있는데 여기서는 '발(拔)'자를 또 '릉(稜)'자로 잘못 적고 있다.
246 이 구절은 대자본과 월의본에 의거한 것이며, 명각본에서는 "□전변종(□田邊種)"이라고 적고 있는데 빠진 글자는 분명 "의(宜)"자이다. 신은서, 경세록에서도 모두 월의본과 더불어 같다.
247 왕위후의 교주수정(校注修訂)에서는 곡(穀)을 곡(穀)자로 바꿀 것을 제시하고 있다.
248 '연(然)'자는 청각각본에서는 '연(燃)'으로 적고 있다. 역자주 청각각본이 저본으로 삼은 사고전서본에서도 '연(燃)'으로 적고 있다.

〈그림30〉 차조기[紫蘇]와 그 씨앗

〈그림31〉 삼과 암삼씨[麻子]

〈그림32〉 들깨[蘇子]와 그 씨앗

역문 2-27 포도나무 꺾꽂이하기[揷蒲萄][249]

미리 먼저 지난 겨울동안 왕성한 포도가지 덩굴을 약 세 자 길이로

---

249 역자주 본서의 포도 재배방식은 『제민요술 역주 II』권4「種桃柰」, pp.233-235의 방식과는 전혀 다르다. 장건이 대원(大苑)에 사신으로 갔다가 가져온 포도를 『제민요술』에는 "10월 중에는 한 보(步) 간격으로 구덩이를 파고 포도 덩굴을 말아 모두 구덩이 속에 묻어 둔다. 줄기와 가지 부분에는 얇게 자른 짚이나 기장 줄기를 덮어 주면 더욱 좋다. 기장 줄기가 없으면 직접 흙을 덮어 주어도 좋다. 축축해서는 안 되는데, 축축하면 얼어버린다. 이듬해 2월 중에 다시 꺼내서 시렁 위에 올려 준다. (포도의) 성질은 추위에 잘 견디지 못하므로 덮어 주지 않으면 얼어 죽게 된다. 해가 오래된 덩굴은 뿌리와 줄기가 굵기 때문에 뿌리에서 약간 떨어진 곳에 구덩이를 파서 줄기가 부러지지 않도록 해야 한다. 구덩이 밖에 드러난 부분에서는 약간의 흙을 파서 기장 줄기와 함께 쌓아 덮어 준다."라고 하여 꺾꽂이가 아닌 포도나무 통째로 땅에 묻는 전통적인 방식으로 종을 보전하고 있다. 이러한 방식은 『농상집요 역주』권5「果實·桃(櫻桃葡萄附)」, P.457에서도 변함이 없다. 본서에서와 같은 꺾꽂이식 재배방식은 포도나 과실수의 재배와 보급에 커다란 진전이 있었음을 말해준다. 그러나 15세기 조선의 『산가요록(山家要錄)』의 포도재배법이 『제민요술』과 동일한 것을 보면 『농상의식촬요』의 신기술이 아직 도입되지 않았음을 알 수 있다. 다만 『농상집요』의 포도와 대추나무를 접붙이는 방식을 더불어 소개하고 있으며, 『증보산림경제(增補山林經濟)』권3「種樹·葡萄」에 이르면 다양한 꺾

잘라서 구덩이의 숙분熟糞 속에 묻어둔다. 봄이 되어 나무에서 가지가 싹이 트려 할 때 꺼내는데, 싹이 보이면 덩굴을 무 속에 꽂아서 옮겨 심는다. 흙 속에 두 자 정도 묻어두면 뿌리가 자라나며, 3-5치는 땅 밖으로 나오도록 한다. 싹이 자라면 덩굴을 끌어다가 시렁 위에 올려준다. 뿌리 근처에는 항상 삶은 고기비계덩이를 식혀서 놓아두고 물을 주어 사흘 뒤 맑은 물이 그것을 녹여들게 한다. 날씨가 가물면 뿌리 주변의 흙을 가볍게 호미질하고 물을 준다. 겨울에는 풀로 감싸서 서리가 내려 어는 것을 방지한다. 2-3월 사이에는 모두 꺾꽂이 하여 옮겨 심을 수 있다.

원문 2-27 插²⁵⁰蒲萄

預先於去年冬間截取藤枝旺者, 約長三尺, 埋窖於熟糞內. 候春間樹木萌芽發時取出, 看其芽生, 以藤籤蘿蔔內栽之. 埋二尺在土中則生根, 留三五寸在土外. 候苗長, 牽藤上架. 根邊常以煮肉²⁵¹肥汁放冷²⁵²澆灌, 三日後, 以淸²⁵³水解之. 天色乾旱, 輕鉏根邊土, 澆之. 冬月用草包護, 防霜凍損. 二三月間²⁵⁴皆可插栽.

꽂이 방식이 소개되어 있다. 같은 책, 권8「治膳下·造酒諸法·葡萄酒法」에는 이때 만든 포도주는 곡주와 같이 찹쌀이나 누룩가루를 섞어 만들고 있다. 최덕경 외2인, 『麗元代의 農政과 農桑輯要』(서울: 동강, 2017), pp.147-151 참조.

250 '삽(插)'자는 청각각본에서는 '종(種)'으로 적고 있으며, 신은서, 경세록에서 모두 '삽(插)'으로 적고 있다.
251 '육(肉)'자는 청각각본에 의거하였고, 명각각본에서는 모두 '숙(熟)'으로 적고 있으며 신은서, 경세록에서 모두 '육(肉)'으로 적고 있다.
252 '냉(冷)'자는 대자본에 '령(令)'으로 잘못 적고 있다.
253 역자주 사고전서본에서도 '청(淸)'을 '청(淸)'으로 적고 있다. 이하 동일한 것은 별도로 각주처리하지 않는다.
254 대자본에는 이 구절에 '간(間)'자가 없다.

역문 2-28 **각종 과실수 접붙이기**[接諸般菓木]²⁵⁵

부드러운 땅에 이랑을 만들고 줄을 지어 산복숭아²⁵⁶를 파종한다. 싹이 나서 작은 그루로 자라면 이듬 해 땅을 파서 두 보步 간격으로 한 그루를 옮겨 심는다. 2년째가 되면 나뭇가지의 끝부분을 잘라내어 대목[砧木]으로 삼고 복숭아나무, 살구나무, 자두나무와 각종 과실수의 접붙일 가지[接穗]를 말 귀 모양으로 뾰족하게 잘라서 두 가지의 나무껍질이 서로 붙게 한다.²⁵⁷ 이어서 길이 한 자, 폭 세 푼[分] 되는 본래의 나무껍질 하나로 (접붙인) 나뭇가지를 동여매고 뽕나무 껍질로 감아주고 진흙으로 봉해준다.²⁵⁸ 가볍게 나뭇가지 끝을 당겨 땅 속에 묻고 나무 갈고리로 박아 (그 나무를 고정하여) 흙으로 접붙인 부분을 배토해주고 위에는 풀로써 표시하고서 가시달린 멧대추나무로 주위를 차단하여 보호해주면 쉽게 뿌리를 내린다.²⁵⁹

---

255 역자주 접붙이는 방식과 형태는 이미 『제민요술 역주II』 권4 「揷梨」, pp.267-275에서 접수(接穗)와 대목(砧木)을 이용하여 접붙이는 방식과 쪼개접 등이 등장하며, 『농상집요 역주』 권3 「栽桑・接換」, pp.241-254에는 '접폐수(接廢樹)', '삽접법(揷接法)', '뿌리접', '벽접법(劈接法)', 탑접(搭接), 엽접(饜接), 접소아(接小芽) 등이 다양하게 소개되어 있다. 이는 6세기 이전부터 과실수나 뽕나무의 접붙이기를 통해 과일품종을 개량하거나 채소 뿌리에 삽목 하여 식물을 배양하는 방식을 취해왔음을 말해준다. 조선에도 『사시찬요초(四時纂要抄)』에 토란과 순무에 삽목 하는 장면이 보이고, 『색경(穡經)』 상권 「諸種果法・梨」와 하권 「養桑法・接桑」에도 접붙이는 방법이 자세히 안내되어 있다. 특히 『촬요신서(撮要新書)』(세종 때 편찬, 1894년 간행)에도 각종 과일나무를 접붙이는 방식에 주목하고 있으며, 1766년 간행된 『증보산림경제(增補山林經濟)』 권3 「種樹」편에는 꺾꽂이와 다양한 접붙이기, 휘묻이법 등이 소개되어 있다.
256 역자주 산도자(山桃子)는 장미과 벚나무속으로 KPNIC에서는 학명을 *Prunus davidiana* (Carrière) Franch.라고 하며 '산복사나무'로 명명하고 있고 그 열매를 '산복숭아'라 하였다.
257 역자주 접붙일 때에는 대목(臺木; 砧木)과 접수(接穗)가 있는데, 대목은 접수를 고정하고 지탱하는 바탕이 되는 나무이고, 접수는 바탕나무에 꽂는 가지나 싹을 말한다. 전자는 흔히 主라고 하고 후자는 客이라고 한다. 접붙이기는 두 가지가 합성되어 새로운 가지로 살아나는 것이다. 이러한 방식은 이미 『제민요술』에 많이 등장한다. 최덕경, 「제민요술에 보이는 동식물의 배양과 호한 농업문화의 융합」 『中國史硏究』 제62집, 2009 참조.
258 역자주 본래 왕위후[王毓瑚]의 교주본에서는 "이니봉지(以泥封之)"에 쉼표가 찍혀 있는데, 여기서 문장을 맺는 것이 좋다. 이 문장의 앞부분은 접붙이기이고 뒷부분은 휘묻이기 때문에 양자를 분리시키는 것이 바람직하다.

원문 2-28 接諸般菓²⁶⁰木

熟地內打畦成行, 用山桃子種. 芽出, 長成小樹, 次年分開, 相離兩步栽²⁶¹一株. 候二年, 樹枝削去梢.²⁶² 將桃杏李諸般果木接頭削尖似馬耳尖樣,²⁶³ 兩枝樹皮相合着,²⁶⁴ 就用本色樹皮一片, 長尺²⁶⁵餘, 闊三分, 纏所接樹枝, 用桑皮裹縛, 以泥封之. 輕攀枝梢埋於地內, 用木鉤²⁶⁶釘之, 土培接頭, 上用草²⁶⁷標記, 以刺棘遮護, 則易活.

〈그림33〉 산복숭아[山桃子]와 열매

259 역자주 본문의 끝부분은 휘문이 하는 방식으로 『제민요술 역주Ⅱ』 권4「栽樹」, p.202에는 2세기 후한 최식(崔寔)의 말을 인용하여 2월말과 3월에 휘문이 하는 법이 등장한다.
260 역자주 사고전서본에서는 '과(菓)'자를 '과(果)'로 적고 있다.
261 '재(栽)'자는 청각각본에는 모두 '절(截)'자로 잘못 적고 있으며, 신은서, 경세록에서 모두 '재(栽)'라고 적었다.
262 '초(梢)'자는 대자본에서는 '소(捎)'로 잘못 적고 있으며, 월의본에 '초(稍)'로 잘못 적었다.
263 이 문장은 청각각본에 의거했으며, 명각각본에는 "제반과목(諸般菓木)"의 네 글자를 모두 "자욕삽등(子欲插等)"으로 적고 있는데 이는 확실히 잘못된 것이다. 전체 구절은 신은서에서는 "將桃杏李子等枝長五六寸, 削尖似馬樣"이라고 적고 있다. 『경세록』에는 "將桃杏李子等接頭削尖似馬耳尖樣"이라고 적고 있다. 또한 구절 중 앞의 '첨(尖)'자는 대자본에서 '첨(挨)'으로 잘못 적고 있다.
264 '착(着)'자는 대자본, 월의본, 청각각본에서 모두 '저(著)'자로 적고 있다. 이하 동일하다.
265 '척(尺)'자는 대자본이 '대(大)'자로 잘못 적고 있다.
266 '구(鉤)'자는 대자본에서는 '정(釘)'자로 적고 있다.
267 대자본에는 이 구절에 '초(草)'자가 빠져 있다.

역문 2-29 요접하기[腰接]²⁶⁸

나무 몸체가 큰 것을 살펴서 땅에서 한 자 떨어진 곳을 잘라서 대목[砧木]을 만들며, 작은 것은 땅에서 7-8치 떨어지게 한다. 자를 때는 모름지기 가는 톱을 써서 자르는데 톱니가 굵으면 나무껍질이 손상된다. 대목에서 (양쪽으로) 서로 마주보게 한 치 깊이로 쪼개어, 대목마다 마주보게 두 가지를 꽂아 접붙이고 모두 두 개의 나무껍질로 서로 붙게 동여매고서 황토를 발라 봉해준다. 살아서 잎이 나오게 되면 약한 가지는 잘라버린다. 만약 배나무, 능금나무²⁶⁹를 접붙이려면 돌배나무²⁷⁰의 대목에 접붙여야 한다. 그리고 밤나무를 접붙이려면 상수리나무의 대목에 꽂아 접붙이는 것이 좋다.

2-30 뿌리 접붙이기[根接]

땅에 붙여 나무를 자르고 이를 쪼개서, 접붙일 가지 끝을 뾰족하게 깎아서 그 속에 삽입하고 황토 진흙으로 단단하게 고정하며, 거름으로 북돋아주고, 풀로 표시하여 다른 동물이 들이받아 흔들지 못하도록 하고, 자주 물을 주면 즉시 살아난다.

---

268 역자주 '요접(腰接)'은 대목의 허리 부분에 접수인 나뭇가지를 끼우거나 눈을 붙이는 방식인데, 본 문장의 내용은 대목을 쪼개접[劈接法] 하는 방식과도 동일하다. 그리고 사고전서본의 배열 형식을 보면 [2-29]와 [2-30] 조항을 각각 독립하여 본 항목[2-28] 속에 넣어 구성하고 있다.

269 역자주 '임금(林檎)'의 학명은 Baidu 백과에 의하면 *Malus asiatica* Nakai으로, KPNIC에서는 이를 장미과 사과나무속 '능금나무'로 이름한다. KPNIC에 등기된 사과의 학명은 *Malus pumila* Mill.이며, Baidu 백과에서는 이를 핑궈[苹果]라고 이름하고 있다.

270 역자주 '두(杜)'는 야리(野梨), 당리(棠梨)라고 하며, 중국에서의 학명은 *Pyrus xerophila*인데, BRIS에서는 이를 대리(大梨)라고 명명하고 있다. 다만 KPNIC에서는 근연식물이 많이 전하는데, 속명이 같은 것으로는 돌배나무[*Pyrus pyrifolia* (Burm.f.) Nakai] 또는 개아그배나무[*Malus micromalus* Makino] 등이 있다.

원문 2-29 腰接[271]

驗其樹身大者, 離地一尺截作木[272]砧, 小者離地七八寸. 截時須用細齒鋸截, 鋸齒粗則傷樹皮.[273] 於砧相對側劈開, 令深一寸, 每砧對[274]接兩枝, 俱用兩樹皮相合, 以黃泥封之. 候活, 待發出葉, 去一枝弱者. 若接棃或林檎, 宜杜樹砧上接之. 若接栗子, 宜於櫟樹[275]砧上揷接之.

2-30 根接

附地截去, 劈開, 接頭削尖揷之, 黃泥封固, 用糞壅, 以草標記, 勿令他物動揺, 頻澆水, 卽活.

---

[271] 이 조항은 아래 조항의 '근접(根接)'과 더불어 청각각본에서는 모두 별도로 제목을 달지 않았는데 이것은 비교적 타당하다. 왜냐하면 내용으로 볼 때 모두 위의 "접제반과목(接諸般菓木)"의 조항 속에 포함시키는 것이 합당하기 때문이다. 하지만 비교적 이른 판본의 모습을 보전하기 위해서 지금은 변경하지 않는다. 신은서는 명각각본과 동일하고, 경세록은 모두 한 단으로 묶여 있다.

[272] '목(木)'자는 대자본과 월의본에서 모두 '대(大)'자로 잘못 적고 있다.

[273] 이 두 구절은 청풍실본에서 "截時須用細齒鋸, 齒粗則傷樹皮"라고 적고 있으며 문장의 뜻은 동일하다. 신은서에는 "截用細齒鋸, 齒粗則傷樹皮"라고 적혀 있으며 경세록에서는 "截時須用細齒鋸截, 粗則傷樹皮"라고 적혀 있다. 의미는 모두 마찬가지이다.

[274] '대(對)'자는 대자본에서는 '봉(封)'자로 잘못 적고 있다.

[275] 역자주 '역수(櫟樹)'는 Baidu 백과에 의하면 역속(櫟屬)으로 학명은 *Quercus* L.로 약 300여종이 있는데, 중국에는 51종, 변종이 14종, 변형이 1종 있으며, 주로 목재, 탄과 코르크 및 염료제작에 사용되고, 작잠(柞蠶)을 기르기도 한다고 한다. KPNIC와 BRIS에는 이 학명에 부합하는 국명이 없다. 근연식물로 가장 근접하는 것이 참나무과 '갈졸참나무', '갈참나무', '굴참나무', '떡갈나무', '떡갈참나무', '물참나무', '상수리나무' 등으로 갈래가 매우 많다. 본고에서는 상위 종인 '상수리나무'로 번역했다. 『제민요술 역주Ⅴ』 권10 「五穀果蓏菜茹非中國物産者·櫟」, pp.354-355에는 손염(孫炎)의 견해를 인용하여 "櫟實, 橡也"라고 한다. 조선의 『증보산림경제(增補山林經濟)』 권3 「種樹·橡」에 의하면 '상수리나무'는 목재의 용도와 함께 구황작물로서 가을마다 힘을 다해 그 열매를 수확했다고 한다.

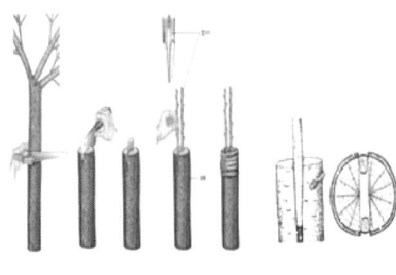 

〈그림34〉 쪼개접과 그 세부   〈그림35〉 북지콩배나무[杜梨]와 그 꽃

삼월 三月

역문 **3-1** 월내삼묘月內三卯

(이 달 중 세 번의 묘일(卯日)이) 있다면 콩을 파종하는 것이 좋으며, 없다면 삼[麻]과 맥麥을 파종하는 것이 좋다. 이는 농가의 경험에 의한 말이다.

3-2 냉이꽃276 거두기[收薺菜花]

3월 3일에 수확한다. 자리를 만들어 평상 아래에 펴두면 벼룩[蚤]을 물리칠 수 있으며 부뚜막 위에 펴두면 벌레와 개미를 물리칠 수 있다.

---

276 역자주 '제채(薺菜)'는 1년생 혹은 2년생 초본으로 전세계 온대지역에 폭넓게 분포한다. 학명은 *apsella bursa-pastoris* (L.) Medik.이며, KPNIC에서는 이를 배추과 냉이속 '냉이'로 명명하고 있다.

3-3 콩 파종하기[種大豆]

(3월) 상순에 파종하는 것이 좋다. 살구꽃이 활짝 피고 오디가 붉어지는 하지夏至 이후 20일까지는 모두 파종할 수 있다. 비옥한 땅은 성기게 파종하며, 척박한 땅에는 빽빽하게 파종한다.[277] 조금만 자라나도 즉시 김매준다. 꼬투리가 붉고 줄기가 푸를 때 수확한다.[278] 회화나무[279]는 벌레가 생기지 않아 주변에 콩을 파종하기 적합하다. 신일申日, 묘일卯日에 파종하는 것을 피한다.

원문 3-1 月內三卯[280]

有則宜豆, 無則宜麻麥. 此農家經驗之言.[281]

---

[277] **역자주** 『제민요술 역주Ⅰ』권2 「大豆」, p.222에 의하면 춘대두(春大豆)의 파종은 2월 중순이 가장 좋은 시기이고, 다음은 3월 상순이며 5-6월에도 파종할 수는 있다고 한다. 하지만 늦으면 늦을수록 종자가 많이 소요된다고 한다. 대두의 기원과 관련하여 『제민요술』권2 「大豆」에 등장하는 '黃高麗豆', '黑高麗豆'와 같은 지역명을 띤 대두의 출현과 『관자(管子)』 「戒」편에 등장하는 "北伐山戎, 出冬葱與戎菽, 布之天下."의 '戎菽'은 대두의 기원지와 관련하여 시사하는 바가 크다. 이런 대두의 파종과 재배방식은 이후 『사시찬요 역주』권2 「二月·種大豆」, pp.152-153; 『농상집요 역주』권2 「播種·大豆」, pp.140-142에로 이어지고 있다. 다만 사료용 교두(樔豆)는 무당 3되[升]를 파종했다는 『제민요술』의 지적과는 달리 『사시찬요』에는 가장 적기인 2월에 파종할 때 무당 종자 8되[升]를 사용했다는 점이 주목된다.

[278] **역자주** 『제민요술 역주Ⅰ』권2 「大豆」, p.228에는 "穫豆之法, 莢黑而莖蒼, 輒收無疑."라고 하여 꼬투리가 검고 줄기가 푸를 때 재빨리 수확한다고 하여 본문과 다소 차이를 보이고 있다.

[279] **역자주** '괴(槐)'의 학명은 Baidu 백과에 의하면 *Sophora japonica*라고 하며 KPNIC에서는 이를 *Styphnolobium japonicum* (L.) Schott라고 수정 제시하고 콩과 회화나무속 '회화나무'로 명명하고 있다. 흔히들 '괴(槐)'를 느티나무라고 하는데, 국명 느티나무의 학명은 KPNIC에서는 *Zelkova serrata* (Thunb.) Makino라고 하며, 이는 느릅나무과 느티나무속으로 전자와 차이가 있음을 알 수 있다. 회화나무의 재배법은 『제민요술 역주Ⅱ』권5 「種槐柳楸梓梧柞」, pp.409-411에서 『농상집요 역주』권6 「竹木·槐」, pp.509-510에로 그대로 이어지며, 조선시대의 『증보산림경제(增補山林經濟)』권3 「種樹·槐」에도 이와 유사한 기록과 함께 콩의 작황을 예측하는 징후로 삼았으며, 『임원경제지(林園經濟志)』에는 구황작물로도 이용되고 있다.

[280] 이 조항은 청각각본에서 표제가 독립되어 있지 않은데, "월내삼묘(月內三卯)" 네 글자는 아래의 문장과 더불어 이어지며, 3월(三月) 아래에 바로 연결되어 있다.

3-2 收薺菜花²⁸²

三月三日收. 席鋪床下, 去蚤, 鋪竈上, 去蟲蟻.²⁸³

3-3 種大豆

宜上旬種, 杏²⁸⁴花盛桑椹赤, 夏至後二十日, 皆可種. 肥地則宜踈, 瘦地則宜密. 纔出便耘. 莢亦莖蒼則收. 槐樹不生蟲, 宜豆. 忌申·卯日種.

역문 3-4 모판 쟁기질하기[犁秧田]²⁸⁵

모판은 모름지기 쟁기질과 써레질을 서너 번 하고, 싱싱한 풀을 모판 안에 두텁게 깔아준다. 덮어둔 것이 썩으면 평평하게 하여 바야흐로 씨를 흩어 뿌린다. 문드러진 풀과 재거름을 함께 시비하면 모가 건강하고 왕성해진다.

3-5 벼 종자 담그기[浸稻種]

올벼[早稻]는 청명절 전에 담그고, 늦벼[晩稻]는 곡우 전후에 담근다. 그 종자는 볏짚²⁸⁶으로 감싼다. 감쌀 때마다 한 말[斗] 내지 한 말[斗] 다

---

281 '언(言)'자 아래에는 청각각본에서는 '야(也)'자 하나가 더 있다. **역자주** 사고전서본에서도 '언(言)'자 다음에 '야(也)'자가 한 자 더 있다.
282 청풍본에는 '화(花)'자가 없다.
283 대자본에서는 이 구절에 '의(蟻)'자가 없다.
284 '행(杏)'자는 대자본에서는 '부(否)'자로 잘못 적고 있다.
285 **역자주** 본서에는 이전 농서에서 볼 수 없었던 모판[秧田]에 대한 기록이 자세하다. 3월에 모판을 쟁기질하고, 청명절 전에 담가둔 벼 종자를 모판에 뿌리고, 5월에는 [5-3]에서 보는 바와 같이 모판에서 볏모를 뽑아 본전[水田]에 옮겨 심는 과정을 상세하게 언급하고 있다. 이 방식은 20세기 후반까지 한국 농촌에서 시행되었던 모내기 작업과 동일하다. 본 항목의 秧苗와 秧田의 기록은 『제민요술』과 『사시찬요』를 거치면서 이앙법이 어떻게 정착되어 갔는지를 잘 보여주고 있다.

섯 되를 (볏짚으로) 감싸 못 속에 던져 담그되 흐르는 물은 이용하지 않는데, 그렇게 하면 싹이 나기 어렵기 때문이다. 사나흘 간 담가두어 바늘 끝과 같은 크기의 흰 싹이 살짝 드러나면 꺼내서 짊어지고 집에 돌아가 그늘진 곳에서 말린다. 모판 안에는 촘촘하게 흩어 뿌리고, 8-9일이 지나 모가 푸르게 되면 물을 넣어 준다.[287] 찰벼[糯稻]는 싹이 나는 것이 비교적 더디기에 8-9일 간 담가주고, 앞에서와 같이 흰 싹이 살짝 보일 때 바야흐로 파종한다. 간혹 항아리[缸甕] 속에 물을 넣어 담갔다가 수일 후에 꺼내 풀로 덮어주고 새싹이 나오면, 앞의 방식대로 (모판에) 흩어 뿌리고 망종芒種[288]을 전후하여 모내기 한다.

원문 3-4 犁秧田

其田須犁耙[289]三四遍, 用靑草厚鋪於內. 盒[290]爛打平, 方可撒種.

---

286 **역자주** 볏짚으로 볍씨 한 말을 감싸는 것에는 한계가 있다. 따라서 이 '볏짚'은 볏짚을 이용하여 가로세로로 짠 가마니같은 것이었을 것이다.
287 **역자주** 볍씨를 3일정도 물에 담가 싹을 틔워 흩어 뿌리는 방식은 『제민요술 역주 I』 권2 「水稻」편과 동일하지만, 『제민요술』에서는 강 상류의 수전에 산파했으며, 『사시찬요 역주』 「三月·種水稻」, pp. 210-211에서는 3일간 종자를 물에 담그고 3일간 거적으로 싸서 싹이 나면 정지한 논에 파종했다. 『농상집요 역주』 권2 「播種·水稻」, pp. 121-123에서도 『사시찬요』의 경우와 거의 일치한다. 다만 '北土高原'지대의 경우에는 강의 '외곡(隈曲)'부분을 따라 수전(水田)을 행하였고 파종방식은 『제민요술』과 동일하며, 다만 모가 7-8치 정도 자라면 뽑아 옮겨 심었다[拔而栽之]고 한다. 본서는 이들 방식에서 진일보하여 모판[秧田]과 모내기[揷秧]를 분리하여 설명하고 있는 것이 특징이다.
288 **역자주** '망종(芒種)'은 양력 6월 5일 무렵이다.
289 '파(耙)'자는 대자본, 명각본, 청각각본의 각 본에서는 모두 '파(耙)'라고 적고 있으며 월의본에서는 '파(把)'라고 적고 있다. 생각건대 이 글자와 앞부분의 '리(犁)'자는 여기에서는 모두 동사로 사용된다. 이러한 조치는 '쟁기[犁]'(즉 땅을 간다는 것)와 서로 관련 있는 것으로 보아 확실히 써레(혹은 파(耰))를 이용해 땅을 평탄하게 하고 흙덩이를 부수는 것이다. 『농상집요』에서는 『종시직설(種時直說)』의 "한 번 쟁기질할 때 여섯 번 써레질한다[犁一耰六]"라는 것을 인용하고 있으며, 『왕정농서』에서는 두 번이나 이 문장을 인용하여 '파(耰)'자를 '파(耰)' 또는 '파(耙)'라고도 적고 있는데, 이 두 글자는 통용된다. '파(耰)'자는 동사를 만들 때 사용되며, 대략 당시 간혹 '파(耰)'로 적었다. 이것이 선례가 되어 '파(耙)'자는 간혹 '파(把)'로 쓰기도 했으니 월의본은 결코 잘못된 문장은 아니다. 그러나 '파(把)'자는 정자(正字)가 아니다. 신은서, 경세록에서는 모두 '파(耙)'로 적고 있

爛草與灰糞一同, 則秧肥旺.

3-5 浸稻種

早稻淸明節前浸, 晩稻穀雨前後浸. 其種[291]用稻草包裹. 每裹包一斗或斗五,[292] 投於池塘水內浸, 不用長流水,[293] 難得生芽. 浸三四日, 微見白芽如[294]針[295]尖大, 然後取出, 擔歸家, 於陰處陰乾. 密撒於秧田內, 候八九日秧靑, 放水浸之. 糯稻出芽較遲, 可浸八九日, 如前微見白芽出時, 方可種. 或於缸甕內用水浸數日撈出, 以草[296]盦[297]生芽, 依前法撒種, 候芒種前後揷秧.

역문 3-6 조 파종하기[種粟穀][298]

조[穀]를 물에 담근다. 12월의 눈 녹은 물로써 (종자를) 담가주면 가뭄에 잘 견디고 해충의 피해를 물리칠 수 있다. 봄에 파종하는 것은

다. **역자주** 사고전서본에서는 '파(把)'로 기록하고 있다.
290 **역자주** 사고전서본에서는 '암(盦)'을 암(盦)으로 기록하고 있다.
291 '종(種)'자는 대자본과 월의본에 근거했으며, 명각각본에서는 '침(浸)'으로 잘못 적고 있다.
292 대자본에서는 이 구절에 '오(五)'자가 빠져 있다.
293 대자본에서는 이 구절의 끝에 '침(浸)'자가 한 자 더 있다.
294 명각본에서는 '여(如)'자가 빠져 있는데, 지금은 대자본, 월의본 및 청각각본에 의거하여 보충한다.
295 '침(針)'자는 청각각본에서는 '철(鐵)'자로 잘못 적고 있다. 왕위후의 교주수정(校注修訂)에는 침(針)자 곁에 연필로 주석하여 "문란각본(文瀾閣本)에서는 침(針)자를 침(鍼)으로 쓰고 있다"라고 한다. **역자주** 사고전서본에서도 이 글자를 '침암(鍼盦)'으로 기록하고 있다.
296 '초(草)'자는 대자본에서는 '아(芽)'자로 잘못 적고 있다.
297 **역자주** 사고전서본에서는 '암(盦)'을 암(盦)으로 기록하고 있다.
298 **역자주** '속곡(粟穀)'은 Baidu 백과에 의하면 좁쌀[小米], 점미(黏米), 과자(稞子), 백양속(白粱米), 자미(粢米), 경속(硬粟), 선속(秈粟), 곡자(穀子), 한속(寒粟), 황속(黃粟) 등으로 일컫는다. 이중 가장 환영받는 속곡은 좁쌀[小米]이다. 좁쌀은 낟알이 비교적 작고 북방에서 많이 재배되며, 점미는 황점미와 백점미로 나누며 통상 떡이나 양조용으로 사용된다고 한다. 학명은 *Setaria italica* (L.) P.Beauv.이며, KPNIC에서는 이를 벼과 강아지풀속 '조'라고 명명하고 있다.

깊게 하며 여름에 파종하는 것은 얕게 한다. 무릇 조를 파종할 때는 비가 약간 내려 촉촉할 때 파종하는 것이 좋다.[299] 비가 많이 오면 한 차례 호미질을 해준 뒤에 누거를 이용해서 파종한다. 호미질은 자주 해주는 것이 좋은데,[300] 자주 호미질을 해주면 쭉정이가 생기지 않으며 가늘어도 열매를 맺는다. 익으면 빨리 베야 하며 마른 뒤에는 재빨리 쌓아두어야 하고 너무 많이 익으면 (곡식이 떨어져) 손실이 많아진다.[301]

3-7 마[302] 파종하기[種山藥]

미리 먼저 땅을 호미질 하여 구덩이와 이랑을 만들고서 참깨대를 구덩이 속에 펴서 채워 넣는다. 마 위에 흰 낟알 같은 까끄라기가 있는 것을 가려내어 죽도(竹刀)로 쳐내고 한두 치[寸] 간격으로 잘라 눕혀서 차례대로 배열하여 파종하고 흙을 다섯 치 두께로 덮어준다. 가물면 물을 준다. 인분人糞[303]을 주는 것을 꺼려하니 소똥이나 깻묵을 주는 것이 좋다.[304] 싹이 나면 호미로 김을 매주고 대나무나 나무로 시렁을 만

---

299 역자주 『제민요술 역주 I 』권2「黍穄」, p.209에는 崔寔의 『사민월령(四民月令)』의 말을 인용하여 4월에 누에가 섶에 오를 때 비가 내리면 기장과 조를 파종하는데 이때가 가장 좋은 시기라고 한다.
300 역자주 조 파종 후의 김매기 방식과 그 결과는 기본적으로 『농상집요 역주』 권2「播種·種穀」, pp.99-100의 내용과 동일하다.
301 역자주 '포비(拋費)'의 의미는 두 가지로 해석될 수 있다. 하나는 '손실이 많다'는 것이며 다른 하나는 '떨어져 흩어진다'는 것이다.
302 역자주 중국에서는 '산약(山藥)'을 서여(薯蕷; *Dioscorea polystachya* Turczaninow)라고 하며 국가표준식물목록(KPNIC)에서는 이를 마과 마속 '마'라고 명명하고 있다.
303 역자주 인분(人糞)의 효능에 대해 『농정신편(農政新編)』(1885년 간행) 권2「糞苴法·人糞」에서 "인분은 온열, 습윤한 기름을 함유하여 휘발하면서 염분을 빼앗아 그 때문에 식물을 기르고 배양하는 기운이 매우 강하고, 초목이 싹트고 자라는 세력도 아주 강하게 한다." 다만 "인분은 아주 효력이 강한 비료이지만 악취가 나기 때문에 측간에 식토(埴土: 점토 45%, 미사 30%, 모래 25% 내외의 토양)를 말려 저장했다가 바가지로 수시로 떠서 인분에 덮어주면 그 냄새를 없애고서 이용할 수 있다."라고 한다. 이런 인분은 식물을 기름지고 윤택하게 하는 효과가 있다고 한다. 과거 한국의 농촌에서는 온돌생활을 했기 때문에 식토 대신 매일 공급되는 재[灰]를 이용하였다.

들어 지탱해 준다. 상강霜降 이후에 수확한다. 종자도 수확할 수 있다.[305] 입동立冬 이후에 뿌리 근처 사방으로 넓고 깊게 구덩이를 파서 꺼내면 부러지지 않는다. 일명 "둥근마[黃獨]"[306]라는 것이 있는데, 그 맛은 마[山藥]와 동일하다. 녹두 껍질, 깻묵, 썩은 풀, 혹은 오줌이나 해진 짚신으로 싸서 파종한다. (구덩이 주위) 사방에 재를 뿌려주면 벌레로 입는 손상이 없게 된다.

원문 3-6 種粟穀[307]

浸穀. 用臘雪水浸過耐旱, 辟蟲傷.[308] 春種欲深, 夏種欲淺. 凡[309]種穀[310]遇小雨宜趁濕種. 大雨鉏一遍, 然後耩[311]種.[312] 鉏不厭頻, 多鉏則不秕.[313] 細而結實. 熟則宜速刈, 乾則宜速積. 過熟則拋費.[314]

---

304 역자주 『사시찬요 역주』「二月·又法」, p.165에는 이 문장과 비슷하게 "二月初, 取出便種. 忌人糞. 如旱, 放水澆."라고 하여 2월에 파종하며, 인분 시비를 꺼리는 것이 독특하다.

305 역자주 이상의 내용은 『농상집요 역주』 권6 「藥草·薯蕷」, pp.558-559의 『무본신서(務本新書)』의 인용문에 그대로 남아있다.

306 역자주 황독(黃獨)은 다년생 초본 야생 덩굴식물로서 덩이줄기가 원형 혹은 이형(梨形)을 띠며 외피는 자흑색이고, 일명 황약(黃藥), 산자고(山慈姑)라고도 한다. 학명은 Dioscorea bulbifera L.으로 KPNIC에서는 이를 마과 마속의 '둥근마'로 명명하고 있다.

307 왕위후[王毓瑚]는 본서 목차의 교기(校記)에서 원래 '각(穀)'자로 잘못 쓰였으며, 월의본에서도 각(穀)으로 잘못 쓰였다고 한다. 역자주 사고전서본(四庫全書本)에서는 곡(穀)으로 바로 쓰여 있다.

308 대자본에서는 '충상(蟲傷)' 두 글자가 도치되어 있다.

309 '범(凡)'자는 대자본(大字本), 월의본(月宜本)과 청각각본(清刻各本)에 의거하며, 명각본(明刻各本)에서는 '구(九)'로 잘못 적고 있다.

310 왕위후의 교주수정(校注修訂)에서는 이 항목의 문장 속의 곡(穀)자는 곡(穀)으로 고쳐 쓸 것을 제시하고 있다. 역자주 사고전서본에서는 '곡(穀)'으로 적고 있다.

311 '구(耩)'자는 청각각본에서는 '구(搆)'자로 잘못 적고 있다. 경세록(經世錄)과 명각본은 동일하다. 신은서(神隱書)에서는 이 구절을 "연후파균종지(然後爬勻種之)"라고 적고 있다.

312 '종(種)'자는 월의본에서는 '령(領)'자로 잘못 적고 있다.

313 '비(秕)'자는 청각각본에 의거한 것이며, 명각본과 월의본에서는 모두 '비(批)'로 잘못 적고 있는데, 대자본은 '비(粃)'로 적고 있다. 『구선신은서(臞仙神隱書)』; 이후 신은서(神隱書)로 간칭), 『경세민사록(經世民事錄)』; 이후 경세록(經世錄)으로 간칭)에서는 '비(秕)'로 적고 있다. 왕위후의 교주수정(校注修訂)에서 연필로 문연각본(文淵閣本)에는 지(秖)로 쓰고 있다고 보충하고 있다.

3-7 種山藥

預先鉏地成坑壠,[315] 以芝麻稭鋪填.[316] 揀[317]山藥上有白粒芒刺者, 用竹刀切下, 一二寸作一段,[318] 相挨排臥種,[319] 覆土[320]五寸. 旱則澆. 忌人糞, 宜牛糞・麻枯. 生苗鉏耘, 以竹木扶架. 霜降後收. 子種亦得. 立冬後, 根邊四圍寬掘深取, 則不碎.[321] 一名「黃獨」, 其味與山藥同. 以菉豆殼[322]・麻枯・腐草或小便・草鞋包種之. 四畔用灰, 則無蟲傷.

〈그림36〉 마[山藥]와 그 뿌리

〈그림37〉 둥근마[黃獨]와 그 열매

---

314 '비(費)'자는 대자본에서 유독 '살(撒)'로 적고 있다.
315 대자본에서는 이 구절의 앞에 '요(要)'자가 한 자 더 있다. 역자주 사고전서본에서는 '농(壠)'을 농(壟)으로 적고 있다.
316 '전(填)'자는 대자본에서는 '수(須)'자로 잘못 적고 있다.
317 왕위후(王毓瑚)는 본서를 조판한 이후에 발견한 『양민월의(養民月宜)』의 유인본(油印本)과 이를 필사한 월의본(月宜本)의 차이를 교후보기[校後補記; 이후 왕위후의 보기(補記)로 간칭]에서 정리하고 있다. 필사본에 의하면 '揀山藥上有白粒芒刺者' 구절 중의 '간(揀)'자 밑에 '출(出)' 자 하나가 더 있다고 한다.
318 역자주 사고전서본에서는 '단(段)'을 '가(叚)'로 적고 있다.
319 대자본에서는 이 구절에 '와(臥)'자가 없다.
320 '토(土)'자는 대자본과 청각각본에서 '상(上)'으로 잘못 적고 있다.
321 왕위후의 보기(補記)에는 필사본에서 '쇄(碎)'자를 '쇄(粹)'로 잘못 적고 있다고 한다.
322 '각(殼)'자는 대자본에서는 '각(慤)'으로 잘못 적고 있다.

역문 3-8 아욱³²³ 파종하기[種葵]

깊게 땅을 파서 이랑을 만들어서 숙분³²⁴과 흙을 섞어 한 치 두께로 덮어주고 밟아 평평하게 하여 물을 준다. 약간 마른 뒤에 아욱 씨를 고르게 흩어 뿌리고 또 분토糞土를 한 치 두께로 덮어준다. 아욱 잎이 세 장 정도가 돋아나면 물을 준다.³²⁵ 6월에도 파종할 수 있다.

3-9 고수³²⁶ 파종하기[種香菜]³²⁷

항상 생선을 씻은 물을 뿌려주면 향기롭고 무성해진다. 도랑 속 진흙과 쌀뜨물은 더욱 좋다.

---

323 역자주 '규(葵)'의 학명은 *Malva verticillata* L.이며 국내 KPNIC에서는 '아욱'으로 명명한다.
324 역자주 '숙분(熟糞)'은 '부숙시킨 거름'인지 '잘 썩은 똥'인지 '부드러운 거름'인지 우리말로 해석하기가 매우 곤란하다. 참고로 19세기『농정신편(農政新編)』(1885년 간행) 권2「糞苴法·人糞」에서는 '숙분'은 인분(人糞)과 물을 같은 분량으로 섞어 60일간 숙성시키면 인분이 물처럼 녹아 청색빛을 띠게 되는데 이것을 숙분이라고 한다. 이어서 등장하는 '분토(糞土)' 또한 '거름을 섞은 흙'인지 '똥을 섞은 흙'인지 이 역시 명확하지 않다.
325 역자주『제민요술 역주Ⅱ』권3「種葵」, pp.28-30과『농상집요(農桑輯要)』권5「瓜菜·葵」, pp.393-394에도 본문과 같은 내용이 전해진다. 이들 사료에 의하면 물은 보통 새벽과 저녁 무렵에 주며, 정오에는 물을 주어서는 안 된다고 한다.
326 역자주 '향채(香菜)'의 명칭은『제민요술 역주』권3「種胡荽」, 87-98;『사시찬요 역주』권3「六月·胡荽」, p.342;『농상집요 역주』권5「瓜菜·胡荽」에서는 모두 본문과는 달리 호수(胡荽)라고 표기하고 있다. Baidu 백과에 의하면 '호수(胡荽)'가 곧 향채(香菜)라고 하며, 그 학명은 *Coriandrum sativum* L.이다. KPNIC에서는 이를 산형과 고수속 '고수'라고 명명하고 있다. 본문과 같은 재배법은 이전의 농서에는 보이지 않는다. 차이점은『사시찬요』에서는 무당 종자 1말[斗]을 파종했는데 반해, 다른 두 책에서는 2되[升]를 파종하여 무당 10석을 수확했다고 한다.『농상집요』는『제민요술』의 내용은 그대로 전재하면서 무당 2되의 파종을 조밀한 파종으로 인식하고 있는 것이 의심스러우며, 수확량이 동일했다면 5배의 차이가 생기는 셈이 된다.
327 역자주 최덕경,『음선정요 역주(飮膳正要譯註)』「菜品·芫荽」, p.513,「料物性味·芫荽」, p.559에는 고수는 곡물 소화를 촉진하고 오장의 기능을 보충하며, 소변을 잘 통하게 하고 어류와 육류의 독을 해독한다고 한다.

원문 3-8 種葵³²⁸

深掘地成畦,³²⁹ 熟糞和土覆, 令厚一寸, 脚踏平, 下水. 候微乾,³³⁰ 勻撒葵子, 又以糞土³³¹覆其上, 厚一寸. 葵生三葉, 用水澆灌. 六月間亦可種之.

3-9 種香菜

常以洗魚水澆之, 則香而茂. 溝泥米泔尤佳.³³²

〈그림38〉 아욱과 그 꽃

〈그림39〉 고수와 그 씨

역문 3-10 토란뿌리³³³ 파종하기[種芋子]

물과 가까운 비옥한 토지에 파종하는 것이 좋다. 매 그루의 뿌리

328 이 조항은 청각각본에서 모두 빠져 있다. 또 대자본과 월의본에서의 표제에서는 '종규채(種葵菜)'로 적고 있다. 역자주 사고전서본에도 이 조항[3-8]이 모두 누락되어 있다.
329 대자본의 이 구절 앞에는 '의(宜)'자가 한 자 더 있다. 또 '심(深)'자는 유인본(油印本)에서 '탐(探)'으로 잘못 적혀 있다.
330 명각본에서는 이 문장의 '분(糞)'자에서 '후(候)'자에 이르기까지 "糞和土覆, 令厚一寸, 脚踏平, 下水. 候"의 14개의 글자가 통째로 빠져 있으며, 지금 대자본과 월의본에 의거하여 보충한다. 대자본에서는 '후(候)'자가 빠져 있다.
331 명각본에서는 '분토(糞土)' 두 글자가 빠져 있으며, 지금은 대자본과 월의본에 의거하여 보충한다.
332 이 구절의 '감(泔)'자 아래에 청풍실본에서는 '수(水)'자가 더 있다.
333 역자주 '우자(芋子)'는 한의학대사전에 의하면 '우두(芋頭)'라고 하며, 우두(芋頭)의 학명은 *Colocasia esculenta* (L.) Schott이며 국내 KPNIC에서는 '토란'으로 지칭한다.

근처에 녹두껍질을 덮어서 북돋아주거나 삼을 태운 재거름[麻灰糞][334]을 준다.[335] 소와 양이 밟아서 문드러진 풀로 그 주위를 북돋아주면 매우 잘 자란다. 풀이 나면 자주 호미질 해주는 것이 좋으며 가물면 물을 준다. 민가의 채마밭 가장자리의 물가에도 모두 파종할 수 있으며, 갑자기 흉년을 맞게 되면 양식으로 대용할 수 있다.

3-11 모시풀[336] 파종하기[種苧麻]

이 달에 기름진 밭에 종자를 흩어 뿌리고 풀로 덮어주며 누에똥으로 북돋아주어 2년 후에는 옮겨 심는다. 줄[行]은 간격을 넓게 하고 옮겨 심을 때는 촘촘하게 하는데 재와 겨를 섞어서 시비한다. 한로寒露 이후에 종자를 거둔다. 10월 이후에 소와 말의 똥으로 그 뿌리를 고르게 덮어주면 얼어 죽는 것을 피할 수 있다.[337]

---

334 역자주 '마회분(麻灰糞)'은 어떤 거름인지 구체적으로 알 수 없다. '마(麻)'는 지마(芝麻)와 대마(大麻)로 해석될 수 있다. [9-4]에서 참깨대를 말려 불쏘시개로도 사용하지만, 앞의 문장에서 참깨를 지마라고 적고 있어서 여기서는 '마(麻)'를 대마로 해석한다.

335 역자주 『제민요술 역주Ⅰ』 권2 「種芋」, pp.363-365; 당말 『사시찬요(四時纂要)』 「二月·種芋」, p.159; 『농상집요 역주』 권5 「瓜菜·芋」, p.387에는 녹두껍질 대신 콩깍지를 사용하고 있으며, 토란 심는 법도 거의 동일하다. 토란은 일찍부터 구황작물로 널리 활용된 듯하다.

336 역자주 '저마(苧麻)'의 학명은 Boehmeria nivea (L.) Gaudich.이며, 국내 KPNIC에서는 '모시풀[모시]'로 명명한다.

337 역자주 『제민요술』과 『사시찬요』에는 모시풀[苧麻]에 대한 단일 항목이 없고, 『농상집요 역주』 권2 「播種·苧麻」, pp.160-170에서 비로소 모시풀 파종에 대한 구체적인 내용이 전한다. 특히 이때 모시 옮겨 심는 법을 신첨(新添)으로 표기하고 있다. 『농상의식촬요』의 모시 재배에 관한 기록들은 『농상집요 역주』 권2 「播種·苧麻」, p.165, pp.167-168에 등장하는 내용들의 집합이다. 그리고 조선의 『색경(穡經)』 상권 「苧麻」편에는 『농상집요』 권2 「播種·苧麻」의 내용을 전재하고 있는데 반해 『한정록(閑情錄)』 「治農·苧麻」에는 『농상집요』의 방식을 그대로 좇지 않고 수확시기를 5월 초, 6월 중순, 8월 중순에서 5월, 7월, 9월로 조정하여 기록하고 있다. 『해동농서(海東農書)』 권3 「蠶桑·苧麻」에서는 『농상집요』의 내용을 중심에 두고서 『본초강목(本草綱目)』, 『농정전서(農政全書)』, 『증보산림경제(增補山林經濟)』 등을 인용하여 보충하고 있다. 그런데 흥미로운 점은 1225년 간행된 송대 『제번지(諸蕃志)』에 소개된 고려 (당시에는 신라국으로 소개) 특산물 중에 '모시포(毛施布)'라는 고려 속언(俗言)이 그대로 실려 있다. 이것은 고려에서 생

원문 **3-10** 種芋子

宜近水肥[338]地種. 每窠根邊用盦[339]過菉豆殼[340]壅之,[341] 或用麻灰糞. 牛羊踏過爛草壅其周圍, 則易長大. 有草宜頻鉏之, 旱則[342]以水澆灌. 人家園邊水側皆可種, 忽値饑[343]年, 可[344]接糧食用.

3-11 種苧[345]麻

此月內於肥地內撒之, 以草蓋, 用蠶沙壅, 二年後移. 踈行密栽, 用灰糠[346]拌之. 寒露後收子. 十月以後, 用牛馬糞勻蓋其根, 則免致凍死.

〈그림40〉 모시풀[苧麻]과 그 뿌리

산된 모시포가 세계시장에서 통하고 우수했음을 말해준다. 최덕경 외 2인, 앞의 책, 『麗元代의 農政과 農桑輯要』, p.138 참조.

338 '비(肥)'자는 대자본과 청각각본에 의거하였으며 명각본에서는 '파(把)'로 잘못 적고 있는데 월의본에서는 또 '파(杷)'로 잘못 적고 있고, 유인월의본에서도 '파(杷)'로 잘못 적고 있다. 생각건대『농상집요』에 기재된 '종우법(種芋法)'에 '비옥하고 부드러우며 물 가까이 있는 땅을 선택하는 것이 좋다[宜擇肥緩土近水處].'는 것으로 입증할 수 있다. 왕위후의 교주수정(校注修訂)에서는 앞 문단 중의『농상집요』를『제민요술』로 고칠 것을 제시하고 있다.

339 역자주 사고전서본에도 '암(盦)'을 '암(盒)'으로 기록하고 있다.

340 '각(殼)'자는 대자본에서는 '각(慤)'으로 잘못 적고 있다.

341 대자본에서의 이 구절은 '옹지(壅之)' 두 글자가 도치되어 있다.

342 '즉(則)'자는 대자본에서는 '시(時)'로 적고 있다. 청각각본에서는 이 글자가 빠져 있다.

343 '기(饑)'자는 대자본에서는 유독 '기(飢)'로 적고 있다. 또 이 구절에서의 '홀(忽)'자는 유인본에서는 '총(怱)'으로 잘못 적고 있다.

344 대자본에서는 이 구절의 '가(可)'자 아래에 '이(以)'자가 더 있다.

345 '저(苧)'자는 청각각본에서는 '저(紵)'로 적고 있으며 이하 동일하다.

346 '강(糠)'자는 대자본, 월의본과 청각각본에 의거하였으며, 명각본에서는 '강(穅)'으로 적고 있다. 신은서(神隱書)와 경사록(經世錄)에서는 모두 '강(糠)'으로 적고 있다. 이하 동일하다.

역문 **3-12** 지치[347] 파종하기[種紫草]

부드러운 모래땅이 좋으며 누거耬車로 고르게 갈이하여 이랑을 따라 손으로 씨를 뿌린다. 기름진 밭이면 한 무畝당 씨 2되[升] 반을 사용하며, 척박한 밭이면 한 무에 씨 3되를 사용한다.[348] 이랑 위에 풀이 있으면 손으로 뽑아주며, 호미를 사용하게 되면 그 뿌리를 손상시켜 무성하게 자라지 못한다. 이것은 여리고 연약한 식물이기 때문이다.

3-13 찰기장 파종하기[種秫黍][349]

파종은 저지대가 적합하다. 봄에는 일찍 파종해야 수확이 많다.[350] 그 곡식은 식용하고, 기장대는 엮어 울타리를 짜거나 또 땔나무로도 쓸 수 있어서 (사람이 많이 사는) 성시 안에서 거래하면 도움도 주고 이익도 많이 얻을 수 있다.

---

347 **역자주** '자초(紫草)'의 학명은 *Lithospermum erythrorhizon* Siebold & Zucc.이며 국내 KPNIC에서는 '지치'로 명명한다.

348 **역자주** 이 문장은 『제민요술 역주II』권5 「種紫草」, pp.473-474의 내용과 동일하며, 이것은 『사시찬요 역주』「三月·紫草」, pp.211-213에서도 보인다. 다만 후자의 경우, "(지치의 파종량을) 비옥한 땅에는 무당 종자 한 말[斗] 반을 사용하고 척박한 땅에는 2말을 사용했다."라고 하여 차이를 보이고 있다. 흥미롭게도 『농상집요 역주』권6 「藥草·種紫草」, pp.537-538에는 자초의 파종량이 『제민요술』과 본문의 『농상의식촬요』와 동일하다. 조선의 『산가요록(山家要錄)』 「芝草」에는 '紫草'를 '芝草'라고 표기하고, 파종량은 제시되어 있지 않지만 내용은 기본적으로 위의 자료들과 동일하다.

349 『제민요술 역주I』권2 「黍穄」와 『사시찬요 역주』「三月·種黍穄」에서 보면 기장[黍穄]의 파종시기와 수확시기 등이 일치하며, 이것은 원대의 『농상집요 역주』권2 「播種·黍穄」 역시 『제민요술』의 내용과 기본적으로 거의 동일하다.

350 **역자주** '조종(早種)'의 교훈은 조선에서도 마찬가지였다. 『금양잡록(衿陽雜錄)』(1492년 간행)에도 갈이와 파종을 미리 준비할 것을 강조하고 있다. 일찍 하면 바람과 가뭄에 잘 견뎌 소득도 많아진다고 한다.

원문 3-12 種紫草³⁵¹

宜軟沙地, 耬耩³⁵²勻細, 逐壟手下子.³⁵³ 良田一畝用子二升半, 薄田用子三升.³⁵⁴ 壟底有草, 則用手拔去; 用鉏則傷其根, 不茂盛. 此嬌嫩³⁵⁵之物.

3-13 種秫黍

種宜下地. 春月早種, 收多. 其子可食, 稭稈³⁵⁶可夾籬寨,³⁵⁷ 又可³⁵⁸作柴燒, 城郭間³⁵⁹貨賣, 多得濟益也.

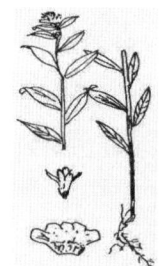  

〈그림41〉 지치[紫草] 〈그림42〉 찰기장[秫黍]과 그 종자   〈그림43〉 조[粟]와 좁쌀

351 이 조항은 청각각본에서는 전부 빠져 있다. 역자주 사고전서본에도 이 조항이 모두 누락되어 있다.
352 '강(耩)'자는 대자본에서는 '강(構)'으로 잘못 적고 있다.
353 '자(子)'자는 대자본에서는 '량(良)'으로 잘못 적고 있다.
354 왕위후의 교주수정(校注修訂)에서는 삼(三)자 곁에 연필로 구영산(瞿映山) 필사본에서 '삼(三)'을 이(二)로 쓰고 있다고 주석하고 있다.
355 '눈(嫩)'자는 대자본에서는 '불(不)'로 잘못 적고 있다.
356 '간(稈)'자는 대자본, 월의본 및 청각각본에 의거하였으며, 명각본에서는 '간(桿)'으로 잘못 적고 있다. 신은서(神隱書)와 경사록(經史錄)에서는 모두 '간(桿)'으로 적고 있다.
357 왕위후의 보기(補記)에는 필사본에서 '채(寨)'자를 '새(塞)'자로 잘못 적고 있다고 한다.
358 이 구절은 대자본에 의거하였으며 기타 각 본에는 모두 '가(可)'자가 없다. 역자주 사고전서본에도 이 '가(可)'자가 빠져 있다.
359 '간(間)'자는 대자본, 월의본 및 청각각본에 의거하였으며, 명각본에서는 '한(閒)'으로 잘못 적고 있다.

역문 3-14 쪽[360] 파종하기[種藍]

평지를 부드럽게 갈아 파종하는데, 쇠이빨이 장착된 써레로 고르게 써레질하고[361] 그 위에 물억새로 만든 발을 덮어준다. 매일 일찍 물을 뿌려주고 싹이 나오면 물억새 발을 걷어낸다. 네 치[寸] 정도로 자라면 부드럽고 기름진 땅에 이랑을 짓고 (그 위에) 고랑을 파서 줄을 지어 디섯 치미디 힌 그루를 옮겨 심는디.[362] 매일 물을 뿌려준다. 만약 땅이 척박하다면 약한 거름물을 한두 차례 뿌려준다. 7월이 되면 수확한다. 쪽을 주물러 즙을 취하는 방법은 7월에 기록해두었다.

3-15 청대 파종하기[種薰[363]音'殿', 俗作'靛']

이 달에 (청대를) 파종하는 것이 좋다. 파종기에 이르러 먼저 지난

---

360 역자주 '람(藍)'은 KPNIC에 의하면 마디풀과 여뀌속 '쪽'이라 하며, 학명은 *Persicaria tinctoria* (Aiton) H.Gross이다. 중국에서는 이를 '요람(蓼藍)'이라고도 한다.

361 역자주 『사시찬요 역주』「種葵」, pp.95-96에서는 '용철파(用鐵杷)'를 '以鐵齒杷耬之令熟'이라고 쓰고 있다. '철치파(鐵齒杷)'는 대개 쇠스랑을 지칭하지만, 뒤에 '누지(耬之)'로 미루어 축력에 의한 써레 혹은 빈 누거로 갈이한 것으로 보인다.

362 역자주 『제민요술 역주II』권5「種藍」, pp.466-467의 내용을 『사시찬요 역주』의 권2「三月·種藍」, pp.213-214, 권4「七月·造藍淀」, pp. 389-390과 『농상집요 역주』권6「藥草·藍」, pp.543-544에서 선택적으로 인용하고 있다. 대개 3월에 파종하고 5월에는 뽑아서 옮겨 심으며, 7월에 수확한다고 하였다. 사료 중 『제민요술』과 『농상집요』의 "五月, 可別藍"에 대해 '別藍'을 주석가들 사이에서 '刈藍'으로 해석하기도 하였는데, 『사시찬요 역주』권3「五月·栽藍」에서 5월에 "接濕拔栽之"라고 하여 "뽑아 옮겨 심은 것"임을 알 수 있다. 특이한 것은 본문의 내용이 기존 농서의 방식과 다른 종람법(種藍法)과 가공법을 제시하고 있으며, [7-1]의 '刈藍'에서는 기존 농서에는 없는 8월 수확도 들고 있다. 이들 자료에 근거한 조선의 『산가요록(山家要錄)』「藍」에서는 3월 파종 이외 "대남(大藍) 6월 파종"의 정보를 제시하고 있지만 기본적인 내용은 『농상집요』를 따르고 있다.

363 역자주 '전(薰)'자는 청대[藍草; 青黛]를 가리키며, Baidu 백과에서는 학명을 *Baphicacanthus cusia* (Nees) Bremek라고 하고 있으며, 국내 KPNIC에서는 이에 대응되는 草本을 발견할 수 없다. 그리고 청대는 『제민요술』과 『농상집요』 등에는 등장하지 않으며, 오직 본서에서 처음 등장한다. 조선의 『색경(穡經)』상권 「靛」; 『증보산림경제(增補山林經濟)』(1766년 간행) 권6 「治圃·靛」에는 위의 본문과 후술하는 [5-14]의 '청대 베기'를 인용하고 있으며, 후자의 농서에서는 이것을 고어로 '쳥틴(청대)'라고 명명하고 있다.

해 8, 9월에 땅을 한 번 갈이하여 평평하게 써레질해주고, 12월에 다시 한 번 갈이하고 써레질해주며, 파종할 때에 이르면 또 한 번 갈이한다. 흩어 뿌린 이후에 종횡으로 다시 서너 번 써레질한다. 네다섯 개의 잎이 돋아나면 즉시 호미질 해주며, 그 후에 풀이 나면 다시 호미질 해준다. 5월이 되면 청대를 베어 수확한다.

원문 3-14 種藍

將[364]平地耕熟下種, 用鐵鈀把勻,[365] 上用荻簾蓋之. 每日早用水洒, 至生苗, 去荻簾.[366] 長至四寸高, 以熟肥地成畦, 打[367]溝成行, 每五寸地栽一窠. 每日用水澆灌. 如地瘦, 則用薄糞水澆一·二次. 至七月間收刈. 揉藍取汁之方, 開載七月.

3-15 種靛音'殿',[368] 俗作'靛'.[369]

此月宜下種. 比及種時, 先於年前八九月間耕地一遍, 耙[370]平; 臘

---

[364] '장(將)'자는 대자본에서는 '시(時)'로 잘못 적고 있다.
[365] 이 구절에 대해 대자본에서는 "용철파균(用鐵勻)"이라고 적고 있고 기타 각본에서는 모두 "용철파균(用鐵杷勻)"이라고 표기하고 있는데, 두 가지 모두 매끄럽지 못하다. 원본은 "용철파파균(用鐵鈀把勻)"이라고 적고 있으며, '파(把)'자는 여기서는 동사로 사용되고 있다. 후대에 사초하는 과정에서 '파(鈀)', '파(把)' 중 하나는 군더더기라고 잘못 인식하여 삭제한 듯하다. **역자주** 사고전서본에서는 이 구절을 "용철파균(用鐵杷勻)"이라고 쓰여 있다.
[366] 대자본에서는 이곳의 14개 글자 즉 "蓋之. 每日早用水洒, 至生苗, 去荻簾."이 빠져 있다. "상용적렴(上用荻簾)" 뒤에는 "장지사촌고(長至四寸高)"가 연이어 붙어 있어서 확실히 전후의 두 '적렴(荻簾)'이 오해를 불러일으킨다.
[367] '타(打)'자는 대자본에서 '정(釘)'으로 잘못 적고 있다.
[368] **역자주** 사고전서본에서는 이 부분의 소주(小注)를 '靛音殿'으로 적고 있다.
[369] 이 조항의 표제 아래 소자(小字) 주석문에는 청각각본에서는 "'음(音)'자 위에 '전(靛)'자가 더 있다."라고 하였다. 또 '전속(殿俗)' 두 글자는 대자본에서 '성곡(聲谷)'으로 잘못 적고 있다.
[370] '파(耙)'자는 대자본에 의거했으며 명각본에서는 '파(把)'로 적고 있고, 월의본과 청각각본에서는 '파(杷)'로 적고 있다. 신은서(神隱書), 경사록(經世錄) 또한 모두 '파(爬)'로 적

月間, 復耕耙³⁷¹一遍; 臨種時, 又耕一次. 撒種後, 橫竪復耙³⁷²三四次. 生四五葉時³⁷³卽鉏, 後有草, 再鉏. 至五月間, 收刈打靛.

〈그림44〉 쪽[藍]

〈그림45〉 청대[靛]

역문 3-16 생강 파종하기[種薑]

청명절 이후 3일이 되면 생강을 흙으로 덮어주고, 입하入夏 후에 누에가 한참 먹을 때에는 생강 싹이 나더라도 옮겨 심지 아니한다.³⁷⁴

고 있다.  사고전서본에서는 파(耙)를 파(杷)로 적고 있다.

371 '파(耙)'자는 대자본에 의거한 것이며, 명각본, 월의본에서 모두 '파(耙)'로 적고 있는데, 청각각본 또한 '지(地)'라고 잘못 적고 있다. 신은서, 경사록의 모든 구절은 전부 "납월간 부경일차(臘月間復耕一次)"라고 적고 있는데, '파(耙)'자에 대한 설명이 없다. 역자주 사고전서본에서는 파(耙)를 파(杷)로 적고 있다.

372 '파(耙)'자는 대자본에 의거한 것이며, 기타 각본에서는 모두 '파(杷)'로 적고 있다. 신은서, 경사록 또한 모두 '파(爬)'로 적고 있다. 생각건대 『왕정농서(王禎農書)』「농상통결(農桑通訣)·파로편(耙勞篇)」에서 이르길 "써레와 끌개의 노동은 결코 파종하기 전에 시행하는 것이 아니며, 또한 파종한 이후에도 쓸 수 있다. … 써레질하는 방법은 사람이 그 위에 앉게 하여 수시로 손으로 풀을 잘라내는데, 풀이 이빨 사이에 끼이면 모종이 상처를 입게 된다. 이와 같이 하여 땅을 부드럽게 하면 호미질하기도 쉽고 노력이 덜 든다. 이러한 것은 파종한 이후에 시행한다."라고 한다. 여기서 말하는 것은 바로 파종 이후의 작업이다. 이런 상황에서 "사람이 그 위에 앉게 한다."라는 것은 손잡이가 달린 '갈퀴[耙]'가 아니라 형태가 비교적 큰 "써레[耙]"인 것을 알 수 있다.

373 대자본에서는 이 구절에 '시(時)'자가 없다.

먼저 누에똥, 깻묵, 재거름으로써 열이 빠져나가지 않게 덮어주고 보리를 파종한 땅에 이랑을 짓게 되면 이랑 네 면의 흙이 흘러내리지 않는다. 매 이랑의 폭은 세 자로 한다. 싹이 난 것을 골라 한 자 간격으로 구덩이를 파서 구덩이 안에 비스듬히 파종하고 재거름을 세 치[寸] 두께로 덮어주고, 위로는 흙을 한 치 덮고 썩은 풀로 덮어준다. 6월에는 시렁을 설치하여 덮어주거나 갈대를 꽂아 해를 가려준다.[375] 동서로 구덩이를 만들고 구덩이에 토란을 심어서 햇빛을 차단한다.

3-17 참외 파종하기[種甜瓜]

소금물로 (참외) 종자를 씻어 분토糞土를 덮어서 파종하고, 이내 종자를 씻은 소금물을 뿌려준다.[376] 모종의 덩굴이 나올 때가 되면 (먼저 나온) 줄기[苦心][377]를 따주고 다시 분토糞土를 시비하여 뿌리를 단단히 눌러준다.

---

374 역자주 전후 맥락으로 보아 이 문장은 다소 어색하다. 『농상집요』「瓜菜·薑」에는 이와 달리 "覆大食, 芽生, 可種之."라고 적고 있어 '미(未)'자가 보이지 않는다.

375 역자주 『제민요술 역주Ⅱ』 권3 「種薑」, pp.111-112; 『사시찬요 역주』「三月·種薑」, pp.214-215의 내용은 거의 동일하며, 이것은 『농상집요 역주』 권5 「瓜菜·薑」, pp.410-411에서도 큰 차이가 없다. 생강은 열기와 추위를 견디지 못하여 3월에는 열을 보존하게 하고 5-6월에는 시렁을 설치하여 더위를 벗어나게 한다. 그 외 파종시기와 시렁 설치 등이 본문의 내용과 동일하다. 조선의 『산가요록(山家要錄)』「薑」의 앞쪽에는 『제민요술』「種薑」의 내용을, 나머지 부족분은 『농상집요』「薑」의 내용을 그대로 소개하고 있다. 그런데 18세기 중엽의 『증보산림경제(增補山林經濟)』「薑」에는 『농상집요』 이전의 농서에 대한 기록보다 그 이후의 『본초강목』같은 명청시대의 기록에 주목하고 있으며, 18세기 말 『해동농서(海東農書)』「薑」에서는 다시 『제민요술』, 『농상집요』의 내용에 『본초강목』을 추가하여 인용하고 있다.

376 역자주 『제민요술 역주Ⅰ』 권2 「種瓜」, p.329와 『사시찬요 역주』「二月·種瓜」, pp.155-156에 의하면 참외를 소금물로 뿌려주는 이유를 병해를 방지하기 위해서라고 한다.

377 역자주 '고심(苦心)'의 의미는 구체적으로 알 수 없다. 『제민요술 역주Ⅰ』 권2 「種瓜」, pp.330-331과 『사시찬요 역주』「二月·種瓜」, pp.155-156에 의하면 "외의 싹은 연약하여 홀로 땅을 뚫고 나오지 못하기 때문에 (콩과 같이 파종하여) 콩이 먼저 흙을 뚫고 나오는 것을 이용한다. 그 후 참외의 떡잎이 나오면 콩잎을 따서 제거한다."라고 하는데, '고심'은 바로 참외의 발아를 위해 희생한 콩잎이 아닌가 한다. 『제민요술 역주Ⅰ』 권2 「種瓜」에는 다양한 종과법(種瓜法)과 함께 외의 싹이 나온 이후에 콩의 싹이 도리어 외의 싹을 가리어 제대로 자라지 못하게 하기 때문에 잘라준다고 소개하고 있다.

원문 **3-16** 種薑

淸明後三日封薑, 立夏後蠶大食[378]時生芽, 未可移[379]種. 先用蠶沙·麻枾·灰糞盦[380]熟過, 以大麥地上做壟,[381] 則四畔泥不流下.[382] 每壟闊[383]三尺. 揀有芽者, 一尺一窠, 欹斜種坑內, 用灰糞蓋[384]厚三寸, 上用土一寸, 以腐草蓋之. 六月棚蓋, 或插蘆蔽日. 東西爲坑, 坑口種芋頭, 以遮日色.

3-17 種甜瓜

鹽水洗子,[385] 用盦[386]過糞土種之, 仍將洗子鹽[387]水澆灌. 候拖秧時[388]掐去苦[389]心,[390] 再用糞土壓根實.[391]

---

378 '식(食)'자는 각 판본에서 모두 서로 동일한데, 다만 신은서, 경세록에서는 모두 '면(眠)'으로 적고 있다.
379 '이(移)'자는 대자본에서는 '종(種)'자로 잘못 적고 있다.
380 역자주 사고전서본에서는 '암(盦)'을 '암(盒)'으로 적고 있다.
381 역자주 사고전서본에서는 이 조항 속 두 번 등장하는 '농(壟)'을 모두 '농(壠)'으로 적고 있다.
382 이 몇 구절은 대자본에서는 "先用蠶沙·麻枾·灰糞以熟過, 以大麥地土做壟, …"이라고 적고 있으며 청각본에서는 "先用蠶沙, 麻枾·灰盦糞熟過, 以大麥地上做壟, …"이라고 하고 있고, 신은서에서는 "先用蠶沙·麻枯·灰糞𤏸過熱, 以麥地上做壟, …"이라고 적고 있다. 경세록에서는 '마고(麻枯)'를 '마신(麻枾)'으로 적고 있으며, 나머지는 신은서와 동일하다. 생각건대 각 문장의 의미는 모두 명료하지 않으며 원각본(元刻本)에 바로 오탈문이 있었던 것이 후세에 전각(傳刻)되고 또 변경되면서 이와 같이 된 듯하다. 지금은 잠시 여전히 명각본과 월의본에 의거하는데, 의문은 남아 있다.
383 왕위후의 보기(補記)에는 필사본에서 '활(闊)'자를 '관(寬)'자로 잘못 적고 있다고 한다.
384 명각본은 이 구절에 모두 '개(蓋)'자가 없다. 청각본에는 이 글자가 있는데, 다만 주총별록본(珠叢別錄本; 이후 주총본(珠叢本)으로 간칭)을 제외하며 모두 '회(灰)'자의 아래, '분(糞)'자의 위에 있다. 주총본은 신은서, 경세록과 더불어 서로 동일하며 모두 "용회분개(用灰糞蓋)"라고 적고 있다. 청각본은 명각본에 비해 '개(蓋)' 한 자가 더 많은 것은 반드시 근거가 있지만 '분(糞)', '개(蓋)' 두 글자가 잘못 도치되어 있는 듯하다. 지금은 신은서, 경세록과 주총본에 의거한다. 또한 대자본에서는 '분(糞)'자를 '회(灰)'자로 적고 있다.
385 대자본에서는 이 구절 앞에 '용(用)'자가 더 있다.
386 역자주 사고전서본에서는 '암(盦)'을 '암(盒)'으로 적고 있다.
387 '염(鹽)'자는 명각본에서는 빠져 있으며 지금은 대자본, 월의본과 청각본에 의거하여 보충한다.
388 '후타앙시(候拖秧時)'는 명각각본에서는 모두 '후지타앙시(候地拖秧時)'로 적고 있는데,

역문 3-18 줄풀³⁹²·남방개³⁹³ 파종하기[種菱筍苽菰]

먼저 땅을 깊게 파서 갈대자리를 펴서 채워 넣고 그 위에 남방개[苽菰]를 배열한 후 진흙으로 덮어주고 물을 부어 잠기게 한다. 줄풀[菱筍]을 파종할 때는 갈대자리를 사용하지 않으며 단지 물가에 깊이 옮겨 심는다.

3-19 홍동부·백동부 파종하기[種紅豇豆白豇豆]³⁹⁴

곡우穀雨 전후로 파종하는데 6월에는 열매를 거둔다. 다시 심어서 또 자라면 8월에 또 열매를 거둘 수 있다.

3-20 참깨 파종하기[種芝麻]³⁹⁵

비옥한 땅에 파종하는 것이 좋으며, 이 달이 (파종하기에) 가장 좋은

'지(地)'자는 분명 군더더기 글자로서 글자의 형상이 '타(拖)'자와 비슷하기 때문이다. 청각각본에서는 '후시앙시(候施秧時)'로 적고 있는데, 그것은 또한 '타(拖)'자를 '시(施)'자로 잘못 쓴 것으로, 역시 글자의 형상이 비슷하기 때문이다. 신은서에서는 '후타앙시(候拖秧時)'로 적고 있고 원문일 가능성이 있어 지금은 이에 근거하여 고쳐 바로잡는다.

389 '고(苦)'자는 신은서에서는 '만(蔓)'자로 적고 있다.
390 대자본에서는 이 구절에 '심(心)'자가 없다.
391 '압근실(壓根實)'은 신은서에서는 "□□根下"로 적고 있다.
392 역자주 Baidu 한어에 의하면 교순(菱筍)은 교백(菱白)이라고 한다. 교백은 일반적으로 고(菰)를 가리키다. '고'는 화본과 菰屬의 얕은 물에 사는 다년생 초본으로 줄기의 높이는 1-2m이다. '고'의 학명은 *Zizania latifolia* (Griseb.) Stapf으로서 KPNIC에서는 이를 '줄'풀이라고 명명하고 있다.
393 역자주 자고(苽菰)는 Baidu 백과에 의하면 고서 상에는 발제(荸薺)라고 하며 중국 특유의 소채라고 한다. 자초(紫草)라고도 하지만 [3-12]에 이것이 등장하기 때문에 같은 식물로 보기는 곤란하다. 발제의 학명은 *Eleocharis dulcis* (Burm. f.) Trin.이며, KPNIC에서는 사초과 바늘골속 '남방개'[*Eleocharis dulcis* (Burm.f.) Trin. ex Hensch.]라고 명명하고 있다. Baidu 백과에는 '교백(菱白)'과 '고(菰)'가 함께 나오는 것을 보아 둘은 같은 식물로 보인다. 따라서 '교(菱)'와 '고(菰)'는 서로의 근연종일 듯하다.
394 역자주 '강두(豇豆)'는 1년생 덩굴 초본으로 Baidu 백과에 의하면 학명은 *Vigna unguiculata* (Linn.) Walp.이다. KPNIC에서는 이를 콩과 동부속 '동부'라고 명명하고 있다.
395 역자주 본문은 기본적으로『제민요술 역주 I』권2「胡麻」, pp.315-318;『사시찬요 역주』

시기이다. 매 1무[畝]마다 종자 두 되[升]를 파종한다. 이 달의 상반기에 파종한 것이 꼬투리가 많아진다. 자주 호미질 하여 풀을 깨끗하게 매 준다. 베어서 수확할 때에는 묶음을 작게 만들며, 묶음이 크면 말리기가 어렵다. 대여섯 묶음을 한 다발로 하고 비스듬히 서로 기대게 하면 비바람에도 넘어지지 않는다. 참깨의 입이 벌어지기를 기다렸다가 털어내고 (그런 후에) 이전의 방식대로 다시 다발을 지어 세워두고, 사흘에 한 번 두드려서 털어낸다. 흰 참깨가 기름이 많은데 4, 5월에 또 파종할 수 있다. 또한 '호마胡麻'³⁹⁶라고 이른다.

원문 3-18 種茭筍茈³⁹⁷菰

先掘地深, 用蘆席鋪塡,³⁹⁸ 排茈菰於上, 用泥覆, 水浸之.³⁹⁹ 種茭筍不用蘆蓆, 止於水邊深⁴⁰⁰栽之.

3-19 種紅豇豆白豇豆

穀⁴⁰¹雨前後種, 六月收子. 更⁴⁰²種再生, 八月又收子.

「二月‧種胡麻」, pp.157-158과 『농상집요 역주』 권2「播種‧胡麻」, PP.149-151의 내용과 서로 일치한다.

396 역자주 '호마(胡麻)'와 '지마(芝麻)'의 명칭은 시대에 따라 다르게 나타난다. 『제민요술』에는 호마의 명칭만 등장하며, 당 말의 『사시찬요』와 1273년에 간행된 『농상집요』의 목차에는 '호마'가 사용되고, 전자의 본문 속에는 '지마'가 1회, 후자에는 지마가 3회(호마는 10회) 등장한다. 그러던 것이 1314년에 편찬된 본서에는 역으로 목차에는 지마(芝麻)가 사용되고, 호마는 본문 속에 단지 1회 등장하면서 양자가 동일한 곡물임을 제시하고 있다. 이런 사실을 보면 당(唐)에서 원(元)으로 옮아가면서 호마(胡麻)의 명칭이 중국식의 지마(芝麻)로 변해갔음을 알 수 있다.

397 '자(茈)'자는 대자본에서는 유독 '자(茨)'로 적고 있다.
398 '전(塡)'자는 신은서에서는 '점(墊)'으로 적고 있다.
399 '지(之)'자는 대자본에서는 '수(水)'로 잘못 적고 있다.
400 '심(深)'자는 월의본에서는 유독 '제(際)'로 적고 있다. 신은서에서는 '심(深)'으로 적고 있다.
401 왕위후의 교주수정(校注修訂)에서는 곡(穀)을 곡(穀)자로 써야 한다고 지적하였다. 역자주 사고전서본에서는 곡(穀)으로 적고 있다.

3-20 種芝麻

宜肥地⁴⁰³內種, 此⁴⁰⁴月爲上時. 每畝用子二升. 上半⁴⁰⁵種者莢多. 頻鉏草淨. 收刈束欲小, 大則難乾. 以五六束爲一叢,⁴⁰⁶ 斜倚之, 則不被風雨所倒. 候口開抖下, 依舊叢之,⁴⁰⁷ 三日一次敲打. 白者油多, 四五月間, 亦可種之. 又云'胡麻'.

〈그림46〉 줄풀[茭筍]과 그 뿌리

〈그림47〉 남방개[茈菰]와 그 뿌리

---

402 '경(更)'자는 대자본에 근거하며 기타 각본은 모두 '편(便)'으로 적고 있다.
403 역자주 '비지(肥地)'를 『제민요술』,『사시찬요』,『농상집요』에서는 모두 '백지(白地)'라는 말로 대신하고 있다. 백지는 '흰 모래땅' 혹은 '휴경지'의 의미로 사용되지만 본서에서는 비옥한 땅으로 해석하고 있다. 『제민요술 역주Ⅰ』권2「胡麻」, p.315의 각주 참조.
404 '차(此)'자는 대자본에서는 '육(六)'으로 잘못 적고 있다.
405 왕위후의 교주수정(校注修訂)에서는 '상반(上半)' 다음에 연필로 '월(月)'자를 보충할 것을 주문하고 있다. 역자주 '상반월'은 선보름, 선망의 뜻이다. 즉 한 달을 둘로 나누었을 때 초하룻날부터 보름날까지의 열닷새 동안을 이른다.
406 '총(叢)'자는 청각각본에서는 '속(束)'으로 잘못 적고 있다. 신은서에서는 '총(叢)'으로 적고 있다.
407 청각각본에서는 이 구절을 "依舊叢依之"라고 적어 '의(依)'자가 한 자 더 많다. 신은서에서는 이 구절을 "依舊叢倚之"라고 적고 있다. 살피건대『제민요술』권2「호마(胡麻)」에서 이르길, "참깨 껍질이 터질 무렵에 수레에 실어서 평평한 밭[마당]에 이르러 두드리고 서 다시 묶어서 세워둔다[候開口, 乘車詣田斗藪, 還叢之]."라고 했다. '총(叢)'자는 여기서는 동사로 사용되며, 모아서 다발로 묶는다는 의미이다. 이것은 『제민요술』에 근거한 듯하며, '의(依)'자나 '의(倚)'자를 다시 추가할 필요는 없을 것이다. 역자주 사고전서본에서도 "依舊叢倚之"라고 적고 있다.

〈그림48〉 홀동부와 그 열매

〈그림49〉 배동부와 그 열매

역문 3-21 검정콩 파종하기[種黑豆]

파종할 때는 땅을 부드럽게 갈이하고 써레질한다. 손 안에 콩 반죽[抄]을 쥐고, 걸으면서 한 보마다 한 번씩 흩어 뿌린다.[408] 싹이 왕성하게 자라면 즉시 호미질 하여 풀을 깨끗하게 김매주는 것이 좋다. 4월에 또한 파종할 수 있다. 이 콩은 장醬을 만들거나 말 사료로 사용할 수 있으며, 콩대는 땔나무로 쓸 수 있어서 성시에서 팔아 이익도 남기고 타인에게 도움도 줄 수 있다.

3-22 목면 파종하기[種木綿][409]

먼저 종자를 물에 담그고서 재와 고르게 섞어 싹이 나면 비옥한 토

---

408 역자주 『제민요술 역주I』 권2 「大豆」, pp.222-223에 의하면 대두는 위의 흑두와는 달리 깊게 파종하기 위해 누리(樓犁)를 사용하고 있다. 대두는 깊게 뿌리내리는 특성이 있어 깊게 파종해야 땅속의 수분을 흡수할 수 있다고 한다. 그런가 하면 같은 「大豆」항목의 뒤쪽에는 콩은 발아할 때 떡잎이 콩 껍질을 머리에 이고 돋아나기 때문에 깊게 갈 필요는 없다고 하여 상반된 견해를 보이고 있다. 『농상집요 역주』 권2 「播種·大豆」, p.141에도 이런 사실을 제시하고 있다.

409 역자주 이 내용은 『농상집요 역주』 권2 「播種·木綿」, p.171에서의 '신첨(新添)'의 내용과 기본적으로 동일하며, 여기에는 목면의 재배법이 상세하게 소개되어 있다. 명대 萬曆 연간에 간행된 『편민도찬(便民圖纂)』 권2 「種綿花」의 내용 역시 본문과 완전 동일하다. 하지만 종목면법(種木綿法)의 출현은 당말의 『사시찬요』 권2 「춘령·삼월」에서 처음 등장한다. 이 책은 조선에서 1590년 중각(重刻)한 판본으로 전해지는 유일본이다. 그 내용

지에 한 자마다 한 구덩이를 파서 종자 5-7개를 파종한다. 싹이 나올 때 촘촘한 부분은 사이사이를 솎아주고 단지 왕성한 두세 그루만 남겨둔다. 부지런히 김매주고 평상시에는 싹의 끝 눈을 따주어[410] 싹이 높게 자라지 않게 하는데,[411] 만약 싹이 무성해지면 결실이 좋지 않다. 8월 중에 면화를 거둔다.

원문 **3-21** 種黑豆

種時熟耕杷[412]地. 手內[413]握[414]豆半抄, 行一步一撒.[415] 苗旺便鉏,

은 "種木綿法: 節進則穀雨前一二日種之, 退則後十日內樹之. 大槩必不違立夏之日. 又種之時, 前期一日, 以綿種雜以溺灰, 兩足十分揉之. 又田不下三四度翻耕, 令土深厚而無塊, 則萌葉善長而不病. 何者? 木綿無橫根, 只有一直根, 故未盛時少遇風露, 善死而難立苗. 又種之後, 覆以牛糞, 木易長而多實. 若先以牛糞糞之, 而後耕之, 則歐田二三歲內土虛矣. 立苗後, 鋤不厭多. 須行四五度. 又法: 七月十五日, 於木綿田四週擱金錚, 終日吹角, 則青桃不殞."과 같다. 그런데 흥미로운 점은 2017년 이 판본보다 200여년 앞선 계미자본(癸未字本)『사시찬요』가 발견되었으며, 또 다른 필사본도 확인된다[최덕경, 『사시찬요 역주』, 서울: 세창출판사, 2017.12]. 문제는 이들 자료에는 '종목면법(種木綿法)'이 누락되어 있다는 점이다. 이로 인해 조선에서 중각본을 판각할 때 의도적으로 추가한 것이라는 견해가 지배적이다. 그도 그럴 것이 '종목면법(種木綿法)'이 농업을 설명한 위치가 아닌 3월의 맨 마지막인 '행동령(行冬令)'의 다음에 위치하여 판각과정에 급조된 느낌을 주기 때문이다. 목면의 도입경로에 관한 내용은 최덕경 외 2인, 『麗元代의 農政과 農桑輯要』(서울: 동강, 2017), pp.139-144 참조 바람.

410 **역자주** 끝눈을 따주는 작업은 헛 성장으로 인한 에너지의 소모를 막고 가지가 무성해져 열매를 배나 생산할 수 있기 때문에 면화생산을 유도하기 위한 조치이다.

411 **역자주**『농상집요 역주』권2「播種・木綿」, pp.171-174에는 상세한 목면 재배법이 등장하지만 본문의 내용과 일치하는 부분은 목화의 중수를 위해 끝 눈을 따주는 작업인데, 이 부분은 조선농서에도 모두 등장한다. 그 외 다소 일치하는 부분은『농가집성(農家集成)』(1655년 간행)「種木花法」에서 우분(牛糞)과 오줌재의 시비를 강조한다는 점과『사시찬요초(四時纂要抄)』「四月」에서 호미질의 중요성도 지적하고 있는 점으로 이는 중각본『사시찬요(四時纂要)』의 내용과 동일하다. 다만 중국의 唐-元시대에는 곡우 전후에 파종하고 입하를 넘겨서는 안 된다고 한 것에 비해 조선의『농가집성(農家集成)』에는 2월 중순에 갈아엎고 3월 상순에 또 갈아엎어 파종하며,『사시찬요초(四時纂要抄)』에는 4월에 파종하고 있고, 목면재배법 역시 중국과 다른 점이 특징이다. 그런가 하면『색경(穡經)』상권「木棉」편의 내용은『농상집요』권2「播種・木綿」을 그대로 전재하면서『농상의식촬요』「三月・種木綿」의 내용 일부도 추가하고 있다.

412 '파(杷)'자는 대자본에 의거했으며, 기타 각본에서는 '파(杷)'로 적고 있다. 신은서에서는 '파(杷)'로 적고 있다. **역자주** 사고전서본에서도 이를 '파(杷)'로 적고 있다.

草淨爲佳. 四月亦可種. 其豆可作醬及馬料, 稭稈可以作柴, 城郭中貨賣得濟.

3-22 種木綿[416]

先將種子用水浸, 灰拌勻, 候生芽, 於糞地內每一尺作一[417]穴, 種五七粒. 候芽出時, 稠者間去, 止存[418]旺苗二三窠. 勒鉏, 常時掐[419]去苗尖, 勿要苗長高, 若苗旺者則不結.[420] 至八月間收綿.[421]

〈그림50〉 목면(木綿)과 그 종자

---

413 명각본과 대자본에서는 이 구절에 모두 '수내(手內)' 두 글자가 빠져 있는데 지금은 월의본에 근거하여 보충해 넣는다. 청각각본에서는 이 두 글자가 있지만 '수(手)'자가 '평(平)'자로 잘못 적혀 있다. 신은서에서는 '수내(手內)'로 적고 있다.
414 '악(握)'자는 대자본에서는 '굴(掘)'자로 잘못 적고 있다.
415 명각각본에는 이 구절에 모두 '일(一)'자가 없는데, 지금은 청각각본에 의거하여 보충해 넣는다. 신은서에는 이 글자가 있다.
416 '면(綿)'자는 청각각본에서는 '면(棉)'으로 적고 있다. 이하 동일하다. 또한 본 항목의 표제는 신은서, 경세록에서 모두 '종면화(種綿花)'로 적고 있다.
417 '일(一)'자는 명각본에서 빠져 있으며, 지금은 대자본, 월의본과 청각각본에 의거하여 보충한다.
418 '지존(止存)' 두 글자는 명각본에서는 빠져 있으며 지금은 대자본, 월의본과 청각각본에 의거하여 보충한다.
419 '겹(掐)'자는 대자본에서는 '도(稻)'자로 잘못 적고 있다.
420 명각본에서는 이 구절에서 '약묘(若苗)' 두 글자가 빠져 있는데, 지금은 대자본, 월의본과 청각각본에 의거하여 보충한다. 또 이 구절은 신은서, 경세록에서 모두 '약고즉부실(若高則不實)'이라고 적고 있다.
421 대자본에서는 이 구절의 끝에 '화(花)'자가 한 글자 더 있다. 또한 신은서, 경세록에서는 모두 '수화(收花)'로 적고 있다.

역문 3-23 회향[422] 파종하기[種茴香]

(회향) 종자를 거둬 음지에서 말려서 볕이 드는 곳에 땅을 파고 분토糞土를 종자와 섞어 파종한다. 대마[423] 한 그루를 심어주면 햇볕을 막아준다. 10월이 되면 마른 가지 끝을 잘라주고 분토를 뿌리에 북돋아준다.

3-24 치자[424] 파종하기[種梔子]

꽃이 달린 채로 옮겨 심으면 살아나기 쉽다. 장마 때 여린 가지를 잘라 땅에 꽂아주면 쉽게 뿌리를 내린다. 호미질을 깨끗하게 해준다.

3-25 마늘 김매기[鉏蒜]

싹이 한 자 남짓 자라면 자주 김매주고 물을 준다.[425] 마늘종대를 뽑아주면 뿌리가 크게 달린다.[426]

---

422 역자주 '회향(茴香)'은 지중해가 원산이며 과일은 약재로 쓰인다. 학명은 *Foeniculum vulgare* Mill.이며, KPNIC에서는 이를 산형과 회향속 '회향'이라고 명명한다.

423 역자주 『농상집요 역주』권6「藥草·茴香」, p.554에서는 햇빛 가리개로 삼[麻] 대신 어저귀[䔛]를 파종하고, 10월에는 '고초(枯梢)'가 아닌 '조초(條梢)'를 제거하고 있다.

424 역자주 치자(梔子)는 黃梔子·山梔子라고도 하며, 학명은 *Gardenia jasminoides* Ellis이다. KPNIC에서는 이를 꼭두서니과 치자나무속 '치자나무'[*Gardenia jasminoides* J.Ellis]로 명명하고 있다. 치자는 『제민요술 역주II』권5「種紅藍花梔子」, p.441에서와 같이 잇꽃과 함께 제목에는 등장하지만 유감스럽게도 치자에 대한 설명은 한 자도 언급되어 있지 않다. 다만 권7「貨殖」편에 "素木鐵器若梔茜千石. (孟康曰, 百二十斤爲石.)"[( )는 小注]라고 하여 열후(列侯), 봉군(封君)의 대규모 농장에서는 치자를 적지 않게 재배했음을 알 수 있다. 『농상집요 역주』권6「藥草·梔子」, pp.545-566에는 치자의 재배법이 구체적으로 등장하는데, 신첨으로 소개하며 파종법, 관리법과 열매를 말려 염료로 사용하는 법을 제시하고 있다. 조선의 『증보산림경제(增補山林經濟)』권4「養花·梔子」에는 치자나무의 성질 즉 "건조하고 따뜻한 것을 싫어한다." "그 성질은 차서 열을 다스리니 약으로 많이 쓰인다." 등과 꺾꽂이 하는 법도 제시하고 있다.

425 역자주 만약 봄에 습한 땅에서 김매기를 하면 풀은 제거할 수 있으나 땅을 부드럽게 만들지 못한다. 그렇다고 여름 장마철이라고 김매기를 하지 않으면 잡초제거와 북돋우기를 하지 못하는 결과를 초래하니 계절과 토양상태에 적합하게 대처해야 한다.

3-26 구기자 파종하기[種枸杞]⁴²⁷

비옥하고 부드러운 땅을 호미질해서 평평한 이랑을 짓는다. 짚단을 팔뚝 만하게 묶어서 이랑에 깔아주고 진흙을 짚단 위에 바른 후에 종자를 파종하고, 고운 흙과 소똥으로써 고르게 덮어준다. 싹이 나면 자주 물을 준다. 봄이 되면 여린 싹과 잎은 야채로서 식용할 수 있다.

원문 3-23 種茴香

收子陰乾, 向陽掘地, 糞土和子種之. 種處一窠, 以遮日色. 十月斫⁴²⁸去枯梢, 以糞土壅其根.

3-24 種⁴²⁹梔子

帶花移·易活. 梅雨時插嫩枝, 易生根. 要鉏淨.

3-25 鉏蒜

候苗高尺餘, 頻鉏, 澆灌. 拔去薹則結實肥大.

---

426 역자주 『제민요술 역주II』 권3「種蒜」, p. 61에는 마늘종대를 뽑지 않으면 외쪽마늘[獨科]이 된다고 하며, 『사시찬요 역주』「二月·撾蒜條」, pp.162-163에서는 마늘종이 구부러지면 뽑아 주는데 그렇지 않으면 외쪽마늘이 되고 누레진다고 한다. 본문의 내용과 가장 유사한 것은 『농상집요 역주』 권5「瓜菜·蒜」, p.418의 『무본신서(務本新書)』의 내용이다.

427 역자주 구기자에 대한 기록은 『신농본초경(神農本草經)』에도 등장하지만 『제민요술』에는 소개되어 있지 않고, 『사시찬요 역주』, p.178과 498쪽에 의하면 구기자의 파종은 2월, 수확은 10월에 하며, 구기자술까지 소개되어 있는 것을 보면 재배가 확대되었음을 알 수 있고, 『농상집요 역주』 권6「藥草·枸杞」, p.562에서는 이 내용과 함께 신첨(新添) 파종법도 소개하고 있다. 이들의 내용은 본서와 같이 봄에 야채로 식용한다는 말만 없을 뿐 대체적으로 동일하다.

428 '감(斫)'자는 청각각본에서는 '연(碾)'자로 잘못 적고 있다. 신은서에서는 '감(砍)'으로 적고 있다.

429 '종(種)'자는 월의본에 의거했으며, 기타 각본에서는 모두 '이(移)'로 적고 있다. 생각건대 본 조항에서는 전적으로 옮겨 심는 것에 대해 얘기한 것이 아니어서 '종(種)'자가 비교적 합당하다.

3-26 種枸杞

鉏肥[430]熟地, 作平畦. 紐草稕如臂大,[431] 鋪塡於畦中, 以泥塗稕上, 然後種子, 用細土及牛糞覆蓋,[432] 令勻. 苗出, 頻澆之. 春間嫩芽葉可作菜食.

〈그림51〉 회향과 그 종자

〈그림52〉 치자와 그 씨앗

〈그림53〉 구기자나무와 구기자

---

430 '비(肥)'자는 대자본에서는 '평(平)'자로 잘못 적고 있다.
431 청각각본에서는 이 아래의 소주(小注)에서 이르길 "살피건대, 원본에서는 '細草稕如臂大'라고 적고 있다. '순(稕)'자는 고증된 바가 없다."라고 한다. 왕위후의 교주수정(校注修訂)에는 연필로 순(稕)자를 문국각본(文國閣本)에서는 준(稕)으로 적고 있다고 주석하고 있다. 『박문록(博聞錄)』에서 '구기자를 파종하는 법[種枸杞法]'을 설명하며 '紐草稕如臂大'라고 적고 있으며, 설문에서는 "준(稕)은 줄기를 묶은 것이다[稕, 束稈也]."라고 하고 있다. 지금은 이 모두에 근거하여 바로 고친다. 생각건대 이것이 이르는 원본은 대략 사고전서본이다. 원본의 이 구절 중에는 뉴(紐)자가 세(細)자로 잘못 적혀 있고, '준(稕)'자는 '순(稕)'자로 잘못 적고 있다. 명각본과 월의본에서는 '준(稕)'자가 잘못되어 있지 않으나 '뉴(紐)'자를 모두 '세(細)'자로 잘못 적고 있다. 지금은 청각각본에 의거하여 고쳐 바로잡는다.
432 대자본에서는 이 부분을 "然後種之, 子用細土…"라고 적고 있다.

역문 3-27 나리[433] 파종하기[種百合]

파종할 때는[434] 닭똥이 좋으며 매 구덩이마다 다섯 치 깊이로 파고 닭똥으로 덮어준다. 백합의 뿌리를 마늘 파종하는 방법과 같이 펴준다. 뿌리를 취해 햇볕에 쬐어 말리고 찧어서 그 가루를 내어 먹으면 사람에게 이롭다.

3-28 석류 옮겨심기[移石榴][435]

잎이 아직 나오지 않았을 때 여린 가지 위에 기름진 흙을 둘러 자리풀로 감싸서 묶어주고, 물을 자주 주면 뿌리와 잎이 절로 자라난다. 바야흐로 잘라서 옮겨 심고 뼈와 자갈 등으로 덮어서 눌러주면 잘 자라난다. 간혹 동이 안에 옮겨 심어도 좋다.[436]

---

[433] 역자주 '백합(百合)'은 백합과 백합속 식물로서 야생백합의 변종이다. 비늘줄기를 지니며 약용, 보건식품이다. Baidu 백과에는 그 학명을 *Lilium brownii* var. *viridulum* Baker이라 한다. KPNIC에서는 동일한 학명은 없고 근연식물로 당나리[*Lilium brownii* F.E.Br. ex Miellez]가 존재한다. 그 외 참나리[*Lilium lancifolium* Thunb.], 큰솔나리[*Lilium pumilum* Redouté]가 보인다. 따라서 백합을 '나리'라고 번역하였음을 밝혀둔다.

[434] 역자주 『사시찬요 역주』「二月·種百合」, pp.177-178과 『농상집요 역주』권6「藥草·百合」, pp.566-567에서는 모두 백합을 2월에 파종하고 있다. 『사시찬요』에서는 백합이 왜 닭똥을 좋아하는지 그 이유를 모르겠다고 한다. 아울러 본서의 [1-16]과 [8-5]에서와 같이 파, 부추 및 염교가 특별히 수분이 적고 질소, 인산, 칼륨성분이 많은 닭똥 거름을 좋아한다는 것도 흥미롭다.

[435] 역자주 중국 석류의 역사는 한대까지 소급되며 장건(張騫)이 서역에서 도입했다고 전해진다. 석류 파종법은 『제민요술』권4「안석류(安石榴)」에서 비롯되어 『사시찬요』「春令·種石榴」와 『농상집요』권5「果實·安石榴」로 그 방식이 이어지고 있다. 구덩이에 뼈와 자갈을 넣는 이유에 대해 『농상집요』에서는 가지들이 윤기 있고 무성하게 자라기 때문이라고 한다.

[436] 역자주 『제민요술 역주II』권4「安石榴」, pp.308-309에는 10월에 부들과 짚으로 가지를 감싸주며, 3월에 한 자[尺] 반 정도의 석류가지를 8-9개 묶어서 가지 끝 2치 정도를 불에 지져 뼈와 자갈돌을 넣어 옮겨 심는다고 한다. 이런 사실은 『사시찬요 역주』「三月·種石榴」, pp.216-217과 『농상집요 역주』권5「果實·安石榴」, pp.470-471에도 그대로 이어진다. 조선의 『증보산림경제(增補山林經濟)』권4「養花·石榴」에는 이들 기록 이외에도 석류의 종류, 씨 심는 법, 접붙이는 법 등 후대의 기록을 많이 보충하고 있다.

원문 3-27 種百合[437]

種時宜雞糞, 每坑心五寸, 用雞糞覆蓋. 鋪百合瓣[438]如[439]種蒜法. 取根晒乾擣,[440] 麪可食, 益人.[441]

3-28 移石榴

葉未生時, 用肥土於嫩枝條[442]上以席草包裹束縛, 用水頻沃, 自然生根葉. 全[443]截下[444]栽之, 用骨石[445]之類覆壓[446]則易活. 或於盆器內栽, 亦得.

역문 3-29 누에 기르는 법[養蠶法][447]

종자고치를 선별하는 것을 가장 우선으로 한다. 누에섶을 열었을

---

437 이 조항은 청각각본에서 완전히 빠져 있다. 역자주 사고전서본에서도 이 조항이 전부 누락되어 있다.
438 '판(瓣)'자는 월의본, 명각각본에서는 '판(辦)'으로 잘못 적고 있으며, 대자본에서는 '편(便)'으로 잘못 적고 있다.
439 '여(如)'자가 월의본에는 빠져 있다.
440 '도(擣)'자는 신은서에는 '오(搗)'자로 적고 있다.
441 대자본에서는 이 부분을 '가식용(可食用)'이라고 적고 있다.
442 '조(條)'자는 대자본에서는 '초(梢)'로 적고 있다.
443 '전(全)'자는 신은서에서는 '방(方)'으로 적고 있다.
444 '하(下)'자는 대자본과 월의본에서 모두 '불(不)'로 잘못 적고 있다.
445 '골석(骨石)'은 청각각본에서는 '석골(石骨)'로 적고 있으며, 신은서에서는 '쇄석(碎石)'이라 적고 있다. 살피건대『제민요술』「안석류편(安石榴篇)」에서 이르길 "마른 뼈와 자갈돌을 가지 사이에 놓는다[置枯骨礓石於枝間]."라고 하였다. 그 주석에서 이르길 "'골석(骨石)', 이것은 나무의 성질에 적합하다[骨石, 此是樹性所宜]."라고 한 사실로써 검증할 수 있다.
446 '압(壓)'자는 청각각본에서는 '개(蓋)'자로 적고 있다.
447 역자주 이 제목은 내용과는 부합되지 않는다. 이유는 다음 항목의 각주에서 밝힌 바와 같이 '양잠법(養蠶法)'은 이후 9개 항목의 제목을 포괄한다. 실제 청각각본에는 이후 각조항의 제목이 모두 빠져 있다. [3-29]의 내용만으로 보면 이 제목은 '누에알받이종이 씻기[浴連]' 정도가 적합할 것이다. 본서와 같이 9개 항목으로 나누고 제목을 붙인 것은『농상집요 역주』권4「涼煖飼養分擡等法·初飼蟻」, pp.275-281, 304-335에 의거하여 간단하게 정리한 것으로 각 제목과 그 배열 순서까지도 일치한다.

때 먼저 좋은 고치를 골라내서 깨끗한 잠박 위에 엷게 펴두면 며칠이 지나 자연스럽게 나방이 생겨난다. 만약 날개가 말렸거나 촉수가 없거나, 꼬리가 타들어갔거나, 배가 붉고 털이 없는 등의 나방은 가려내서 쓰지 않으며, 오직 병이 없는 것을 남겨 누에알받이종이 위에 고르게 펴둔다. 낳은 알이 충분하면 2, 3일을 기다렸다가 나방을 알받이종이에서 들어내고 18일이 지나서 새벽에 우물물을 길어서 한 차례 알받이종이를 씻고, 물에 담가 누에나방의 똥오줌과 독기를 제거한다. 여름과 가을에는 바람이 잘 통하는 서늘한 방에서 알받이종이를 서로 등지게 하여 갈고리에 걸어둔다. 10월이 되면 말아서 거두어 연기가 없는 깨끗한 방에 안치한다. 섣달 초파일에 앞에서와 같이 씻어서 마당 가운데 높은 장대 위에 걸어두고 별[水星]과 달빛의 정기[448]를 온전히 받게 한다.

3-30 개미누에 깨기[生蟻]

누에가 깨기 1개월 전에 미리 잠실을 진흙으로 보수하여 깨끗하게 말리는데, 벽이 축축하면 손상되는 누에가 많아진다. 개미누에가 깨기 3-5일 전에 미리 잠실에 불을 피워 따뜻하게 하고, 마른 소똥을 많이 준비해둔다. 누에알이 완전히 회색으로 변하게 되면 연기가 없는 따뜻한 집 안에 말아 넣어둔다. 개미누에가 부화할 즈음 동녘이 밝아오면 누에알받이종이를 채반 위에 펴서 검은 개미누에가 완전히 깨기를 기다렸다가[449] 개미누에와 누에알받이종이[連]를 달아 그 중량이 어

---

448 역자주 이외에도 "日精月華" 또는 "천지의 정기를 흡수하고, 일월의 영기를 받는다[吸天地之精華, 采日月之靈氣]"라는 표현도 있다. 예컨대 『三國演義』「第一零五回」, "漢朝二十四帝, 惟武帝享國最久, 壽算極高, 蓋因服天上日精月華之氣也."라고 한다.

449 역자주 『농상집요 역주』「生蟻」, p.304에서 "만일 개미누에의 깨는 시기가 고르지 않으면, 누에가 잠자고 일어나는 것부터 익을 때까지 모두 고르지 않게 된다."라고 한다. 양

느 정도인가를 기록해둔다.⁴⁵⁰

원문 3-29 養蠶法

　　繭種爲先. 開簇時, 先將好繭擇出, 於淨箔上薄攤開,⁴⁵¹ 日數至,⁴⁵² 自然生蛾. 若有拳翅・禿眉・焦尾・赤肚無毛等蛾,⁴⁵³ 揀去不用, 止⁴⁵⁴ 留無病者, 勻布連上.⁴⁵⁵ 生子旣足,⁴⁵⁶ 待二三日, 移蛾下連; 至十八日後, 早辰汲井水浴一次, 浸去蛾便溺毒氣. 夏秋於通風涼房內, 連背相靠釣⁴⁵⁷掛. 至十月內捲收, 於無烟淨屋⁴⁵⁸內頓放.⁴⁵⁹ 臘月初八日,⁴⁶⁰ 依前浴⁴⁶¹畢, 於中庭用竿高掛,⁴⁶² 以受辰⁴⁶³精月華之氣.

　　잠을 함에 있어 알받이종이의 개미누에를 적절한 시기에 깨우는 것은 매우 중요한 기술이다. 보통 누에나방이 알을 낳고 7-8일이 지나면 개미누에가 나온다. 알에서 나오는 시기를 조정하기 위해 알받이종이를 항아리에 넣어 차가운 계곡물이나 동굴 속의 냉기에 보관하여 시간을 연장한다. 이때 냉기가 충분하지 못하면 알이 부화하는 힘을 저지할 수 없게 되어 누에치기를 망치게 된다.

450　역자주 개미누에가 나온 후 무게를 재어 두는 이유는 누에가 성장한 이후 얼마만큼 채반이 있어야 하며, 어느 정도 뽕잎과 설비 등을 준비해야 하는지를 가늠하는 데 편리하기 때문이다.
451　대자본에서의 이 구절에서는 '박(薄)'자가 중첩되어 있다. 또 청각각본에서의 이 구절에는 '상(上)'자가 빠져 있다.
452　내자본에서의 이 구절에서는 '지수일(至數日)'로 적고 있다.
453　명각본에서의 이 구절에서는 '모(毛)'자가 빠져 있으며, 지금 대자본, 월의본과 청각각본에 의거하여 보충한다. 신은서에는 이 글자가 있다.
454　'지(止)'자는 청각각본에서는 '상(上)'으로 잘못 적고 있다.
455　'상(上)'자는 대자본, 월의본과 청각각본에 의거하였으며 명각본에는 '이(二)'로 잘못 적고 있다.
456　'족(足)'자는 청각각본에서는 '다(多)'로 적고 있다. 신은서에서는 '족(足)'으로 적고 있다.
457　'조(釣)'자는 신은서에서는 '구(鉤)'로 적고 있다.
458　'옥(屋)'자는 대자본에서는 '실(室)'로 적고 있다.
459　대자본에서의 이 구절에는 '방(放)'자가 빠져 있다.
460　이 구절은 대자본, 월의본과 청각각본에서는 모두 '납팔일(臘八日)'로 적고 있으며, '월초(月初)' 두 글자가 없다. 신은서에서도 이 두 글자가 없다.
461　'전욕(前浴)' 두 글자는 대자본에서는 '시후(時候)'로 잘못 적고 있다.
462　대자본에서의 이 구절은 '정(庭)'자 아래에 '각(却)'자가 더 있다.
463　'진(辰)'자는 신은서에서는 '일(日)'로 적고 있다. 역자주 진정(辰精)은 진성(辰星)과 월화(月華)로서 수성(水星)과 달빛을 가리킨다.

3-30 生蟻[464]

蠶生一月之前, 預將蠶屋泥補乾淨; 墻壁濕則多傷蠶.[465] 蟻[466]生三五日之前, 先將蠶屋用火薰煖, 仍多準備乾牛糞.[467] 蠶變灰色已全, 於無烟煖屋內捲收. 至蠶生, 候東方白時, 將連鋪箔上,[468] 候黑蟻[469]全生, 和蟻秤[470]連記寫分兩多少.[471]

〈그림54〉 누에나방과 알

〈그림55〉 잠실(蠶室: 『왕정농서』)

464　여기서부터 이하의 무릇 아홉 조항은 청각각본에서 모두 빠져 있다. 생각건대 이 아홉 조항의 내용은 모두 '양잠법(養蠶法)'의 항목 속에 포함되어 있어서 별도로 각각의 표제를 달 필요가 없을 것이다. 그 외 이 아홉 개의 표제는 본서의 기타 각 조항의 표제와 더불어 방식에 있어 대부분 일치하지 않는다. 비교적 빠른 시기의 각본의 면모를 보존하기 위해서 당분간 바꾸지 않는다. 역자주 사고전서본에서도 [3-30]에서 [3-38]까지 9개 조항이 누락되어 있다. 본서에는 왕위후의 교주본에 의거하여 각기 제목을 달아 배열하였음을 밝혀둔다.

465　이 구절은 대자본과 월의본에 의거하였다. 명각본에서는 '墻壁濕□勿傷蠶'이라고 적고 있으며 '물(勿)'자는 분명 '다(多)'자의 잘못이다. 신은서에서는 '若墻濕則多傷蠶'이라고 적고 있다.

466　'의(蟻)'자는 대자본과 월의본에 의거하였으며, 명각본에서는 '아(蛾)'로 잘못 쓰고 있다. 신은서에서는 '의(蟻)'로 적고 있다. 이후 왕위후의 교주수정(校注修訂)에서는 "명각본에서 '아(蛾)'자로 잘못 쓰고 있다."라는 말 중 '잘못'이라는 말을 삭제하고 있다.

467　명각본에서의 이 구절에는 '잉다준(仍多準)' 세 글자가 빠져 있으며, 지금 대자본과 월의본에 의거하여 보충한다. 대자본에서는 '준(准)'자를 '준(準)'으로 적고 있다. 신은서와 대자본은 동일하다.

468　대자본에서는 이 구절을 '장연박상포(將連箔上鋪)'라고 적고 있다.

469　'의(蟻)'자는 대자본과 월의본에 의거하였으며, 명각본에서는 '아(蛾)'로 잘못 적고 있다. 신은서에서는 '의(蟻)'로 적고 있다.

470　'칭(稱)'자는 대자본에서는 '포(鋪)'로 적고 있으며, 신은서에서는 '칭(秤)'으로 적고 있다.

471　대자본에서는 '화의칭(和蟻稱)' 부분이 '연(連)'자 아래에 있으며, '기(記)'자 위에 '상(上)'자 한 자가 더 있다.

〈그림56〉 누에알받이종이 씻어 걸기(『왕정농서』)

역문 **3-31** 개미누에 떨기[下蟻]

개미누에가 이미 충분히 깨어나면 가늘고 부드러운 깔개를 고르게 펴서 잘게 자른 뽕나무 잎을 깔개 위에 흩어주고 이어서 누에알받이종이를 뒤집어서 뽕잎 위에 올려놓으면 개미누에가 저절로 알받이종이에서 내려간다. 내려가지 않는 것이 있다면 가볍게 털어서 떼어낸다. 그리고서 빈 알받이종이를 달면 바로 누에의 무게가 어느 정도인가를 알 수 있다. 이런 방식에 의거해 누에를 털어내면 만萬에 한 마리도 손실되지 않는다. 3냥兩 무게의 개미누에를 한 채반 위에 펴면, 30개 채반 분량의 익은누에를 얻을 수 있다. 뽕잎을 헤아려 개미누에에게 주되 신중히 하고 욕심을 내지 말아야 한다. 그러지 않으면 수고하고도 공이 없게 된다.

3-32 냉난방 온도관리 총론[涼暖總論]

개미누에가 처음 깨어나면서부터 곧 두잠[兩眠]을 자게 되는데, 잠실 안은 따뜻해야 한다. 누에 치는 아낙은 모름지기 홑옷을 입어야만 서늘한지 따뜻한지를 알 수 있다. 스스로 춥다고 느끼면 누에도 응당 추울 것이니 바로 달군 불을 더해준다. 만약 스스로 덥다고 느끼면 (달군 불의) 양을 참작하여 불씨를 빼낸다. 한잠[一眠]을 잔 이후에 날씨가 청명하면 사시[巳]⁴⁷²에서 오시[午]⁴⁷³ 사이⁴⁷⁴에 창문의 거적을 말아 올려 바람과 햇빛이 통하게 한다. 막잠[大眠] 이후에 날씨가 무더워지면 도리어 잠실을 서늘하게 해주어야 한다. 때에 따라 차고 따뜻한 것을 참작하여 온도를 조절해야 한다.

원문 3-31 下蟻⁴⁷⁵

蟻既生足, 匀鋪細軟蓐草,⁴⁷⁶ 將切細桑葉摻於蓐上, 隨將蠶連翻搭葉上, 蟻自下連. 有不下者輕輕振下. 却稱⁴⁷⁷空連, 便知蠶分兩.⁴⁷⁸ 依此生蠶, 萬無一損.⁴⁷⁹ 三兩蟻可布一箔, 可老三十箔蠶. 量葉放蟻, 愼莫貪多. 不然則勞而無功.

3-32 涼暖總論

自蟻初生, 將次兩眠, 蠶屋正要溫暖. 蠶母⁴⁸⁰須著單衣, 可知涼暖.

---

472 역자주 사시(巳時)는 오전 9시 반부터 10시 반이다.
473 역자주 오시(午時)는 오전 11시부터 오후 1시를 가리킨다.
474 역자주 『농상집요 역주』 권4 「涼煖飼養分擡等法·涼煖總論」, p.312에는 "巳午未之間"이라고 한다.
475 대자본에서는 이 조항의 표제를 '지하의(知下蟻)'로 적고 있다.
476 역자주 '욕초(蓐草)'는 깔개 풀이라는 의미보다는 욕초(褥草), 즉 깔개를 뜻한다. 만약 깔개 풀을 깔아두면 개미누에를 관리하기가 지극히 어려울 것이다.
477 '칭(稱)'자는 명각본에서는 모두 '장(將)'으로 잘못 적고 있다. 신은서에서는 '칭(秤)'으로 적고 있는데 옳다. 지금 이에 의거하여 바로잡고 아울러 앞 조항을 본떠 '칭(稱)'으로 고쳤다.
478 '양(兩)'자는 대자본에서는 '대(大)'로 잘못 적고 있다.
479 대자본에서의 이 구절 말미에는 '의(矣)'자가 한 자 더 있다.

自身覺寒, 蠶必寒, 便添熟火.⁴⁸¹ 若自熱, 約量去火. 一眠之後, 天氣晴明, 於巳午時間捲起窓薦, 以通風日. 至大眠後, 天氣炎熱, 却要屋內淸涼. 務要臨時斟酌寒暖.⁴⁸²

〈그림57〉 불 이동[擡爐:『왕정농서』]

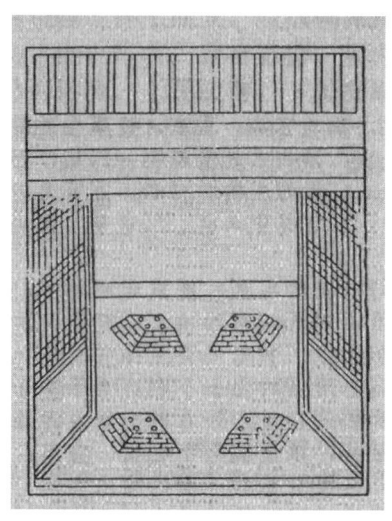
〈그림58〉 화창(火倉:『왕정농서』)

역문 3-33 누에치기 총론[飼養總論]

누에는 반드시 밤낮으로 먹어야 하며, 먹이를 주는 횟수가 많으면 누에가 빨리 익고 적으면 더디게 익는다. 25일 만에 익은누에 한 잠박은 생사生絲 25냥兩을 생산하며, 28일 만에 익은누에 한 잠박은 생사

480　'모(母)'자는 월의본에서는 '무(毋)'로 잘못 적고 있다.
481　대자본에서는 이 구절을 '편열어화(便熱於火)'로 적고 있다.『농상집요』는 기타 각본과 더불어 동일하다.
482　명각본에서의 이 구절에는 '임(臨)'자가 빠져 있으며, 지금 대자본과 월의본에 의거하여 보충한다. 신은서는 대자본, 월의본과 더불어 동일하며, 또한 "짐작한난(斟酌寒暖)"은 대자본에서는 "짐난작한(斟暖酌寒)"으로 적고 있다.

20냥을 얻을 수 있다. 만약 한 달 남짓 혹은 40일 만에 익은누에 한 잠박이라면 단지 실 10여 냥만 얻을 수 있다. 누에에게 먹일 잎은 고르게 뿌려주어야 하며, 만약 날이 흐려 비가 내리거나 날씨가 추울 때 누에를 먹일 때는 마른 뽕나무 검불이나 잎을 제거한 짚 한 단으로 불을 지펴 잠박 주위를 쬐어서 차갑고 습한 기운을 몰아낸 이후에 먹이를 주면 누에에게 병이 생기지 않는다. 첫잠[一眠] 때는 모든 누에가 잠자길 기다리고서야 비로소 뽕잎 주는 것을 멈춘다. 또 모든 누에가 깨어나고서야 바야흐로 먹이를 준다.[483] 만약 8-9할의 누에만이 일어났는데 바로 뽕잎을 던져 먹이면 누에가 익을 때까지 결코 모두 (잠들고 깨는 것이) 고르지 않게 되어 손실도 많아진다. 두잠[停眠]에서 막잠[大眠]에 이르기까지 누에가 잠들려고 할 때 누런빛을 띠게 되면 바로 먹이 주는 것을 멈추고 채반을 바꾸며, 일제히 깨어날 때까지 기다려 천천히 먹인다. 잎은 얇게 흩어주는 것이 좋은데, 잎을 (한꺼번에) 너무 많이 주면 누에가 상해를 입기 쉽다. 뽕잎을 먹는 데 게을러지는 폐단이 생기게 된다.[484] (따라서) 갓 잠에서 깨어난 누에는 식욕이 왕성하기 때문에 반드시 (적게 주면서) 모름지기 부지런히 먹여야 한다. 이슬에 젖은 잎과 비에 젖은 잎을 가장 꺼리며 먹으면 대부분 병이 생긴다.

---

[483] 역자주 『농상집요 역주』 권4 「涼煖飼養分擡等法·飼養總論」, pp.318-319에서는 이런 방식을 『한씨직설(韓氏直說)』의 '추사단면법(抽飼斷眠法)'이라고 한다.

[484] 역자주 묘치위[繆啓愉] 교석, 『元刻農桑輯要校釋』(농업출판사, 1988), p.255에 의하면 갓 잠에서 깬 누에는 입의 조직이 부드러워 만약 바로 뽕잎을 먹게 되면 그 턱이 손상되기 쉽다고 한다. 또 잠에서 깬 누에는 소화기관이 아직 온전하지 못하여 뽕잎을 줄 때 적게 주는 것이 좋다. 3-5시간이 지나면 식욕이 돌아온다고 한다. 최덕경, 『농상집요 역주』 권4 「涼煖飼養分擡等法·飼養總論」, p.317에는 이런 시기는 천천히 먹는 '만사(慢飼)'시기이니 뽕잎의 양을 줄여줄 것을 요구하고 있다.

3-34 누에채반[485] 나누기 총론[分擡總論]

누에를 채반에 들어 올리는 방법: 먹이 주기를 멈추고 즉시 채반을 나누면서 똥을 제거한다. 그러지 않으면 먼저 잠든 누에가 오랫동안 습열이 있는 바닥에 머물면서 따뜻한 열기와 찌는 듯한 증기를 쐬게 되어 풍잠風蠶[486]으로 바뀌게 된다. 누에를 채반에 들어 올릴 때는 누에를 한 곳에 모아두어서는 안 되는데, 누에가 습열을 받게 되면 병에 걸려 손실이 많아지고 누에고치도 얇아진다. 또 누에가 자고 처음에 일어날 때 만약 연기와 향기를 쐬게 되면 곧장 대부분 검게 변해 죽게 된다. 누에가 차가운 이슬이 묻고 습열이 있는 뽕잎을 먹으면 반드시 백강병白殭病에 걸리게 된다. 누에가 오래되어 마르고 열이 있는 잎을 먹으면 배가 단단해지고 머리가 커지며 꼬리가 뾰족해진다. 갑작스레 창문을 열어 모르는 새 바람을 맞으면 대부분 홍강병紅殭病에 걸리게 된다.[487] 만약 (누에를 옮길 때) 높게 들어 흩뿌리거나 멀리 던지듯 흩뿌려 누에가 잠박에 서로 부딪히게 되면 이후 대부분 왕성하게 자라지 못하고 (고치속에) 붉은 번데기가 되거나[488] 익은누에가 되는 것이 늦어진다. 더디게 익은누에가 가지는 여러 가지 증상을 일절 피하는 것이 좋다.

---

485 역자주 누에를 기르는 받침인 누에채반은 보통 잠박(蠶箔)이라 하는데, 분대(分擡)는 누에똥을 쳐낼 때 채반을 바꾸거나 나누는 것을 말한다.
486 역자주 '풍잠(風蠶)'은 백강병이다. 『심하잠사(沁河蠶事)』에 의거하면 누에가 네 잠을 자면서 열기나 훈증을 만나게 되면 이후 대부분 백강병(白殭病)에 걸리게 됨을 의미한다.
487 역자주 백강병은 누에가 찌는 듯한 열을 받게 되면 하얗게 굳어지는 병증이며, 홍강병은 바람[賊風]을 맞아 적갈색으로 굳어지는 병으로 모두 곰팡이가 기생하면서 생기는 누에의 병이다.
488 역자주 마쫑선[馬宗申] 역주, 『農桑輯要譯注』, 上海古籍出版社, 2008, p.178에 의하면 익은누에가 고치를 지은 후에 번데기가 홍적색으로 변해 죽게 되면서 번데기가 누에고치를 오염시킨다고 한다.

원문 3-33 飼養⁴⁸⁹總論

蠶必晝夜飼, 若頓數多者, 蠶必蚤⁴⁹⁰老, 少者遲老.⁴⁹¹ 二十五日老一箔, 可得絲二十五兩; 二十八老, 得絲二十兩. 若月餘或四十日老,⁴⁹² 止⁴⁹³得絲十餘兩.⁴⁹⁴ 飼蠶葉要均勻, 若値陰雨天寒, 比及飼蠶, 先用⁴⁹⁵乾桑柴或去葉秆草一把點火, 繞箔照過, 煏⁴⁹⁶出寒濕之氣, 然後飼之, 則蠶不生病. 一眠候十分眠, 纔可住食.⁴⁹⁷ 至十分起, 方可投食. 若八九分起便投葉飼之, 直到老, 決都不齊, 又多損失. 停眠至大眠, 蠶欲向眠時見黃光, 便住食擡解; 直候起齊, 慢飼. 葉宜薄摻, 厚則多傷.⁴⁹⁸ 慢飼⁴⁹⁹之病, 蓋因生蠶得食力,⁵⁰⁰ 須勤飼. 最忌露水濕葉並⁵⁰¹雨濕葉, 則多生病.⁵⁰²

---

489 '양(養)'자는 대자본, 월의본에서는 '잠(蠶)'으로 적고 있다. 신은서에서는 '양(養)'으로 적고 있다.
490 '조(蚤)'자는 대자본에서는 '조(早)'로 적고 있다.
491 이 구절은 대자본과 월의본에 의거하였으며, 명각본에서는 '노(老)'자가 없다. 신은서에는 이 글자가 있다.
492 이 구절은 월의본에 의거하였다. 명각본에서는 '혹(或)'자가 빠져 있으며, 대자본에는 '일(日)'자가 빠져 있다. 신은서와 월의본은 동일하다.
493 '지(止)'자는 명각본에서는 '상(上)'으로 잘못 적고 있으며, 지금 대자본과 월의본에 의거하여 고친다. 신은서에서는 '지(止)'로 적고 있다.
494 대자본에서의 이 구절 말미에는 '여(餘)'자가 군더더기로 더 남아 있다.
495 '용(用)'자는 대자본에서는 '요(要)'로 적고 있다.
496 '픽(煏)'자는 『농상집요』 권4 「飼養總論」에서는 '핍(逼)'으로 적고 있다.
497 대자본에서는 이 부분을 "一眠候十分, 十分眠纔可住食"으로 적고 있다. 『농상집요』에는 기타 각본과 더불어 동일한데, 다만 '후(候)'자를 '후(後)'로 적고 있다.
498 왕위후의 교주수정에서는 상(傷)자 뒤에 붉은 연필로 '.'를 보충하고 있다.
499 '사(飼)'자는 신은서에서는 '식(食)'으로 적고 있다. 역자주 앞 문장에 만사(慢飼)가 두 번 등장하는데, 전자는 천천히 먹인다[慢慢飼]로 해석한 반면 뒤에 등장하는 慢飼之病의 '만(慢)'은 '게으르다'는 의미로 해석하였다.
500 역자주 '식력(食力)'의 사전적 의미는 노동에 의거하여 생활하는 사람, 배 속의 음식물이 있어 생산하는 기력, 양식과 인력 등의 의미가 있다. 그 외 '기력소모'의 의미도 있다. 여기서는 누에의 식욕이나 식사량으로 해석하였다.
501 '병(並)'자는 대자본에서는 '병(倂)'으로 적고 있다.
502 마지막 구절은 신은서에서는 "飼之則多生病"으로 적고 있다. 살피건대 이 조항의 전 문장은 원래 『무본신서』에서 나왔는데, 『농상집요』의 인용문은 이 문장과 더불어 자못 차이가 있다. 지금 차이점이 비교적 큰 부분을 초록하니 참고 바란다. 곧 "一眠後十分眠纔

3-34 分擡總論

擡蠶之法, 住食卽時分擡, 去其燠沙.^503 不然則先眠之蠶久在燠底, 溫熱薰蒸後, 變^504 爲風蠶. 擡蠶時不^505 得將蠶堆聚, 蠶受鬱熱後, 必病損多, 作薄繭. 又蠶眠初起, 若値烟薰, 卽多黑死.^506 蠶食冷露濕^507 熱, 必成白殭. 蠶食舊乾熱葉, 則腹結・頭大・尾尖. 倉卒開門, 暗値賊風, 必多紅殭. 若^508 高撒遠撒^509 蠶身與箔相擊^510 後多不旺, 多赤蛹, 嫩^511 老翁是也. 晩^512 蠶諸般之證, 切宜忌之.

	可住食, 至十分起, 方可投食. 若八分起便投食, 直到蠶老, 決都不齊, 又多損失. 停眠至大眠, 蠶欲向眠, 若見黃光, 便合擡解住食, 直候起時, 慢慢飼. 葉宜輕摻. 若蠶白光, 多是困餓, 宜細細食之, 猛則多傷. 若蠶靑光, 正是蠶得食力, 勿令少葉, 急須勤飼."이다.
503	명각본에서는 '거기욱사(去其燠沙)' 네 글자가 빠져 있으며 지금 월의본에 의거하여 보충한다. 신은서와 월의본은 동일하다. 대자본에서는 이 구절이 있는데, 다만 '욱사(燠沙)' 두 글자를 '욱법(燠法)'으로 잘못 적고 있다.
504	'변(變)'자는 명각본에서 빠져 있으며 지금 대자본과 월의본에 의거하여 보충한다. 신은서와 대자본, 월의본은 동일하다.
505	'불(不)'자는 명각본에서는 빠져 있으며, 지금 대자본과 월의본에 의거하여 보충한다. 신은서는 대자본, 월의본과 더불어 동일하다.
506	월의본에서의 이 구절에는 '사(死)'자가 빠져 있다. 신은서에도 이 글자가 있다.
507	'습(濕)'자는 대자본에서는 '온(溫)'으로 잘못 적고 있다.
508	'약(若)'자는 명각자본에서는 모두 '성(成)'으로 잘못 적고 있으며 지금 신은서에 의거하여 고쳐 바로잡는다.
509	월의본에서는 이 구절에 '원산(遠撒)' 두 글자가 없으며, 신은서와 명각본에서도 동일하다. 살피건대『농상집요』에서 이르길 "누에를 채반에 펼쳐 놓을 때는 모름지기 손으로 가볍게 내려놓아야 하고, 높은 곳에서 아래로 뿌리듯 내려놓아서는 안 된다. 만약 간혹 높은 곳에서 아래로 뿌리듯 내려놓으면 … [布蠶須要手輕, 不得從高摻下. 如或高摻, …]"이라고 하였는데 이 안에는 단지 '고살(高撒)'만 설명하고 있으며, '원살(遠撒)'의 설명은 없다. 그러나 '원살(遠撒)'의 결과는 '고살(高撒)'과 더불어 결코 큰 차이가 없다.『왕정농서(王禎農書)』「농상통결(農桑通訣)・잠소편(蠶繅篇)」에서도 또한 말하길 "…… 멀리 던지고 높이 던지면 손상되어 병이 든다[遠擲高抛, 損傷生疾]."라고 하였다. 이런 사실로 볼 때 월의본에 빠진 문장을 알 수 있다.
510	'격(擊)'자는 대자본에서는 '계(係)'로 잘못 적고 있다.
511	'눈(嫩)'자는 신은서에서는 '란(孄)'으로 잘못 적고 있으며『농상집요』에서는 '라(懶)'로 적고 있다. 살피건대 '란(孄)', '라(懶)' 두 글자는 상통하며, 이 글자는 원래 '란(孄)'으로 쓰였던 것 같은데, 명각본에서는 '눈(嫩)'자로 잘못 쓴 것이다.
512	'만(晩)'자는 신은서에서는 '범(凡)'으로 적고 있다.

역문 **3-35** 초기 개미누에 먹이는 방법[初飼蠶[513]法]

초기 개미누에를 먹이는 법: 뽕잎을 아주 잘게 잘라주는 것이 좋으며, 가볍게 체질하여 쉬지 않고 자주 먹여준다. 두 시간[一時辰]마다 네 번 먹이를 주며 하루 밤낮에 49번 먹이거나 혹은 36번 먹이를 준다. 이튿날에는 30번 뽕잎을 주고 셋째 날에는 30번 준다.[514] 개미누에를 채반에 나누이 먹일 때는 (잠실을) 가능한 따뜻하고 어둡게 해주는 것이 좋으며, 마음을 다해 힘써 신중하게 먹여야 한다.

3-36 첫잠누에 먹이는 방법[頭眠飼法]

첫잠[頭眠] 누에를 채반 나누기를 하여 먹일 때는 하루 밤낮에 여섯 번을 먹이며, 다음날에는 점차 뽕잎을 늘려준다. 누에가 누렇게 될 때는 매우 따뜻하게 해줘야 한다. 누에가 잠에서 일어날 때는 도리어 약간 따뜻하게 해준다.

원문 **3-35** 初飼蠶法

初飼蠶法.[515] 宜切極細桑葉, 微篩, 不住頻飼. 一時辰可飼四頓, 一晝夜飼四十九頓, 或三十六頓. 第二日飼至三十頓, 第三日飼至三十頓. 擘[516]黑擡飼,[517] 正宜極暖極暗, 當用心勤愼飼之.

---

513 역자주 '잠(蠶)'을 『농상집요 역주』 권4 「涼煖飼養分擡等法・初飼蟻」에는 『務本新書』와 『士農必用』의 사료를 인용하여 '의(蟻)'로 표기하고 있다. 그런 점에서 이 잠(蠶)은 개미누에임을 알 수 있다.
514 역자주 여기에서는 둘째날과 셋째날이 모두 30번의 뽕잎을 준다고 되어 있는데, 『농상집요』 권4 「涼煖飼養分擡等法・初飼蟻」의 『사농필용(士農必用)』의 인용문에는 사흘째에 20여 차례 뽕잎을 준다고 되어 있다.
515 이 첫 구절은 표제와 중복되어 있는데 군더더기인 듯하다.
516 '벽(擘)'자는 대자본에서는 '벽(劈)'으로 잘못 적고 있다.
517 이 구절은 신은서에서는 '단범대사(但凡擡飼)'로 적고 있다.

3-36 頭眠飼法

頭眠擡飼, 一晝夜可飼六頓, 次日可以漸次加葉. 向黃之時宜極暖. 蠶眠起時, 却要微暖.

역문 3-37 두잠누에[518] 먹이는 방법 [停眠飼法]

두잠누에를 채반 나누기 하여 먹일 때는 일제히 깨어났을 때 먹이를 주되 얇게 잎을 흩어 주는 것이 좋다. 하루 밤낮에 단지 네 차례만 먹이고, 다음날에는 점점 잎의 양을 더해준다. 잠자고 일어날 때에 따뜻하게 해주면 누에가 평온하고 안정감을 가진다.

3-38 막잠누에 먹이는 방법 [大眠飼法][519]

누에가 막잠을 자고 일어나기 시작하면, 모두가 일제히 일어나길 기다렸다가 먹이를 주어야 하는데, 하루 밤낮에 세 차례 준다. 다음날에는 뽕잎을 더해주며, 7-8차례 준다. 오후에 날씨가 맑고 따뜻해지면, 먼저 갈아둔 녹두 가루와 쌀가루, 혹은 삶은 검은콩 가루를 잘게

---

518 누에는 먹고 자고 허물벗기를 반복하면서 자라는데, 누에가 잠을 잘 때는 먹지도 않고 움직이지도 않는다. 첫잠은 처음 알에서 깨어[1령] 첫잠을 자고 깬 후를 2령이라 하며, 다시 두 번째 잠을 자고 허물을 벗으면 3령이다. 세잠누에는 애벌레 때 세 번 자고 세 번 허물을 벗은 4령 누에이다. 누에는 종류에 따라 잠자는 회수가 다르며 모든 누에가 넉잠을 자는 것은 아니다. 그리고 1-3령 사이에는 먹는 먹이보다 굳어서 버리는 뽕잎이 많지만, 4령부터는 거의 모든 뽕잎을 다 먹는다. 누에의 식욕은 계속 변하므로 먹는 양을 잘 살펴서 조절해야 한다. 참고로 누에는 1령부터 3령 동안 전체 먹이의 5%, 4령에는 10%, 5령[녁잠누에] 때에는 85%를 먹는다. 첫잠누에는 작은 동전 크기로 3개의 채반 위에 가득 펼쳐놓으며, 두잠누에는 6개의 채반 위에 펼쳐놓게 된다. 누에가 막잠을 자고 일어나면 찌꺼기를 자주 치워주고 누에를 손가락 하나 정도의 거리에 펼쳐두고 먹이도 자주 주어야 한다. 『한씨직설(韓氏直說)』에는 누에가 막잠을 잔 뒤 15-16차례 먹고 나면 곧 익는데, 실이 얼마나 생산될지는 전적으로 이 며칠 사이에 달려 있다고 한다.

519 역자주 이 내용은 『농상집요 역주』 권4 「凉煖飼養分擡等法·大眠擡飼」, pp.330-335의 내용을 간단히 정리한 것이지만, 본문처럼 녹두가루 반죽을 먹이는 양에 대한 언급은 없다.

썬 잎과 한 곳에 모아서 약간 따뜻한 물로 고르게 반죽하여, 한 채반에 10여 냥兩을 먹이면 도리어 뽕잎 3-4할을 줄일 수 있다.[520] 3일째가 되어 다시 이와 같이 한 끼를 먹이면 누에의 열독을 풀어줄 뿐 아니라 또한 뽕잎을 줄이고 여전히 생사도 많이 생산된다. 실은 켜기도 쉽고 질기고 견고하며 빛깔도 좋다. 막잠에서 깨어난 누에에게 뽕잎을 15-16차례 주게 되면 바로 (누에가) 익게 되는데, 실을 어느 정도 얻는가는 전적으로 이 며칠간에 달려 있으니 게을러서는 안 된다. 농가에서는 다들 바쁜 것이 누에 치는 것과 밀 수확만 한 것이 없다.

원문 3-37 停眠飼法

停眠擡飼, 起齊投食, 宜薄散[521]葉. 一晝夜[522]只可飼四頓, 次日漸漸加葉. 眠起宜溫和, 則蠶安穩.

3-38 大眠飼法

大眠起, 直候[523]十分起齊投食, 一晝夜可飼三頓. 次日加葉, 至第七八頓. 午後天氣晴[524]暖, 取預先磨下菉豆麪白米麪或黑豆熟麪與切

---

520 역자주 『농상집요 역주』 권4 「涼煖飼養分擡等法·停眠擡飼」, pp.330-331에는 "만일 뽕잎이 모자라면 지난 가을에 거두어 둔 마른 뽕잎을 다시 찧어 가루로 만들고, 새 뽕잎에 물을 뿌려 약간 축축하게 한 다음에 그 위에 가루를 뿌리고 골고루 섞어서 부족한 뽕잎을 보충하여 누에에게 먹이면 녹두가루나 쌀가루를 먹이는 것보다 결코 못하지 않다."라고 한다.
521 '산(散)'자는 대자본에서 '살(撒)'로 적고 있다. 신은서는 대자본과 더불어 동일하다.
522 역자주 '일주야(一晝夜)'를 『농상집요』 권4 「涼煖飼養分擡等法·停眠擡飼」에서는 '일복시(一復時)'라고 표현하고 있다. 『본초강목』 중의 '一伏时'는 바로 『성제총록(聖濟總錄)』에서 말하는 '一復時'이다. 복(復)은 한 바퀴 돌아 다시 시작한다는 의미로서 고대의 干支로 말하면 子時에서 子時까지가 일주(一周)이기에 12시진, 즉 24시간에 해당한다.
523 '후(候)'자는 명각본에서 '후(侯)'로 잘못 적고 있으며, 지금은 월의본에 의거하여 바로 고친다.
524 '청(晴)'자는 대자본 및 월의본에 의거하고, 명각본에서는 '청(清)'으로 적고 있다. 신은서

下桑葉一處, 微用溫水拌勻; 一箔可飼麫十餘兩, 却減葉三四分. 至三日⁵²⁵再如此飼一頓, 不惟解蠶熱毒, 又省桑葉, 仍得絲多. 易繰, 堅韌有色. 自眠起喫食十五六頓卽老; 得絲多少,⁵²⁶ 全在⁵²⁷此數日, 不可怠慢. 農家忙倂, 無如蠶麥.

에서 '청(晴)'으로 적고 있다.
525 '지삼일(至三日)' 세 글자는 신은서에서 '격일일(隔一日)'로 적는다.
526 '다소(多少)' 두 자를 신은서에서는 '양잠(養蠶)'으로 적고 있는데, 이는 잘못된 문장인 듯하다. 살피건대, 『농상집요』에서 인용한 『한씨직설(韓氏直說)』에서 또한 '다소(多少)'라고 적고 있으며, 이 또한 참고할 만한 증거이다.
527 대자본에서는 이 구절에 '재(在)'자가 빠져 있다.

사월 四月

역문 **4-1** **월내삼묘**月內三卯

(이 달 내에 묘일(卯日)이 세 번) 있으면 맥麥의 수확이 좋으며, 없으면 맥麥의 수확이 좋지 않다. 이는 농가의 경험에서 나온 말이다.

4-2 **초파일 비 점후**[初八日雨]

비가 내리면 맥의 수확이 좋지 않다. 13일에 (비가 내려도) 마찬가지이다. 이는 경험 많은 농부가 증험한 말이다.

4-3 **안개로 인한 맥의 손상을 방지하기**[防霧傷麥]

단지 황사와 안개가 자욱한[沙霧]528 날에는 어저귀를 긴 새끼줄[繩]

위에 여기저기 (끼우거나) 묶어서 새벽에 안개가 내려앉을 때 두 사람이 마주 보고 그 새끼줄[繩] 끝을 잡고 맥 위로 끌어당기면서 안개를 문질러 털어내면 맥麥이 손상되지 않는다.[529]

---

528 역자주 본문에서 '사무(沙霧)'의 의미가 분명하지 않다. 황사와 안개가 겹쳐진 상태인지 아니면 안개가 자욱하여 사무(紗霧)와 같은 상태를 뜻하는지가 불명하다. 실제「무협상무(巫峽賞霧)」란 문장 속에 안개가 많이 낀 장면을 사무(紗霧)같다고 묘사하고 있다. 이 사무(紗霧)와 사무(沙霧)는 동일하지는 않지만 짙은 안개를 적절하게 묘사한 것 같다. 아울러 제목에서도 "防霧傷麥"이라고 하여 '霧'만 제시하고 있는 것으로 보아 안개를 의미하는 것으로도 볼 수 있다. 하지만 본서에서는 전자의 의미, 즉 황사와 안개가 겹친 상태로 해석하였다. 즉 때맞지 않게 찾아드는 짙은 안개는 물방울을 형성하고, 더구나 황사의 피해가 겹쳐지면 이들이 뒤섞여 맥(麥) 속으로 스며들어 기공을 막아 잎이 말려들고 낟알을 맺는데 손상을 입히게 된다. 이런 피해는 대소맥에 국한되지 않고 조와 기장에까지 영향을 미친다. 사실 자욱한 안개는 털어내더라도 그다지 효과는 없고, 더구나 황사와 결합하여 이삭에 붙으면 결실에 피해가 적지 않다. 특히 중국 북방지역에는 맥(麥) 이삭이 패는 시기인 4월에 풍사(風沙)가 많고, 이것이 안개와 결합되면 어저귀를 끼운 밧줄을 잡고서 안개와 황사로 인한 피해를 털어내었다.
　이 같은 재난 퇴치법은 조선시대에도 그대로 이어받고 있다. 『과농소초(課農小抄)』(1798년 간행)「播穀·麥」"新隱書曰, 四月間有沙霧, 用檾麻散絟長繩上, 侵晨, 令兩人對持於麥上牽拖, 去其沙霧, 則不傷麥."라고 하여 본서의 내용과 동일하게 '沙霧'가 등장한다. 그 외 『증보산림경제(增補山林經濟)』(1766년 간행)와 『행포지(杏蒲志)』(1825년 간행)에는 기장과 맥류의 안개 피해, 『해동농서(海東農書)』(1798년경 간행)와 『농정회요(農政會要)』(1830년경 간행)에는 이슬의 피해를 막기 위해 어저귀 밧줄을 사용했으며, 이후 서리의 피해에도 이를 활용할 것을 제시하고 있다. 특히 조선의 『행포지(杏蒲志)』에서는 이를 입황(入黃)이라 하며, 맥의 이삭이 패는 4월에 황사가 있을 때 안개가 끼면 누런 가루가 잎과 이삭에 묻어 손으로 잡으면 손이 더러워질 정도이며, 그로 인해 잎이 마르고 결실도 맺지 않게 된다고 한다. 19세기 『임원경제지(林園經濟志)』(1840년경 편찬)「本利志」권8「風霧害·霧傷麥」에서도 위의 본문과 『행포지(杏蒲志)』의 내용을 동시에 인용하고 있다.

529 역자주 여기서 '경마(檾麻)'를 사용하는 것은 이 식물이 비교적 흔하고 전신에 털이 덮여 효과적으로 안개나 이슬을 쓸어내고 무엇보다 맥에 대한 긁힘이 적고, 아울러 밧줄의 중량을 높여 작업효율을 증가시킬 수 있기 때문인 듯하다. 이 같은 방식은 『氾勝之書』, "一畝三升, 黍心未生, 雨灌其心, 心傷無實, 黍心初生, 畏天露, 令兩人對持長索, 搜去其露, 日出乃止."에도 등장한다. 여기서는 서심(黍心)을 위협하는 이슬[露]로부터 보호하는 조치로서 단지 긴 줄을 이용하여 털어내었는데, 본서에서는 밧줄에 어저귀를 묶어 때맞지 않게 내린 안개, 이슬과 서리를 제거하는 장면을 곳곳에서 볼 수 있다. 이런 장면은 당시 기상재해를 인간의 힘으로 극복하려는 의도가 본격화되었다고 볼 수 있다.

원문 **4-1** 月內三卯[530]

有則宜麥,[531] 無則麥不收. 此農家經驗之言.[532]

4-2 初八日雨

雨下則無麥.[533] 十三日亦然. 此老農有驗之言.

4-3 防霧[534]傷麥

但有沙霧, 用[535]糳麻散絟[536]長繩上, 侵晨, 令兩人對持其繩, 於麥上牽拽, 抹去沙霧,[537] 則不傷麥.

역문 **4-4** 닥나무 베기[斫楮皮]

이 달이 아닌데도 벤 것은 대부분 말라서 죽게 된다. 12월에 베는

---

530 이 조항과 아래 한 조항인 '초팔일우(初八日雨)'는 청각각본에서는 모두 표제가 없으며, 두 문단은 '사월(四月)'의 아래에 직접 연결되어 있다.
531 '맥(麥)'자는 청각각본에서는 '마(麻)'로 적고 있다. 신은서, 경세록에서도 모두 '마(麻)'로 적고 있다. **역자주** 사고전서본에도 '맥(麥)'자 대신 '마(麻)'자를 적고 있다.
532 청각각본의 이 구절은 '차(此)'자의 아래 '시(是)'자가 한 자 더 있다. 신은서는 청각각본과 동일하다. 유인월의본에서는 '농가(農家)'를 '노농(老農)'으로 적고 있다.
533 신은서에서는 이 구절의 '우(雨)'자의 앞에 '유(有)'자가 더 있다. **역자주** 사고전서본에서는 "初八日雨下則無麥"으로 연결되어 있고, '우(雨)'자 한 자만 기록되어 있다.
534 '무(霧)'자는 청풍실본(淸風室本)을 제외하고 각 각본에서는 모두 '로(露)'로 적고 있다. 청풍실본의 주에서 이르길, "'무(霧)'자는 옛날에는 '로(露)'로 잘못 적었는데, 보당(保塘)은 아래문장에 근거하여 고쳐 바로잡았다."라고 하였다. 생각건대 이 수정이 정확하며, 신은서에서는 '무(霧)'로 적고 있다. 지금은 이에 의거하여 바로잡는다. 왕위휘(王毓瑚)는 본서 목차에서도 무(霧)자가 원래 로(露)자로 잘못 쓰여 있으며, 월의본에서는 무(霧)자로 쓰고 있다고 한다. **역자주** 사고전서본에서도 '防露傷麥'이라고 제목하여 로(露)로 적고 있다.
535 '용(用)'자는 청각각본에 의거하며, 명각각본에서는 모두 '즉(則)'으로 잘못 적고 있다. 신은서, 경세록에서는 모두 '용(用)'으로 적고 있다.
536 **역자주** '산전(散絟)'의 '전(絟)'은 전(拴), 즉 매다, 묶다의 의미로 "광범위 하게 묶는다." 혹은 "불규칙하게 군데군데 묶는다."라는 뜻으로 해석했다.
537 신은서는 이 두 구절을 "於麥上牽拖, 去其沙霧"로 적고 있다.

것도 좋다.538

4-5 죽순 말리기[做笋乾]539

껍질 벗긴 죽순 1백 근斤에 소금 5근과 작은 한 통의 물을 붓고, 물이 끓으면 비틀어서 즙을 짜내고, (햇볕에 말려) 죽순이 마르면 죽순즙을 고루 부어 푹 삶아 꺼내어 눌러주거나 혹은 손으로 주물러 준다. 솥에 넣고 하룻밤이 지나면 검게 된다. (이것을) 열을 가하거나 햇볕에 쬐게 되면 마르게 되는데, 하루 동안 햇볕에 쬐어 말리면 딱딱해지고 불에 말리면 부드러워지지 않는다. 먹을 때마다 죽순즙에 담가서 죽순을 끓이면 맛이 좋다.

4-6 새죽순 삶기[煮新笋]

끓는 물에 삶으면 쉽게 익고 연해져서 맛이 더욱 좋다.540 만약 시

---

538 **역자주** 『제민요술 역주Ⅱ』권5 「種穀楮」, pp.402-403에는 "12월이 (닥나무) 베기에 가장 좋고 4월이 그 다음이다."라고 한다. 소주(小注)에는 "이 두 달이 아닐 때 베면 닥나무가 말라죽게 된다."라고 한다. 동일한 내용이 『사시찬요 역주』「七月·收穀楮法」, pp.404-405에 구체적으로 전하며, 같은 책, 「四月·斫楮」, p.269에는 단지 "이달(4월)이 다음으로 좋은 시기이다"라는 말만 보인다. 이런 사실은 『농상집요 역주』권6 「竹木·穀楮」, p.507에서도 4월과 12월이 수확하기에 적기라고 한다. 흥미로운 사실은 북위의 『제민요술』시기에 이미 닥나무재배의 경제적 가치에 주목하여 30무를 재배하여 매년 10무씩 베어 내다 팔면 3년마다 돌아가며 팔 수 있고, 매년 100필의 비단을 생산할 정도의 고수입을 올릴 수 있다고 한 것이다. 수입을 올리는 방법에 대해 『농상집요』에는 닥나무를 베어 내다 파는 것보다는 껍질을 벗겨 파는 것이 좋고, 이보다는 종이를 만들어 파는 것이 이익이 더욱 크다고 한다. 남북조시대 이후 당송시대에 이르는 시기의 종이수요와 원료공급 및 제조공정을 가늠할 수 있는 장면이다.
539 **역자주** 『사시찬요 역주』「四月·雜事」, p.287에는 "말린 죽순을 거둔다. 죽순을 저장한다."라는 내용이 전하며, 『농상집요 역주』권7 「禽魚·歲用雜事」, p.637에는 4월에 말린 죽순과 절인 죽순을 준비한다고 한다.
540 **역자주** 『농상집요 역주』권6 「竹木·種竹」, p.489에는 "3월에는 담백한 죽순을 먹고 4-5월에는 쓴 맛이 나는 죽순을 먹는다."라고 하여 죽순도 수확시기에 따라 맛이 다름을 알 수 있다.

들었다면 박하를 조금 넣어 삶으면 해소된다. 돼지와 양의 고기를 함께 넣고 삶을 때는 박하薄荷를 넣지 않는다.

원문 **4-4** 斫楮皮

非此月而斫者, 多致枯死. 十二月斫者亦可.

4-5 做笋乾

笋肉一百斤[541]用鹽五斤,[542] 水一小桶, 候沸湧, 拗[543]取汁. 候乾, 旋添笋汁,[544] 煮[545]熟[546]撈出壓之, 或用手揉. 在鍋隔夜則黑. 熱[547]曬則枯, 一日曬乾則硬, 火焙[548]則不軟. 臨食時取浸笋汁煮笋則有味.[549]

4-6 煮[550]新笋

以沸湯煮則易熟而脆, 味尤美.[551] 若蔫[552]者, 少入薄荷煮,[553] 則不

---

541 대자본에서는 이 구절의 첫머리에 '범(凡)'자 한자가 더 있다. 또한 '근(斤)'자는 월의본에서는 '편(片)'자로 잘못 적고 있다.
542 '근(斤)'자는 대자본에 의거한 것이며 기타 각본은 모두 '승(升)'으로 적고 있다.
543 '요(拗)'자는 청각각본에 의거했으며, 명대 농상촬요본[이후 명각본으로 간칭]과 월의본에서는 모두 '요(抝)'로 적고 있는데, 이는 분명 '요(拗)'의 민간 표기법이었을 것이며, 이하 동일하다. 대자본에서는 '구(拘)'로 잘못 적고 있다.
544 청각각본에서는 이 구절에 '순(笋)'자가 없다. 역자주 사고전서본에도 마찬가지로 '순(笋)'자가 보이지 않는다.
545 역자주 사고전서본에는 이 문단 두 곳에 등장하는 자(煮)를 자(煑)자로 적고 있다.
546 이 구절의 '자숙(煮熟)' 두 글자가 대자본에서는 도치되어 있다.
547 '열(熱)'자는 청각각본에서는 '숙(熟)'으로 적고 있다.
548 '화배(火焙)' 두 글자를 청각각본에서는 '불유(不揉)'로 적고 있다. 역자주 '화배(火焙)'의 의미는 "불(혹은 열)에 쬐게 되면" 부드러워지지 않는다. 혹은 청각각본처럼 "비벼주지 않으면" 부드러워지지 않는다. 양자 모두 합리적이다. 다만 후자의 경우 부드럽게 하기 위해서는 엄청난 공력이 필요하게 된다. 역자주 사고전서본에는 '화배(火焙)' 대신 '불유(不揉)'라고 적고 있다.
549 대자본의 이 구절에는 '침(浸)'자가 없으며, 또 '미(味)'자 아래에 '내호식(乃好食)' 세 글자가 더 있다.
550 역자주 사고전서본에는 제목과 이 문단 두 곳에 등장하는 자(煮)를 자(煑)자로 적고 있다.

蔫. 與猪羊肉同煮, 不用薄荷.

역문 4-7 각종 채소 씨 거두기[收諸色菜子]554

채소를 베어내어 땅에 펴 두고 햇볕에 쬐어 말려 두드려서 수확한다. 병이나 단지에 담아 저장하며 그 이름을 표기해둔다.

4-8 꿀벌 거두기[收蜜蜂]555

대부분 나무 위나 오래된 구멍과 산 속에서 (벌집을) 거두어들인다. 싸리나무로 둥근 곳집을 짜서 양 끝에 진흙을 바르거나 벽돌로 쌓아 작은 집을 만들어도 좋다. 단지 한두 개의 작은 구멍을 내어 꿀벌의 출입을 용이하게 해주고, 별도로 작은 문 하나를 만들어 진흙으로 봉해준다. 적절한 시기에 항상 이 문을 열어서 소제해준다. 가을에 꽃이 다 떨어질 때 겨울에 먹을 정도의 꿀집556을 남겨두고, 나머지는 잘라서 꿀을 취하고 밀랍을 만든다. 봄이 되면 앞선 방법과 같이 문을 열어서 소제해준다. 벌집 앞 작은 동이에 물을 담아두어 벌이 갈증으로 인해 손상되지 않게 해준다. 봄이 되어 몇 마리의 여왕벌이 함께 있으면 어리고 왕성한 놈을 가려서 두세 개의 벌통으로 나누어 준다.

---

551 대자본에는 이 구절의 앞에 '기(其)'가 한 자 더 있다.
552 '언(蔫)'자는 월의본에서는 '독(篤)'으로 잘못 적고 있다.
553 역자주 사고전서본에는 "少入薄荷煮"를 "少入薄荷同煮"라고 적고 있다.
554 역자주 『사시찬요 역주』「九月·收菜子」, p.462에서 부추와 가지 종자는 9월에 거둔다고 한다.
555 역자주 본문의 내용은 기본적으로 『농상집요 역주』 권5 「禽魚·蜜蜂」, pp.631-632의 내용을 요약 정리한 것이다. 『사시찬요 역주』「六月·開蜜」, p.351에는 6월이 꿀 따기에 가장 좋다고 한다. 그리고 만약 부추꽃이 핀 뒤에 꿀을 따면 벌이 채집한 꿀이 좋지 않아서 오래가지 못한다고 간략하게 소개하고 있다.
556 역자주 '밀비(蜜脾)'는 꿀이 담겨진 벌집의 형태가 마치 소, 양의 밥통의 문양 같다고 하여 생긴말이다.

원문 **4-7** 收諸色⁵⁵⁷菜子

斫倒, 就地曬打收之. 用缾⁵⁵⁸罐⁵⁵⁹盛貯, 標記名號.

4-8 收蜜蜂⁵⁶⁰

多在樹上・古窯⁵⁶¹中及山中收取. 編荊囤, 兩頭泥封, 或甋壘小屋亦可. 只開一二小竅, 使通出人; 另開一小門⁵⁶²泥封⁵⁶³之. 時常開掃. 秋間花盡時, 留冬月可食蜜脾, 餘者割取作蜜蠟.⁵⁶⁴ 至春間, 掃如前. 窠⁵⁶⁵前置一小盆水, 不令渴損. 春月有數箇蜂王, 當揀少壯, 使分爲三⁵⁶⁶兩窠.

역문 **4-9** 가죽 제품을 좀먹지 않게 하기[蟲不蛀皮貨]

팥꽃나무의 꽃⁵⁶⁷가루를 뿌려주면 좀이 먹지 않는다. 간혹 쑥을 가

---

557 '제색(諸色)' 두 글자는 대자본에서는 '각양(各樣)'으로 적고 있다.
558 '병(缾)'자는 대자본에서는 '담(罎)'으로 적고 있다.
559 역자주 관(罐)은 목이 짧은 작은 항아리로서 단지를 뜻한다.
560 이 조항은 청각각본에서는 완전히 빠져 있다. 역자주 사고전서본에도 [4-8]조항이 전부 누락되어 있다.
561 '요(窯)'자는 대자본에서는 '혈(穴)'로 적고 있다.
562 이 구절은 월의본에 의거하며 명각본, 대자본에서는 '일(一)'자가 없다. 경세록에서는 이 구절을 '영개일문(另開一門)'이라고 적고 있다.
563 '봉(封)'자는 대자본에서는 '계(計)'로 잘못 적고 있다.
564 역자주 '밀랍(蜜蠟)'은 전후의 문장으로 보아 꿀과 밀랍으로 해석된다. 밀랍은 벌이 분비하여 만든 물질로서 벌집의 구성성분이다. 각종 기능성 물질과 약료로 사용된다. '취작(取作)'은 꿀은 취하고 밀랍을 만든다로 해석하는 것이 좋을 듯하다. 사방 한 치[寸]의 밀랍을 씹어 먹으면 종일 배고프지 않다는 속설도 있다.
565 '와(窠)'자는 각 각본에서는 모두 '구(窠)'로 잘못 적고 있다. 생각건대 '와(窠)'는 곧 '와(窩)'자이다. 이하 동일하다.
566 '삼(三)'자는 대자본에서는 '일(一)'로 적고 있다.
567 역자주 Baidu 백과에 의하면 '완화(芫花)'는 중국 각지에 분포하며, 학명은 *Daphne genkwa* Sieb. et. Zucc.으로, BRIS에서는 이를 팥꽃나무과 신닥나무속 '팥꽃나무'로 명명하고 있다.

죽 제품 안에 말아 넣고 항아리 속에 담아 진흙으로 그 항아리를 봉해 준다. 혹은 화초花椒[568]를 말아 넣어두어도 좋다.

4-10 양탄자나 모직물을 좀먹지 않게 하기[蟲不蛀氈毛物][569]

팥꽃나무 꽃가루를 뿌려주거나 혹은 비쑥[黃蒿][570]이라고[571] 이름하는 각호角蒿를 취하는데, 5월에 각호를 거두어 햇볕에 말려서 흩어 뿌려주거나 혹은 모직물과 양탄자 안에 말아 넣어 보관해 두면 좀이 생기지 않는다.[572]

원문 4-9 蟲不蛀皮貨

用莞[573]花末摻之, 不蛀. 或以艾捲於皮貨內, 放於甕中, 泥封其甕. 或用花椒在內捲收亦得.[574]

---

568 역자주 Baidu 백과에 의하면 '화초(花椒)'는 운향과 화초속 낙엽관목이며, 학명은 *Zanthoxylum bungeanum* Maxim.이다. BRIS에서는 이를 '화초'라고 명명하고 있다. 근연식물로는 산초나무[*Zanthoxylum schinifolium* Siebold & Zucc.]와 초피나무가 있다.
569 역자주 『농상집요 역주』권7 「禽魚·歲用雜事」, p.634에는 5월 여름철에 모직물과 깃털에 좀 스는 것을 예방하기 위해 태운 재를 넣어두는데, 사용하지 않을 양탄자는 햇볕에 말리고 빗자루로 깨끗하게 청소해둔다고 한다.
570 역자주 황호(黃蒿)는 Baidu 백과에 의하면 저모호(猪毛蒿), 황화호(黃花蒿)라고 하며, 국화과의 다년생초본이라고 한다. 학명은 *Artemisia scoparia* Waldst. et Kit.로서 KPNIC에서는 이를 국화과 쑥속으로 '비쑥/쑥'이라고 명명하며, 개똥쑥[*Artemisia annua* L.]과는 근연식물이다.
571 역자주 본문의 '우명황호(又名黃蒿)'는 전후 문장의 해석을 매끄럽지 않게 만드는데, 이것은 아마 '각황(角黃)'의 소주(小注)가 아닌지 의심된다.
572 역자주 『제민요술 역주Ⅲ』권6「養羊·氈氁不生蟲法」, pp.130-131에서는 양탄자의 벌레를 방지하기 위해 떡갈나무나 뽕나무 재를 모아 5월 중에 양탄자 위에 5치[寸] 두께로 펴고 말아서 통풍이 잘되는 서늘한 곳에 둔다고 한다. 하지만 『사시찬요 역주』「四月·收毛物」, p.275에는 본문과 동일한 내용으로 모직물의 좀을 예방하였다. 게다가 호용(蒿用)이란 각황(角黃)을 넣어두면 10년 동안 좀이 슬지 않는다고 했으며, 같은 책 「七月·收角蒿」, p.42에는 각호(角蒿)를 양탄자에 넣어 좀을 방지했다고 한다. 이런 측면에서 보면 角黃, 黃蒿, 角蒿와 蒿用은 동일한 식물임을 알 수 있다.
573 왕위후의 교주수정(校注修訂)에서 붉은색으로 완(莞)은 마땅히 원(芫)으로 써야 한다고 주석하고 있다.

4-10 蟲不蛀氈毛物

用莞花末⁵⁷⁵摻之, 或取角黃, 又名黃蒿, 五月收角曬乾布撒,⁵⁷⁶ 或毛物氈內捲收之, 則不蛀.

〈그림59〉 팥꽃나무[莞花]와 그 약재

〈그림60〉 비쑥[黃蒿]과 그 잎

역문 4-11 살구씨 수확하기[收杏子]⁵⁷⁷

살구가 익었을 때 씨[核]를 취해서 가을과 겨울 사이 두드려 깨어 속씨[仁]를 취하는데, 개살구씨[山杏仁]와 독이 있는 쌍인[雙仁]⁵⁷⁸은 골라내

---

574 '득(得)'자는 대자본에서는 '가(可)'로 적고 있다.
575 대자본에는 이 구절의 '말(末)'자가 빠져 있다.
576 왕위후의 교주수정(校注修訂)에서는 이 문장 속의 '완(莞)'은 원(芫)으로 고치고 '각황(角黃)'의 黃자는 호(蒿)자로 고칠 것을 연필로 표기하고 있다.
577 역자주 이 내용은 『사시찬요 역주』「五月·作杏酪」, pp.318-320에 그대로 전하는데, "搗令極細"은 '도연(搗研)'으로 적고 있으며, 덧붙여 행락(杏酪) 제조과정과 용도에 관해서도 언급하고 있다. 이렇게 제조한 '행락'은 호흡기 계통 질병, 금창, 풍사로 인한 두통 등에 약효가 있다고 한다.
578 역자주 '쌍인(雙仁)'에 대한 해석은 두 가지로 할 수 있다. 하나는 씨가 두 개인 살구와 다른 하나는 행쌍인(杏雙仁)이라는 식물명인 것이다. 전자의 경우가 일반적이다. Baidu 백과에 의하면 "장미과 살구속 식물로 '杏(雙仁)'이란 과수가 있으며, 감숙(甘肅) 정서(定西)가 원산지라고 한다. 주로 식용과 약용으로 사용되며, 과육과 과피가 황색이며 즙이 많고 맛은 새콤달콤하다. 과일상의 특징은 핵(核)속에 쌍인이 비교적 많다."라고 한다. 다만 학명이 소개되어 있지 않아 국명을 확인할 수 없다.
쌍인에 대한 기록은 한말(漢末)에 편찬되었다는 『명의별록(名醫別錄)』 "杏核仁, 五月采之. 其兩仁者殺人, 可以毒狗. 生晉山川穀."에 보이며, 당대 『사시찬요 역주』「五月·作杏酪」에는 본문과 같은 내용이 전한다. 주목할 점은 가려낸다[揀出]는 점이다. 처음부며,⁵⁷⁹ 뾰족한 것과 껍질은 제거하고, (그런 연후에) 찧어서 아주 부드럽게 하여 거두어 저장하고 식용한다.

4-12 치즈 만들기[造酪]⁵⁸⁰

우유를 고르게 섞어서 솥에 넣고 졸인 후에 나머지 우유를 쏟아넣고 가열하여 십여 차례 김이 나도록 끓인 후에 단지 속에 담아둔다. 우유가 다소 식으면 이전에 만들어둔 소량의 유즙을 우유 속에 넣고 고르게 저어서 종이로 단지 입구를 봉한다. 겨울에는 따뜻한 곳에, 여름에는 서늘한 곳에 놓아두면 유즙이 만들어진다.

원문 4-11 收杏子⁵⁸¹

杏熟時收核, 至秋冬間敲取仁, 揀出⁵⁸²山杏仁及雙仁有毒者, 去

터 종자가 다른 식물이면 가려낼 필요가 없는 것이다. 본문과 같이 "山杏仁及雙仁"을 가려냈다는 것은 살구[杏]의 별종인 산행인(山杏仁)과 돌연변이인 쌍인(雙仁)을 가려냈던 것이 아닌가 한다. 이에 대해 명대『농정전서(農政全書)』권29「樹藝·果部上·杏」에는 "꽃잎이 여섯 개인 것은 반드시 쌍인(雙仁)이 있으며, 독이 있다[花六出者, 必雙仁, 有毒.]"라고 한다.『농정전서(農政全書)』에서는 이러한 견해를『제민요술』「種梅杏第三十六」에서 인용했다고 하지만 그곳에는 보이지 않으며, 이 독이 사람을 죽일 정도의 독성을 지녔다는 것은『명의별록(名醫別錄)』에만 보인다. 이에 대한 보다 신중하고 과학적인 검증이 요구된다.

579 **역자주** 위 각주에서와 같이 쌍인(雙仁)을 어떻게 보느냐에 따라 해석은 달라진다. 문장구조로 보면 "개살구와 쌍인에 독이 있는 것을 가려내고"라고 해석할 수 있는데, 독의 유무를 눈으로 감별이 어렵다면 결국 쌍인을 독이 있는 돌연변이로 보고 "개살구와 독이 있는 쌍인은 가려내고"로 해석하는 것이 편하다.
580 **역자주**『제민요술 역주Ⅲ』권6「養羊·作酪法」, pp.131-140에는 본문처럼 졸인 우유 속에 이전에 만든 유즙을 넣어 만들지 않고 소나 양의 우유를 짜서 유즙 만드는 법이 자세하게 제시되어 있다. 그리고『사시찬요 역주』「三月·造酪」, p.241에는 3월에 소와 양을 배불리 먹여 '造酪'한 것이 소개되어 있다.
581 **역자주** 행자(杏子)는 대개 행(杏)이라고 하며, Baidu 백과에 의하면 학명이 *Armeniaca vulgaris* Lam.이다. KPNIC에서는 이를 장미과 벚나무 속 '살구나무[*Prunus armeniaca* L.]'로 명명한다. 근연식물로서 장미과 살구나무속 '산행(山杏)'이 있는데, 행자(杏子) 또는 야행(野杏)이라고도 이름하며, 학명은 *Armeniaca sibirica* (L.) Lam이다. KPNIC에서는 장미과 Armeniaca속 '시베리아살구'로 이름한다. 본서에서는 '개살구'로 칭하였다.

尖皮, 擣令極583細,584 收貯食用.

4-12 造酪

嬭585子拌勻,586 鍋內炒過後, 傾餘嬭, 熬數十沸, 盛於罐中. 候溫, 用舊酪少許於嬭子內攪587勻, 以紙588封罐口. 冬月暖處, 夏月涼處頓放, 則成酪.

〈그림61〉 살구[杏]와 그 속씨[仁]

〈그림62〉 쌍인(雙仁)과 그 열매

〈그림63〉 개살구[山杏]

582 '출(出)'자는 청각각본에서는 '거(去)'로 적고 있다. 신은서 또한 '거(去)'라고 적고 있다.
583 '영극(令極)' 두 글자는 대자본에서는 '냉유(冷揉)'로 잘못 적고 있다.
584 이 구절을 청각각본에서는 '유취극세(惟取極細)'라고 적고 있으며, 신은서에서는 '간소자(揀小者)'라고 적고 있다. 역자주 사고전서본에서는 '도령극세(擣令極細)'를 '유취극세(惟取極細)'라고 적고 있다.
585 역자주 사고전서본에서는 이 문단 속 3개의 내(嬭)를 모두 내(妳)자로 적고 있다.
586 이 구절은 월의본에 근거한다. 대자본은 이 구절의 첫머리에 '용(用)'자가 한 자 더 있다. 명각본과 유인월의본에서는 반(拌)자를 반(半)으로 잘못 적고 있다. 청각각본에서는 '내자반작(嬭子半勺)'이라고 적고 있다. 생각건대 반(半)자를 인정하면 그에 따라 '균(勻)'을 '작(勺)'으로 고쳐 적어야 한다. 사실 이 부분은 결코 우유의 양을 말할 필요가 없으며, 도리어 '반균(拌勻)'을 우유에 대한 처리라고 보는 것이 합리적이다. 신은서는 명각본과 동일하다. 역자주 사고전서본에서도 반(拌)을 반(半)으로 적고 있다.
587 '교(攪)'자는 청각각본에서는 '참(攙)'으로 적고 있다. 신은서에서는 '교(攪)'로 적고 있다.
588 대자본에서는 이 구절에 '지(紙)'자가 빠져 있다.

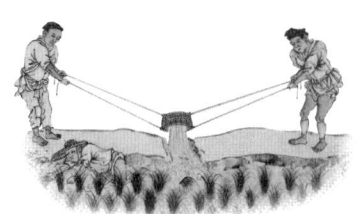

오월 五月

역문 **5-1** 단오 날 누에 종자 담그기[午日浸蠶種]

창포[589]와 쑥으로 우물물을 순하게 해서 (잠종을) 살짝 담가 (누에나방의) 오줌을 제거하고, 거두어서 걸어두고, 연기를 쐬어 손상되게 해서는 안 된다.[590]

---

589 역자주 『여씨춘추(呂氏春秋)』「士容論·任地」편에 의하면 창포[菖]는 온갖 풀들 가운데 가장 먼저 생겨 이를 보고 경작을 시작한다고 한다. 대개 10월[孟冬]이 되면 모든 풀들이 사라지고, 동지가 지난 뒤 57일이 지나면 창포[菖]가 돋아나면서 농사의 징후를 알린다.

590 역자주 『농상집요 역주』권4「養蠶·浴連」, pp.279-280에는 단오날 五方草[馬齒菜]를 외딴곳에서 채취하여 누에 알받이종이를 씻어 사악한 기운과 저주를 벗어나는 방법을 제시하고 있다. 알받이종이는 연기를 매우 꺼리는데, 만약 매일 연기를 쐬게 되면 열을 받아 개미누에가 뽕잎이 자라기도 전에 깨어나게 된다.

5-2 단오 날 대추나무 시집보내기[午日嫁棗]

도끼머리로 나무 위를 군데군데 두드려서 두루 쳐 주면 열매가 맺는 것이 크며 맛이 좋다.591

5-3 볏모 심기[插稻秧]592

망종芒種593 전후에 심는다. (모판에서) 모를 뽑을 때 손놀림을 빠르게 하여 뽑아내며 바로 뿌리를 물에 씻어 진흙을 제거하고, 약 팔구십 뿌리를 작은 한 다발로 만들어 두고서, 부드럽게 쟁기질 한 논에서 물러나며 꽂아 옮겨 심는다. 네다섯 개의 뿌리를 한 포기로 하여 대략 대여섯 치[寸] 간격으로 한 포기씩 심는다. (이때) 다리는 자주 옮겨서는 안 되며 손을 뻗어서 여섯 포기 정도 심고 한 번 물러나며, (그런 후에) 다시

---

591 역자주 『농상집요 역주』 권5 「果實·棗」, p.464에는 정월 초하루에 태양이 떠오를 때 도끼머리로 나무 위를 군데군데 두드려 대추나무 시집보내기[嫁棗]를 하는 장면이 보인다.

592 역자주 중국의 농서 상 모판에서 모를 찌는 방법과 본전에 옮겨 심는 이앙법을 이렇게 구체적으로 기술한 적은 이전에 없었다. 이 방식은 20세기 중반까지 그대로 이어져 왔다. 초기의 이앙법은 『제민요술 역주Ⅰ』 권2 「水稻」, pp.291-292에서와 같이 북토(北土) 고원지역에서는 관개가 용이한 못이 없어 하천이 외곡(隈曲)한 곳을 따라 논을 만들어 얼음이 풀리면 물을 대고 10일 이후 흙덩어리를 깨어 평평하게 골라 파종하고, 모가 7-8치[寸]정도 자란 후에 뽑아 옮겨 심었다[拔而栽之]고 한다. 이 방식은 『농상집요 역주』 권2 「播種·水稻」, pp.123-127에 그대로 옮겨 놓고 있다. 다만 『사시찬요 역주』 「五月·栽早稻」, p.315에는 간단하게 토양과 기후에 따라 차이는 있지만 대개 5월 장마 때 뽑아서 옮겨 심으며, 심을 때는 얕게 심어야만 뿌리가 사방으로 뻗어 나간다고 한다. 조선 태종 때 편찬된 『농서집요(農書輯要)』 「水稻」에도 이앙법이 등장하는데, 이런 이묘(移苗)하여 재종(栽種)하는 방식은 매년 논을 回換하지 않아 생기는 잡초를 이식(移植)을 통해 해결했다는 점에서 주목된다. 다만 이 내용은 『제민요술 역주Ⅰ』 권2 「水稻」, pp.291-292의 방식을 그대로 이두로 번안한 것에 불과했다. 1429년 세종 때 『농사직설(農事直說)』 「種稻」편에 이르면 가뭄에도 마르지 않는 수전을 택하여 모판과 본전의 규모, 본전의 시비법과 경작방식, 이앙방식 등의 독자적인 조선의 묘종법(苗種法)을 제시하고 있다. 유일한 걱정으로 가뭄이 들거나 관개가 용이하지 못할 경우 한 해 농사를 실농할 수 있다는 점을 들고 있다. 그런가 하면 『임원경제지(林園經濟志)』 「本利志」 권5 「稻類·移秧法」에는 여전히 『제민요술』의 내용을 그대로 전재하면서 비세역(非歲易)으로 인한 풀과 피[草稗] 제거에 주목하고 있다.

593 역자주 망종은 24절기의 하나로서 양력 6월 5일 무렵으로, 보리가 익고 모를 심기 좋은 때이다.

여섯 포기를 심고 다시 한 차례 이동한다. 이를 반복하여[594] 심되 포기의 줄이 바르고 가지런하게 해야 한다.

원문 5-1 午日浸蠶種[595]

以蒲艾揉井水略[596]浸去尿, 收掛, 勿令烟薰[597]損.

5-2 午日嫁棗

用斧於樹上斑駁敲打遍,[598] 則結實肥大, 味美.

5-3 插稻秧

芒種前後插之. 拔秧時[599]輕手拔出, 就水洗根去泥, 約八九十根作一小束, 却於犁[600]熟水田內插栽. 每[601]四五根爲一叢, 約離五六寸插一叢. 脚不宜頻那,[602] 舒手只插六叢, 却那一遍,[603] 再插六叢, 再那一遍. 逐旋插去, 務要窠行整直.

---

594 역자주 '축선(逐旋)'의 의미는 '축점(逐漸)', '점점(漸漸)'의 뜻이지만 여기서는 '旋'의 '되돌아오다'라는 의미를 살려 '반복하다'라고 해석하였다.
595 대자본에서는 표제 앞에 '예(艾)'자가 더 있다.
596 역자주 사고전서본에서는 '약(略)'을 '약(畧)'으로 적고 있다.
597 '훈(薰)'자는 청각각본에서는 '훈(熏)'으로 적고 있다. 이하 동일하다.
598 '편(遍)'자는 청풍실본(淸風室本)에서는 '편(徧)'으로 적고 있다. 이하 동일하다.
599 '시(時)'자는 청각각본에서는 '특(特)'으로 잘못 적고 있다.
600 역자주 사고전서본에서는 '리(犁)'을 '리(犂)'로 적고 있다.
601 대자본에서 이 구절에 있는 '매(每)'자 아래에는 '용(用)'자가 더 있다.
602 청풍실본에서 '나(那)'자 아래의 주석에서 이르길, "보당(保塘)이 살피건대, 지금 민간에서는 '나(挪)'자로 적고 있다."라고 하였다. 또 이 구절의 '각(脚)'자는 유인월의본에서는 '각(却)'으로 적고 있다.
603 '편(遍)'자는 대자본에서는 '변(邊)'으로 적고 있다.

역문 **5-4** 뽕나무 가지치기[斫桑]⁶⁰⁴

뽕나무 가지를 자를 때는 뾰족한 가지의 흔적을⁶⁰⁵ 남겨서는 안 되고, 하지가 되면 뿌리 아래를 파서 거름[糞]이나 누에똥으로 북돋아준다. 이때 자르지 않으면 봄이 와도 가지가 왕성해지지 않는다.

5-5 오디 수확하기[收椹]⁶⁰⁶

오디가 익었을 때 따서 물에 일어서 햇볕에 약간 말리면 종자로 쓰기에 편리하며, (파종은) 2월에 제시한 방법과 동일하다. 이랑을 만들어 파종하면 바로 자라난다. 이때 오디를 많이 거두었다가 이듬해 봄을 기다려서 파종하면 더욱 좋다. 거두어서 저장할 때는 습기가 있는 벽 주변에 두어서는 안 되는데 (그렇게 하면) 떠서 손상되어 싹이 트지 않는다.

---

604 역자주 『제민요술 역주Ⅱ』 권5 「種桑柘」, pp.340-342; 『농상집요 역주』 권3 「栽桑·科斫」, p.236에서는 뽕나무의 가지치기는 12월이 가장 좋고 그 다음이 정월이며, 2월이 가장 좋지 않다. 가을에도 정오를 피해 가지치기를 하며, 겨울과 봄에는 가지치기를 적게 해야 하나 하루 종일 작업이 가능하다고 한다.

605 역자주 '자각(觜角)'은 가지를 자르고 남은 부분을 의미하며, 유흥균(劉興均)의 『행업경영금기(行業經營禁忌)』에 의하면, "뽕나무 가지를 치는 목적은 새로운 가지를 촉진하기 위함이기 때문에 '자각(觜角)'을 남겨서는 안 된다. '자각'을 남기면 새로운 가지가 뻗어나는데 불리하기에 가능한 줄기에 가깝게 잘라주어야만 상처가 치유된 후에 새로운 싹이 빠르게 돋아나 건장한 가지로 자라날 수 있다. 만약 긴 '자각'을 남겨두면 상처가 아문 후에 뻗어 나온 새 가지 곁에 드리워 바람이 불면 마치 쓰러질 것 같이 된다."라고 하였다.

606 역자주 본문의 내용과 같이 오디를 수확하고 종자를 취하여 이랑에 파종하는 방식이 『제민요술 역주Ⅱ』 권5 「種桑柘」, pp.334-335에 보인다. 여기에는 이듬해 정월에 묘목을 다시 옮겨 심는다고 한다. 또 같은 책, p.355에는 『범승지서』를 인용하여 오디를 5월에 수확하며, 파종할 때는 기장과 함께 섞어서 파종했다고 한다. 오디는 또한 흉년에 식량대용으로 사용했다는 말도 전한다. 본문과 동일한 내용이 19세기에 편찬된 조선의 『임원경제지(林園經濟志)』「本利志」 권1 「蠶績上·種椹」에도 전재되어 있다.

5-6 복사나무[607] · 살구나무[608] · 자두나무[609] · 매실나무[610] 씨 파종하기[種桃杏李梅核]

과육과 함께 비옥한 토지 내에 (묻어) 파종하는 것이 좋으며, 다음 해에 작은 그루로 자라면 흙이 달린 채로 옮겨 심는다.[611]

원문 5-4 斫桑

斫桑不可留觜角, 比及夏至, 開掘[612]根下, 可[613]用糞或蠶沙培壅. 此時不斫, 則枝條來春不旺.[614]

5-5 收椹

椹子熟時摘取, 以水淘過, 略[615]曬乾便種,[616] 同二月法. 或[617]畦種

---

607 역자주 '도(桃)'의 학명을 Baidu 백과에서는 *Prunus persica* (L.) Batsch라고 하며, 이를 KPNIC에서는 '복사나무'로 명명한다.
608 역자주 '행(杏)'의 학명을 Baidu 백과에서는 *Armeniaca vulgaris* Lam.라고 하며, 이를 KPNIC에서는 '살구나무'로 명명한다.
609 역자주 '리(李)'의 학명을 Baidu 백과에서는 *Prunus salicina* Lindl.라고 하며, 이를 KPNIC에서는 '자두나무'로 명명한다.
610 역자주 '매(梅)'의 품종분류는 다양하다. Baidu 백과에서는 매(梅)의 학명을 *Armeniaca mume* Siebold라고 하는데, KPNIC에서는 이를 이명으로 보고, 그 정명은 *Prunus mume* (Siebold) Siebold & Zucc.라고 하면서, 이를 장미과 벚나무속 '매실나무'로 이름하고 있다. 매실과 위의 살구는 비슷하지만 가장 큰 차이는 매실은 과육과 씨가 붙어있고 표면에 잔털이 많고 쓰면서 신맛이 나지만 살구는 과육과 씨가 분리되고 익으면 단맛이 난다는 점이다.
611 역자주 『제민요술 역주 II』권4 「種桃奈」, p.227에서도 본문과 같은 방식을 그대로 볼 수 있다. 그런데 같은 책, 「種李」, p.243에서는 자두는 열매 맺는 속도가 늦어 "꺾꽂이 해야 한다."는데 반해 「種梅杏」, p.252에서는 매화나무를 옮겨 심는 방식은 복숭아, 자두나무와 같다고 한다. 실제『농상집요 역주』권5「果實·桃」, p.455와 같은 책, 「果實·梅杏」, pp.460-461에는 매화와 살구 심는 법은 복숭아, 자두와 같다고 하면서 살구의 파종과 옮겨 심는 법을 본문과 동일한 방식으로 소개하고 있다. 그런데 당대『사시찬요』「七月·種桃柳」에는『제민요술』이나 본서와도 달리 복숭아씨 십 수 개를 구덩이 속 소똥 속에 넣고 흙을 덮어서 봄에 싹이 나면 파내어 파종하는 방식을 소개하고 있다.
612 '굴(掘)'자는 청각각본에서는 '악(軶)'으로 잘못 적고 있다.
613 대자본에서의 이 구절에 '가(可)'자가 없다.
614 '왕(旺)'자는 신은서에서는 '생(生)'으로 적고 있다.

之, 便生. 卽時多收椹子, 以待⁶¹⁸來春種,⁶¹⁹ 尤佳. 收貯⁶²⁰勿近濕壁墻邊, 則浥損不生.

5-6 種桃杏李梅核⁶²¹

宜和肉於肥地內種,⁶²² 來年成小樹, 帶土移栽.

역문 5-7 대나무 옮겨심기[移竹]⁶²³

5월 13일을 일러 '죽미일竹迷日'이라고 하는데,⁶²⁴ 말똥과 겨를 섞어

---

615 역자주 사고전서본에서는 '약(略)'을 '약(畧)'으로 표기하고 있다.
616 역자주 이부분을 『제민요술』 권5 「種桑柘」에는 "收黑魯椹, 卽日以水淘取子, 曬乾, 仍畦種. (治畦下水, 一如葵法)"[( )는 小注]라고 하고, 『농상집요』 권3에도 동일한 내용이 인용되어 있다. 다만 후자에서는 하수(下水) 대신 하종(下種)이라고 기록되어 있다. 스성한[石聲漢], 묘치위[繆啓愉] 및 마쭝선[馬宗申]은 모두 이 문장을 "…햇볕에 말린다. 또한 (이어서) 이랑을 지어 종자를 파종한다."라고 해석하고 있다. 그런데 본문에서는 "略曬乾便種, 同二月法. 或畦種之, 便生."이라고 하여 기록을 약간 달리하고 있다. '便種'의 해석을 어떻게 해야 할까? '즉시 파종한다.'로 할 것인가. 본서에서는 『제민요술』과 비교하고, 아울러 뒤에 재차 "이랑을 지어 파종한다."라는 말을 감안하여 '便種'을 "(햇볕에 약간 말리면) 종자로 쓰기에 편리하며"로 해석하였음을 밝혀둔다.
617 '혹(或)'자는 경세록에서는 '성(成)'으로 적고 있다. 역자주 해석도 경세록에 따르는 것이 자연스럽다.
618 '대(待)'자는 대자본에서는 '시(時)'자로 잘못 적고 있다.
619 대자본에서는 이 구절에 '종(種)'자가 빠져 있다.
620 '저(貯)'자는 대자본에서는 '시(時)'자로 잘못 적고 있다.
621 청각각본은 청풍실본을 제외하고서는 이 조항의 표제를 모두 '근도리매핵(槿桃李梅核)'으로 적고 있다. 청풍실본에서는 '근매리도핵(墐梅李桃核)'으로 적고 있으며, 그 밑의 주에서 이르길 "'근(墐)'은 옛날에는 '근(槿)'으로 잘못 썼다고 한다. 보당(保塘)이 살피건대, '근(墐)'으로 적는 것이 마땅하다. '근(墐)'은 칠한다는 의미[塗]로 진흙으로 그 씨를 감싸는 것을 말함으로, 지금 고쳐 바로잡는다."라고 하였다. 생각건대 표제 가장 앞의 글자는 마땅히 동사여야 하며, 전보당(錢保塘)은 명각본을 보지 못하였기 때문에 '근(槿)'을 '근(墐)'으로 고친 것인데, 실제로 '근(槿)'자는 분명 '종(種)'자의 오자이다. 신은서, 경세록의 표제도 모두 명각각본과 더불어 동일하다. 신은서에서는 도(桃) 한 글자가 모자란데, 이는 그 다음에 연결되어 있는 별도의 '종도(種桃)'라는 조항이 있기 때문이다.
622 청각각본에서의 이 구절에는 '어(於)'자가 없다. 신은서에서는 이 구절을 "取核連皮肉於肥地內種之"로 적고 있다.
623 역자주 『농상집요 역주』 권6 「竹木·種竹」, pp.489-490에서 『사시유요(四時類要)』를 인용한 것에 본문과 동일한 내용이 이에 덧붙여 종죽법(種竹法)을 구체적으로 제시하고 있

서 진흙 반죽을 하여 (대나무를) 옮겨 심는다. 절대로 발로 밟아서는 안
된다. 나무 몽치로 잘 다져주면 이듬해에 바로 죽순이 난다.

5-8 모시풀 베기[刈苧麻]625

뿌리가 붉은 빛을 띠게 되면 바로 베어낸다. 벤 후에 누에똥, 깻
묵, 겨와 쭉정이 혹은 소와 말의 똥[糞]626으로 북돋아주면 (다시) 왕성해
진다. 이 달에 한 차례 낫질하여 베어주고 6월 중순에 (또) 한 차례 낫
으로 베어주며, 8월 중순에 (또) 한 차례 낫으로 베어서,627 때에 맞추어
즉시628 대나무 칼로써 가지 끝[梢]에서부터 밀어 갈라내면서 껍질을 벗
겨낸다.629 칼로 흰 속을 벗겨내면 그 위에 붙어 있는 거친 껍질은 자

다. 특히 본 항목의 『지림(志林)』 중에는 대나무에도 암수 구별이 있으며, 암 대나무에
죽순이 많기 때문에 이를 선택하는 것이 좋다고 한다. 구별방법은 "대나무 줄기 아래 부
분의 첫 번째 가지를 살펴, 가지가 두 개이면 암 대나무이고 하나이면 수 대나무이다."라
는 흥미로운 사실을 전하고 있다.

624 **역자주** 『사시찬요 역주』 「五月·移竹」, p.316에도 5월 13일과 신일(神日)에 옮겨 심는 것
이 좋다고 했는데, 『농상집요 역주』 권6 「竹木·種竹」, p.489에는 『사시유요(四時類要)』
를 인용하여 5월 13일과 진일(辰日)이 적합하다고 한다. 양자는 차이가 있지만, 명대 유
정목(俞貞木)의 『종수서(種樹書)』에는 '진일(辰日)'로 표기하고 있다.

625 **역자주** 본 내용은 원대 『농상집요 역주』 권2 「播種·苧麻」, p.168에 첫 문장을 제외하고
그대로 전한다.

626 **역자주** 이 분(糞)이 어떤 거름인지, 혹은 인분(人糞)인지가 분명하지 않다. 본서의 [3-11]
과 [10-6]의 모시풀에 시비한 거름을 보면 누에똥, 재와 겨, 소와 말똥, 진흙 등이며, 인분
은 없다. 거름으로 번역하자니 앞의 누에똥, 깻묵 등과 중복되기 때문에 본문에서 소와
말똥[牛馬糞]으로 번역하였다.

627 **역자주** 본문에서는 모시를 연간 5월, 6월 중순과 8월 중순 3번 수확하는 것으로 되어 있
고, 조선의 『색경(穡經)』 상권 「苧麻」; 홍만선(洪萬選)의 『산림경제(山林經濟)』와 1766
년 유중림(柳重臨)의 『증보산림경제(增補山林經濟)』에도 5-6월, 8월에 벤다고 하고 있
으며, 특별히 『증보산림경제(增補山林經濟)』에는 5월, 7월, 9월 3번 수확하는 경우도 제
시하고 있다.

628 **역자주** 모시풀을 베어낸 이후 시간이 지체되어 마르게 되면 껍질 벗기기가 매우 어렵기
때문에 수분이 마르기 전에 벗겨내야 한다. 이것은 속살을 벗겨낼 때도 마찬가지이다.

629 **역자주** 한국에서는 대나무 칼을 이용하여 모시 껍질에서 속살을 벗겨낼 때는 본문처럼 가
지 끝에서부터 하지 않고 밑 둥에서부터 벗겨내는 것이 특징이다. 본문처럼 가지 끝에서
벗기면 쭉 벗겨지지 않고 중간에 끊어지는 폐단이 있다. 아무래도 넓은 쪽[아래쪽 벤 자
리부터]에서 좁은[가지 끝] 방향으로 벗기는 것이 작업이 보다 순조롭다.

연스럽게 떨어진다.⁶³⁰ 묶어서 작은 다발을 만들고 지붕 위에 걸어두고서 밤사이에 이슬을 맞게끔 노출시켜두면 모시삼이 하얘진다.

5-9 밀 수확하기[收小麥]⁶³¹

밀이 반쯤 누렇게 익었을 때 날씨가 맑은 날을 틈타 재빨리 베어내는데 지나치게 익으면 (떨어져) 손실이 크다. 점차 해가 저물어 갈 무렵에 마당에 실어다가 쌓아둔다. 농가에서는 다들 바쁜 것이 누에 치는 것과 밀 수확만 한 것이 없다.⁶³² 만약 수확이 늦어져서 장마를 만나게 되면 많은 재난의 피해를 입게 되며, 또한 가을 밭작물 역시 김매고 관리하기가 어려워진다.

---

630 **역자주** 모시의 흰살[태모시]을 벗겨내는 방식은 먼저 모시풀을 땅에 바짝 붙여 베어내어 잎을 훑어 제거한다. 잎을 훑을 때는 가지 끝부터 훑어내면 껍질에 손상을 주기 때문에 베어낸 부분에서부터 손으로 훑어내는 것이 좋다. 그런 연후에 베어낸 머리에서 30-40cm 떨어진 잎눈 부분을 힘껏 눌러 속대에서 껍질을 분리하여 가지 끝 방향으로 벗겨내고 반대쪽도 같은 방식으로 벗기며, 나머지 머리 부분의 30cm의 껍질도 벗겨낸다. 이어서 벗긴 껍질 부분을 위로 향해 놓고 대나무 칼을 껍질과 속살 사이에 고정한 채 약간 누르면서 속살을 뒤로 당기면 가지 끝 방향으로 껍질이 자연스럽게 벗겨져 나간다. 이렇게 벗겨낸 속살이 '태모시'이다. 이때 모시 칼날이 너무 예리하거나 너무 많은 힘을 가해 누르게 되면 속살이 끊어지게 되니 조심해야 한다.

631 **역자주** 밀의 수확 방식은 기본적으로 『농상집요 역주』 권2 「播種·大小麥」, p.117과 동일하다. 다만 『농상집요』에는 5-6월에 맥류가 익으면 줄기가 푸른색을 띨 때 절반을 수확하고, 완전히 익었을 때 절반을 수확한다고 한다. 하지만 완전히 익게 되면 본문에서와 같은 손실을 면하기 어렵다는 모순이 발생한다.

632 농가에서 밀 수확과 양잠하는 시기가 가장 바쁜 때라는 것은 모든 사람들이 이 일에 몰두했거나 5월에 농사일이 많았음을 말해준다. 본서에 나타난 월별 농사일을 보면, 농사일이 1-3월에 집중되고 5월의 농사일도 21가지에 달한다. 양잠은 3월에 집중되어 있고, 5월에는 밀 수확을 비롯하여 맥전(麥田) 갈이, 벼 김매기, 잇꽃 수확과 삼베기 등이 눈에 띈다. 밀의 수요는 제분기가 발달한 후한 이후부터 늘어나기 시작하여 남북조시대에는 연애(碾磑) 경영이 주된 수입원이 되기도 하였으며, 당대(唐代)에 이르면 특권층들이 경쟁적으로 제분업에 뛰어들면서 灌漑田에 농업용수의 부족을 초래하여 백성들의 반발을 사기도 했다. 이것은 당시 화북지방에 麵식품이 주식(主食)으로 되면서 생산량이 급격하게 증가했음을 말해준다. 니시지마 사다오[西嶋定生], 「碾磑の彼方: 華北農業における二年三毛作の成立」 『중국경제사연구(中國經濟史研究)』 (東京大學出版會, 1996) 참조.

원문 **5-7** 移竹

五月十三日謂之「竹迷日」, 可用馬糞和糠泥做漿栽之.[633] 切忌用脚踏. 椎[634]打則[635]次年便出笋.[636]

5-8 刈苧麻

看根赤, 便刈. 刈[637]畢, 宜用蠶沙·麻籸糠秕或[638]糞壅之, 盛旺. 於此月刈一鐮,[639] 六月半刈一鐮, 八月半刈一鐮, 隨卽用竹刀從梢[640]分批開, 剝下皮, 以刀刮去白瓢,[641] 浮上粗皮自然脫去.[642] 縛作小束, 搭於房上. 夜間得露水露之, 則麻潔白.

5-9 收小麥

麥半黃時, 趂[643]天晴着緊[644]收刈, 過熟則抛費. 稍[645]日至晚, 載上

---

633 신은서에서는 이 구절을 "可用馬糞拌土栽之, 不用作泥漿水栽"로 적고 있다.
634 '추(椎)'자는 청각각본에서는 '추(推)'로 잘못 적고 있다. 역자주 사고전서본에서도 '추(椎)'자를 '추(推)'로 적고 있다.
635 왕위후의 교주수정에서는 교주본(校註本)의 부호를 수정하여 본 문장의 답(踏)자 뒤의 ',' 를 '.'로 바꾸고, 타(打)자 뒤의 '.'를 삭제할 것을 주문하고 있다.
636 신은서에서는 위 두 구절을 "又忌脚踏, 用椎打則次年便出笋"으로 적고 있다.
637 '예(刈)'자는 대자본에서는 '마(麻)'로 잘못 적고 있다.
638 '혹(或)'자는 대자본에서는 '화(和)'로 적고 있다.
639 '겸(鐮)'자는 청각각본에서는 '겸(鎌)'으로 적고 있다. 역자주 사고전서본에도 이 문단 중에 3개의 '겸(鐮)'을 모두 '겸(鎌)'으로 적고 있다.
640 '초(梢)'자는 월의본에서는 '초(稍)'로 잘못 적고 있다. 역자주 '초(梢)'에는 가지 끝과 말단이란 의미가 있는데, 모시껍질 벗기는 작업을 보면 [5-8]에서의 것과 같이 중국의 경우 가지 끝에서부터 벗겨내지만, 한국의 경우 역으로 말단(베어 낸 뿌리부분)부터 벗겨낸다.
641 대자본에서의 이 구절에는 '도(刀)'자가 빠져 있다. 또 이 구절의 '괄(刮)'자는 유인월의본에서는 '괄(括)'로 잘못 적고 있다.
642 신은서에서는 이 몇 구절을 "隨卽用手搣斷, 剝下皮, 以刀刮白, 其粗皮自然脫落"으로 적고 있다.
643 역자주 사고전서본에서도 '진(趂)'자를 '진(趂)'으로 적고 있다.
644 역자주 '착긴(着緊)'의 의미는 Baidu 한어에 의하면 3가지 의미가 있다. 즉각, 중요(필요) 및 긴밀한 관계가 그것이다. 그 외에도 '땅에 부착한다.'는 의미도 생각해 볼 수 있다. 여

場堆積. 農家忙併, 無似⁶⁴⁶蠶麥, 若遲慢⁶⁴⁷遇雨, 多爲災傷, 又秋⁶⁴⁸田苗稼, 亦誤鉏治.

역문 5-10 잇꽃⁶⁴⁹ 수확하기[收紅花]⁶⁵⁰

동틀 무렵 잇꽃을 따서 곱게 찧은 후 노란 즙을 버리고 개사철쑥[青

기서는 밀이 익으면 알갱이가 바로 땅에 떨어지기 때문에 '즉시' 수확하는 데 중점을 둔 듯하다.

645 '초(稍)'자는 청각각본에서는 '매(每)'로 적고 있다. 경세록과 명각각본에서도 동일하다. 생각건대 '초(稍)'자는 여기서의 의미는 확실히 이해되지 않으며 원각본이 잘못된 듯하다. 청각본에서는 『농상집요』에 인용된 『한씨직설(韓氏直說)』의 문장에 의거하여 '매(每)'자로 고친 것 같다. **역자주** 반쯤 익은 밀을 수확했기 때문에 해질녘에 마당에 옮겨 쌓아두면 부패하기 쉽다. '매(每)'자의 의미 속에는 매번(며칠을) 이 같은 작업을 반복하여 베어낸 밀을 말렸다는 뜻을 내포하고 있다. 다만 그 경우 이동과정에서 밀의 알갱이가 일정부분 땅에 떨어지는 것을 피할 수 없을 것이다. 실제 조선의 『증보산림경제(增補山林經濟)』에는 덜 익은 밀을 베어 낮에는 높은 곳에 올려놓거나 맑은 날 얇게 펴서 말려서 탈곡했다고 한다.

646 '사(似)'자는 대자본에서는 '사(事)'로 잘못 적고 있다.
647 '만(慢)'자는 청풍실본에서는 '만(漫)'으로 적고 있으며, 이하 동일하다.
648 왕위후의 보기(補記)에는 필사본에서 '추(秋)'자를 '앙(秧)'자로 잘못 적고 있다고 한다.
649 **역자주** '홍화(紅花)'의 학명을 Baidu 백과에서는 Carthamus tinctorius L.이라고 하며, 이를 국내의 KPNIC에서는 '잇꽃'으로 명명한다. 『제민요술 역주II』 권5 「種紅藍花梔子」, p.441에 의하면 잇꽃의 파종 시기는 2-3월 사이이며, 5월에는 늦은 잇꽃[晚花]을 파종하여 7월 중에 수확하면 색이 선명하고 오래 유지된다고 한다.

650 **역자주** 『제민요술 역주II』 권5 「種紅藍花梔子」, pp.441-452에는 홍람화 즉 홍화(紅花)에 대한 설명이 매우 자세하다. 우선 본서의 [2-19]에서와 같이 2월에 파종하여 5월에 수확하고, 5월에 다시 파종하거나 늦은 잇꽃[晚花]의 경우 8월과 12월에 파종해도 좋다고 할 정도로 일단 수요층이 많았음을 알 수 있다. 뿐만 아니라 도시부근에 1경(頃)의 땅에 홍화를 파종하면 200석의 종자를 거둘 수 있고, 그 종자는 삼씨의 값과 동일하고, 이는 마차의 윤활유, 등불기름의 원료로 사용되며, 그 종자에서 얻은 수익은 200석의 쌀에 상당하고, 또 꽃의 수익금은 300필의 비단에 맞먹었다. 1경의 잇꽃을 따기 위해서는 100명의 남녀 노예[僮]가 필요했다. 꽃잎을 짜서 얻은 즙은 염료로 사용하거나 연지(燕脂)나 향택(香澤) 등 화장품의 원료로 사용했던 것을 보면, 이를 재배하고 향유한 계층은 부유한 지배층이었음을 알 수 있다. 이런 사실로 볼 때 중세의 귀족이나 지배층, 특히 그 부녀자들은 배타적 향유와 타자와의 차별을 위해 홍화를 적극적으로 활용했음을 알 수 있고 이러한 분위기는 『사시찬요 역주』, pp.309-314와 『농상집요 역주』 권6 「藥草·紅花」, pp.541-542에까지 일부 내용이 이어지고 있다. 조선시대의 『산가요록(山家要錄)』에는 이러한 『제민요술』의 기록을 이어받고 있으며, 『증보산림경제(增補山林經濟)』(1766년 간행)에도 기본적으로 『제민요술』을 계승하면서 그 외 씨앗의 보관과 용도 등을 새롭게 추가하고 있다. 실제 18세기 말엽의 『해동농서(海東農書)』에는 『제민요술』 이외에도

蒿]⁶⁵¹으로 하룻밤 덮어두었다가 (반죽을) 눌러서 얇은 떡을 만들어 햇볕에 말렸다가 거두어들인다. 습기 있는 벽에 가까이 둬서는 안 되는데 (그렇게 하면) 눅눅해져 손상된다.

5-11 여름에 무⁶⁵²·숭채⁶⁵³ 심기[種夏蘿蔔菘菜]

(이달) 상순에 씨를 흩어 뿌리고,⁶⁵⁴ 재거름으로 덮어주고, 자주 물을 주면 6월 중순에 식용할 수 있다.⁶⁵⁵

651 　명대 『농정전서(農政全書)』와 『증보산림경제』의 내용을 동시에 인용하고 있다.
　　역자주 '청호(青蒿)'의 학명을 Baidu 백과에서는 Artemisia carvifolia Buch.-Ham. ex Roxb. Hort. Beng.라고 하며, 국내에서는 완전히 대응되는 학명은 없으나 KPNIC에서 개사철쑥의 학명이 Artemisia carvifolia var. apiacea (Hance) Pamp.으로 이와 비슷한 것을 보면 서로 근연식물인 듯하다.

652 　역자주 『제민요술 역주II』에 의하면 『이아(爾雅)』에는 "순무[蘴]는 봉종(葑蓯)이다"라고 했으며, 주석에는 강동(江東)에서는 '순무[蕪菁]' 또는 '숭(菘)'으로 불렸다고 한다. 『제민요술』권3 「蔓菁」사료 상에 '숭(菘)'과 '노복(蘆菔)'이 일부 첨부되어 있는데, 방언(方言)에는 '노복(蘆菔)'은 순무 중 자색의 꽃이 피는 것이라고 했으며, 특징은 노복[무]은 뿌리가 굵으며 순무와는 달리 잎과 뿌리를 생으로 먹을 수 있다고 한다. 무는 [2-14]와 본문과 같이 2월과 5월에 파종했는데 반해 순무는 7월 초에 파종하여 9월말에 수확하고 있다. 『제민요술』에는 순무는 잎과 뿌리 중 특히 잎의 수확을 중시하여 푸성귀나 말린 채소를 소금에 절이기도 하고, 서늘한 곳에 잎을 말려 시래기를 만들고 뿌리는 찌고 익혀서 이용하고 씨는 기름을 짰다. '무'는 뿌리를 팔아 높은 소득을 올렸으며, 『사시찬요』에는 6월에 파종하여 10월이 되면 거두어서 구덩이에 묻어두었다고 한다.

653 　역자주 중국의 숭채(菘菜)는 백채(白菜)·청채(青菜)·하송(夏菘)이라고도 불린다. Baidu 백과에서는 '백채'의 학명을 Brassica pekinensis (Lour.) Rupr.라고 한다. BRIS에는 'Brassica chinensis'의 국명을 '파초이', 백채[Brassica pekinensis]는 '배추'라고 명명하고 있다. 따라서 숭채를 바로 배추라고 이름하기에는 다소 무리가 있다. 특히 당대 이전의 숭채는 지금의 배추와는 확연히 구분된다. 그리고 숭채(菘菜) 잎은 순무처럼 줄기에 털이 없으며 다소 크다고 한다.

654 　역자주 『사시찬요 역주』「六月·種蘿蔔」, p.352; 『농상집요 역주』권5 「瓜菜·蘿蔔」, p.405에는 5월에 밭을 5-6번 갈이하여 6월 6일에 파종하고 10월에는 구덩이에 묻는다고 한다.

655 　역자주 『제민요술 역주II』권3 「蔓菁」, pp.44-45, 47, 53-54에서는 순무[蔓菁]의 경우 그 파종시기를 7월초에 파종하여 9월말에 수확하거나 6월 중순에 파종하여 10월 중에 땅이 얼 무렵에 수확하고 있다. 이러한 전통은 이미 후한 최식(崔寔)의 말에서도 확인할 수 있는데, 그 경우는 4월에 순무의 씨를 거두어 6월 중복 이후 7월 사이에 파종하고 수확하고 있다.

5-12 배토하기[壅田]

푸른 풀을 (갈이하여 물을 댄) 진흙[656] 속에 넣어 밟으면[657] 토지가 비옥해져 곡식을 심으면 그루가 왕성해지는데, 이는 재거름과 더불어 (효과가) 동일하다.

원문 5-10 收紅花

侵晨採花, 微擣細, 去黃汁, 用靑蒿蓋覆[658]一宿, 捻[659]成薄餅子, 晒[660]乾收之. 勿近濕墻壁, 則浥損.[661]

5-11 種夏蘿蔔菘[662]菜

上旬撒子, 用灰糞蓋, 頻澆灌, 六月中[663]旬可食.

---

656 **역자주** 본문의 내용으로 보아 이 땅은 밭이 아니라 수도(水稻)를 재배한 수전(水田)인 듯하다. 갈이하여 물을 대어둔 논인 듯하다.
657 **역자주** 이것은 일종의 초분(草糞)으로 초목이 무성할 때 베어 논 속에 묻어 시비하는 것이다. 이러한 전통은 『예기(禮記)』「월령(月令)」에서도 등장한다. 하지만 『제민요술 역주Ⅰ』권2 「水稻」, pp.296-298에서는 "베어낸 잡초를 걷어 내고 논을 만든다."거나 "여름에 물을 이용하여 잡초를 물에 담가 없애고 (남아있는 것은) 베어낸다."라고 하여 화북지역이나 한전농업에서는 잘 지켜지지 않은 듯하다. 남송대 『진부농서(陳旉農書)』상권 「善其根苗篇」에서는 수전에서의 초분의 중요성을 강조하였지만, 『농상집요 역주』권2 「播種・水稻」, p.125에서도 "여름철에 물을 이용하여 잡초를 없애고, 베어낸다."라고 했다. 이런 현상은 『왕정농서(王禎農書)』「분양편(糞壤篇)」에도 이어져 여전히 지금 농부는 잡초가 땅을 비옥하게 하는 시비법을 이해하지 못하고 김맨 잡초를 다른 곳에 버린다고 안타까워하고 있다. 하지만 강남지역에서 해마다 이런 초분을 논에 밟아 넣어주어 지력을 제고했음을 알 수 있다.
658 '개복(蓋覆)' 두 글자는 청각각본에서 도치되어 있다.
659 '념(捻)'자는 대자본에서 '임(稔)'자로 잘못 적고 있다.
660 **역자주** 사고전서본에서는 '쇄(晒)'를 '쇄(曬)'로 적고 있다.
661 '읍손(浥損)' 두 자는 명각본에서는 빠져 있는데, 지금은 대자본과 월의본, 청각각본에 따라 보충한다.
662 '숭(菘)'자를 청각각본에서는 '송(鬆)'으로 잘못 적고 있다.
663 '중(中)'자를 대자본에서는 '종(終)'자로 잘못 적고 있다.

5-12 壅田

以靑草踏於泥內則地肥, 秧窠⁶⁶⁴旺, 與灰糞同.

역문 5-13 완두 수확하기[收豌豆]⁶⁶⁵

각종 콩 중에서 완두는 장기 저장에 효과적이며 수확이 많고 성숙도 빠르다. 만약 성곽 가까이에 살고 있으면, 콩꼬투리를 따서 먼저 팔아 다른 물건을 구입할 수 있다. 이전부터 농장⁶⁶⁶에서는 종종 이 콩을 (주인에게) 바쳐서 새 곡식의 수확을 맛보게 했는데, 대개 한 해 중 가장 먼저 수확되어 귀하기 때문이다.

5-14 청대 베기[刈藍]⁶⁶⁷

하지 전후에 잎 위에 주름이 진 무늬가 나타나면 바야흐로 수확할

---

664 '과(窠)'는 구덩이, 둥지나 식물의 그루를 뜻하지만, 앞에 심대[秧]라는 동사가 있어 식물로 해석하였다.

665 역자주 본문의 내용은 5월 수확한다는 것만 제외하고 『농상집요 역주』 권2 「播種・豌豆」, pp.144-145의 내용과 동일하다. 『농상집요』에는 완두는 2-3월에 파종하며, 익을 때 사람이나 소에 밟혀 상해를 입는 경우가 많아 많이 심는 것이 좋다고 덧붙이고 있다. 이에 반해 『사시찬요 역주』 「正月・雜種」, p.100에는 완두[𥢶豆]는 마늘, 토란과 함께 정월 파종, 5월에 수확(「五月・雜事」)한다고 기록하고 있으며, 그런가 하면 「十月・耕冬葵地」에는 완두를 10월에 파종한 것을 보면 지역과 기후조건에 따라 봄과 가을에 파종했음을 알 수 있다. 조선의 『색경(穡經)』 상권 「豌豆」의 내용은 『농상집요』 및 본서와 동일하지만 파종시기는 2-3월로 한정하고 있다.

666 역자주 농장(農莊)은 전장(田莊)・전원(田園)・농장(農場) 등의 명칭으로도 기록되며, 중세의 토지지배 양식을 대표하는 봉건적 장원(莊園)으로서 주로 전호(佃戶)들에 의해 경작되었다.

667 역자주 『당운(唐韻)』과 『집운(集韻)』에서는 음을 전(電)이라고 하며, 『說文』에서는 전(藍)을 은(坕)이며, 이는 앙금[滓也]이라고 한다. 그리고 『광운(廣韻)』에서는 "藍藍染者也"라고 한다. 청(淸) 계복(桂馥)은 『찰박(札樸)』 「鄕里舊聞」에서 "남색(藍色)으로 염색하는 것을 전(藍)"이라 했으며, 송대 조숙향(趙叔向)의 『긍계록(肯綮錄)』 「俚俗字義」에서도 "染藍曰藍"이라고 하였다. 따라서 전(藍)은 염색하는 청대[藍草]로서 그 앙금을 뽑아 남색을 염색하는 데 사용하였음을 알 수 있다.

수 있다. 청대 50근마다 석회 한 근을 큰 항아리 속의 물에 담가 다음 날 누렇게 변하면 줄기를 건어낸다. 나무 주걱668으로 (항아리 속을) 뒤섞어서 분청색粉靑色이 자화색紫花色으로 변한 이후에 맑은 물을 따라버리면 (염료로 쓰이는) 청대669가 만들어진다. 청대를 파종하는 방법은 앞서 3월 중에 보인다.

원문 5-13 收豌豆

諸豆之中, 豌豆耐陳,670 收多, 熟早. 如近城郭, 摘671豆角賣先, 可變物. 舊時農莊往往獻此豆以爲嘗672新, 蓋一歲之中, 貴其先也.673

5-14 刈靛

夏至前後, 看葉上有皺674紋, 方可收刈. 每五十斤用石灰一斤,675

---

668 역자주 파(杷)는 밭의 고무래나 갈퀴와 같은 도구이지만 본문과 같이 솥에 넣어 사용했기 때문에 '주걱'으로 바꾸어 번역하였다.
669 역자주 성전(成靛)이 곧 앙금[靛]일 것이다.
670 '진(陳)'자는 대자본에서는 '진(塵)'자로 잘못 적고 있다. 역자주 마쫑션[馬宗申] 역주,『농상집요 역주(農桑輯要譯注)』, 上海古籍出版社, 2008, p.69에서는 '내진(耐陳)'을 완두의 종자는 수명이 비교적 길어 장기간 저장할 수 있다고 한다. 다만 창고의 해충인 상(蠰)은 심각한 피해를 입힌다고 한다.
671 '적(摘)'자는 대자본에서는 '칙(則)'자로 잘못 적고 있다.
672 왕위후의 보기(補記)에서는 필사본에는 '상(嘗)'자를 '상(常)'자로 잘못 적고 있다고 한다.
673 "가변물(可變物)"에서부터 이하의 내용은 청각각본에 의거한다. 명각각본은 이 구절 다음을 "此豆以爲嘗新, 貴其先也"라고 적고 있다. 문장의 의미가 전후 연결되지 않는 것을 보면 분명히 빠뜨린 글자가 있을 것이다. 청각본에서는 본 조항의 말미에 주석하여 이르길, "생각건대 이 조항의 옛날 판본에는 빠진 문장이 있는데, 지금은『무본신서(務本新書)』에 의거하여 보충해 넣는다."라고 하였다. 살피건대, 이 단락의 원문은『농상집요』에서 인용한『무본신서』의 문장에서 나온 것이나 "가변물(可變物)"의 구절은 자못 이해가 되지 않는데, 오자나 탈자가 있을 가능성이 있다.『왕정농서』에서도 이 단락을 인용하면서 자구를 다시 고쳐 "如近城郭種之, 可摘豆角賣而變物, 莊農獻送, 以爲嘗新, 貴其年也"라고 적고 있다. 이것은 확실히『농상집요』의 인용문이 잘 통하지 않는 이유를 깨달았기 때문이다. 역자주 사고전서본에서도 위의 청각본과 같은 내용의 소주(小注)가 삽입되어 있다.

於大缸內水浸, 次日變黃色, 去梗.^676 用木^677杷打^678轉, 粉靑色變過,^679 至紫花色,^680 然後去^681淸^682水成纇. 種纇之方, 先於三月中^683 具載.

역문 5-15 버터 만들기[造酥油]^684

(반 응고된) 유즙을 통이나 항아리 속에 담아서, 집 기둥 가에 안치한다. 대껍질이나 뽕나무 가지를 엮어 작은 고리 두개를 만들거나 혹은 작은 목판 2개에 한 개씩 구멍을 뚫어 사용해도 좋은데, 나무 기둥이

---

674 '추(皺)'자는 대자본에서는 '착(着)'으로 잘못 적고 있다. 또 이 구절의 '엽(葉)'자는 유인본에서는 '상(桑)'자로 잘못 적고 있다.
675 '근(斤)'자는 신은서에서는 '석(石)'으로 적고 있는데, 잘못된 것이다.
676 '경(梗)'자는 대자본에서는 '경(梗)'으로 잘못 적고 있다.
677 '목(木)'자는 대자본과 청각각본에 의거한 것이며, 명각본, 월의본에서 모두 '수(水)'로 잘못 적고 있다. 신은서, 경세록에서 모두 '목(木)'으로 적고 있다.
678 여기에서의 '파(杷)'자는 유인본에서는 '파(把)'로 적고 있다. 타(打)자는 대자본에서는 '파(杷)'로 적고 있다.
679 이 구절은 경세록에서는 '후청색변(候靑色變)'이라고 적고 있다. 생각건대 이 구절의 첫 글자는 마땅히 동사가 되어야 하며, '후(候)'자는 원문일 가능성이 있는데, 후대 전각하는 과정에서 분(粉)으로 잘못 적었을 것이다. 또 '과(過)'자를 없애고 아래구절과 이어서 한 구절로 읽으면 문장의 뜻이 비교적 잘 통하게 된다. 그런데 이 두 구절에 대해 신은서와 명각각본에서는 모두 동일하고, 비교적 이른 각본은 원래 이와 같은 듯하며 경세록은 문장의 뜻을 명확하게 하기 위해 약간 변경한 듯하다. 지금은 명각본에 의거하나 의문은 남는다.
680 청각각본에서는 이 구절의 '자(紫)'자 아래 '변(變)' 한 글자가 더 있는데, 군더더기인 듯하다.
681 '거(去)'자는 청각각본에서는 '취(取)'자로 잘못 적고 있다. 신은서, 경세록에서는 모두 '거(去)'로 적고 있다. 역자주 사고전서본에서도 '거(去)'자 대신 '취(取)'자를 적고 있다.
682 역자주 사고전서본에서도 '청(淸)'을 '청(淸)'으로 적고 있다. 이하 동일한 것은 별도로 각주처리하지 않는다.
683 '중(中)'자는 대자본에서는 '종(終)'자로 잘못 적고 있다.
684 역자주 버터 만드는 법은 『제민요술 역주Ⅲ』 권6 「養羊」, pp.143-147에도 전하는데, 『음선정요 역주』 권2 「諸般湯煎·酥油」, p.199에서도 "우유 (표면의) 깨끗하게 응고된 유지를 취해 (솥에 넣고) 달이면 버터가 된다."라고 하여 방식이 동일하다. 이런 방식은 『임원경제지(林園經濟志)』(1840년경 편찬) 「鼎俎志」 권6 「造酪方」의 버터[酥] 만드는 법에도 이어지지만, 본문의 내용은 이들과는 다른 방식으로 제조하고 있다.

나 나무 곁의 아래위에 두고 갈포 끈으로 두 개의 작은 고리나 목판을 묶어 고정하고, 별도로 하나의 목찬木鑽⁶⁸⁵을 만들어서 아래쪽 둥근 판자에 (목찬의 송곳을) 꽂는다. (목찬의) 절반은 (유즙의) 통 속에 들어가게 하고 나머지 절반은 아래위의 고리 속에 끼워서 두 개의 고리 사이에 위치한 목찬에 가죽 끈이나 줄을 두 바퀴 감고서 양손으로 전후로 목찬을 끌어당기면서 돌려 구멍을 내 듯이 하면 거품이 생겨나는데, (거품이 생겨나면) 차가운 물속에 따라 부어서 응고시키고, 많이 모이게 되면 도리어 솥 안에 넣고 약한 불에 고아서 위로 뜬 탄 거품을 제거하면 곧 좋은 버터가 만들어진다.

5-16 마른 치즈 만들기[曬乾酪]⁶⁸⁶

무릇 좋은 유즙을 솥에서 약한 불로 졸여 뻑뻑하게 하여 맑은 물을 버리고, 나무판자 위에 펼쳐서 햇볕에 말려 작은 덩어리처럼 바짝 마르게 되면 거두어 저장한다. 생수와 젖은 그릇은 절대 피한다.

원문 5-15 造酥油⁶⁸⁷

以酪盛⁶⁸⁸於桶內或甕中, 安置近屋柱邊. 可將竹篾或桑條作二小圈,

---

685 역자주 '목찬(木鑽)'은 목재에 구멍을 뚫는 도구로서, 끝에 송곳이 달린 막대기를 좌우 동일한 횡목에 끼워 그 나무의 양끝과 송곳 위 부분을 삼각형이 되게 끈으로 연결한 후 나무의 중심축에 끈을 두어 번 감아 양쪽에서 당기면서 돌려 구멍을 뚫는 기구이다. 이 장치를 유즙 속에 넣어 사용하면 횡목이 도는 과정에 유즙이 서로 혼합, 분리되면서 거품이 발생하게 된다.

686 역자주 치즈를 만드는 방식은 『제민요술 역주Ⅲ』 권6 「養羊」, pp.140-141에도 전하고 이 방식은 『사시찬요 역주』 「七月·造乾酪」, p.392에도 그대로 전한다. 뿐만 아니라 조선의 『임원경제지(林園經濟志)』 「鼎俎志」 권6 「乾酪法」에서도 이 방식을 전재하고 있다. 다만 본서에서는 『제민요술』 등의 방식과는 달리 원심분리 방식을 취하고 있으며, 게다가 7-8월이 아닌 5월에 제조하고 있다.

687 '유(油)'자는 청각본에서는 '주(酒)'로 잘못 적고 있다.

或用二⁶⁸⁹小木板各鑿一孔亦得, 於⁶⁹⁰木柱或樹傍⁶⁹¹上下, 以繩絟⁶⁹²定二小圈或二木板,⁶⁹³ 別作一木鑽, 下釘圓板. 一半放置桶中, 一半套⁶⁹⁴於上下圈內, 却於兩圈中間木鑽上以皮條或繩子纏兩遭, 兩手拽鑽⁶⁹⁵鑽之令轉, 生沫, 傾於涼⁶⁹⁶水中凝⁶⁹⁷定, 候⁶⁹⁸聚得多, 却於鍋內⁶⁹⁹慢火煉過, 去浮上焦沫, 卽成好酥.

5-16 曬乾酪

將好酪於鍋內,⁷⁰⁰ 慢火熬, 令稠, 去其清水, 攤於板上, 曬成小塊, 候極乾收貯. 切忌生水·濕器.

---

688 '성(盛)'자는 대자본에서는 '성(成)'으로 잘못 적고 있다.
689 '이(二)'자는 대자본에서는 '일(一)'로 잘못 적고 있다. 역자주 그러나 다음 문장의 '각(各)'자의 의미로 미루어 '이(二)'가 합당할 듯하다.
690 대자본에는 이 문장에 '어(於)'자가 빠져 있다.
691 역자주 사고전서본에는 '방(傍)'을 '방(旁)'으로 적고 있다.
692 '전(絟)'자는 대자본에 의거했으며, 명각본, 월의본 모두 '전(銓)'으로 잘못 적고 있다. 역자주 여기서 '전(絟)'은 '전(拴)'과 동일하여, '매다', '묶다'의 의미로 보아야 할 것이다.
693 청각각본은 '각착일공(各鑿一孔)'에서 '혹이목판(或二木板)'의 단락에 이르기까지, 25개 글자가 모두 빠져 있는데, 분명 옮겨 적거나 판각할 때 앞부분의 "或用二小木板"이란 구절과 아래의 "或二木板"이란 구절이 서로 헷갈렸기 때문일 것이다.
694 '투(套)'자는 대자본에서 '방(放)'으로 잘못 적고 있다.
695 '예찬(拽鑽)' 두 자는 청각각본에서는 '견예(牽拽)'로 적고 있다. 생각건대 이 구절 속의 두 개의 '찬(鑽)'자는 앞의 것은 명사이고 뒤의 것은 동사이다. 역자주 사고전서본에서는 '예찬(拽鑽)'을 '견예(牽拽)'로 적고 있다.
696 '양(涼)'자는 청각각본에 의거한 것이며, 명각본, 월의본 모두 '원(源)'으로 잘못 적고 있고, 대자본도 '원(原)'으로 잘못 적고 있다.
697 '응(凝)'자는 대자본, 월의본 및 청각각본에 의거한 것이며, 명각본에서는 '의(擬)'로 잘못 적고 있다.
698 '후(候)'자는 대자본, 청각각본에 의거했으며, 명각본에서 '후(侯)'로 잘못 적고 있다.
699 청각각본에는 이 구절에 '과내(鍋內)' 두 글자가 빠져 있다. 역자주 청각각본이 저본으로 한 사고전서본에도 '과내(鍋內)' 두 글자가 빠져 있다.
700 대자본에는 이 구절 끝에 '오(熬)'자가 한 자 더 있다.

 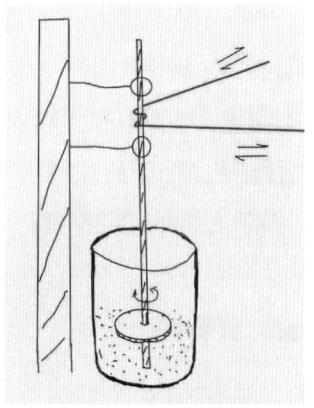

〈그림64〉 목찬(木鑽)　　　　　　　〈그림65〉 목찬을 이용한 버터 만들기 모형도

유월 六月

역문 6-1 장 덮어두는 법 [盦醬法]

콩 한 섬을 잘 볶고 갈아서 껍질을 제거하고 삶아서 연해지면 건져 낸다. 흰 콩가루 60근을 뜨거울 때 흩트려 상 위에 고르게 펴고 대껍질과 잎을 쫙 깔아서 대략 손가락 두 개 두께로 펴준다. 식으면 닥나무 잎이나 도꼬마리[蒼耳]⁷⁰¹ 잎으로 덮어준다. 곰팡이가 피게 되면 잎을 걷어내고 하루 동안 서늘하게 하고, 다음 날 햇볕에 쬐어 말린 후 깨끗하게 키질하여 잘게 찧어서 대략 소금 40근斤을 처음 길은 우물물 두 짐[擔]에 섞는다. 간혹 묽은 것은 볶은 흰 콩가루를 첨가하고 차게 되면 장醬 속에 넣고 섞는다. 만약 된 것은 감초甘草를 소금과 함께 달여 물이 차게 되

---

701 역자주 Baidu 백과에 의하면 창이(蒼耳)의 학명을 *Xanthium sibiricum* Patrin ex Widder 라고 하며, 이를 KPNIC에서는 국화과 도꼬마리속 '도꼬마리'[*Xanthium strumarium* L.]라고 명명한다. 주로 민간에서 구충제로 많이 사용한다.

면 더해주고, 화일火日⁷⁰² 밤에 등을 밝혀 장을 내리면 벌레가 생기지 않는다. 딜[蒔蘿],⁷⁰³ 회향茴香,⁷⁰⁴ 감초甘草,⁷⁰⁵ 파[葱],⁷⁰⁶ 산초[椒]⁷⁰⁷를 재료로 넣어주면 그 맛과 향이 좋아진다.

6-2 보리초 만들기[做麥醋]⁷⁰⁸

보리[大麥] 한 섬 혹은 3-5말을 볶아서 반을 잘게 부수고 나머지 반은 온전하게 둔다.⁷⁰⁹ 먼저 잘게 부순 것을 하룻밤 물에 담가두었다가 다음날 쪄서 밥을 짓고 닥나무 잎으로 덮어두면 보리누룩⁷¹⁰이 된다. 7

---

702 역자주 천화일(天火日)로서 집을 지어 상량하거나 지붕을 이을 때 꺼리는 날이다. 이 날에 지붕을 이으면 화재가 난다고 한다. 정월에는 자일, 2월에는 묘일, 3월에는 오일, 4월에는 유일이며, 5월부터는 다시 자일부터 차례로 내려간다.

703 역자주 '시라(蒔蘿)'의 학명을 Baidu 백과에서는 *Anethum graveolens* L.라고 하며, 이를 KPNIC에서는 '딜(Dill)'이라고 명명하고 있다. 시라의 줄기와 열매는 회향(茴香)의 맛이 나며 열매는 더욱 진하다. 연한 잎은 채소로 식용할 수 있으며, 열매는 중초비위를 따뜻하게 하고 신장의 기능을 보충해주는 약재로도 사용된다.

704 역자주 회향(茴香)의 학명을 Baidu 백과에서는 *Foeniculum vulgare* Mill.라고 하며, 이를 KPNIC에서는 산형과 회향속 '회향'이라고 명명한다.

705 역자주 감초(甘草)의 Baidu 백과에서의 학명은 *Glycyrrhiza uralensis* Fisch.이며, 이를 KPNIC에서는 콩과 감초속 '감초'라고 명명한다.

706 역자주 Baidu 백과에 의하면 '총(葱)'의 학명은 *Allium fistulosum* L.이며, KPNIC에서는 이를 백합과 부추속 '파'라고 명명한다.

707 역자주 '초(椒)'를 Baidu 백과에서는 화초(花椒)를 일컫는다고 한다. 화초의 학명은 *Zanthoxylum bungeanum* Maxim.이며, 국내에는 이에 대응되는 국명이 없는데, *Zanthoxylum* 중에는 산초나무와 초피나무 등의 근연식물이 있다. 본서에 화초라는 명칭이 별도로 등장하기 때문에 여기서는 '산초나무'로 명명했음을 밝혀둔다.

708 역자주 보리초 만드는 법[麥醋法]은 『제민요술』 권8 「作酢法」에 처음 등장하며, 『사시찬요 역주』 「七月·麥醋」, pp.395-397에도 이와 거의 동일한 내용이 보인다. 다만 『제민요술』에는 7월에 주로 제조했으며, 제조과정과 방식이 조금씩 차이가 나고 몇 가지 제조법이 소개되어 있는 것으로 보아 지역과 시대의 흐름에 따라 제조 방식이 다소 달랐음을 말해준다. 그 외에도 『제민요술』 권8 「作酢法·大麥酢法」에는 7월 7일과 15일에만 제조할 수 있는 보리초 제조법을 제시하고 있다.

709 역자주 『사시찬요』 「七月·麥醋」에는 본문과는 달리 반은 탈곡상태로, 반은 껍질이 달린 상태로 둔다고 하였다.

710 역자주 '황자(黃子)'는 콩을 장시간 찌는 과정에서 공기에 노출되면서 황색으로 변한 것을 일컫는다. 하지만 『사시찬요』 「七月·麥醋」에는 '黃', '黃衣'라고 표현하고, 만드는 방식은 '黃衣法'과 같다고 한다. 그런데 바로 위 항목, 즉 본서의 「六月·盦醬法」에서 '黃衣'

일 후 온전한 보리를 하룻밤 물에 담가두고서 불을 때서 밥을 짓고서, 그 솥에 반가마정도 물을 끓여[711] 물이 따뜻해지면 보리누룩과 함께 술을 빚어 밀봉해서 덮어준다. 만약 밀봉하지 않으면 벌레가 생긴다. 7일이 지난 후 초醋가 되고, 두 번째 7일인 14일 후에는 첫 번째 초가 나오는데, 끓여서 저장한다. 두 번 거른[712] 초가 맛있으니 (밥 지은 따뜻한 물을 붓고) 재차 양조한다.

원문 6-1 盦[713]醬法

用豆一石, 炒熟, 磨去皮, 煮[714]軟撈出. 用白麪[715]六十斤, 就熱搜麪, 勻於案上, 以箬葉[716]鋪塡, 攤開約二指厚. 候冷, 用楮葉或[717]蒼耳葉搭蓋. 發出黃衣爲度, 去葉, 涼一日,[718] 次日曬乾, 簸淨擣碎, 約量用鹽[719]四十斤, 無根水二擔. 或稀者用白麪炒熟, 候冷, 和於醬內. 若稠者, 用甘草同鹽煎, 水候冷, 添之, 於火日晚間點燈下醬, 則不生蟲. 加蒔蘿茴香[720]甘[721]草葱椒[722]物料,[723] 其味香美.

라는 표현이 별도로 있다. 따라서 본문의 '황자'는 『제민요술』권8 「作酢法」에서의 '맥혼(麥䴷)'의 '보리누룩'과 같이 "곡물에 곰팡이가 핀 누룩"의 일종으로 해석하였다.
711 역자주 '취탕(炊湯)'은 밥을 지어낸 뒤 물을 반가마정도 붓고 끓인 물이다.
712 역자주 '이조(二槽)'의 의미가 내용상 뚜렷하지 못하다. 앞의 '두초(頭醋)'의 존재로 미루어 '이조(二槽)'는 '이조(二槽)'의 잘못인 듯하며, 이는 재차 거른다는 뜻일 것이다.
713 '암(盦)'자는 대자본에 의거했으며 기타 각본에서는 모두 '합(合)'으로 잘못 적고 있다.
역자주 사고전서본에는 '암(盦)'자를 '합(合)'으로 적고 있다.
714 역자주 사고전서본에는 '자(煮)'을 '자(煑)'로 적고 있다.
715 역자주 사고전서본에는 본 문단의 3곳에 등장하는 '면(麪)'을 모두 '면(麵)'자로 적고 있다.
716 역자주 스성한[石聲漢] 교석, 『제민요술금석(齊民要術今釋)(下)』(中華書局, 2009) 「笨麴幷酒」, p.697에 의하면 "『본초강목』에서는 약엽(箬葉)을 '요엽(遼葉)'이라고 하며, 현재에도 양호(兩湖) 방언에서는 여전히 약엽(箬葉)을 liao葉이라고 칭하고, 약립(箬笠)을 liaoli 殼子"라고 한다.
717 '혹(或)'자는 청각각본에서는 '성(盛)'으로 잘못 적고 있다.
718 "양일일(涼一日)" 구절은 월의본에서 유독 '긴일회(緊一回)'로 적고 있다.
719 역자주 사고전서본에는 본 문단의 2곳에 등장하는 '염(鹽)'을 모두 '염(鹽)'자로 적고 있다.
720 청풍실본은 이 아래의 주석에서 이르길, "보당이 살피기를 본초인 딜[蒔蘿]은 일명 소회향으로 회향과는 다르다[保塘按, 本草, 蒔蘿一名 '小回香', 是與'回香'有別.]"라고 하였다.

6-2 做麥醋

大麥一石或三五斗炒過, 取一半細碎, 取一半完全. 先以細碎者浸一宿, 次日蒸成飯,[724] 用楮葉蓋, 盦[725]成黃子. 七日後, 以完全者浸一宿, 炊成飯,[726] 以炊湯半鑊候溫, 將黃子同釀, 密封蓋.[727] 如不密封,[728] 則生蟲. 過七日後則成醋, 二七日後出頭醋,[729] 煮[730]過收貯. 二槽[731]有味, 再釀之.

〈그림66〉 딜[蒔蘿]과 그 꽃

역자주 Baidu 백과에 의하면 회향(茴香)은 8각이며 진한 갈색인데 반해, 소회향(小茴香)은 모양이 작고 외형의 볍씨껍질과 유사하다고 한다. 회향의 학명은 *Foeniculum vuLgare* Mill.이며, KPNIC에서는 이를 산형과 회향속 '회향'이라고 명명한다. 소회향은 안식회향(安息茴香), 회향근(茴香芹)이라고도 한다.

721 '감(甘)'자는 청각각본에서는 '향(香)'으로 적고 있다. 역자주 사고전서본에서도 '감(甘)'을 '향(香)'으로 적고 있다.
722 '초(椒)'자는 대자본에서는 '장(帳)'자로 잘못 적고 있다. 또 청풍실본에서는 '총(葱)', '초(椒)' 두 글자가 도치되어 있다.
723 '료(料)'자는 청각각본에서는 '건(件)'으로 적고 있다.
724 '반(飯)'자는 대자본에서는 '병(餠)'으로 적고 있으며 청각각본에서는 '반(飯)'으로 적고 있다. 생각건대 '반(飯)'자는 '반(飯)'자의 민간 표기법인 듯하며, 이하 동일하다.
725 '암(盦)'자는 월의본에서는 '합(盒)'으로 잘못 적고 있다. 역자주 사고전서본에서도 '암(盦)'자를 '암(盫)'으로 적고 있다.
726 '반(飯)'자는 대자본에서는 '병(餠)'으로 적고 있다.
727 '밀봉(密封)' 두 글자는 대자본에서는 '밀대(蜜對)'로 잘못 적고 있다.
728 "여불밀봉(如不密封)" 구절은 대자본에서는 "여봉불밀(如封不密)"로 적고 있다.
729 '두초(頭醋)'는 청각각본에서는 '두과초(頭鍋醋)'로 적고 있다. 역자주 Baidu 한어에는 '두초(頭醋)'를 처음 제조하여 아직 물을 섞지 않은 식초로 아주 신맛을 띤다고 한다.
730 역자주 사고전서본에는 '자(煮)'를 '자(羹)'로 적고 있다.
731 왕위후는 교주수정(校注修訂)에서 조(槽)는 조(糟)자로 써야 한다고 붉은색으로 주석하고 있다.

역문 **6-3** 묵은 쌀초 만들기[做老米醋]

창고에서 오래 묵은 멥쌀[粳米] 세 되 혹은 다섯 되를 깨끗하게 일어서 7일간 담가두고 매일 한 차례 물을 바꾸어준다. 7일 후에 푹 찌고 밥이 식으면 자리 위에 펴두고 닥나무 잎으로 덮어준다. 누룩곰팡이가 두루 퍼지면 꺼내서 햇볕에 말린다. 항아리에 넣을 때가 되면 깨끗하게 키질한다. 누룩 한 말[斗]마다 물 두 말을 항아리에 넣고, 또 볶은 누룩 한 홉을 따뜻한 물에 담가 넣고 항아리 주둥이를 단단하게 밀봉한다. 20일이 지나 한 번 보고, 흰 곰팡이가 떨어지는 것을 기다리는데, 간혹 흰 곰팡이가 떨어지지 않으면 깨끗하게 걸러, 신맛이 나면 흰 곰팡이가 제거된다. 초를 솥 안에 넣고 한 차례 김을 내어 달이고, 또 소금을 약간 넣고 식으면 깨끗한 병이나 항아리[缾甕]에 넣어 저장하고 진흙으로 봉해주면 1-2년 보관할 수 있다.

6-4 쌀초 만들기[做米醋]

메벼[秈穀] 세 말을 매일 물을 바꾸어서 7일간 담가둔다. 이를 푹 쪄 고르게 펴고 곰팡이가 슬어 누룩이 만들어지면 햇볕에 쬐어서 바짝 말린다. 삼복三伏[732] 중에 거칠게 찧은 찹쌀[糯米] 한 말 다섯 되를 물에 살짝 담가 푹 쪄서 식기를 기다렸다가 곰팡이가 슨 누룩을 잘게 부수어 푹 찐 찹쌀과 섞어준다. 항아리에 먼저 여뀌[733] 줄기 몇 개를 깔아

---

732 **역자주** 하지로부터 셋째 경일(庚日)을 초복(初伏), 넷째 경일을 중복(中伏), 입추 후 첫째 경일을 말복(末伏)이라 하며 이를 삼복(三伏) 혹은 삼경일(三庚日)이라 한다. 복날은 10일 간격으로 들기 때문에 초복에서 말복까지는 20일이 걸린다.
733 **역자주** 여뀌[蓼子]는 마디풀과 식물로 한반도 중남부에 분포하며 물가나 들판의 습지에 나는 한해살이 초본이다. 잎은 향신료로 쓰거나 뿌리를 찧어 얻은 액체로 고기잡이에 사용하기도 한다. 하지만 중국의 경우 [6-14]에서 보는 바와 같이 날요(辣蓼)의 매운 자극성 냄새를 이용하여 곡식의 구충제(驅蟲劑)로 사용하기도 하였다.

주고, 이후에 항아리 속에 넣는다. 쌀 5되[升]를 넣고 그 위에 또 여뀌 줄기 몇 개를 깔고 쌀겨[米糠]로 덮어주며, 단단하게 밀봉하여 한 달간 차단한 이후에, 용수[篘]^734로 걸러 내어 오매烏梅 몇 개와 소금 약간을 함께 단지 속에 넣고 여러 번 끓여 김을 내서 진흙으로 봉해 저장해둔다. 생수와 물기 있는 그릇에 담아두는 것을 일절 금지한다.

원문 6-3 做老米醋

將陳倉秔米三斗或^735五斗淘淨, 水浸七日, 每日換水^736一遍. 七日後蒸熟, 候^737飣冷, 於席箔上攤開, 以楮葉蓋覆. 發黃衣遍, 曬乾. 臨下時簸淨. 每黃子一斗用水二斗, 入甕內; 又用紅麴^738一合, 溫水泡下, 將甕口封閉. 二十日看一遍, 候白衣面墜下; 或白^739衣不下, 澄淸, 以味酸爲度, 去白衣. 將醋鍋內熬一沸,^740 又炒鹽少許, 候冷, 用潔淨缾^741甕收貯, 以泥封之, 可留一二年.

6-4 做米醋

用秈^742穀三斗, 每日換水, 浸七日. 蒸熟攤開, 盦^743成黃子, 曝曬乾

---

734 **역자주** '용수'는 술을 찌꺼기로부터 걸러내는 데 사용하는 용구로서 대개 대나무껍질로 엮어 만든다.
735 대자본의 이 구절에는 '혹(或)'자가 없다.
736 대자본의 이 구절 아래에 '칠일매일환수(七日每日換水)'라는 여섯 글자가 군더더기로 붙어 있다.
737 '후(候)'자는 대자본에서는 '후(後)'자로 잘못 적고 있다.
738 '국(麴)'자는 대자본과 청각각본에서는 '국(麵)'으로 적고 있다. 이 두 글자는 통용된다. **역자주** 사고전서본에도 '국(麵)'으로 적고 있다.
739 '백(白)'자는 대자본에서는 '봉(封)'자로 적고 있다.
740 묵해금호본(墨海金壺本; 이후 묵해본(墨海本)으로 간칭)의 이 구절에서는 '초(醋)'자 아래 '입(入)'자가 한 글자 더 있다.
741 '병(缾)'자는 대자본에서는 '항(缸)'자로 적고 있다.
742 '선(秈)'자는 대자본에서는 '점(粘)'자로 적고 있다.
743 **역자주** 사고전서본에는 '암(盦)'을 '암(盫)'으로 적고 있다.

極.⁷⁴⁴ 三伏內以糙⁷⁴⁵糯米一斗五升, 水略浸, 蒸熟候冷, 以⁷⁴⁶穀黃⁷⁴⁷擣碎, 拌和蒸熟糯米.⁷⁴⁸ 缸底⁷⁴⁹先用蓼子數莖, 然後入缸內. 用米⁷⁵⁰五升, 上又用蓼子數莖, 以米糠蓋之, 密糊封閉一月, 然後篘出, 用烏梅數箇, 鹽⁷⁵¹少許, 同入缾⁷⁵²內, 煮⁷⁵³數沸, 泥封收貯. 切忌生水・濕器盛頓.

역문 6-5 연화초⁷⁵⁴ 빚기 [做蓮花醋]

　　밀가루 한 근에 연꽃 세 송이를 곱게 찧어 물과 섞어 덩어리로 만들고, 종이에 싸서 바람이 잘 통하는 곳에 걸어둔다. 한 달 후에 꺼내어 거칠게 찧은 쌀 한 말을 물에 담가 하룻밤 재워둔 후 푹 쪄서 물 한 말을 섞어 양조하고, 종이를 7겹으로 단단하게 밀봉하여 고정시킨다. 매 겹마다 7일[七日]이란 글자를 적어두는데, 7일이 지나면 한 층씩 벗겨내어 49일이 지난 뒤에 밀봉해둔 것을 열어 용수로 걸러내어 수차례 김이 나도록 달여서 거두어둔다. 만약 두 번 거른 것이 맛이 좋다

744　'극(極)'자는 대자본에서는 '급(及)'으로 잘못 적고 있다.
745　'조(糙)'자는 묵해본, 주총별록본(珠叢別錄本; 이후 주총본(珠叢本)으로 간칭)에서는 '추(糙)'로 잘못 적고 있다.
746　대자본에서는 이 구절에 '이(以)'자가 없다.
747　**역자주** 곡황(穀黃)은 황자(黃子)의 또 다른 이름인 듯하다.
748　왕위후의 교주수정(校注修訂)에서는 본 항의 곡(殼)자는 모두 곡(穀)자로 바꿀 것을 주문하고 있다.
749　대자본에서는 이 구절의 '저(底)'자 아래 '각(却)'이 한 자 더 있다.
750　'미(米)'자는 청각각본에서는 '수(水)'로 적고 있다. **역자주** 내용물 중 액체가 전혀 없는데, 뒤에 용수[篘]로 거르는 것을 보면 발효과정에서 액체가 생겼거나 물[水]이 투입된 것으로 보이지만, "用米五升, 上又用蓼子數莖, 以米糠蓋之."의 문장을 보면 쌀[米]이 발효되었음을 알 수 있다.
751　**역자주** 사고전서본에는 '염(壚)'을 '염(鹽)'으로 적고 있다.
752　'병(缾)'자는 대자본에서는 '항(缸)'으로 적고 있다.
753　**역자주** 사고전서본에는 '자(煮)'를 '자(煑)'로 적고 있다.
754　**역자주** 이상의 '연화초(蓮花醋)'의 내용은 서유구(1764-1845)의 『임원경제지(林園經濟志)』「鼎俎志」권6 「味料之類・蓮花醋方」에서 전재하고 있다.

면 물을 끓여 다시 양조하여 일용에 사용한다. 생수나 젖은 그릇에 저장해서는 안 된다.

6-6 두시[755] 만들기[做豆豉][756]

큰 검은콩을 깨끗이 일어 푹 삶아 걸러내고, 체에 친 밀가루[757]와 고루 섞어 자리 위에 펴서 식게 놓아두고 닥나무 잎으로 덮어주면 콩 메주가 된다.[758] 곰팡이가 위에 두루 피게 되면 햇볕에 쬐어 말리고, 외[瓜]와 가지 절편 두 근을 (준비하여) 매 한 근마다 깨끗한 소금 한 냥兩에 생강, 귤껍질, 자소紫蘇, 딜[蒔蘿],[759] 화초[小椒],[760] 감초 등을 넣고 잘게 부

---

755 **역자주** '두시(豆豉)'를 흔히 콩으로 만든 메주나 된장으로 번역하고 있는데 잘못이다. 이는 일본의 낫토와 같이 콩 알갱이가 온전히 유지된 상태로 곰팡이가 슬어 발효된 식품이다.

756 **역자주** 이 '豆豉'는 『사시찬요』「六月·作豆豉」와 『농상집요』 권5 「瓜菜·豆豉」편의 '두시'와는 제조방식에서 다소 차이가 있다.

757 **역자주** '면(麪)'을 밀가루로 해석했다. 하지만 보리 가루인지 콩가루인지가 분명하지 않다. 실제 위의 본문이 앞의 '做麥醋'에서 대맥으로 보리누룩[黃子]을 만든 것과 유사하고, 『제민요술』「作酢法」에도 보리누룩[麥䴷]을 자주 이용하고 있기 때문에 '면(麪)'이 보리가루로도 보인다. 그리고 『제민요술』 권8 「作豉法」에서 콩 이외의 곡물재료로 '秫米女䴷'과 '麥豉法'에서는 밀가루도 보인다.

758 **역자주** 검은 콩과 밀 가루를 섞어 콩메주를 만들어 두시를 만드는 방법은 『제민요술』「作豉法」과 당대의 『사시찬요』에는 없다. 아울러 『제민요술』에는 두시(豆豉) 만드는 시기를 4-8월이라고 했는데, 『사시찬요』「七月·造豉」에는 6-7월이 두시 만들기에 가장 좋은 시기라고 했다. 그 이유를 이때가 누런 곰팡이[黃衣]가 생기기 쉽기 때문이라고 한다.

759 **역자주** '시라(蒔蘿)'는 [6-1]에서 보듯 KPNIC에서는 이것을 산형과 아네툼속 '딜(dill)'이라고 명명하고 있다. 이것은 당대에 수마트라 섬에서 유입이 되었으며, 그 종자를 '시라'라고 하는데, 이 명칭은 산스크리트어의 jiraka의 음역이 아니라, 페르시아어 žira의 음역이다. 페르시아인의 후예인 이순(李珣)의 『해약본초(海藥本草)』에서는 『광주기(廣州記)』를 인용하여 이 식물이 페르시아에서 신강지역을 통해 중국 내지로 유입된 것이라고 하였다.

760 **역자주** '소초(小椒)': 장빙륜[張秉倫]의 역주본, 『飮膳正要譯注』(上海古籍出版社, 2014), p.431에서는 소초를 운향과 식물의 화초[花椒: Zanthoxylum bungeanum Maxim.]의 과피라고 한다. 한국의 BRIS에서는 이 학명을 '화초(花椒)'로 명명하고 있다. 이를 chinese flower pepper[lesser pepper]라고 번역하기도 한다. 유입식물인 화초[Zanthoxylum bungeanum Maxim.]와 한국 야생식물인 산초[Zanthoxylum schinifolium Siebold & Zucc.]가 속명이 동일한 것을 보면 근연식물인 듯하다. 원식물은 관목 혹은 소교목이며, 여린 가지는 짧고 부드러운 털로 덮여 있다.

수고 섞어서 하룻밤 재운다. 이튿날 메주를 키질하여 누런 곰팡이를 제거하고 함께 항아리에 넣고 원액을 취해 고루 섞어서, 위에 대나무 껍질과 잎을 덮어 벽돌로 눌러주고 종이로 불러 만든 진흙으로 밀봉해준다. 햇볕을 쬐고 반 개월 후에 개봉하여 콩, 외[瓜], 가지를 꺼내 햇볕에 말렸다가 약간의 증기를 쐬워 다시 햇볕에 쬐고 거두어 저장한다.

원문 6-5 做蓮花醋

白麵[761]一斤,[762] 蓮花三朵擣細, 水和成團, 用紙包裹, 掛於當風處. 一月後取出, 以糙米一斗, 水浸一宿, 蒸熟, 用水一斗釀之, 用紙七層密封定. 每層寫七日[763]字, 過七日揭去一層,[764] 至四十九日, 然後開封篘出, 煎數沸, 收之. 如二糟有味, 用滾[765]水再釀, 儘[766]有[767]日用. 忌生水·濕器收貯.

6-6 做豆豉

大黑豆淘淨煮[768]熟, 漉出, 篩麵[769]拌勻, 攤於席上, 放冷, 用楮葉

---

761 역자주 '백면(白麵)'은 명대 李時珍, 『本草綱目』「穀一·小麥」引寇宗奭曰, "生嚼白麵成筋, 可黏禽蟲."에서 밀가루임을 알 수 있다. 사고전서본에는 '면(麵)'을 '면(麵)'자로 적고 있다.
762 대자본의 이 구절 앞에는 '용(用)'자가 한 자 더 있다. 또한 '근(斤)'자는 '척(斥)'으로 잘못 적고 있다.
763 신은서의 이 구절에는 '일(日)'자 아래에 '이(二)'자가 더 있다.
764 '층(層)'자는 대자본과 청각각본에 의거한 것이며, 명각본, 월의본에서 모두 '회(會)'로 잘못 적고 있다. 신은서에서는 '층(層)'으로 적고 있다.
765 '곤(滾)'자는 청각각본에서는 '낭(瀁)'으로 잘못 적고 있다. 역자주 사고전서본에도 '곤(滾)'을 '낭(瀁)'으로 적고 있다.
766 '진(儘)'자는 대자본에서는 '진(盡)'으로 적고 있다. 이 두 글자는 통용된다.
767 '진유(儘有)' 두 글자는 신은서에서는 '가공(可供)'으로 적고 있다.
768 역자주 사고전서본에는 '자(煮)'를 '자(賣)'로 적고 있다.

盦⁷⁷⁰成黃子. 候黃衣上遍, 曬乾, 用瓜茄切片二件,⁷⁷¹ 每一斤用淨鹽一兩, 入生薑·橘皮·紫蘇·蒔蘿·小椒·甘草, 切碎同拌一宿. 次日將豆黃簸去黃衣, 同入甕內, 取⁷⁷²原⁷⁷³汁拌勻. 上用箬葉覆蓋, 甎石壓定,⁷⁷⁴紙泥密封. 曬半月後可開, 取豆·瓜·茄曬乾, 略蒸氣透, 再曬, 收貯.

〈그림67〉 화초[小椒]나무와 그 열매

〈그림68〉 황두시(黃豆豉)와 흑두시(黑豆豉)

역문 6-7 밀기울메주 만들기[造麩豉]⁷⁷⁵

밀기울의 양이 많고 적음에 관계없이 물로 고루 반죽하여 푹 쪄내

769　역자주 사고전서본에는 '면(麫)'을 '면(麵)'자로 적고 있다.
770　역자주 사고전서본에는 '암(盦)'을 '암(盫)'으로 적고 있다.
771　이 구절의 '건(件)'자는 묵해본에서는 '근(斤)'으로 적고 있다. 이것을 제외하면 각 판본은 모두 서로 동일하다. 생각건대 과(瓜)와 가지[茄]의 절편을 '건(件)'이라고 언급하는 것은 마땅하지 않다. 아래 구절은 "每一斤用淨鹽一兩"인데 전후 문장의 의미로 보았을 때 '건(件)'자는 '근(斤)'자의 잘못으로 의심된다.
772　'취(取)'자는 청각각본에서는 '용(用)'으로 적고 있다.
773　'원(原)'자는 대자본에 의거하였으며, 기타 각 판본에서는 모두 '원(元)'으로 적고 있다. 유인본에서는 '원(原)'으로 적고 있다. 역자주 사고전서본에는 "取原汁拌勻"을 "用元汁匀拌"으로 적고 있다.
774　대자본에서는 이 부분을 "上用箬葉用甎石磚蓋覆定"으로 적고 있는데, 확실히 뒤섞인 부분이 있다.
775　역자주 이 내용은 밀기울 메주를 발효시키는 방법으로 『사시찬요』 「六月·麩豉」와 원대 『농상집요』 권5 「瓜菜·麩豉」에도 본문과 같이 전한다. 이 방식은 '두시(豆豉)'와는 그 제조 방법과 재료가 큰 차이가 있다. 특히 『제민요술』 권8 '作豉法'의 "作麥豉法"과 마찬가지로 콩이 들어있지 않은데, 어째서 '시(豉)'라는 이름을 붙였는지 알 수 없다. 그 때문에 '부시(麩豉)'를 밀기울메주라고 해석하였음을 밝혀둔다.

어 따뜻해지면 쑥으로 덮는데, 누런 곰팡이가 피면 햇볕에 쬐어 말려서 물에 골고루 섞어 눅눅한 채로 독이나 항아리에 넣어 차곡차곡 채운 후 뜰 가운데에서 거꾸로 뒤집어서 약간의 재로 둘러준다. 7일이 지난 이후에 꺼내어 펴서 햇볕에 말리며, 만일 색이 아직 진하지 않다면 이전의 방식대로 뒤섞어주는데, 색깔이 좋아지면 그만둔다. 색이 검어지면 또 푹 쪄서 독에 넣어 차곡차곡 담아서 진흙으로 봉해준다. 겨울이 되면 꺼내서 먹는데, 따뜻한 것이 두시보다 낫다.[776]

6-8 외와 가지장아찌[醬醃瓜茄][777]

갓 딴 외와 가지를 소금에 2-3일 절인다. 장에 넣어 절이면 맛이 풍부하고 좋다.

6-9 맥전 갈이[耕麥地]

이달 초순 오경 무렵 이슬이 아직 마르지 않고 양기가 땅 속에 있을 때를 틈타 맥전을 갈이하면 소는 선선함을 느끼게 된다. 땅을 갈고서 녹두를 듬성듬성 파종하고, 7월에 녹두 모종을 쟁기로 뒤엎어 땅속으로 넣어주면 거름을 주는[778] 것보다 좋으며 (그렇게 하면) 맥의 싹이 무

---

[776] 역자주 문단 끝에서 '온난(溫暖)'이란 단어가 뜻하는 것은 아무래도 '두시(豆豉)'와 비교하여 쓴 말인 듯하다.

[777] 역자주 『사시찬요 역주』「七月·藏瓜桃」에도 "장이나 술지게미에 저장하는 것 모두 좋다."라는 내용이 전한다.

[778] 역자주 녹두는 일종의 묘비(苗肥), 즉 녹비(綠肥)작물로서 갈아엎어 거름으로 사용하는 것인데, 『제민요술 역주 I』권1「耕田」, p.79의 '美田之法'에는 녹두(菉豆)를 최고로 쳤으며, 다음은 소두(小豆)와 참깨[胡麻]라고 한다. 이러한 인식은 『사시찬요』「五月·肥田法」에도 이어지고 이듬해 춘종(春種) 작물은 畝당 10석을 거둘 수 있었다고 한다. 이러한 녹두를 이용한 녹비 방식은 조선의 『농사직설(農事直說)』「耕地」, 「種大小麥」에도 그대로 이어지고 있는데, 「耕地」조에서는 "척박한 땅에 녹두를 심어 무성하기를 기다렸다가 갈아엎으면 잡초와 벌레가 생기지 않고 척박한 땅이 좋아진다."라고 한다.

성해진다.

원문 6-7 造麩豉[779]

麥麩不限多少,[780] 以[781]水勻拌, 熟蒸出, 放溫, 蒿艾盦[782]出黃衣, 曬乾, 以水勻拌, 帶潤却入缸甕, 實捺定, 倒合庭中地上, 以少[783]灰圍之. 七日外取出攤曬, 若顏色未深, 又拌, 依前法, 色好爲度. 色黑, 又蒸熟[784]入甕, 捺實[785]泥封. 至冬取食, 溫暖.

6-8 醬醃瓜[786]茄

新摘瓜茄, 鹽醃二三日. 於醬內醃之則肥美.

6-9 耕麥地

此月初旬五更時,[787] 乘露水未乾, 陽氣在下, 宜耕之, 牛得其涼. 耕過地內稀種菉豆, 候七月間, 犁[788]翻豆秧入地, 勝如用糞, 則麥苗易茂.[789]

---

779 '시(豉)'자는 청각각본에서는 '두(豆)'로 적고 있다. **역자주** 청각각본이 저본으로 한 사고전서본에서는 '시(豉)'로 적고 있다.
780 대자본에서는 이 구절을 "以麥麩不拘多少"로 적고 있다.
781 '이(以)'자는 대자본에서는 '용(用)'으로 적고 있다.
782 **역자주** 사고전서본에는 '암(盦)'을 '암(龕)'으로 적고 있다.
783 '소(少)'자는 대자본에서는 '소(小)'로 적고 있다.
784 '숙(熟)'자는 대자본에 의거하였으며 기타 각 판본에서는 모두 '열(熱)'로 적고 있다.
785 '실(實)'자는 청각각본에서는 '입(入)'으로 적고 있다.
786 왕위후[王毓瑚]는 본서 목차의 교기(校記)에서 원래 과(瓜)자가 빠져 있다고 한다. **역자주** 사고전서본(四庫全書本)에는 누락된 것 없이 바르게 적고 있다.
787 이 구절은 청각각본에 의거하였으며 명각각본에서는 모두 '사(四)' 자가 없다. 신은서, 경세록에서는 모두 이 글자가 있다. **역자주** 본문에는 원래 명각본처럼 '사(四)' 자가 없다. 왕위후[王毓瑚] 선생의 각주 작업과정에 착오가 있은 듯하다.
788 **역자주** 사고전서본에는 '리(犂)'를 '리(犁)'로 적고 있다.
789 '무(茂)'자는 대자본에서는 '성(成)'으로 잘못 적고 있다.

역문 6-10 산초[790] 수확하기[收椒]

중복 이후에 날씨가 청명할 때 이슬이 달린 채로 수확한다. 하루 동안 그늘에 둔 후에 3일 동안 햇볕을 쬐면 열매가 붉어지면서 터지게 된다.[791] 비를 맞으면 바람이 잘 통하는 곳에 얇게 펴주고 자주 뒤집어준다. 만약 덮어두면 검고 또한 향기도 없어지게 된다. 이내 산초를 수확한 후에는 마른 흙과 고루 섞어서 빗물이 스며들지 않게 대략 한 자 깊이의 땅 속에 묻어두고, 물이 스며들어 싹이 나게 해서는 안 된다. 이듬해 2월 중에 꺼내서 비옥한 땅을 깊게 갈아 이전의 방법에 따라 파종한다.

6-11 녹두[792] 파종하기[種菉豆]

입추 전에 삼을 베어낸 땅에 파종하는 것이 좋으며, 너무 빨리 파종하면 꼬투리가 생기지 않는다. 만약 미리 콩 수확의 여부를 예측하려면 그 해에 오얏나무에 좀이 많이 슬지 않았다면 콩 수확이 좋다.[793]

---

790 역자주 '초(椒)'는 화초(花椒)라고도 하며 운향과 식물로 낙엽관목이다. 학명은 *Zanthoxylum bungeanum* Maxim.이며, 생명자원정보서비스[BRIS]에서는 '화초'라고 명명하며, 산초와 속명이 같은 점을 보면 근연식물인 듯하다. 열매는 구형이며 종자는 흑색을 띠며 약용이나 조미료로 사용된다.
791 역자주 『농상집요 역주』 권6 「藥草・椒」, p.550에서는 산초의 열매가 벌어지면 맑은 날을 틈타 재빨리 거둔다고 한다.
792 역자주 '녹두(菉豆)'는 송대 이전에는 주로 비전(肥田)을 위한 묘비(苗肥)로 사용되어 왔기 때문에 본서와 같이 독립된 장으로 주목받지 못했다.
793 이러한 현상을 물후(物候)라고 일컫는다. 즉 기후 환경의 변화에 따라 나타난 동식물의 징후(徵候)를 통하여 작물의 생장, 발육의 반응을 살피는 것으로, 고대 사회에는 이런 현상을 미리 인지함으로써 농사일을 사전에 대비하였다. 예컨대 "살구꽃이 피면 경토(輕土)와 약토(弱土)를 갈이하고, 살구꽃이 떨어지면 다시 갈이한다." 혹은 초나라에선 "4월에 두견[獲穀]이 울면 쟁기를 갖고 이랑에 오른다."라는 것이 그것이다. 중국 최초의 물후 기록은 『시경(詩經)』 「豳風・七月」에 등장하며, 그 외에도 『여씨춘추(呂氏春秋)』 「十二紀」와 『하소정(夏小正)』과 『관자(管子)』 등의 제가서(諸家書)에서 볼 수 있다. 특히 『일주서(逸周書)』 「時訓解」에는 1년 72후(候: 징후)를 통해 5일마다 변화되는 자연현상을 관찰하여 농업에 활용하고 있다. 물후와 유사한 현상으로 점후(占候)가 있는데 이것

묘일卯日에 파종하는 것을 꺼린다.

원문 6-10 收椒

中伏後, 遇⁷⁹⁴天色晴明, 帶露收. 陰一日之後, 曬三日則紅而裂. 遇雨, 薄攤當風處, 頻翻. 若盦,⁷⁹⁵ 則黑, 又不香. 仍收椒子, 用乾土和拌攪勻,⁷⁹⁶ 埋於避雨水地內, 約深一尺, 勿令水⁷⁹⁷浸生芽. 至來年二⁷⁹⁸月內取出, 於肥地深耕, 依前法種之.

6-11 種菉豆

立秋前宜刈了麻地上種, 太早不生角. 若預占豆收否,⁷⁹⁹ 當年李多不蛀則宜豆.⁸⁰⁰ 忌卯日下種.

역문 6-12 삼 베기[刈麻]

삼 줄기 위에 흰 곰팡이가 생기면 즉시 베어낸다.⁸⁰¹ 얇게 펴두고

들은 모두 자연과 인간을 매개하는 신호로서 이런 신호체계를 이해함으로써 고대 농업사회가 직면한 '위기'와 '도약'을 동시에 해결하는 방안으로 강구되었다.
794 '우(遇)'자는 대자본에서는 '과(過)'자로 잘못 적고 있다.
795 역자주 사고전서본에는 '암(盦)'을 '암(盦)'으로 적고 있다.
796 대자본에서 이 구절에는 '반(拌)'자 아래에 '균(勻)'자가 한 자 더 있다.
797 '수(水)'자는 대자본에서는 '승(承)'으로 잘못 적고 있다.
798 '이(二)'자는 경세록에서는 '삼(三)'으로 적고 있다.
799 대자본에는 이 구절에 '두(豆)'자가 없다. 또 '예(預)'자는 유인본에서는 '우(遇)'로 잘못 적고 있다.
800 청각각본에서는 이 구절에 '다(多)'자가 없다. 신은서, 경세록에서도 또한 모두 차(此)자가 없다. 역자주 왕위후[王毓瑚] 선생은 신은서, 경세록에서도 또한 모두 '차(此)'자가 없다고 하였는데, 기실 본문에도 '차(此)'자가 없다. 위의 문장에서 '또한'의 의미로 미루어 어쩌면 차(此)가 아니라 '다(多)'자가 아니었을까 한다.
801 역자주 수확시기의 징후를 『제민요술 역주Ⅰ』 권2 「種麻」와 『농상집요 역주』 권2 「播種·麻」, p.158에서는 수확시기를 "꽃가루가 날려 마치 잿가루처럼 피어날 때"이며, 이때 베지 않으면 삼 껍질이 흑갈색으로 변한다고 한다. 백부(白殕)가 이런 현상을 뜻하는지는

작게 단을 만드는데, 물에 담글 때는 맑은 물이 좋고, 적당하게 삶는 것이 좋다. 제릅(骨麻)⁸⁰²을 포함하여 삼 한 근에서 껍질 4냥兩을 취할 수 있다.

6-13 벼 김매기[耘稻]

벼의 모가 왕성할 때 물을 빼고 (논의 표면이) 마르면 (두둑에 자라는) 어지럽게 난 풀⁸⁰³을 (베어) 발로 밟아 진흙 속으로 밀어 넣어주면 사방의 논두둑이 깨끗하게 정돈된다. 재거름과 깻묵을 서로 섞어 논에 흩어 넣고 햇볕을 4-5일간 쬐게 하며⁸⁰⁴ 흙이 말라 갈라질 때 물을 넣어 볏모가 얕게 잠기게 하는데, 이것을 일러 '호전扈田'이라고 한다. 이 달이 바로 벼의 힘을 돋우기에 적당한 때이다. 6월에 한 차례, 7월에 한 차례 위의 방식에 따라 김을 맨다.⁸⁰⁵

6-14 밀 햇볕에 말리기[曬小麥]

삼복三伏 날에 햇볕에 쬐는 것이 좋으며,⁸⁰⁶ 바싹 말려 바야흐로 거

알 수 없지만 꽃가루와는 시점을 달리하는 것 같다.
802 **역자주** 삼대를 삶아 껍질을 벗기고 남은 골재(骨材)를 경상도지역에서는 '제릅'이라고 일컬으며 흰 색으로 속은 비어 있다.
803 **역자주** 여기에서 '난초(亂草)'는 볏모 주변에 난 풀이 아니며 다음 문장의 '사반(四畔)'의 의미로 보아 일차적으로 두둑 위에 자란 풀이라고 생각된다. 그러나 뒷문장의 끝부분에 6, 7월에 김을 매는 양상으로 미루어 볏모 주변에 있는 잡초를 김매는 것이 중심 역할을 했음을 알 수 있다.
804 **역자주** 벼 생육 도중 관리차원에서 '쇄전(曬田)'하는 것은 조선의 『농사직설(農事直說)』(1429년 간행)이나 『색경(穡經)』(1676년)에도 볼 수 있는데, 후자의 경우 6월에 전자의 2일보다 두 배 이상 늘려 4-5일간 하게 하였다. 조선에서는 이러한 조치를 '고도(稿稻)' 또는 '낙수(落水)'라고 했는데, '수전 바닥말리기' 기술을 통해 지온(地溫)을 높여 흙 속의 유기물을 분해하고 제초를 용이하게 하였던 것이다.
805 **역자주** 『농상집요 역주』 권2 「播種·水稻」, pp.122-123에는 김매기를 끝내고 '쇄근(曬根)'하고 벼가 익어갈 무렵에는 '거수(去水)'하는 장면이 등장한다. 조선의 『색경(穡經)』 상권 「水稻」에는 위 『농상의식촬요』의 '호전(扈田) 내용과 그 이후의 설명이 그대로 전해진다.
806 **역자주** 여기서 햇볕을 쬐는 대상이 밀인지 전지(田地)인지가 불투명하다. 왜냐하면 『제

두어들이며, 도꼬마리[蒼耳], 매운 여뀌[辣蓼]⁸⁰⁷를 함께 거두어 (구충제로)⁸⁰⁸ 사용한다.

원문 6-12 刈麻

麻稭上生白殕⁸⁰⁹時卽刈. 攤宜薄, 束宜小,⁸¹⁰ 漚⁸¹¹宜淸水, 生熟要合⁸¹²宜. 帶骨麻⁸¹³一斤可取皮四兩.

『민요술 역주 I 』권2「大小麥」, pp.263-264에는 5-6월에 맥을 파종할 땅을 햇볕에 쬐어 말린다고 하고, 비슷한 내용은 같은 책, 「旱稻」, p.307에서 "5-6월에 땅을 갈아 햇볕에 말려서 파종할 광맥(穬麥)을 준비한다."라고 한다. 『사시찬요 역주』「五月·暵麥地」, p.303에도 맥전을 말려 파종하고 있으며, 『농상집요』권2「播種·大小麥」, p.113에도 같은 내용이 이어진다. 하지만 본문에서 삼복[음력6-7월]에 "用蒼耳·辣蓼同收之."라고 하여 도꼬마리나 여뀌와 함께 수확한 것을 보면 밀이지 맥전(麥田)은 아니다.

807 **역자주** Baidu 백과에 의하면 날요(辣蓼)의 학명을 *Polygonum hydropiper* L.라고 하며, KPNIC에서는 이를 마디풀과 여뀌속 '여뀌[*Persicaria hydropiper* (L.) Delarbre]'라고 명명한다.

808 **역자주** 날요(辣蓼)는 요날자(蓼辣子), 날초초(辣椒草) 등으로 부른다. 날요의 잎은 매운 자극성 냄새가 나며, 이를 갈아 매운 즙액으로 작은 벌레를 쫓거나 씻어 말려 수확한 곡식 창고 속에 넣어 구충(驅蟲)에 사용한다. 도꼬마리[蒼耳] 역시 소맥과 함께 보관하면 벌레가 생기지 않으며, 중국에서는 오늘날에도 살충제 훈증(熏蒸)으로 사용되고 있다. 이러한 식물은 오늘날 한반도 남쪽에도 흔히 볼 수 있으며, 여뀌의 잎과 줄기를 찧어 그 즙의 독성을 이용하여 웅덩이 속의 물고기를 잡기도 한다.

809 '부(殕)'자는 대자본에서는 '부(涪)'로 잘못 적고 있다. 또 청각각본에서의 이 글자 밑에 주석을 달아 이르길, "생각건대 '부(殕)'자는 깊이 고려한 바가 없다. 『군방보(羣芳譜)』에서 이 조항을 인용하여 이르길 '삼 줄기 위에 흰 기름때[白膩]가 생길 때 즉시 벤다.'라고 하였는데, 즉 이 '부(殕)'자는 마땅히 '니(膩)'자로 적어야 할 것이다."라고 하였다. 살펴건대 신은서에서는 '니(膩)'로 바로 적고 있는데, 경세록에서는 '부(殕)'로 적고 있다. **역자주** 사고전서본에서는 '부(殕)'자를 '부(裕)'로 적고 있으며, 아울러 위의 청각각본에서와 동일한 소주가 달려 있는데, 여기서도 '부(殕)'자는 '부(裕)'로 적혀 있다. 아울러 [12-13]에도 '백배(白殕)'가 등장하는데, 이곳에서는 고기저장[臘肉] 중 고기 위에 흰 곰팡이[白霉]가 생기는 것을 일컫는다.

810 '소(小)'자는 청각각본에 의거하였으며, 명각각본에서는 모두 '소(少)'로 적고 있다. 신은서, 경세록에서는 또한 모두 '소(少)'로 적고 있다. 『제민요술(齊民要術)』권2「종마편(種麻篇)」에서 이르길 "葉欲小, 穊欲薄"이라고 하고 있는데, 주에서 이르길 (그렇게 해야) "마르기 쉽다[爲其易乾]"라는 것이 증거이다.

811 '구(漚)'자는 대자본에서는 '습(濕)'으로 잘못 적고 있다.

812 '합(合)'자는 청각각본에서는 '침(浸)'으로 잘못 적고 있다. 신은서에서는 '상(相)'으로 적고 있으며 경세록에서는 '합(合)'으로 적고 있다. **역자주** 사고전서본에서도 '합(合)'을 '침(浸)'으로 적고 있다.

6-13 耘稻

稻苗旺時放去水, 乾,[814] 將[815]亂草用脚踏入泥中, 則四畔潔淨. 用灰糞·麻秕相和撒入田內, 曬四五日, 土[816]乾裂時,[817] 放水淺浸稻秧, 謂之「戽田」. 此月正宜加力. 六月一次, 七月一次, 依上耘.[818]

6-14 曬小麥

宜三伏日曬, 極乾方收, 用蒼耳·辣[819]蓼同收之.

〈그림69〉 도꼬마리[蒼耳]

〈그림70〉 매운 여뀌[辣蓼]의 꽃과 열매

---

813 대자본에서는 이 구절에 '마(麻)'자가 없다.
814 이 구절의 '건(乾)'자 위에 경세록에서는 '방(放)'자가 한 자 더 있다.
815 '장(將)'자는 대자본에서는 '랄(捋)'로 적고 있다.
816 '토(土)'자는 청각각본에서는 '상(上)'으로 잘못 적고 있다.
817 대자본에서의 이 구절에는 '토(土)'자 밑에 '니(泥)'자가 한 자 더 있다.
818 대자본에서의 이 구절 말미에는 '누(耨)'자가 한 자 더 있다. 또 월의본에서 이 구절에는 '상(上)'자가 빠져 있다.
819 '랄(辣)'자는 명각본에서는 빠져 있으며, 대자본·월의본·청각각본에서는 모두 '랄(辣)'로 적고 있다. 신은서, 경세록에서도 또한 이와 동일하다.

역문 **6-15** 무[820] 파종하기[種蘿蔔]

비옥한 토지에 흩뿌리는 것이 좋으며 모래땅이 더욱 효과가 좋다. 척박한 땅은 거름을 주고 이랑을 지어 파종한다. 이슬이 있을 때 땅을 써레질하면 벌레가 생긴다. 김매기는 자주 할수록 좋다.[821] 싹이 촘촘할 때 약간 뽑아주어 성기게 해주면 크고 튼튼해진다.[822] 서리가 내린 후에 (무를) 소금에 절이거나 움에 저장하면 모두 좋다. 7월에 파종하면 늦다.

6-16 당근[823] 파종하기[種胡蘿蔔][824]

삼복 때에 이랑에 심는 것이 가장 좋으며, 혹은 비옥한 땅[825]에 흩

---

820 역자주 '나복(蘿蔔)'의 Baidu 백과에서의 학명은 *Raphanus sativus* L.이며, KPNIC에서는 이를 배추과 무속 '무'로 명명한다.『제민요술 역주Ⅱ』권3「蔓菁」, p.42에 '菘蘆菔'이 덧붙여 제시되어 있고『사시찬요』에도 순무[蔓菁]와는 달리 나복(蘿蔔)은 독립된 항목이 없다.『농상집요』권5「瓜菜·蘿蔔」에서야 독립된 항목이 보인다. 이것은 송대 이전에는 무가 순무보다 그다지 주목되지 않았음을 보여준다.『음선정요 역주(飲膳正要譯註)』(서울: 세창출판사, 2021)(이후『음선정요 역주』로 간칭) 권3「菜品·蘿蔔」, p.518에 의하면 무의 효능은 기를 내리고 곡물의 소화를 도우며, 담증으로 막힌 것을 해소하고 갈증을 치료하며 밀가루 독을 치료한다. 반면 순무의 효능은 몸을 가볍게 하고 기를 보익하며 눈을 밝게 한다고 한다.

821 역자주 파종 후 김매기 하는 주된 이유는 우선 싹이 잘 나오게 흙을 부드럽게 하는 것이고, 둘째는 포기의 종횡의 간격을 조정하는 역할을 하며, 셋째 북을 돋구어 뿌리를 튼튼하게 해주고, 넷째는 잡초를 제거하면서 작물의 포기의 기반을 안정감을 갖게 해주기 위해서이다.

822 역자주 이상의 내용은 기본적으로『사시찬요 역주』「六月·種蘿蔔」, p.352에 등장한다. 그 외에도 (무는) 6월 6일에 파종하며, 10월이 되면 거두어서 구덩이에 묻는다고 한다. 반면 순무의 경우『제민요술 역주Ⅱ』권3「蔓菁」, pp.53-54에는 최식(崔寔)의 말을 인용하여 6월 중복이후에서 7월 사이에 파종하여 10월에 뿌리를 거둔다고 하여 양자는 파종과 수확시기가 거의 일치함을 알 수 있다.

823 당근[胡蘿蔔]의 성질은 최덕경,『음선정요 역주』권3「胡蘿蔔」, p.519에서 설명한 바와 같이 폐와 비장을 건강하게 하고 적체된 것을 해소하며 소화불량과 오랜 이질 및 기침을 치료하는 효능이 있다. 이 외에도 이슬람과 한족의 각종 탕(湯羹)과 죽(粥)의 식재료로 활용되고 있다. 상옌빈[尙衍斌] 外2人,『음선정요 주석(飲膳正要注釋)』(中央民族大學出版社, 2009), pp.304-305에 의하면 '당근[胡蘿蔔]'은 '紅蘿蔔' 혹은 '甘荀'이라 칭하며 2년생 초본식물이라고 한다. 원산지는 서남아시아이며, 아프가니스탄에서 최초로 진화되어

뿌려 파종한다. 자주 물을 주면 뿌리가 크고 튼튼해진다.

6-17 늦외 파종하기[種晚瓜]⁸²⁶

각종 외씨를 비옥한 토지에 파종하면 외가 크고 튼튼해지며, 지게미 속에 넣어 저장할 수도 있다.

원문 6-15 種蘿蔔⁸²⁷

宜肥地撒種, 沙地尤效.⁸²⁸ 瘦地用糞作壠⁸²⁹種. 帶露耙⁸³⁰地則生蟲. 鉏不厭頻. 苗稠則小拔⁸³¹令稀, 則肥大. 霜降後, 或醃,⁸³² 或藏窖皆可. 七月種遲.⁸³³

2천 년 이상 재배되었다고 하고, 유럽은 이란을 통해 10세기에 유입되었으며 중국에 들어온 것은 13세기라고 한다. 명대 적충(狄冲)의 『식물본초(食物本草)』 권6 「胡蘿蔔」에도 "원대에 처음으로 오랑캐[胡] 땅에서 전래되었으며, 맛이 약간 무[蘿蔔]와 흡사하여 이름 지었다."라고 한다. 혹자는 금(金) 세종(世宗: 1162-1189년)을 가탁한 후인의 시(詩)에 홍나복(紅蘿蔔)이 등장한다고 하여 원대 이전에 중원에 유입되었다고도 한다. 두산백과에 의하면 한국에서는 16세기부터 당근이 재배되었다고 하지만 근거는 제시하지 않고 있다.

824 역자주 '호나복(胡蘿蔔)'은 『농상집요 역주』 권5 「蘿蔔(胡蘿蔔附)」 항목의 말미(p.407)에 매우 짧게 소개되어 있으며, 『제민요술』에는 '무[蘿蔔]'가 '순무[蔓菁]' 항목의 말미에 숭(菘)과 함께 첨부되어 있다. 이런 사실로 볼 때 당시 출현시기나 중요도가 순무, 무, 당근의 순으로 이어졌음을 알 수 있다. 1330년에 간행된 『飲膳正要』 권3 「菜品·蘿蔔」에 의하면 당근은 기를 내리고 장과 위를 정상적으로 조절하는 데 효능이 있다고 한다.
825 역자주 『농상집요』 권5 「瓜菜·蘿蔔(胡蘿蔔附)」에는 본문과 같은 "肥地漫種"이 아니라 '壯地'라고 표현하고 있다. 이를 마쫑선[馬宗申], 『농상집요 역주(農桑輯要譯注)』(上海古籍出版社, 2008), p.231에서는 '肥地'라고 번역하고 있다.
826 역자주 『제민요술 역주I』 권2 「種瓜」, p.331에는 "5-6월에 늦외를 파종한다."라고 한다.
827 대자본에서의 이 조항 표제에는 '종(種)'자가 빠져 있다.
828 '효(効)'자는 대자본에서는 '묘(妙)'로 적고 있으며, 청각각본에서는 '효(效)'로 적고 있다. 이하 동일하다. 신은서에서는 '가(佳)'로 적고 있다.
829 역자주 사고전서본에는 '롱(壠)'을 '농(壟)'으로 적고 있다.
830 '파(耙)'자는 경세록에서는 '비(肥)'로 적고 있다.
831 '발(拔)'자는 월의본에서는 '기(技)'로 잘못 적고 있다. 그리고 대자본의 이 구절에는 '발(拔)' 아래에 '감(減)'자가 더 있다.
832 '엄(醃)'자는 대자본에서는 '엄(腌)'으로 적고 있다. 이하 동일하다.

6-16 種胡蘿蔔[834]

宜於伏內畦種, 或肥地漫種.[835] 頻澆灌則肥大.

6-17 種晚瓜[836]

諸般瓜子於肥地內種,[837] 則瓜肥大, 可以糟藏.

역문 6-18 지치[838] 수확하기[收紫草]

불로 지치의 뿌리를 지지고 그늘에서 말려 풀로 감싸서 거두어 걸어두면 잎이 떨어지지 않는다.

---

833 청각각본에서는 '칠월종지(七月種遲)' 구절이 없다. 신은서에서는 이 구절을 "칠월에도 또한 파종할 수 있다.[七月亦可種.]"라고 적고 있으며, 경세록은 명각각본과 더불어 동일하다.

834 이 조항과 아래 두 조항은 청각각본에서는 모두 8월에 열거되어 있다. 역자주 사고전서본에서는 [6-16]에서 [6-21]까지의 6조항이 6월 항목에는 누락되어 있고, 대신 [6-16]조항은 사고전서본 7월의 첫 조항에 삽입되어 있다.

835 대자본의 이 구절은 '지(地)'자가 빠져 있으며, 또 이 문장 밑에 종후(種後) 두 글자가 더해져 있다.

836 역자주 이 조항[6-17] 조항은 6월이 아닌 사고전서본 7월의 두 번째 조항에 삽입되어 있다.

837 대자본에서 이 문장의 끝에는 '지(之)'자가 한 자 더 많다.

838 역자주 Baidu 백과에 의하면 '자초(紫草)'의 학명은 *Lithospermum erythrorhizon* Siebold & Zucc.이며, 다년생 초본으로 뿌리에 자색물질을 풍부하게 함유하고 있다. 뿌리를 말려 약재로 사용하는데, 피를 맑게 하고 습열, 토혈, 변비와 습진 등에 효능이 있다고 한다. 동아시아에 널리 분포하고 있으며, 국가표준식물목록[KPNIC]에서는 '지치' 이외 자초, 지초, 지추 등으로 명명하고 있다. 『제민요술 역주II』 권5 「種紫草」, pp.472-477에 의하면 '자초'는 『이아(爾雅)』, 『광지(廣志)』, 『신농본초경(神農本草經)』 등에서 등장하며, 용도는 주로 자색의 염료로 쓰이며, 이를 심은 이익은 쪽[藍]보다 좋다고 한다. 『제민요술』과 『농상집요』 등에 의하면 지치는 3월에 파종하여 9월 중에 종자가 익으면 베어낸다고 한다. 본서 역시 동일하다. 그런데 본문과 같이 6월에 수확한 것은 9월처럼 열매와 가지를 전부 베어 수확한 것이 아니라 땅 속의 뿌리 일부를 거둔 것으로 보인다.

6-19 순무[839] 파종하기[種蔓菁]

땅을 갈이할 때는 부드러워야 한다. 1무의 땅에 종자 세 되를 고르게 흩어 뿌린다. 잎은 따서 식용할 수 있다.[840] 10월에 뿌리를 거두는데, 한 무의 땅에 수 짐[擔][841]이 생산된다. 일찍 수확한 것은 뿌리가 가늘다. 만약 흉년이 들면 1경頃의 땅으로 백 명을 먹여 살릴 수 있다.[842] 잎은 말린 야채(시래기; 乾菜)로 만들 수 있고,[843] 종자로는 기름을 짤 수 있으며,[844] 등불을 밝히면 아주 밝다.[845] 참깨와 같이 기름을 짜면 소유小油[846]와 더불어 별 차이가 없다.

---

839 **역자주** '만청(蔓菁)'의 Baidu 백과에서의 학명은 *Brassica rapa* L.이며, KPNIC에서는 이를 '순무'라고 명명한다.

840 **역자주** 『제민요술 역주II』 권3 「蔓菁」편에 의하면 순무를 7월초에 파종하여 9월말에 잎을 수확하여 잎은 채소로 이용하거나 소금에 절임을 했으며, 일부는 땋아 그늘에 말려 오늘날과 같은 시래기를 만들었다고 한다. 당말 『사시찬요』 「七月・種蔓菁」에도 7월에 파종했는데, 원대에는 본문처럼 6월에 파종하고 있는 것이 주목된다.

841 **역자주** '담(擔)'은 민국시기에는 용량(容量) 1석(石), 중량(重量) 100근(斤)을 의미하며 1담(一擔)의 무게는 약 50kg에 해당한다.

842 **역자주** 이 내용은 『제민요술 역주II』 권3 「蔓菁」, p.51의 소주(小注); 『농상집요 역주』 권5 「瓜菜・蔓菁」, pp.400-402에 흩어져 보이며, 조선의 『산가요록(山家要錄)』(1450년경 간행) 「蔓菁」의 내용도 기본적으로 동일하다.

843 **역자주** 순무의 잎을 말려 시래기를 만드는 법은 『제민요술 역주II』 권3 「蔓菁」, pp.46-47; 『농상집요 역주』 권5 「瓜菜・蔓菁」, pp.399-400에 잘 보이며, 그 방식은 오늘날 우리의 방식과 동일하다.

844 **역자주** 『제민요술 역주II』 권3 「蔓菁」, pp.48-49에 의하면 순무 1경을 재배하면 수레 30대분의 잎을 생산할 수 있었으며, 뿌리는 200대분을 거둘 수 있었다. 씨를 거둘 경우는 1경의 밭에서 200석을 거두어 10경의 곡식을 심는 밭보다 낫다고 한다.

845 **역자주** 『농상집요』 권5 「瓜菜・蔓菁」편에는 순무의 기름은 등불을 밝힐 뿐 아니라 풍을 예방하고 장기 복용하면 흰 머리가 검게 되며, 식용할 때에는 참기름과 별 차이가 없다고 한다. 그런가 하면 『음선정요 역주』(서울: 세창출판사, 2021)(이후 『음선정요 역주』로 간칭) 권3 「菜品・蔓菁」에는 순무씨는 기를 보익하여 눈을 밝게 하는 효능이 있다고 한다.

846 **역자주** '소유(小油)'는 식물유로서 '청유(清油)'라고도 한다. 하남(河南)에서는 동물유(動物油)를 대유(大油)라고 부른다. 이런 점에서 보면 소유는 식물성 기름이라고 볼 수 있다. 그런데 순무씨 기름은 늘상 먹는 것이 아니지만 "참깨와 같이 착유하면 소유와 흡사하다."라고 하였다. 이것을 『농상집요』 권5 「瓜菜・蔓菁」에는 "少摻芝麻, 煉熟, 即與小油無異."라고 하여 "(순무씨를) 참깨와 조금 섞어 볶으면 소유와 별 차이가 없다."라고 표현하여 소유가 참기름처럼 인식되고 있다. 실제 조선시대에는 청유를 간혹 참기름으

원문 6-18 收紫草847

用火燒其根, 陰乾, 用草包收掛之848則葉不落.

6-19 種蔓菁849

耕地要熟. 一畝用子三升, 勻撒種. 葉可以採食.850 至十月取根, 一畝可出數擔. 早收者根細. 如直凶年, 一頃可活百人. 其葉851可作乾菜, 子可打油, 然燈甚明. 同芝麻煉熟, 與小852油無異.

〈그림71〉 무[蘿葍]와 그 꽃

〈그림72〉 순무[蔓菁]와 그 꽃

역문 6-20 토란853 김매기[鉏芋]

새벽이슬이 아직 마르지 않고 비가 온 뒤 김을 매는 것이 좋다. 만

로 해석하기도 했다. 이것은 당시 참기름이 식물성 기름[소유]의 대표성을 지녔기 때문인 듯하다.
847 역자주 이 [6-18] 조항은 6월이 아닌 사고전서본 7월의 세 번째 조항에 삽입되어 있다.
848 신은서에서는 이 구절을 "以草包懸掛收之"라고 쓰고 있다.
849 이 조항과 아래쪽의 두 조항은 청각각본에서는 전부 빠져 있다.
850 대자본에서는 이 구절을 "葉可以作菜食"이라고 적고 있다.
851 '엽(葉)'자는 월의본에서 '채(菜)'로 잘못 쓰고 있다.
852 '소(小)'자는 신은서에서 '청(淸)'자로 적고 있다.
853 역자주 우(芋)의 학명은 Colocasia esculenta (L.) Schott이며, KPNIC에서는 이를 '토란'으로 명명한다. 『농상집요』 권5 「瓜菜・芋」에서 토란은 해충의 피해를 많이 입지 않아 구황작물로 주로 이용되고 있다. 『음선정요 역주』 권3 「菜品・芋」, pp.528-529에서 토란

약 너무 무더운 한낮에 김을 매면 시들게 된다. 재거름으로 덮어주면 무성하게 자란다. 뿌리 곁을 김매어 성기게 해주면[854] 토란 줄기가 크고 알이 많아진다.

6-21 밥 쉬지 않게 하기[飯不餿][855]

생 비름[856]을 밥 위에 얇게 펴서 덮고서 하룻밤이 지나면 밥이 쉬어 물크러지지 않는다.

원문 6-20 鉏芋

宜侵晨露未乾及雨後耘鉏. 若大熱日中耘則蔫.[857] 灰糞蓋則茂. 鉏

의 효능에 대해 장과 비장을 잘 통하게 하며 근육과 피부를 풍만하게 하고 중초비위를 매끄럽게 한다고 한다.

854 역자주 『농상집요 역주』 권5「瓜菜 · 芋」, p.388에는 토란 뿌리는 땅속 깊이 뿌리 내리는 것을 좋아하기 때문에 뿌리 주위를 깊이 파서 부드럽게 해주면 생산량이 배로 증가한다고 한다.

855 밥은 매일 누구나 먹는 음식인데, 본서 속에는 기장밥과 초를 만들기 위해 지은 쌀밥, 보리밥이 등장하지만 밥과 직접 관련된 내용은 거의 없다. 밥이 쉬지 않게 하는 법은 이전 농서에서 볼 수 없는 독특한 부분으로서 서민들의 삶에도 관심을 기울인 모습을 볼 수 있다. 그런데 조선 후기 서유구(徐有榘: 1764-1845년)가 간행한 『임원경제지(林園經濟志)』『鼎俎志』 권2「飯·炊飯宜軟」에는 청대 문인 석성금(石成金)의 『전가보(傳家寶)』「人事通」의 내용을 인용하여 전하는 바에 따르면, '노비 하인(奴婢下人)'은 경반(硬飯)을 좋아하고 주인은 무른 밥(爛飯)을 좋아하여 세끼[三時] 밥을 지을 때마다 주모(主母)가 감독했다. 다만 여름이 되면 남겨둔 무른 밥은 잘 쉬기 때문에 밥 짓는 방식을 안내하고 있는데, 즉 밥 지을 물이 끓어오를 때 쌀을 높이 쌓아두면 가장자리의 절반이 먼저 무른 밥이 되어 효과적이라고 한다.

856 역자주 비름[莧菜]의 Baidu 백과에서의 학명은 *Amaranthus tricolor* L.이며, 靑香莧, 紅莧菜, 紅菜, 米莧 등으로 불리며, KPNIC에서는 이를 비름과 비름속 '비름'으로 칭하며, 연한 잎은 식용할 수 있으며 1년생 초본식물이라고 명명한다. 영양가가 매우 풍부한 채소로 특별히 철과 아연 등의 광물질과 비타민C를 많이 함유하고 있다. Baidu 백과에 의하면 민간에서는 "6월의 비름은 계란에 필적하며 7월의 비름은 금과도 바꾸지 않는다."라고 한다.

857 '언(蔫)'자는 경세록에서는 '추(蔌)'로 적고 있다. 또 대자본에서는 이 구절의 '운(耘)'자 아래에 '서(鉏)'자가 한자 더 있다.

得根傍虛, 則芋大多子.

6-21 飯不餿⁸⁵⁸

用生莧菜薄鋪在上, 蓋之過夜, 則不致⁸⁵⁹餿壞.

---

858 '용(餿)'자는 대자본에 의거했으며, 기타 각본에서도 모두 '용(餿)'자로 잘못 적고 있다. 경세록에서는 '수(餿)'자로 쓰고 있다. 역자주 조선 후기의 『임원경제지(林園經濟志)』「鼎俎志」권2 「飯・飯不餿法」에서도 본서의 내용과 동일한 기록이 전하고 있다. 그것은 "用生莧菜鋪飯上, 則過夜不壞【案, 餿, 同餿, 飯傷濕熱也】(臞仙神隱書)"이며, 내용은 본서와 다소 차이가 있다. 문장 속의 '수(餿)'에 대해 『玉篇』에서는 "飯壞也. 與餿同."라고 하며, 『字林』에서는 "飯傷濕熱."라고 해석하고 있다. 그리고 여기서 말하는 '구선신은서(臞仙神隱書)' 중 월령의 내용은 바로 『농상의식촬요』의 내용과 동일하다.

859 대자본에는 이 구절에 '치(致)'자가 없다.

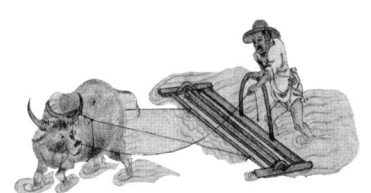

농상의식촬요 권하
農桑衣食撮要卷下

칠월七月	시월十月
팔월八月	십일월十一月
구월九月	십이월十二月

칠월 七月

역문 **7-1** 쪽 베기[刈藍]

쪽 한 짐[擔]¹마다 단물[甜水] 한 짐을 사용하여, 잎과 뿌리를 잘게 썰어서 솥[鍋]에 함께 넣어 수백 번 김이 나게 삶아서 찌꺼기를 걸러내고 즙을 항아리 안에 담는다. 이튿날이 되면 (즙을 항아리에 담는 비율을) 익은 쪽[熟藍] 3할에, 생 쪽 1할 비율로 하고, 딴 잎을 갈돌[磨盤] 위에 올려놓고 손으로 3차례 비비고 (한 차례 문지를 때마다 매번 항아리 속의) 끓인 즙[熟汁]을 붓고 주물러 찌꺼기를 걸러내고 깨끗하게 하여 항아리 속에 담는다.² 쪽 뿌리가 조금만이라도 남아있으면 이후 꽃이 피고 열매가 맺힌

1　역자주 '담(擔)'은 민국시기에는 중량(重量) 100근(斤)을 의미하며 약 50kg에 해당한다. [6-19]의 각주 참조.
2　역자주 이상의 내용은 『군방보(群芳譜)』의 기록 중 일부이다. 3차례 반죽한다는 의미는 한꺼번에 3번 반죽한 후 숙람(熟藍)을 붓는 것보다 한 차례 반죽하고 숙람을 붓는 과정

다. 8월이 되면 종자를 수확하였다가 이듬해 봄 3월에 파종한다.³

7-2 메밀⁴ 파종하기[種蕎麥]

입추 전후에 조밀하게 흩어 뿌리면⁵ 결실이 많아지고, 성기게 파종하면 결실이 적어진다.

원문 7-1 刈藍⁶

每藍一擔, 用甜水一擔, 將葉根⁷切細, 於鎬中同煮數百沸, 去粗,

을 3번 한다는 의미로 받아들여야 할 것이다. 이때 생람(生藍)은 숙람의 색을 조절하기 위해 사용한 것으로 줄기보다 잎이 유용했다고 볼 수 있다. 『제민요술 역주Ⅱ』 권5 「種藍」, pp.466-468에도 이와 다른 쪽[藍]의 재배에 대한 기록은 보인다. 이 중 전반부는 『농상집요 역주』 권6 「藥草·藍」, p.543에서 인용하고 있고, 중반부 이후는 『사시찬요 역주』 「七月·造藍淀」, pp.389-390에서 인용하고 있다. 하지만 본문과 같이 남색을 내는 방식은 이들 책에서 볼 수 없다. 『사시찬요 역주』 「七月·造藍淀」, p.390의 小注에서처럼 "쪽 담그는 것 역시 풍토에 따라 상이하다."라고 하는 것은 이를 의미하는 듯하다.

3 **역자주** 『제민요술 역주Ⅱ』 권5 「種藍」, pp.466-469에는 쪽은 3월에 파종하여 7월에 수확하는데, 최식(崔寔)의 말에 의하면 "5월에 쪽을 수확하고, 6월에는 겨울 쪽[冬藍]을 파종한다."라고 하여 겨울 쪽도 있었음을 시사하고 있다. 쪽[藍]의 경제적 이익은 10무의 쪽을 파종하면 100무의 곡식 파종과 버금간다고 하였다. 『농상집요 역주』 권6 「藥草·藍」, p.543에도 7월 중순이 되면 쪽을 생산하여 물감을 만들었다고 한다. 조선의 『농가집성(農家集成)』(1655년 편찬) 「四時纂要抄·七月」에도 "쪽[藍]으로 물들인다."라고 했으며, 『산림경제(山林經濟)』(1715년경 간행) 권1 「治農·種藍」에서는 가공과정에 대해 『농상의식촬요』의 내용을 인용하면서, 조선 속방에서는 생숙람(生熟藍)을 섞는 비율을 1:3이 아니라 1:2로 해도 전부 생 쪽으로 하는 것보다 못하다고 독자적인 견해를 내고 있으며, 이후 『증보산림경제(增補山林經濟)』(1766년 간행) 권6 「治圃·藍」에서도 이를 그대로 인용하고 있다.

4 **역자주** '교맥(蕎麥)'의 학명은 *Fagopyrum esculentum* Moench.이며 국내에서는 '메밀'로 통칭된다. 메밀의 약효에 대해 원대 『음선정요』 권3 「米穀品·蕎麥」, p.368에 의하면 창자와 위를 충실하게 하며, 기력을 북돋운다. 장복하면 풍기가 유발되어 머리가 어지러워진다. 특히 돼지고기와 함께 먹으면 열사(熱邪)와 풍사(風邪)를 앓으며, 눈썹과 수염이 빠진다고 한다.

5 **역자주** 『농상집요 역주』 권2 「播種·蕎麥」, p.147에도 "(메밀은) 입추를 전후하여 10일 이내에 파종한다."라고 한데 반해, 조선의 『농사직설(農事直說)』 「種蕎麥」에는 입추가 6월이면 입추 전 3일 이내에, 입추가 7월이면 입추 후 3일 이내가 적기라고 한다.

6 이 조항과 아래 두 조항은 청각각본에서는 완전히 빠져 있다. **역자주** 사고전서본에는 본문의 [7-1]에서 [7-3]조항까지 7월의 이 위치에서 누락되어 있다.

將汁盛缸內. 至第二日, 比熟藍三停內, 用生藍一停, 摘葉, 於磨盤⁸上手揉三次, 用熟汁澆挪,⁹ 濾柤令淨, 缸內盛之. 存藍根,¹⁰ 後¹¹聞花結子. 至¹²八月收種, 來春三月¹³種.

7-2 種蕎麥¹⁴

立秋前後, 宜稠密撒種,¹⁵ 則結實多, 稀則結少.

〈그림73〉 메밀[蕎麥]과 그 종자

역문 7-3 대나무와 나무 베기[斫伐竹木]¹⁶

이 달에 천기가 좋으면 대나무가 단단하고 질겨진다. 진일辰日, 경

---

7 '근(根)'자는 『구선신은서(臞仙神隱書)』(이후 신은서로 간칭), 『경세민사록(經世民事錄)』(이후 경세록으로 간칭)에서는 '경(梗)'으로 적고 있다.
8 역자주 『군방보(群芳譜)』에서는 마반(磨盤)을 와분(瓦盆)이라고 표현하고 있다.
9 '나(挪)'자는 경세록에서는 '안(按)'으로 적고 있다.
10 왕위후의 교주수정에서는 붉은색 연필로 근(根)자 다음에 ' , '를 보충할 것을 주문하고 있다.
11 『신간농상촬요본(新刊農桑撮要本)』(이후 대자본(大字本)으로 약칭)에서는 이 구절에 '후(後)'자가 없다. 또 신은서, 경세록에서는 이 글자를 모두 '후(候)'로 적고 있다.
12 대자본에서는 이 구절에 '지(至)'자가 없다.
13 대자본에서는 이 구절에 '삼월(三月)' 두 글자가 없다.
14 역자주 사고전서본에는 이 조항이 7월의 이 위치에 누락되어 있다.
15 대자본에서는 이 구절을 '선용조살종(宜用稠撒種)'으로 잘못 적고 있다.
16 역자주 최덕경, 『농상집요 역주(農桑輯要譯註)』(서울: 세창출판사, 2012)(이후 『농상집요 역주』로 간칭) 권7「禽魚·歲用雜事」, p.635에는 6월에서 8월 사이에 대나무를 베면 좀 먹지 않는다고 한다.

오일庚午日, 혈기일血忌日,[17] 계묘일癸卯日에 베는 것이 좋다. 농언에 이르기를, "할아비와 손자가 서로 보지 못하고, 아들과 어미는 서로 떨어지지 않는다."라고 하였는데, 이것은 격년마다 대나무를 베는 상황을 일컫는다.[18] 12월에 베는 것이 가장 좋으며 6월 6일 또한 좋다.

7-4 시금치[19] 적근채 파종하기[種菠菜 又名赤根菜][20]

물에 종자를 휘저어서 2-3일 담가두고 껍질이 연해지면 건져내어 펴서 (물기를) 말렸다가[21] 땅에 내려놓고 동이로 뚜껑을 덮어두어, 싹이 나오면 비옥하고 성긴 땅에 파종해야 무성하게 자라난다.

---

17 역자주 마쭝선[馬宗申] 譯注, 『農桑輯要譯注』, p.285에 의하면, 고속(古俗)에 의하며 '혈기일'은 피를 보아서는 안 되는 날이며, 이날은 가축을 도살해서는 안 된다고 한다. 하지만 『농상집요 역주』권6 「竹木 · 種竹」, p.493에는 동물이 아니어서인지 '혈기일'에 대나무를 벌목하고 있다. 매월 한 번씩 혈기일이 있는데, 정월에는 축일(丑日)이며 2월에는 미일(未日)이라고 한다.

18 역자주 어미 대나무가 자라고 있고 그 해 죽순이 나게 되면 그 죽순은 벨 수 없다. 1년이 지난 이듬해에 대나무를 벨 수 있다고 하면 결국은 할아버지와 손자는 서로 마주볼 기회가 없게 되나 죽순인 상태에서의 모자관계는 떨어질 수 없는 관계가 된다. 최덕경, 『제민요술 역주(齊民要術譯註)II』 (서울: 세창출판사, 2018)(이후 『제민요술 역주II』로 간칭) 권5 「種竹」, p.433에서는 대나무로 도구[器]를 만들려면 반드시 일 년이 지나야 베어 사용할 수 있다고 한다.

19 역자주 '파채(菠菜)'의 학명은 Spinacia oleracea L.이다. Baidu 백과에 의하면 시금치는 페르시아 원산으로 『당회요(唐會要)』에 의하면 당 태종시기에 네팔(Nepal)을 통해 중국으로 유입되었다고 한다. 국내 KPNIC에서는 이를 명아주과 시금치속 '시금치'로 명명하고 있다. 최덕경, 『음선정요 역주(飮膳正要譯註)』, p.534에 의하면 시금치는 적근채(赤根菜)로서 "오장을 원활하게 하고, 장과 위에 쌓인 열을 통하게 하며, 술독을 해독하는 효능이 있다."라고 하였다.

20 역자주 『농상집요』권3 「瓜菜 · 菠稜」의 '新添'에는 시금치는 무 파종법과 동일하며, 겨울에도 언제나 푸른 채소를 먹을 수 있다고 한다.

21 역자주 물에 담근 시금치 종자를 '강건(控乾)'하는 것이 쉽게 이해되지 않는다. Naver 사전에서 '강건'은 "포를 만들 고기를 두들겨 가면서 말리는 것"으로 해석하고 있다. 이에 반해 [10-1]의 양민월의본(養民月宜本: 이후 월의본으로 간칭)에서는 '강(控)'을 '탄(攤)'으로 바꾸어 적고 있다. 이 내용은 시금치 종자를 발아시키기 위한 전단계 작업이다. 따라서 물에 담가 연해진 각진 종자를 가볍게 두드리기 보다는 펴서(널어) 말리는 것으로 해석하는 것이 좋을 듯하다.

원문 **7-3** 斫伐竹木[22]

此月氣全則堅靭. 宜辰日·庚午日·血忌日·癸卯日佳.[23] 諺語[24] 云,「翁孫不相見, 子母不相離.」, 謂隔年竹可伐. 臘月斫者最妙,[25] 六月六日亦得.

7-4 種菠菜又名赤根菜

用水拌子, 浸二三日,[26] 看殼軟, 撈出控乾; 就地以盆合[27]蓋, 候生芽, 宜肥[28]地虛土[29]內種之則茂.[30]

역문 **7-5** 호리병박[31]·가지·박 말리기[做葫蘆茄匏乾][32]

가지는 편片으로 자르고[33] 호리병박과 어린 박은 과일 껍질 벗기듯

---

22 역자주 사고전서본에는 이 조항이 7월의 이 위치에 누락되어 있다.
23 이 구절은 신은서에서는 '혈기일(血忌日)' 세 글자가 없다. 경세록에서는 이 문장을 "宜辰時, 庚午日血忌, 癸卯日佳"로 적고 있다. 역자주 혈기일은 피를 보면 안 되는 날로써 매월 한 번씩 혈기일이 있다.
24 대자본에서는 이 구절에 '어(語)'자가 없다.
25 대자본에서는 이 구절을 "臘月斫木便去皮者最妙"라고 적고 있다.
26 대자본에서는 이 구절의 '이삼(二三)' 두 글자가 도치되어 있다.
27 '합(合)'자는 대자본에서는 '합(盒)'자로 적고 있다.
28 '비(肥)'자는 월의본에서는 '파(耙)'로 적고 있다. 신은서, 경세록에서는 모두 '비(肥)'로 적고 있다.
29 역자주 '허토(虛土)'에는 '鬆軟土', 즉 황무지와 파낸 후에 쌓아둔 느슨한 흙 등의 의미가 있다. 송토(鬆土)의 의미는 파종을 위해 뒤엎은 토양이나 정원의 성긴 흙을 뜻하는 것 같다.
30 대자본에서는 이 구절을 "宜肥地土種之則茂"라고 적고 있다.
31 역자주 '호로(葫蘆)'의 학명은 Lagenaria siceraria(Molina) Standl이며, 국내에서는 이 학명의 정명을 Lagenaria leucantha Rusby라고 하며, '박'으로 명명한다. 『농상집요 역주』권5 「瓜菜·瓠」, pp.384-385의 호리병박의 파종과 재배법은 『사시유요(四時類要)』에서 인용한 방식을 제외하고는 모두 『제민요술 역주I』「種瓠」의 내용을 그대로 전재하고 있다.
32 본문과 동일한 내용이 19세기 조선의 『임원경제지(林園經濟志)』「鼎俎志」권4 「乾菜·葫蘆茄乾方」에도 그대로 전재되어 있다.
33 역자주 『제민요술 역주I』권2 「種瓜」, p.344의 '種茄子法'에는 "茄子, 九月熟時摘取, 擘破. 水淘子, 取沈者, 速曝乾裹置."라고 하여 9월에 익은 가지를 따서 쪼개어 씨를 취하고 햇볕에 말려 저장한다고 한다.

길게 깎아 햇볕에 쬐어 말렸다가 거두는데,[34] 말린 야채를 만드는 법과 동일하다.

7-6 옻 채취하기[取漆]

도끼로 나무를 찍어 껍질에 흠집을 내고 대나무 관을 상처부위에 받쳐 수액이 떨어져 모이면 옻[漆][35]을 채취할 수 있다.[36]

원문 7-5 做葫蘆茄匏乾

茄切片, 葫蘆・匏子削條, 曬乾收, 依做乾菜法.

7-6 取漆

以斧斫破其皮,[37] 用竹管承[38]之, 滴下汁則成漆.[39]

---

34 역자주 『제민요술 역주I』 권2「種瓠」, p.351에는 "박[瓠]을 길러 (연한) 껍질 채 잘라 포(脯)로 만들어 쌓아 두면 겨울에 먹을거리로 쓸 수 있다."라는 비슷한 내용이 전한다.
35 역자주 옻나무에 흠집을 내어 받은 액을 생칠(生漆)이라 하고, 가지를 베어 불을 가까이 대어 얻은 즙을 숙칠(熟漆)이라고 한다. 전자를 상급으로 친다.
36 역자주 본문과 거의 동일한 내용이 원대『농상집요 역주』권6「竹木・漆」에 '신첨(新添)' 형식으로 전하고 있다. 하지만『제민요술 역주II』권5「漆」, pp.405-408에서는 이미 제작된 칠기(漆器)의 관리에 대해 구체적으로 언급하고 있다.
37 명대 농상촬요본[이후 명각본으로 간칭]에서는 이 구절에 '부(斧)'자와 '기피(其皮)' 두 글자가 빠져 있으며, 대자본, 월의본과 청대의 각본 즉『묵해금호본(墨海金壺本)』,『주총별록본(珠叢別錄本)』,『장은서실본(長恩書室本)』,『반무원본(半畝園本)』과『청풍실본(清風室本)』(이후 청각각본(清刻各本)으로 간칭)에 의거하여 보충한다. 유인본(油印本)에는 '작(斫)'자 아래에 '감(砍)'자가 한 자 더 있다.
38 '승(承)'자는 대자본에서는 '성(盛)'으로 잘못 적고 있다.
39 청각각본에서는 이 구절에 '즙(汁)'자가 없다. 경세록은 명대 각본 즉『농상촬요본(農桑撮要本)』,『신간농상촬요본(新刊農桑撮要本)』과『양민월의본(養民月宜本)』(이후 명각각본(明刻各本)으로 간칭)과 더불어 동일하다. 신은서에는 '적하즙(滴下汁)' 세 글자가 "用竹管盛(承)之" 구절의 앞에 있다.

〈그림74〉 옻[漆]나무와 옻 채취작업

팔월 八月

역문 8-1 보리와 밀 파종하기 [種大麥小麥]

밭은 부드럽게 쟁기질하여 갈이하는 것이 좋다. 옛 사람들이 이르길 "재가 없다면 맥麥을 파종할 수 없으며, 두 사일(社日: 춘사일과 추사일)[40]이 지나 (수확하면) 절로 좋아진다."[41]라고 하였다. 백로白露절[42] 이후에

---

40 역자주 '사(社)'는 춘사일과 추사일을 가리키는 듯하다. 춘사일은 입춘 후 다섯 번째 무일이고 추사일은 입추 후 다섯 번째 무일이다. 대체적으로 춘사일은 양력 3월 17일에서 26일 즈음이고 추사일은 양력 9월 18일에서 27일 즈음이다.

41 역자주 『제민요술』「大小麥」에서 광맥의 파종은 8월 중순의 무일(戊日)에서 추사 이전이 가장 좋으며, 8월말에서 9월초가 가장 늦은 시기라고 한다. 밀의 경우 8월 상순의 무일에서 추사 이전이 가장 좋고, 중순의 무일까지가 중간, 8월 하순의 무일까지가 가장 늦은 시기이며, 동맥[宿麥]의 경우 하지 후 70일이면 파종할 수 있다고도 한다. 주목되는 점은 적기에 파종하면 파종량의 소모가 적다는 것을 잘 보여준다는 것이다. 이런 파종 시기는 이후에도 이어져 최덕경, 『진부농서 역주』(서울: 세창출판사, 2016) (이후『진부농서 역주』로 간칭함), p.64의 「六種之宜篇」에는 "8월에는 사일(社日) 전에 맥을 파종할 수 있다."라고 하며, 『농상집요 역주』 권2「播種·大小麥」, pp.116-117에는 추사일 이후에 종

첫 번째 무일戊日이 되면 무畞당 종자 3되[升]를 파종하고, 두 번째 무일이 되면 무畞당 종자 5되[升]를 파종하며 세 번째 무일이 되면 무畞당 종자 7되[升]를 파종한다.⁴³ 재거름으로 고르게 섞어서 조밀하게 파종한다. 만일 그 해 살구가 많고 좀[蛀]이 먹지 않으면 보리의 수확이 좋다. '자子'일에는 파종을 꺼린다. 복숭아가 많이 열리고 좀이 먹지 않으면 밀의 수확이 좋다. '무戊'일에 파종하는 것을 꺼린다.⁴⁴

8-2 안개로 인한 대추 손상 방지하기 [防霧傷棗]

익은 대추에 안개가 달라붙으면 손실이 많아진다. 어저귀⁴⁵를 (여기저기) 광범위 하게 나뭇가지에 묶어두면 안개 기운을 피할 수 있다.⁴⁶ 혹은 짚을 나무에 감싸 광범하게 묶어주어도 좋다.

원문 8-1 種大麥小麥

田宜熟耕犁.⁴⁷ 古人云,「無灰不種麥, 兩經社自⁴⁸佳」. 白露節後

맥(種麥)하는 방식까지 등장한다.
42　역자주 백로(白露)는 양력 9월 7일이다.
43　역자주 『사시찬요 역주(四時纂要譯註)』(서울: 세창출판사, 2017) 「八月·種大麥」, pp.426-428의 "種大麥"과 "種小麥"에서도 본문과 같이 파종시기에 따라 파종량의 차이를 확인할 수 있지만, 당대(唐代)의 무당 파종량이 본문보다 훨씬 적은 것은 흥미롭다.
44　역자주 『제민요술 역주Ⅰ』 권2 「大小麥」, p.277에는 "밀은 戌일을 꺼리며, 보리는 子일을 꺼린다."라고 하여 戊가 아니라 戌일로 기록하고 있다.
45　역자주 어저귀[檾麻]의 학명은 Abutilon theophrasti Medik.이며, KPNIC에서는 이를 아욱과 어저귀속 '어저귀'로 명명하고 있다. Baidu 백과에 의하면 '경마(檾麻)'는 키가 큰 1년생 초본의 경마속(苘麻属) 식물로 줄기가 길고 곧으며, 하트 모양의 잎에 털이 무성하고 노란색 꽃이 핀다. 줄기의 껍질에서 질기고 강한 섬유질이 생산되어 삼끈과 포대를 만든다. 원산지는 인도이나 열대 및 온대 지역에서도 잘 자란다고 한다.
46　역자주 안개, 이슬과 어저귀와의 관계는 [4-3]의 각주를 참고하라.
47　역자주 사고전서본에는 '리(犁)'를 '리(犂)'로 적고 있다.
48　왕위후의 유고(遺稿)인 교주자수정(校注者修訂)[이후 '왕위후의 교주수정(校注修訂)'으로 간칭]에 의하면 자(自)는 문국각본(文國閣本)에서는 일(日)로 적고 있다고 연필로 주석하고 있다.

逢上「戊」⁴⁹日, 每畝種子⁵⁰三升, 中「戊」日, 每畝種子五升, 下「戊」日, 每畝種子七升. 以灰糞匀拌密種之. 若當年杏多不蛀,⁵¹ 則宜大麥. 忌「子」日種. 桃多不蛀, 則宜小麥. 忌「戊」⁵²日種.

8-2 防霧⁵³傷棗

棗熟著霧⁵⁴則多損. 用籈麻散絟於樹枝上, 則可避⁵⁵霧氣. 或用稭稈於樹上四散絟縛亦得.⁵⁶

역문 8-3 생강 절임 [糟薑]

추사일 전에 생강을 가져다가 베[布]로 비벼 껍질을 제거하고 생강 한 근마다 소금 두 냥[兩], 12월에 양조한 술지게미⁵⁷ 한 되를 넣고 절여 깨끗이 말린 병이나 단지에 담아둔다. 생수와 습기를 근접하지 못하게 한다.

---

49 '무(戊)'자는 대자본에서는 '무(茂)'로 잘못 적고 있다.
50 '자(子)'자는 청각각본에서는 '십(十)'으로 잘못 적고 있다.
51 왕위후(王毓瑚)의 교후보기[校後補記; 이후 왕위후의 보기(補記)로 간칭]에는 필사본에서 구절의 '밀(密)'자를 '밀(蜜)'자로, 본 구절에서는 '주(蛀)'자를 '휴(畦)'로 잘못 적고 있다고 한다.
52 '무(戊)'자는 청각각본에서는 '술(戌)'로 적고 있다. 신은서, 경세록에서도 모두 '술(戌)'로 적고 있다.
53 '무(霧)'자는 대자본에 의거하였으며, 월의본과 청각각본, 명각본에서는 '로(露)'로 잘못 적고 있다. 신은서, 경세록에서는 모두 '무(霧)'로 적고 있다. 왕위후는 본서의 목차 교기에서도 무(霧)자는 원래 로(露)자로 잘못 쓰였으며, 월의본에서도 로(露)로 잘못 쓰였다고 한다. 역자주 사고전서본에서는 '防霧傷棗'라고 바로 적고 있다.
54 위의 각주와 동일하다.
55 '피(避)'자는 대자본에 의거하였으며, 기타 각본에서는 모두 '벽(辟)'으로 적고 있다. 이하 동일하다.
56 '득(得)'자는 대자본에서는 '호(好)'로 적고 있다.
57 역자주 '납조(臘糟)'는 Baidu 한어에 의하면, 12월에 양조한 술지게미와 절인 음식의 두 가지 의미가 있다. 8월의 생강 절임을 설명하는 것이기에 전자를 택하였다.

8-4 파 씨 파종하기[種葱子]

상순에 밭이랑을 만들고 재거름을 사용하여 고르고 촘촘하게 파 씨를 흩어 뿌린다. 이듬해 3월에 옮겨 심는다.[58]

8-5 부추 뿌리나누기[分韭菜]

부추의 뿌리가 몇 년간 서로 엉키게 되면 무성해지지 않는다. 별도의 이랑을 만들어 나누어 옮겨 심는데, 늙은 뿌리는 제거하고 다소 연한 뿌리를 남겨 심는다.[59] 닭똥[60]으로 북돋아주거나 혹은 마른 돼지똥도 좋다.

원문 8-3 糟薑

社前取薑, 用布擦去皮, 每一斤用鹽二兩, 臘糟一升醃藏, 用幹淨缾[61]罐盛頓.[62] 忌生水·濕氣.[63]

---

[58] **역자주** 『제민요술 역주Ⅱ』 권3 「種葱」, pp.74-77에는 최식(崔寔)의 말을 인용하여 "3월에는 小葱을 포기나누기 하고, 6월에는 大葱을 포기 나누고, 7월에는 大小葱을 파종할 수 있다고 한다." 그런가 하면 녹두를 파종하여 5월에 갈아엎어 시비하여 7월에 볶은 조와 함께 파를 파종한 경우도 있는데, 『사시찬요 역주』 「七月·種葱韭」, p.386; 『농상집요 역주』 권5 「瓜菜·葱」, p.421에도 그대로 답습하고 있다. 『음선정요 역주』, p.514에 의하면, 파는 약재로도 사용되어 한사의 침입으로 인한 열과 땀이 나는 것을 치료하며, 종기에도 효능이 있다고 한다.

[59] **역자주** 『농상집요 역주』 권5 「瓜菜·韭」에는 부추는 한 번 파종한 이후에는 끊임없이 자란다고 하여 "게으른 사람들의 채소"라고 소개하고, 본문과 같은 뿌리나누기를 제시하고 있지는 않다.

[60] **역자주** 부추의 닭똥시비는 『농상집요』 권5 「瓜菜·韭」의 『박문록(博聞錄)』의 기록에도 등장한다.

[61] '병(缾)'자는 대자본에서는 '담(罎)'으로 적고 있다.

[62] 대자본에서의 이 구절에는 '둔(頓)'자가 없다. 또 청각각본에서의 이 구절에는 '병(缾)'자가 없다.

[63] 대자본에서는 이 구절을 '기생습수기(忌生濕水器)'로 잘못 적고 있다.

8-4 種葱子

上旬治畦, 用灰糞, 勻細撒子. 來年三月移栽.

8-5 分韭菜

韭菜根多⁶⁴年交結則不茂. 別作畦分栽, 摘去老⁶⁵根, 微留嫩根栽之. 用雞糞雍, 或乾猪糞亦可.⁶⁶

8-6 가시연⁶⁷ 파종하기[種雞頭]⁶⁸

가을에 열매가 익었을 때 거두어 열매를 쪼개어 (씨를) 연못 속에 흩어 뿌리면 이듬해 저절로 자라난다.

8-7 마름 파종하기[種菱]⁶⁹

가을에 마름의 모서리가 까맣게 되었을 때 수확하여 연못 속에 흩

---

64 대자본에서는 이 구절에 '구채근다(韭菜根多)' 네 글자가 빠져 있다. 청각각본에서의 이 구절에는 '채(菜)' 자가 없다.
65 대자본에서는 이곳에 '휴분재적거노(畦分栽摘去老)' 여섯 글자가 빠져 있다.
66 대자본에서는 이곳에 '분옹혹(糞雍或)' 세 글자가 빠져 있으며, 또 그 아래에 '저분건옹지역가(猪糞乾雍之亦可)'라고 적고 있다.
67 역자주 원대『음선정요 역주』권3「果品·鷄頭」, pp.496-497에 의하면 가시연밥은 맛이 달고 독이 없어 "주로 습사로 인해 저린 것, 허리와 무릎 통증을 다스리는 데 효능이 있다. 중초의 비위를 보익하고 질병을 제거하며, 정기를 보익한다."라고 한다. 실제 이 책에는 가시연밥가루를 이용한 절면, 칼국수, 훈툰, 혈분 등의 요리가 전한다.
68 역자주 '계두(鷄頭)'는 '검(芡)'이라고도 한다. 다년생 초본식물이며 연못 속에서 자란다. 검(芡)에 대한 Baidu 백과의 학명은 *Euryale ferox* Salisb. ex Konig et Sims이며, KPNIC에서는 이를 수련과 가시연꽃속 '가시연꽃'이라고 명명하고 있다. 전 그루에 가시가 있으며, 잎은 원형이고 수면에 떠 있다. 본문과 거의 동일한 내용이『제민요술』권6「養魚·芡」과『농상집요』권6「藥草·芡」에 등장한다.
69 역자주 능(菱)은 1년생 부수(浮水) 수생식물이며, 열매는 삼각형 능형이다. 학명은 *Trapa bispinosa* Roxb.이며, KPNIC에서는 이를 '큰마름'이라고 명명하고 있다.『제민요술』권6「養魚·芰」와『농상집요』권6「藥草·芰」에는 본문과 거의 동일한 내용이 등장한다.

뿌리면 자연적으로 싹이 튼다.

원문 8-6 種雞頭

秋間[70]子熟時收取, 擘子撒[71]於池[72]內, 來年自生.

8-7 種菱

秋間菱角黑時收取, 撒在[73]池內,[74] 則自然生之.

〈그림75〉 가시연[雞頭]꽃과 그 종자

〈그림76〉 마름[菱]과 그 열매

역문 8-8 마늘 파종하기[種蒜]

부드러운 땅이 좋다. 3차례 갈이하여 빈 누거로 고랑을 지어 2치[寸] 간격으로 한 구멍을 내어 파종한다.[75] 싹이 나올 때 호미로 자주 김

70　'간(間)'자는 월의본에서는 빠져 있다.
71　'살(撒)'자는 청각각본에서는 '산(散)'으로 적고 있다. 신은서, 경세록에서는 모두 '살(撒)'로 적고 있다.
72　'지(池)'자는 장은서실본(長恩書室本)[이후 '장은실본'으로 간칭], 반무원본(半畝園本)에서는 '포(袍)'로 잘못 적고 있다. 신은서, 경세록에서는 모두 '지(池)'로 적고 있다.
73　'재(在)'자는 청풍실본에서는 '어(於)'로 적고 있다.
74　'내(內)'자는 청각각본에서는 '중(中)'으로 적고 있다. 역자주 사고전서본에서도 '내(內)'를 '중(中)'으로 적고 있다.

매준다.[76] 항상 뿌리 곁을 깨끗하게 해준다, 모름지기 땅을 김맬 때는 성기게[77] 해주고, 거름물을 뿌려주면 마늘쪽이 크고 통통하나 그렇지 않으면 작고 파리해진다.

8-9 토란 뿌리 크게 하기[放芋根]

이 달은 토란의 모종이 아주 왕성하다. 호미로 뿌리 곁 흙을 일구어 도리어 다른 흙을 복토하고 짚과 나뭇잎을 감싸주면 힘이 되살아나서 토란 뿌리줄기와[78] 알이 비대해지며,[79] 그렇지 않으면 모종만 무성하고 토란 뿌리는 작아진다.

원문 8-8 種蒜

宜熟地. 耕三次, 以耬構成溝, 二寸一窠種之. 候苗出時, 鋤不厭頻. 常令根傍潔淨. 須要鋤地令虛, 以糞水澆灌, 則瓣肥大, 不然則瘦小.

---

75 역자주 『제민요술』「種蒜」에는 빈 누거[耬]로 이랑[壟]을 따라 가며 손으로 땅에 살짝 붙여 파종하며 그루 간의 간격은 5치[寸]라고 한다. 이 같은 지적은 『사시찬요 역주』「八月·種蒜」; 『농상집요 역주』 권5「瓜菜·蒜」에서도 동일하지만 본문의 2치 간격과는 차이가 있다.
76 역자주 『사시찬요 역주』「八月·種蒜」에서 자주 김매주면 마늘뿌리가 굵게 자란다고 한다.
77 역자주 '허(虛)'는 소송(疏鬆)의 의미인데, 우리말로는 푸석푸석하게, 성기게, 부드럽게 등으로 통한다.
78 역자주 Baidu 백과에서는 '우두(芋頭)'를 천남성과(天南星科) 우속(芋屬) 식물[Colcasia esculenta (L.) Schott]의 뿌리줄기[根莖]라고 한다.
79 역자주 『제민요술 역주I』 권2「種芋」, pp.364-366에 의하면 토란은 뿌리가 깊어 뿌리의 사방을 일구어 흙을 부드럽게 해주면 수확이 두 배가 된다고 하며, 『열선전(列仙傳)』을 인용하여 토란을 재배하면 굶어 죽는 일이 없어진다고 한다. 이 내용은 『농상집요 역주』 권5「瓜菜·芋」, pp.388-389에도 그대로 전한다.

8-9 放芋根

此月芋苗正旺. 鉏開根邊土,⁸⁰ 却上別泥及蟠稈葉, 則力回,⁸¹ 芋頭與子肥大,⁸² 不然⁸³苗盛芋小.

역문 8-10 모과⁸⁴ 옮겨심기[栽木瓜]

추사일 전후에 옮겨 심으면 이듬해 바로 열매가 맺혀서 봄에 옮겨 심을 때보다 좋다. 가지를 휘묻이해도 잘 자란다.⁸⁵ 옮겨 심거나 종자

80　'토(土)'자는 청각각본에서는 '상(上)'으로 잘못 적고 있다.
81　'역회(力回)' 두 글자는 대자본에서 '무성(茂盛)'으로 적고 있다.
82　이 문장의 뜻이 분명하지 않은 것으로 보아 분명히 잘못된 부분이 있다. 신은서에서는 '호미로 뿌리 곁의 흙을 파고 다시 기름진 진흙으로 뿌리에 북돋아주고, 또 짚과 잎으로 감싸주면 힘이 토란 덩이줄기로 돌아가서 그 뿌리가 크고 비대해진다.[宜鋤開根旁土, 卻上肥泥壅根, 及蟠稈葉, 則力回於芋頭, 其子肥大.]'라고 적고 있어 의미가 비교적 명확하다. 경세록의 내용은 명각각본과 더불어 동일한데, 단지 '반(蟠)'자는 '파(播)'자로 쓰고, '간(稈)'자는 '한(捍)'자로 적고 있어 동일한 해석이 되지 않는다. 대개 비교적 조기 각본에서 잘못이 있는 듯하며, 신은서의 저자는 일찍이 문장을 수정한 바가 있다. 역주자 토란은 알줄기와 줄기와 잎으로 구성되어 있는데, '芋頭'와 '子'가 동일한 것인지 아니면 모구(母球)와 자구(子球)의 의미인지가 명확하지 못하다. 혹 "芋頭與子肥大"는 혹 "芋頭與日肥大"가 잘못 표기된 것이 아닌가도 고려해볼 필요가 있다.
83　대자본에서 이 구절의 '연(然)'자 아래 '즉(則)'자가 한 자 더 있다.
84　역주자 장빙륜[張秉倫] 외 1인 譯注,『음선정요 역주(飮膳正要譯注)』(上海古籍出版社, 2014), p.357에서는 모과의 학명을 Chaenomeles lagenaria (Loisel.) Koidz.라고 하며, 한국의 KPNIC에서는 이것을 모과의 근연식물인 장미과 명자나무속 '명자나무(명자꽃)'라고 명명하고 있다. 그런가 하면 Baidu 백과에 의하면 '목과(木瓜)'는 장미과 목과(木瓜)속 식물로 학명은 Chaenomeles sinensis (Thouin) Koehne로서 BRIS에서는 이를 '모과'라고 명명하고 있다. 게다가 Baidu 백과에는 또 동일한 한자인 목과(木瓜)를 번목과(番木瓜)라고 지칭하기도 하는데, 이 학명은 Carica papaya L.이고, KPNIC에서는 이를 '파파야'로 명명하고 있다. 현지 연구자마저 혼선을 주고 있지만 본서에서는 과속(科屬)을 중시하여 '모과'라고 번역하였다.
85　역주자『제민요술 역주II』권4「種木瓜」, pp.313에도 본문과 비슷한 파종법이 보이며,『농상집요』권5「果實 · 木瓜」에는『무본신서(務本新書)』의 기록을 인용하여 본문과 동일한 내용을 소개하고 있다. 대개 오과(五果: 복숭아, 자두, 살구, 밤, 대추) 같은 과일은 꽃이 한창 필 때 서리를 맞으면 열매가 달리지 않는다. 이에 대한 대비책으로 조선의『농가집성(農家集成)』「四時纂要抄 · 十二月」에는 항상 과수원에 악초(惡草)와 생분(生糞)을 마련하고 비가 내린 후 날씨가 맑고 북풍이 불어 차가운 밤에는 서리가 내리니 불을 놓아 연기를 쐬어주면 그 피해를 막을 수 있다고 한다.

를 파종하는 것은 복숭아와 자두 심는 방법과 더불어 동일하다. 서리가 내린 이후에 따서 수확한다.[86]

8-11 감물 거두기[收柿漆]

감 한 되를 찧고 부수어서 물 반 되를 부어 네다섯 시간 동안 담가 발효시킨 후에 쪄서 감물을 취하여 (수분을) 건조시킨다. (물을 부어) 재차 감물을 취해도 좋으며,[87] 우산[88](의 방수를 위해) 칠하는 용도로 쓸 수 있다.

원문 8-10 栽木瓜

秋社前後移栽之, 次年便結子, 勝如春間栽. 壓枝亦[89]生. 栽種與[90]桃李法同. 霜降後摘取.

8-11 收柿漆

每柿子[91]一升擣碎, 用水半升釀四五時, 榨取漆令乾. 漆水再取亦得, 可以供做繖[92]者用度.

---

86 역자주 앞의 두 문장은 『제민요술』 권4 「種木瓜」와 『농상집요』 권5 「果實·木瓜」에서도 동일한 내용을 소개하고 있다.
87 역자주 Naver 백과에 의하면 이렇게 얻은 감물의 양은 생감의 10-29%나 된다고 한다.
88 역자주 '산(繖)'은 사전적 의미로는 일산과 우산의 의미를 동시에 포함한다. 그런데 감물은 방수의 효과가 있어서 우산의 용도로 사용하는데, 색이 적갈 내지 흑갈색으로 진하여 일산의 효과도 있었을 것으로 보인다. Naver 백과에 의하면 최근에는 이를 이용하여 제지(製紙), 목재 도료, 어망 염료, 청주 청정제 및 옻바탕칠 등에 활용한다고 한다.
89 '역(亦)'자는 대자본, 월의본에서 모두 '하(下)'자로 잘못 적고 있다.
90 왕위후의 보기(補記)에서는 필사본에서 '여(與)'자를 '어(於)'로 잘못 적고 있다고 한다.
91 역자주 감[柿]은 『설문(說文)』과 『광지(廣志)』에 등장하며, 『제민요술』 권4 「種柿」에도 독립 항목이 등장하나 내용은 다른 과실보다 상대적으로 적으며, 단지 옮겨심기[移栽]와 접붙이기 및 우려먹는 법만 간단하게 소개되어 있고, 『농상집요 역주』 권5 「果實·柿」, pp.469-470에는 우려먹는 법마저 생략되어 있다. 이에 반해 조선의 『증보산림경제(增補山林經濟)』 권3 「種樹·柿」에 이르면 감의 종류, 이용방식, 특히 물감과 방수용, 약제 등으로 그 이용도가 증대되고 있음을 살필 수 있다.

역문 8-12 **대나무밭 김매기**[鉏竹園]

벼의 왕겨 혹은 보리 겨로 (대나무밭을) 북돋아주고 (이들을) 섞어 사용할 필요는 없다.[93] 간혹 강 진흙을 추가로 덮어준다.

8-13 **거위·오리알 거두기**[收鵝鴨彈]

강과 호수가 많은 곳에 살고 있는 자가 이런 동물을 기르기에 적합하다. 암컷 오리만 두고 수오리를 섞지 아니하고, 콩과 밀을 배불리 먹여 살찌게 하면[94] 알을 낳아서 주방의 식재료로 공급할 수 있으며, 심지어 식용을 해결할 뿐 아니라 또한 절여 저장할 수도 있다.[95]

원문 8-12 鉏竹園

以稻糠或麥糠壅, 不可雜用. 或添河泥蓋之.[96]

---

[92] '산(繖)'자는 경세록에서는 '산(傘)'자로 적고 있다.
[93] 역자주 『제민요술 역주 II』「種竹」, p.432에는 "벼나 보리의 겨는 비료로 쓰이며, 이 두 종류의 겨는 단독으로도 비료로 쓸 수 있어서 혼합할 필요가 없다."라고 한다. 그리고 『농상집요 역주』권6「竹木·種竹」, p.491에도 대밭에 말똥, 왕겨와 진흙같은 거름이 좋다고 한다.
[94] 역자주 『제민요술 역주 III』권6「養鵝鴨」, pp.191-192의 '作杬子法'에서 "어미오리에 수오리를 섞지 않고 조와 콩을 배불리 먹이면 어미 오리 한 마리가 연간 100개의 알을 낳는다."라고 소개하고 있으며, 『농상집요 역주』권7「禽魚·鵝鴨」, pp.627-628에도 같은 내용이 전하다. 이런 알은 곡생(穀生: 무정란)으로 품어도 오리 새끼를 부화시킬 수 없다. 본문에서는 이런 알을 생산하여 식재료로 활용하고 있다.
[95] 본 항목은 오리와 거위를 식재료로 주목하고 있다. 『제민요술 역주 III』권6「養鵝鴨」, pp.183-194에 의하면 거위를 키울 때 암컷 3마리에 수컷 한 마리, 오리는 암컷 5마리에 수컷 한 마리를 배치하고 있다. 초기에는 거위 무리가 10개의 알을 낳고, 오리는 수십 개의 알을 낳는다. 만약 암오리만 길러 조와 콩을 충분히 주면 어미 오리 한 마리가 100개의 알도 낳는다고 한다. 그리고 모두 1개월 정도 품으면 새끼가 태어나는데, 식용으로 쓰는 새끼 거위는 100일, 새끼오리는 60-70일 지난 것이 좋다. 이때가 지나면 고기가 질겨진다. 거위와 오리는 6년 이상이 되면 노쇠해져 더 이상 알을 낳거나 품을 수가 없게 된다고 한다.
[96] 대자본에서는 이 글귀의 '첨(添)'자 아래 '혹(或)'자가 군더더기로 들어있으며, 또 '하(河)'자는 '가(可)'로 잘못 적고 있다.

8-13 收鵝鴨彈[97]

水鄉居者宜養之. 雌鴨無雄, 若足其豆麥, 肥飽則生卵, 可以供厨, 甚濟食用, 又可以醃藏.[98]

---

97 청풍실본에서는 이 아래 주에서 이르기를, "보당(保塘)이 생각건대, '탄(彈)'과 같은 □알은 단지 형상이 탄알과 같기 때문에 이름한 것이고, 원대에는 아직 '단(蜑)'자가 그것을 대신하지 못하였다. 지금의 습속에서는 또한 잘못 인식하여 '단(蛋)'으로 적고 있다."라고 하였다.
98 대자본에서는 이 구절에 '이(以)'자가 없다. 청풍실본에서는 이 구절에 '우(又)'자가 없다.

구월 九月

역문 **9-1** 한로[99]에 차[100]와 모시풀[101] 종자 수확하기 [寒露收茶子苧蔴子]

익었을 때 종자를 수확해서 햇볕에 쬐어 말려 젖은 모래에 고르게 섞어서 광주리 안에 담아 저장하고 풀로 덮어준다. 얼어서 손상을 입으면 싹이 트지 않는다. 이듬해 2월이 되면 절차에 따라 파종한다.

---

99 역자주 '한로(寒露)'는 24절기 가운데 17번째 절기로 양력 10월 8일에서 9일을 가리킨다.
100 역자주 '다(茶)'의 학명은 *Camellia sinensis* (L.) O. Ktze.이며, KPNIC에서는 정명을 *Camellia sinensis* L.라고 한다. 국내에서는 '차나무'로 통용된다.
101 역자주 '저마(苧蔴)'는 곧 苧麻로서 학명은 *Boehmeria nivea* (L.) Gaudich.이며, 국내에서는 '모시풀(모시)'로 통용된다. 『농상집요 역주』권2 「播種·苧麻」, pp.160-170에서는 모시의 재배와 수확을 자세하게 설명하면서, 모시는 더운 여름날에는 시원하며 삼베에 비해 부드럽고 질기며, 값도 한두 배 높은 데다 해마다 자생하여 번식하니 한 번의 수고로 오랫동안 이익을 얻을 수 있었다고 한다. 게다가 모시뿌리와 잎은 피부발진이나 종기의 치료제로도 널리 사용되었다고 한다.

9-2 각종 겨울 채소 옮겨심기[栽諸般冬菜]

옮겨 심을 때는 매 구덩이의 뿌리 아래 모름지기 잘 썩은 거름을 준다. 옮겨 심을 때는 모두 한로 전에 행한다.

원문 9-1 寒露收茶子苧[102]蔬子

熟時收子曬乾, 以濕沙拌勻, 筐內盛貯, 用草蓋覆. 凍損則不生. 候來年二月間, 依法種之.

9-2 栽諸般冬菜[103]

栽時每窠根下須用熟糞. 移栽並在寒露前.

역문 9-3 지치[104] 베기[刈紫草]

열매가 익으면 즉시 베어서 햇볕에 쬐어 말린 후 두드려서 씨를 털어낸다. 습기가 있으면 뜨게 된다. (뿌리를 파낸 곳을) 누거로 써레질하여 정리해줘야 한다. 지치를 수확할 때는 신속하게 해야 하며, 비를 맞으면 손상된다. 작은 한 줌마다 띠풀로 묶어준다. 당일에 가지런히 베어 머리와 끝을 교차해가면서 평지 위에 10층으로 쌓아 판석板石을 눌러서 납작하게 해주고, (마른 후에는) 지붕 아래 그늘지고 서늘한 곳에 설치한 시렁 위에 놓아두는데, 연기를 쐬어서는 안 된다.[105]

---

102 역자주 사고전서본에서는 '저(苧)'자를 '저(紵)'자로 쓰고 있다.
103 왕위후의 본서 목차의 교기에서는 원래 동(冬)자의 획이 결손되어 있고 '채(菜)'자는 빠져 있다. 또 월의본에서는 채(菜)자를 과(瓜)자로 잘못 썼다고 한다. 역자주 사고전서본에서는 '栽諸般冬菜'라고 바르게 쓰여 있다.
104 역자주 '자초(紫草)'의 학명을 Baidu 백과에서는 Lithospermum erythrorhizon Siebold & Zucc.라고 하며, 국내에서는 '지치'로 명명한다.
105 역자주 이같은 '지치' 수확과 이후의 보관방식은 『제민요술 역주II』 권5 「種紫草」; 『사시

9-4 참깨대 거두기 [收芝麻稭]

참깨대를 거두어서 쌀 곡간 안에 넣어두면 쌀에 좀이 슬지 않게 된다.[106] 햇볕에 쬐어 말리면 불쏘시개로도 쓸 수 있다.

원문 **9-3** 刈紫草

子熟卽[107]刈之, 曬乾・打子. 濕則浥. 杷耬[108]要整理. 收草[109]宜速, 遇雨則損. 每一小束, 茅草束之. 當日斬齊, 一顚一倒, 十層堆垜平地上, 以板[110]石壓[111]令區, 於屋下陰涼處棚上頓放, 勿令煙[112]薰.[113]

9-4 收芝麻稭[114]

芝麻稭收入米倉內, 則米不蚛. 乾曬可點火.

찬요 역주 「三月・紫草」; 『농상집요 역주』 권6 「藥草・種紫草」와 동일하며, 조선의 『산가요록(山家要錄)』 「芝草」에도 같은 방식이 이어지고 있다.

106 역자주 이 내용은 『제민요술』, 『사시찬요』와 『농상집요』 등에는 등장하지 않으며, 본문과 같이 참깨대를 방부제로 활용한 기록은 조선의 『임원경제지(林園經濟志)』 「本利志」 권6 「蓋藏・藏米法」에서 인용하고 있다.
107 왕위후의 보기(補記)에서는 필사본에서 이 항목의 '즉(卽)'자를 '즉(則)'으로 적고 있다고 한다.
108 '누(耬)'자는 대자본에서는 '무(務)'로 적고 있다.
109 왕위후의 보기(補記)에는 필사본에서 "收草宜速"의 구절의 '초(草)'자를 '자(子)'로 적고 있다고 한다.
110 '판(板)'자는 청각각본에 의거했으며, 명각각본에서는 모두 '격(格)'으로 잘못 적고 있다. 경세록에서도 '격(格)'으로 적고 있다.
111 대자본에서는 이 구절의 '압(壓)'자 아래에 '정(定)'자가 한 자 더 있다.
112 역자주 사고전서본에서는 '연(煙)'자를 '연(烟)'으로 쓰고 있다.
113 명각각본에서는 본 조항을 '杷耬要整理' 구절에서 끊어 한 단락으로 하고 있으며, 아래 구절의 '收草宜速'은 별도로 줄을 바꾸어 시작하는데, 반드시 그럴 필요는 없는 듯하다. 지금은 청각각본에 의거하여 연결해두었다. 신은서에서는 이 조항의 문자는 비록 변동이 있을지라도 그대로 서술하였다. 경세록의 문장과 명각각본은 완전히 동일하며, 두 단락을 나누지 않았다.
114 이 조항은 청풍실본에서는 완전히 빠져 있다. 왕위후는 본서의 목차 교기에서 이 제목 중 간(稭)자의 획이 원래부터 결손되어 있었다고 한다. 역자주 사고전서본에서는 '收芝麻稭'이라고 바르게 쓰여 있다.

역문 9-5 밤 저장하기[收栗]¹¹⁵

밤을 껍데기 채로 수확하여 모래에 섞어 항아리 안에 저장해둔다. 파종할 때는 큰 밤을 골라 지붕 처마 아래에 묻어 두는데,¹¹⁶ 겨와 모래로 덮어주고 돌로 눌러둔다. 2월이 되면 옮기는데 싹이 아래로 향하게 옮겨 심는다.¹¹⁷

9-6 가지¹¹⁸ 종자 수확하기[收茄種]

익었을 때 따서 쪼개어 물에 종자를 일고 가라앉은 것을 취해 햇볕에 쬐어 말려서 거둬들인다.

원문 9-5 收栗¹¹⁹

和殼收¹²⁰用砂¹²¹缸內盛頓.¹²² 種時揀大栗埋屋簷下, 用糠沙蓋, 石

---

115 역자주 『제민요술 역주II』 권4「種栗」편에는 다양한 밤이 소개되어 있는데, 특히 동이(東夷)의 밤은 크기가 배만 했다고 하여 주목하고 있다. 밤은 약재로도 사용되어 『음선정요 역주』「果品·栗」, p.491에 의하면 밤은 "성질이 따뜻하여 기를 북돋우고 장과 위를 증진하며, 신장의 허기를 보익하는 효능이 있다."라고 한다.

116 역자주 『제민요술 역주II』 권4「種栗」, pp.281-282에는 처마 밑을 파서 축축한 흙으로 덮어주고, 2월에 싹이 트면 파종한다고 한다. 『농상집요 역주』 권5「果實·栗」, p.466에도 동일한 이야기가 기록되어 있으며, 『사시찬요 역주』「九月·收栗種」, pp.463-464에는 밤을 수확하여 처마 아래 깊이 묻어두는 이유는 얼지 않게 하기 위함이라고 한다. 그리고 같은 9월 편에는 생밤과 마른 밤의 저장법을 구분하여 기술하고 있다. 조선의 『증보산림경제(增補山林經濟)』 권3「種樹·栗」에도 『제민요술』의 재배법과 본문의 일부가 소개되어 있다.

117 역자주 이 문장의 '아향하(芽向下)'의 해석을 만약 "싹이 아래로 향하도록"이라고 해석하게 되면 여린 싹이 발아하기도 힘들며 흙에 의해 손상될 우려가 있다. 하지만 밤의 싹은 약간 굽은 채로 나며, 자라면서 아래를 향하게 된다. 이 시점에 밤을 심는 것이 아닐까 싶다.

118 역자주 가지도 수확하여 약재로 사용했는데, 『음선정요 역주』「菜品·茄子」, p.532에는 가지는 성질이 차가우며 독성이 다소 있어 풍기를 유발하고 악창과 고질병을 유발하니 많이 먹지 말라고 권유하고 있다.

119 '율(栗)'자는 월의본에서는 모두 '속(粟)'자로 적고 있다. 왕위후의 보기(補記)에서도 필사본에서 제목과 본문 내에 적힌 '율(栗)' 자를 모두 '속(粟)'으로 잘못 적고 있다고 한다.

120 '수(收)'자는 대자본과 청각각본에 의거한 것이며, 명각본, 월의본 모두 '화(和)'로 적고 있다.

121 '사(砂)'자는 청각각본에서는 '사(沙)'로 잘못 적고 있다. 후에 왕위후의 교주수정(校注修

壓. 至二月移, 以芽向下栽之.

9-6 收茄種

熟時摘取, 擘破, 水淘子, 取沉者曬令乾, 收之.

역문 9-7 각종 콩대 거두기[收諸色豆稭]

겨울에는 소와 말을 먹일 수 있다. 손상되고 문드러진 것은 남겨두었다가 토란 뿌리와 마[山藥]를 파종할 때 사용한다.

9-8 오곡[123] 종자 거두기[收五穀種]

좋은 이삭을 골라서 베어 햇볕에 쬐어 말려서 두드려 털어내고, 키질하여 쭉정이를 제거하고 볏짚에 싸서 거두어들인다. 용기 안에

訂)에서 붉은 글씨로 이 문장의 '잘못[誤]'이란 말을 삭제하고 있다. 경세록에서는 또한 '사(沙)'로 적고 있다. 역자주 사고전서본에는 '사(砂)'를 '사(沙)'자로 적고 있다.

122 '돈(頓)'자는 청각각본의 청풍실본을 제외한 모두에서 '빈(頻)'자로 잘못 적고 있다. 청풍실본은 아래의 주에서 이르길 "전보당(錢保塘)이 생각건대, '돈(頓)'자는 원래 '빈(頻)'자로 잘못 쓰여 있는데, 지금은 문맥에 따라 고친다."라고 하였다.

123 중국 고대의 대표적인 곡물로 5곡, 6곡, 9곡이란 명칭이 등장한다. 오곡(五穀)에 대해 『주례(周禮)』「天官」의 한대 정현(鄭玄)의 주에서는 "黍稷菽麥稻" 또는 "麻黍稷麥豆"로, 『맹자(孟子)』「滕文公」의 조기(趙岐)의 주(注)에서는 "稻黍稷麥菽"으로, 『초사(楚辭)』「大招」의 왕일(王逸)의 注에서는 "稻稷麥豆麻"라고 한다. 그리고 『黃帝內經』「素問·藏氣法時論」의 당대(唐代) 왕빙(王冰)의 주에는 "粳米小豆小麥大豆黃黍"라고 하며, 그 외 『管子』『荀子』 등에도 오곡의 명칭이 등장하지만 각기 적지 않은 차이를 보인다. 이 중 稻와 麻의 출입이 가장 큰 차이이다. 하지만 한대인이 느끼는 오곡은 대개 黍, 稷, 麥, 豆, 麻였다. 이 중 삼[麻]은 섬유작물이면서 암삼[麻子]의 경우, 저(苴)라고 하며 그 열매는 식용할 수 있다. 직(稷)에 대한 견해도 대개 두 가지로 구분된다. 하나는 직(稷)은 서(黍)의 일종이라는 견해와 다른 하나는 직은 속(粟)으로 곡자(穀子)의 고칭이라는 견해인데, 필자는 후자를 따르고 있다. (최덕경, 「戰國·秦漢시대 음식물의 재료」『考古歷史學志』제11·12합집, 1996, pp.99-102 참조) 그 외 혹자는 한대의 오곡 중 화(禾)를 넣기도 하는데, 이것은 粟(稷)을 대신하는 말이다. 흥미로운 것은 원대 『음선정요』 권3 「米穀品」의 재료 속에는 더 이상 마자(麻子)가 곡물 속에 포함되지 않는다는 점이다.

넣어두어서는 안 되며[124] 또 담장 근처의 축축한 땅에도 보관해서는 안 되는데, 떠서 손상될까 두렵기 때문이다.

9-9 유채 파종하기[種油菜]

비옥한 땅에 파종하는 것이 좋으며 물을 자주 준다. 10월에 파종하면 뿌리가 생기지 않는다.[125]

원문 9-7 收諸色豆稈

冬間可餵[126]牛馬. 損爛者留以種芋頭及[127]山藥.

9-8 收五[128]穀種

揀擇好穗刈之, 曬乾打下, 簸[129]去浮秕,[130] 以穰草裹收. 勿貯器中,

---

124 역자주 『사시찬요 역주』「九月・收五穀種」, p.461에 이와 비슷한 내용이 전한다.
125 역자주 본문의 '유채(油菜)'는 Baidu 백과에 의하면 학명이 *Brassica napus* L.이며, KPNIC에서는 이것을 '유채'라고 명명한다. 흔히 이 유채를 『제민요술』권3「種蜀芥蕓薹芥子」에 등장하는 '운대(蕓薹)'와 동일시 하는 견해가 있는데, 운대의 학명은 *Brassica campestris* L.이다. 양자의 학명을 보면 속명은 동일하지만 운대가 곧 유채는 아닌 것이 분명하다. 하지만 KPNIC에서는 이를 '유채'라고 명명하여 혼선을 빚고 있다. 그런데 『제민요술』권3「種蜀芥蕓薹芥子」에서 운대는 7월 중순 또는 2-3월에 비가 많이 내릴 때 파종하며, 『사시찬요』「二月・蜀芥芸薹」에서는 봄에 심고 5월에 종자를 거둔다고 한다. 하지만 본 항목의 유채는 10월 파종하고, 그렇지 않으면 "뿌리가 생기지 않는다."라고 말하며, [11-3]에서는 11월에 김매기 한다고 한다. 이 양자의 파종시기만 보아도 두 작물이 동일 작물이 아님을 알 수 있다.
126 '위(餵)'자는 대자본에서는 '위(喂)'로 적고 있다. 생각건대 '위(餵)'와 '위(喂)'는 모두 '위(餧)'자의 속체[俗寫]이다.
127 청각각본에서는 이 구절에 '급(及)'자가 없다. 역자주 사고전서본에도 이 부분에 '급(及)'자가 없다.
128 왕위후의 교주수정(校注修訂)에서는 오(五)자 곁에 어떤 설명도 없이 연필로 (?)표시를 하고 있다. 역자주 이러한 표시는 본문의 내용이 오곡(五穀)의 설명과 부합되지 않기 때문인 듯하다.
129 왕위후의 보기(補記)에는 필사본에서 '파(簸)' 자를 '시(簱)'로 잘못 적고 있다고 한다.
130 '비(秕)'자는 월의과 청각각본에 의거하였다. 명각본에서는 '신(秌)'으로 잘못 적고 있

亦不得近墻壁濕地, 恐浥[131]損.

9-9 種油菜

宜肥地種之, 以水頻澆灌. 十月種則無根脚.[132]

역문 9-10 갓[133] 절이기[醃芥菜]

보라색, 파란색, 하얀색 갓을 가져다가 잘게 썰어 끓는 물에 데친 후[134] 탕과 함께 동이에 건져내어, 생 상추와 카놀라 기름[熟油芥花][135] 혹은 깨[136]를 흰 소금과 적당량을 고르게 섞어 항아리 안에 넣고 눌러둔

으며 대자본에서는 '비(秕)'로 잘못 적고 있다. 경세록에서는 '비(枇)'로 적고 있으며 이는 '비(秕)'와 더불어 통용된다.

131 '읍(浥)'자는 대자본과 월의본에서는 '니(泥)'로 잘못 적고 있다. 경세록에서는 '읍(浥)'으로 적고 있다.

132 신은서에서는 이 구절을 "십월역가종(十月亦可種)"이라고 적고 있다.

133 역자주 '개채(芥菜)'의 학명은 Brassica juncea (L.) Czern. et Coss.이며, 국내에서는 '갓'으로 명명한다. 『제민요술 역주 II』 권3 「種蜀芥蕓薹芥子」, pp.84-85에는 갓은 7월 중순에 파종하여 10월에 수확하는데, 미리 종자를 거두려고 하는 것은 2-3월에 파종하여 5월에 종자를 거둔다고 한다. 『사시찬요 역주』「七月 · 蜀芥芸薹」, p.338에서는 7월 중순이 파종에 가장 좋은 시기라고 한다. 『음선정요 역주』권3「菜品 · 芥」, pp.513-514에 의하면 갓은 맵고 성질이 따뜻하여 주로 신장의 사기를 없애는 데 효능이 있으며, 인체의 아홉 구멍을 통하게 하며, 비장과 위장의 기능을 정상으로 조절한다고 한다.

134 역자주 '작(灼)'의 사전적 의미는 '사르다.', '삶는다.'이지만 '갓 소금 절이기'라는 제목으로 볼 때 야채를 뜨거운 물에 푹 삶아서는 의미가 없다. 그 때문에 '작(灼)'의 의미는 야채 본래의 성질이 살아 있도록 살짝 데치는 것으로 보아야 좋을 듯하다.

135 역자주 이 문장에서 '숙유개화(熟油芥花)'의 의미가 유개채(油芥菜)인지 개채(芥菜)인지가 분명하지 않다. 특히 '개화(芥花)'를 유채유[카놀라유]로 해석하거나 『농상집요 역주』권5「瓜菜 · 蜀芥芸薹芥子」, p.409처럼 겨자 醬으로 해석하면, 절일 때 기름이나 醬을 넣은 셈이 된다. 유개채(油芥菜)의 학명은 Brassica juncea (Linnaeus) Czernajew var. gracilis Tsen et Lee이며, 개채(芥菜)의 학명은 Brassica juncea (L.) Czern. et Coss.이다. 이들은 BRIS에 의하면 모두 갓[Brassica juncea]의 근연식물인 듯하다. 문제는 '숙유개화(熟油芥花)'인데, 이것이 숙성된 겨자 장인지 카놀라유인지가 분명하지 않다. 유개채(油芥菜)의 용도는 식용과 조미료로 및 기름을 짜거나 약재로도 사용되었다. 본서에서는 '숙유개화(熟油芥花)'를 카놀라유로 해석했음을 밝혀둔다.

136 역자주 "熟油芥花或芝麻"에서 전자가 카놀라유라면 후자의 지마(芝麻)는 참기름으로 해석할 수도 있을 것이다.

다. 익으면 휘저어서 아래로 눌러준다. 2-3일이 되어 황색으로 변하면 먹을 수 있다. 봄에도 맛이 변하지 않는다. 10월에도 소금에 절일 수 있다.

9-11 각종 채소 절여 저장하기[醃藏諸般菜]¹³⁷

파, 부추, 고수[胡荽], 동아[冬瓜],¹³⁸ 가지, 당근¹³⁹ 등의 채소는 시기에 따라 절여 저장할 수 있다. 사용되는 재료는 시의에 적절한 것이 좋다. 생수나 젖은 그릇에 담아 저장해서는 안 된다.

원문 9-10 醃芥菜

取紫・青¹⁴⁰・白芥菜切細, 於沸湯內灼過, 帶湯¹⁴¹撈於盆內, 與生萵苣同熟油芥¹⁴²花或芝麻・白鹽, 約¹⁴³量拌勻, 按於甕內. 熱¹⁴⁴則攪動按下.¹⁴⁵ 待二三日變黃色, 可食. 至春間¹⁴⁶味不變. 十月亦可醃.

---

137 본 항목에서와 같이 9월에 야채, 뿌리채소, 과채류 등 각종 채소를 절여 저장하는 것이 주목된다. 물론 8월에 '생강 절임', 10월에 무, 배추절임과 같은 항목이 있지만 각종 채소 절임이 9월에 집중되는 것도 흥미롭다. 이 시기에 대부분의 야채가 생산되었기 때문인지 아니면 소금의 공급과 관련 있는지 또는 발효에 온도가 적기였기 때문인지, 또는 유휴 노동력을 얻기가 쉽기 때문인지는 더 많은 검토를 요한다. 조선의 『임원경제지(林園經濟志)』, 「鼎俎志」 권4 「咬茹之類・醃藏菜」에도 순무, 배추[菘], 아욱, 촉개(蜀芥)를 소금에 절이는 법은 동일하지만 이것은 절임[菹]이지 소금물에 담금[淹菹]을 가리키는 것이 아니라고 한다. 다만 여기서는 절임을 하는 시기에 대해서는 언급하지 않고 있다.
138 역자주 '동과(冬瓜)'는 Baidu 백과에 의하면 학명이 *Benincasa cerifera* (Thunb.) Cogn.이며, KPNIC에서는 이를 박과 동아속 '동아'라고 이름한다.
139 역자주 호나복(胡蘿蔔)은 Baidu 백과에 의하면 '야호나복(野胡蘿蔔)'의 변종으로 일년생 혹은 2년생 초본식물이며, 학명은 *Daucus carota* var. sativa Hoffm.이라고 한다. KPNIC에서는 이를 '당근'[*Daucus carota* L. subsp. sativus (Hoffm.) Arcang.]이라고 명명한다.
140 '청(青)'자는 대자본에서는 '초(草)'로 잘못 적고 있다. 역자주 사고전서본에는 '청(青)'을 '청(青)'으로 적고 있다.
141 대자본에서의 이 구절에는 '탕(湯)'자가 빠져 있다.
142 '개(芥)'자는 청각각본에 의거하였다. 명각본, 월의본에서는 모두 '분(芬)'으로 잘못 적고 있으며, 대자본에서는 곧 '분(分)'으로 잘못 적고 있다. 신은서에서는 '개(芥)'로 적고 있다.
143 왕위후의 보기(補記)에서는 필사본에서 '약(約)'을 '구(絇)'로 잘못 적고 있다고 한다.
144 '열(熱)'자는 청각각본에서는 '숙(熟)'으로 적고 있다.

9-11 醃藏諸般菜[147]

葱·韭·胡[148]荽·冬瓜·茄子·胡蘿蔔等菜, 可[149]依時候醃藏. 所用物料, 宜者爲佳. 忌生水·濕器收貯.

〈그림77〉 고수[胡荽]와 그 열매

역문 9-12 생강 저장하기[藏薑]

깊은 움을 파는 것이 좋으며 조, 돌피,[150] 겨, 쭉정이[151]를 함께 묻

---

145 대자본에서의 이 구절 앞에는 '숙(熟)' 한 글자가 더 있으며 군더더기 글자인 듯하다.
146 '간(間)'자는 대자본과 청각본에 의거하였으며, 명각본, 월의본에서는 모두 '의(宜)'로 잘못 적고 있다. 신은서에서는 '간(間)'으로 적고 있다.
147 왕위후는 본서 목차의 교기에서 원래 채(菜)자가 빠져 있었다고 한다. 역자주 사고전서본에서는 '醃藏諸般菜'라고 바르게 쓰여 있다.
148 '호(胡)'자는 대자본에서는 '호(胡)'로 적고 있다. 이하 동일하다.
149 대자본에서의 이 구절에는 '가(可)'자가 없다.
150 역자주 패(稗)는 1년생 초본식물로서 어릴 때는 벼와 흡사하나 입자루[葉鞘]에 털이 없다. Baidu 백과에 의하면 '패'의 학명은 *Echinochloa crusgalli* (L.) Beauv.이고, BRIS에서는 이를 벼과의 '돌피'[*Echinochloa crusgalli* (L.) P.Beauv. var. crusgalli]라고 명명하고 있다. 다만 Naver 백과에는 패(稗)는 '피', 제패(穊稗)와 흡사하나 열매가 좁쌀과 같으며 '돌피'라고 이름하고 있다. 『제민요술 역주 I』 권1「種穀」, p.171의 『범승지서(氾勝之書)』에는 "돌피[稗]는 홍수와 가뭄에 잘 견디기 때문에 영글지 않는 해가 없다. 또 특별히 무성하게 번식하며, 잡초가 많더라도 잘 자란다. 좋은 땅에 파종하면 무당 20-30석[斛]을 수확할 수 있어, 이것을 파종하여 흉년을 대비한다."라고 한다.
151 역자주 '곡패강비(穀稗糠秕)': 이들을 생강 구덩이에 함께 묻는다고 되어 있는데, 여기서

으면 얼어 손상되지 않는다.

9-13 닭 종자 거두기 [收雞種]¹⁵²

상강霜降 시기에 거둔 것이 좋은데, 크기가 작고 털이 엷고 다리가 가늘며 짧은 것이 좋다. 병아리가 태어날 때에는 마른 모이를 먹이는 것이 좋으며, 만약 젖은 모이를 먹이게 되면 배꼽에 고름이 생겨 죽게 된다. 수양버들 가지를 태우면 그 연기가 닭을 손상시키는데, 큰 닭은 눈이 멀게 되고 작은 것은 대부분 죽게 된다. 밀을 모이로 먹이면 잘 자란다. 병이 있을 때 식물성 기름[淸油]¹⁵³을 부어 먹이면 낫지만, 그 시기를 놓쳐서는 안 된다.

원문 9-12 藏薑

宜掘深窖, 以穀稗糠秕合埋之, 則不致¹⁵⁴凍損.

'곡(穀)'을 '곡식의 통칭'으로 보는 것이 이상하여 '조'로 해석했음을 밝혀둔다.

152 본문에는 닭 종자 선택과 병아리를 키우는 과정에서 주의해야 할 사항을 언급하고 있다. 동일한 내용이 조선의 홍만선(洪萬選:1643~1715)이 편찬한 『산림경제(山林經濟)』 권2 「牧養·養鷄」에도 '神隱'[神隱書]의 내용을 인용하고 있으며, 그 외에도 『거가필용사류전집』 등의 기록을 많이 인용하고 있다. 다만 여기서는 식물성 기름[淸油]을 진마유(眞麻油), 즉 참기름으로 바꾸어 놓고 있다. 또 『증보산림경제(增補山林經濟)』에도 일정 부분 『농상의식촬요』의 내용을 인용하면서 닭 종자 고르는 시기에 대해서는 "뽕잎이 질 때 (혹은 서리가 내릴 때라고 한다.) 태어난 것이 좋으며, 봄과 여름에 태어난 것은 좋지 못하다. 몸집이 작고 털이 무성하며 다리가 가늘고 짧은 것이 둥지를 지키며 병아리도 잘 기른다."라고 한다. 여기서는 병이 생겼을 때 "돼지고기를 썰어 먹이면 낫다."라고 하여 본문의 내용과는 다소 차이가 있다.
153 역자주 '청유(淸油)'는 Baidu 백과에 의하면 땅콩기름[花生油]이나 유채기름[菜籽油] 등의 식물성 기름을 가리키며 생으로도 먹을 수 있으나, 가열 후 거듭 사용할 수 없다고 한다. 스촨[四川]지역 사람들은 순유채기름을 청유라고 한다. Naver 백과에서는 청유를 참기름으로 번역하는 경우가 많다. 이것을 보면 청유는 해당지역을 대표하는 식물성 기름인 듯하다.
154 대자본에는 이 구절에 '치(致)'자가 없다.

9-13 收雞種

霜降時收者爲良, 形小・毛淺・脚細短者佳. 小雞出時, 宜餵[155]乾飯, 若餵濕飯, 則臍[156]生膿而死. 燒柳柴, 其煙[157]損雞, 大[158]者目盲,[159] 小者多死. 餵小麥飰則易大.[160] 有病灌淸油則愈, 勿令失其時.

---

155 '위(餵)'자를 대자본에는 '위(餧)'로 적고 있다. 이하 동일하다. 역자주 사고전서본에서도 이 문단에 3번 등장하는 '위(餵)'자를 '위(餧)'로 적고 있다.
156 대자본에서의 이 구절에는 ''제(臍)'자 아래에 '하(下)'자 한 자가 더 있다.
157 역자주 사고전서본에서는 '연(煙)'자를 '연(烟)'자로 쓰고 있다.
158 '대(大)'자는 장은실본(長恩室本), 반무원본(半畝園本)에서는 모두 '견(犬)'으로 잘못 적고 있다.
159 이 구절의 '목맹(目盲)' 두 글자는 청각각본에서는 도치되어 있다.
160 왕위후는 교주수정(校注修訂)에서 해당 글자 곁에 연필로 주석하기를 문국각본(文國閣本)에서는 '위(餵)'를 '위(餧)'로, '반(飰)'은 '반(飯)'으로 적고 있다. 역자주 사고전서본에서는 이 구절의 '반(飰)'자를 '반(飯)'자로 적고 있다.

시월 十月

역문 **10-1** 무[161] 절이기[醃蘿蔔][162]

　무는 많고 적음에 관계없이 뿌리 수염을 깎고 깨끗이 씻는다. 소금으로 문지르고 항아리에 넣어 5, 6일 절이고서 물을 부을 때에[163] 다시 고르게 섞어주면 한 달 후에 먹을 수 있다. 한두 개의 아리鵝梨[164]를

161　역자주 나복(蘿蔔)의 학명은 Baidu에 의하면 *Raphanus sativus* L.라고 하는데, KPNIC에서는 이를 배추과 무속 '무'라고 한다. Naver 백과에서도 중국과 동일하게 학명을 *Raphanus sativus* L.라고 한다.

162　역자주 『제민요술 역주 II』 권3 「蔓菁」, p.46; 『농상집요 역주』 권5 「瓜菜·蔓菁」, p.400을 보면 순무의 잎 역시 좋은 것을 남겨 채소절임을 하거나 말려 채소로 사용하고 있다.

163　역자주 여기서 '하수(下水)'의 의미는 분명하지 않다. 두 가지 경우를 생각해볼 수 있다. 첫 번째는 소금에 절여서 5, 6일 정도 두면 삼투압 작용으로 인해 물이 저절로 생기는데, 이를 '하수(下水)'라고 볼 수 있다. 둘째는 뒷 문장을 보면 "아리 한두 개를 사용한다."라고 되어 있는데, 아리가 향기롭고 아삭아삭한 효과를 내기 위해서는 물속에 무와 아리가 담겨야 하기 때문에 여기서 하수는 일정 정도 물을 부었다고도 볼 수 있을 것 같다.

164　역자주 '아리(鵝梨)'는 압리(鴨梨)라고도 하며, 장미과 배의 일종이다. 표피는 대개 적갈색

넣어주면 곧 향기롭고 아삭아삭해진다. 봄이 되어도 다 먹지 못하는 것은 소금물에 절인 무를 푹 삶아서 널어 말려서 장에 넣거나 혹은 길고 가늘게 썰어 햇볕에 쬐어 말려서 거두어들인다. 먹을 즈음에는 끓는 물에 푹 담가서 볶아 먹으면 맛이 좋다.[165]

원문 10-1 醃蘿蔔

蘿蔔不以[166]多少, 削去根鬚, 淨洗. 以鹽擦[167]之, 放於甕內, 醃五六日, 下水時復攪勻, 一月後可食. 用一二鵝梨[168]則香脆. 春間有食不盡者, 就以鹵水將蘿蔔煮[169]透, 控[170]乾, 入醬, 或切作細條, 曬乾收起. 候臨食之時, 熱湯浸透炒食, 味美.

〈그림78〉 아리(鵝梨)와 아리향

이며 반점이 섞여 있고 간혹 청백색도 있는데 껍질이 얇고 즙이 많으며, 청량하고 아삭아삭하다.
165 역자주 『음선정요 역주』 권3 「菜品・蘿蔔」, p.518에 의하면 무는 독이 없으며 기를 내리고 소화를 도우며 갈증을 치료하고 밀가루 독을 치료하는 데 효능이 있다고 한다.
166 '이(以)'자는 청각각본에서는 '론(論)'으로 적고 있다.
167 '찰(擦)'자는 대자본에 근거하며, 월의본 및 청각각본, 명각본에서는 '체(擦)'로 잘못 적고 있다. 신은서에서는 '찰(擦)'로 적고 있다.
168 월의본에서는 이 글귀에 '리(梨)'자가 빠져 있다. 역자주 사고전서본에는 '리(梨)'를 '리(棃)'로 적고 있다.
169 역자주 사고전서본에는 '자(煮)'를 '자(贲)'로 적고 있다.
170 '공(控)'자는 월의본에서는 '탄(攤)'으로 적고 있다. 유인본(油印本)에서는 빠져 있다. 신은서에서는 '공(控)'으로 적고 있다.

역문 10-2 배추절임[醃鹹菜]

　　배추[白菜]¹⁷¹에서 뿌리와 오래된 누런 잎들을 잘라내고 깨끗이 씻어 널어 말려,¹⁷² 배추 열 근마다 소금 열 냥, 감초 몇 줄기를 깨끗이 씻은 항아리에 담는다. 소금을 야채 포기 사이사이에 뿌려 넣고, 항아리 속에 차곡차곡 배열해 넣고서 딜[蒔蘿]¹⁷³을 조금 넣고 손으로 눌러 다지다가 반 항아리쯤 되면 다시 감초 몇 줄기를 넣는다. 항아리가 가득 차게 되면 벽돌로 눌러준다. 3일 동안 절인 후 배추를 꺼내어 거꾸로 세워 비틀어서 소금물을 짜낸 후 깨끗하고 마른 그릇에 별도로 담아둔다. 생수는 금하고 도리어 소금물을 배추 안에 뿌려준다. 7일이 지나면 앞의 방법에 따라 다시 거꾸로 세워서 갓 길은 물을 부어 여전히 벽돌로 눌러 둔다. (그렇게 하면) 배추가 맛이 좋고 향기로우며 아삭해진다. 만약 봄이 되어도 다 먹지 못하는 것은 끓는 물에 데쳐서 햇볕에 말려 저장한다. 여름에 배추를 따뜻한 물에 담갔다가 눌러서 물이 다 빠지면 참기름[香油]¹⁷⁴을 넣고 고르게 섞어 자기 그릇이나 주발에 담아두었다가 밥에 올려 찌면 맛이 더욱 좋다.

171　역자주 '백채(白菜)'의 고칭은 '숭(菘)'이다. 원종(原種)은 중국 남방 산구(山區)에서 기원했으며, 주된 재배구역은 강남지역이고, 이미 남북조시기에 숭(菘)이 이들 지역에 비교적 보편화되었다고 한다. 당시 재배된 숭은 대부분 결구백채(結球白菜)는 아니었다. 唐代에는 '백숭(白菘)', '자숭(紫菘)'과 '우두숭(牛肚菘)' 3가지의 품종이 출현했으며, 당송시기에 북쪽으로 전파되어 북방의 순무[蕪菁]와 잡교한 후 그루가 커지면서 '出散葉', '半結球', '花心'과 '結球'의 4가지 변종으로 발전했다고 한다. 증숭성[曾雄生] 외 2인 著,『中國農業與世界的對話』, 貴州民族出版社, 2013, pp.119-121.
172　역자주 여기서 '강건(控乾)'의 의미는 펴서 건조하는 것보다 씻은 배추를 널어 물기를 빼는 정도의 과정일 것이다.
173　역자주 '시라(蒔蘿)'는 [6-6]에서와 같이 국명을 '딜(dill)'이라고 칭한다. 샹옌빈[尚衍斌] 외 2인 주석,『음선정요 주석(飮膳正要注釋)』, 中央民族大學出版社, 2009에 의하면, 이 말이 페르시아에 기원하는 점을 볼 때, 이 식물은 이란에서 중국으로 유입되었을 가능성이 가장 크다.『음선정요 역주』권3 『料物性味·蒔蘿』, pp.551-552에는 딜은 맵고 성질은 따뜻하며, 비장을 건강하게 하고 식욕을 북돋운다고 한다.
174　역자주 '향유(香油)'를 Baidu 백과에서는 지마유(芝麻油), 마유(麻油)라고 하며, 중국 전통적인 식물유라고 한다. 영문명을 Sesame Oil이라 하며, 참기름을 뜻한다.

원문 10-2 醃鹹[175]菜

　　白菜削去根及[176]黃老葉, 洗淨控[177]乾,[178] 每菜十斤·鹽十兩, 用甘[179]草數莖放在潔淨甕盛. 將鹽撒入[180]菜丫[181]內, 排頓甕中, 入蒔蘿少許, 以手實捺[182]至半甕, 再入甘草數莖. 候滿甕, 用甎[183]石壓定. 醃三日後, 將菜倒[184]過, 拗[185]出鹵水, 於乾淨器[186]內另放. 忌生水, 却將鹵水澆菜內. 候七日, 依前法[187]再倒, 用新[188]汲水澆浸, 仍用甎石壓之.[189] 其菜[190]味美香脆. 若至春間食不盡者, 於沸湯內[191]灼過, 曬乾收貯. 夏[192]間將菜溫水浸過, 壓水盡, 入香油勻拌,[193] 以瓷[194]椀[195]盛頓, 飯上蒸之, 其味尤美.

---

175 '함(醎)'자는 청각각본에서는 '염(鹽)'으로 적고 있고, 신은서도 '염(鹽)'으로 적고 있다. 역자주 사고전서본에서는 '함(醎)'자를 '함(鹹)'으로 쓰고 있다.
176 '급(及)'자는 월의본에서 '입(入)'자로 잘못 적고 있다.
177 '공(控)'자는 청각각본에서 '쇄(晒)'자로 적고 있고, 신은서에서 '공(控)'자로 적고 있다.
178 대자본에서는 이 구절의 '세정(洗淨)' 두 글자가 도치되어 있으며 '공(控)'자가 빠져 있다.
179 '감(甘)'자는 대자본에서 '건(乾)'으로 적고 있다.
180 대자본에서 이 구절에서 '살(撒)'자가 빠져 있고 또 '입(入)'자는 '인(人)'자로 잘못 적고 있다.
181 '아(丫)'자는 대자본과 청각각본에서 '료(了)'로 잘못 적고 있다.
182 '날(捺)'자는 대자본에서 '찰(擦)'자로 잘못 적고 있다.
183 역자주 사고전서본에서는 이 문단에 두 번 등장하는 '전(甎)'자를 모두 '전(磚)'자로 쓰고 있다.
184 '도(倒)'자는 대자본에서는 '도(到)'자로 잘못 적고 있다. 이하 동일하다.
185 '요(拗)'자는 대자본에서 '총(摠)'자로 잘못 적고 있다. 신은서에서는 '뉴(扭)'로 적고 있다.
186 '기(器)'자는 대자본에서는 '방(房)'자로 적고 있다.
187 '법(法)'자는 월의본에서 '거(去)'자로 잘못 적고 있다.
188 대자본에서는 이 구절에 '신(新)'자가 없다.
189 대자본에서는 이 구절을 "要新汲的, 用甎壓定"으로 적고 있다.
190 대자본에서는 이 구절에 '채(菜)'자가 없다.
191 대자본에서는 이 구절에 '내(內)'자가 빠져 있다.
192 대자본 이 구절에 '하(夏)'자 아래 '월(月)'자가 한 자 더 있다.
193 왕위후의 보기(補記)에서는 필사본에서 '균반(勻拌)' 두 글자가 도치되어 있다고 한다.
194 '자(瓷)'자는 대자본에서 '자(磁)'로 적고 있고, 청각각본에서 '옹(甕)'으로 잘못 적어 있으며 신은서에서 '자(磁)'로 적고 있다.
195 '완(椀)'자는 대자본에서 '완(碗)'으로 적고 있다.

역문 **10-3** 근대 수확하기[收莙蓬[196]菜]

이 달에 땅이 얼려고 할 때 따뜻한 곳에 움을 파서 저장하는 것이 좋으며 내년 봄에는 옮겨 심을 수 있다.[197]

10-4 동아[198] 수확하기[199][收冬瓜]

지면이 높고 건조한 곳에 안치하는 것이 좋다. 소금, 초, 비질[掃箒], 고양이, 개와 접촉하는 것을 꺼린다. 배꼽 부분이 볼록하게 살이 붙은 것은 암컷으로서, 종자로 쓸 수 있으며 이듬해 봄에 방식에 따라 파종한다.

원문 **10-3** 收莙蓬菜

此月地將凍, 宜於暖處藏窖, 來春可栽種.[200]

---

196 역자주 '군달(莙蓬)': 명아주과 근대속 식물[莙蓬菜: *Beta vulgaris* var. cicla L.]의 줄기와 잎이다. 한국의 KPNIC에서도 이 학명을 '근대'라고 명명하고 있다. 근대는 맛은 달고 성질은 차갑다. 열을 제거하고 독을 해소하며, 어혈을 풀어 주고 지혈의 효능이 있다.

197 역자주 『농상집요 역주』권5「瓜菜·莙蓬」, pp.439-440에는 이 사료가 '근대'의 종자를 얻기 위한 과정으로, 다 먹지 않고 남겨둔 근대를 얼기 전에 파내어 따뜻한 곳에 저장했다가 이듬해 봄에 따뜻해지면 옮겨 심어 종자로 사용했다고 한다. 여기에는 2월에 근대를 파종하고 4월에 모종을 옮겨 심어 채소가 없는 시절에 이를 유용하게 이용할 수 있었다고 전한다.

198 역자주 '동과(冬瓜)'의 학명은 *Benincasa hispida* (Thunb.) Cogn.이며 한국의 KPNIC에서는 이를 박과 동아속 식물인 '동아'라고 칭한다. 일년생 덩굴성 초본이며, 맛은 달고, 성질은 차갑다. 폐, 대·소장, 방광에 작용한다. 수기가 잘 통하게 하고 가래를 없애며, 열을 제거하고 독을 해독하는 효능이 있다. 동아씨[冬瓜子], 동아 껍질[冬瓜皮], 동아 속살[冬瓜瓤] 역시 중의학에서 약재로 쓰인다.

199 역자주 『사시찬요 역주』「十月·收冬瓜」, p.494에서는 동아[冬瓜]는 10월에 서리가 잔뜩 내린 후에 거두어 연기가 피어오르는 곳 위에 저장한다고 하며, 본서처럼 동아의 암수에 대한 설명은 없다. 그런가 하면『농상집요 역주』권5「瓜菜·冬瓜」, pp.382-383에도 『사시찬요』와 같은 10월에 수확했을 뿐 아니라 이달에 구종(區種)도 하는데, 이때 파종하는 동아가 봄에 파종하는 것보다 좋다고 한다.

200 이 구절은 청각각본에 의거하였으며, 명각본과 월의본에서는 '재(栽)'자 아래에 '수(收)'자 한 자가 더 있는데, 이는 군더더기 글자인 것 같다. 또 대자본에서는 '재(栽)'자를 '가

10-4 收冬瓜

宜地面高燥處安頓. 忌鹽·醋·掃箒·貓·犬.[201] 蔕彎曲貼[202]肉[203]是雌者, 可做[204]種, 來年春間依法種之.

역문 **10-5 각종 과일 저장하기**[藏收諸色果子]

(과일을) 새 항아리에 모래와 함께 섞어서 뚜껑을 밀봉하여 저장한다. 혹은 (모래 대신) 참깨를 넣어도 좋다.[205]

10-6 모시풀 북돋우기[壅苧麻][206]

(북돋을 때) 소와 말의 똥 혹은 관아의 수레바퀴에 붙은 진흙[207]이나 겨와 쭉정이 같은 류를 사용하면 (모시풀의) 뿌리가 얼어 죽는 것을 면할 수 있다.

(可)'로 잘못 적고 있다.
201 '견(犬)'자는 대자본에서는 '아(兒)'로 적고 있다. 또 신은서는 이 구절을 "忌鹽·酒·醋·掃箒·貓·犬觸之"로 적고 있다.
202 '첩(貼)'자는 묵해본(墨海本)에서는 '고(貼)'로 잘못 적고 있다.
203 '육(肉)'자는 대자본, 월의본에서 모두 '내(內)'로 잘못 적고 있다.
204 역자주 사고전서본에서는 이 구절에 '주(做)'자가 없다.
205 역자주 문장의 구조로 볼 때 '수지(收之)'가 위 구절의 '사반(沙拌)' 다음에 들어가는 것이 보다 적합한 듯하며, '지마(芝麻)'는 모래 대신 사용한 듯하다. 만일 '지마(芝麻)'를 과일과 같이 저장용으로 해석하게 되면 '지마(芝麻)'가 모래와 뒤섞여 구분하여 처리하기가 매우 힘이 들게 된다.
206 역자주 '저마(苧麻)'는 다년생 초본으로 줄기는 곧추서고, 잎은 계란형이거나 하트모양을 띠며 꽃은 황록색이다. 학명은 *Boehmeria nivea* (L.) Gaudich.이다. KPNIC에서는 이를 쐐기풀과 모시풀속 '모시풀'로 명명하고 있다.
207 역자주 '해니(廨泥)'는 여기에서 무슨 뜻인지 불분명하다. 추측건대 관아는 사람과 각종 마차와 수레의 출입이 잦기 때문에 그 바퀴에 붙어 있는 마른 진흙[泥土]이 아닐까 한다. 이 흙은 비록 발효과정을 거치지 않은 생분(生糞)에 불과하지만 오랫동안 햇볕에 노출되어 뿌리의 동사(凍死)를 막는 데 작용을 했을 것으로 보인다.

원문 **10-5** 藏收諸色果子[208]

以新瓦甕和沙拌, 密封蓋收之. 或芝麻. 亦得.[209]

10-6 甕苧[210]麻

宜用牛馬糞或廁泥糠秕之類, 免致[211]凍死根.

역문 **10-7** 밀 김매기[耘麥][212]

밀밭에 잡초가 있으면 호미질 하여 제거하는 것이 더욱 좋다. 호미로 김매지 않은 것은 그 밀의 수확이 적다.[213]

10-8 모과 · 석류 · 각종 과실수 감싸기[包裹木瓜石榴諸般等樹][214]

곡식의 줄기나 볏짚을 나무줄기에 감싸고 새끼줄이나 어저귀로 단

---

208 대자본은 이 조항의 제목을 "收藏諸般果子"라고 적고 있다. 역자주 사고전서본에서는 제목 속의 '과(果)'자를 '과(菓)'자로 쓰고 있다.
209 '득(得)'자는 대자본에서는 '호(好)'로 적고 있다.
210 역자주 사고전서본에서는 '저(苧)'자를 '저(紵)'자로 쓰고 있다.
211 대자본에서는 이 구절의 '면치(免致)' 두 글자를 '역불(亦不)'로 적고 있다.
212 역자주 여기서의 '맥(麥)'이 보리인지 밀인지는 구체적으로 알 수 없다. 본서에는 대맥과 소맥이 동시에 등장하고 6월의 맥초(麥醋)는 '보리초'를 의미하기도 한다. 특히 당대(唐代) 이후 화북지역은 밀 재배가 크게 확대되고 식생활에서도 분식이 중심을 차지했다. 이런 점에서 맥(麥)은 특별한 경우를 제외하고 기본적으로 '밀'로 번역했음을 밝혀둔다.
213 역자주 밀은 8월에 파종한 이후 2-4월까지 줄곧 호미질을 한다. 『제민요술 역주Ⅰ』권2 「大小麥」, p.266에서 밀은 호미질을 하면 수확이 배로 증가하며, 껍질도 얇고 가루도 많아진다고 한다. 같은 편, pp.273-274에는 『범승지서(氾勝之書)』의 말을 인용하여 맥이 누런색을 띠면 빽빽해서 생긴 병이니 호미질 하여 듬성듬성하게 해줘야 하며, 부자가 되고 황금을 덮고자 한다면 가을 밀을 호미질 하라고 권유하고 있다. 『농상집요 역주』권2 「播種 · 大小麥」에는 파종과 수확에 더 역점을 두고 있다.
214 역자주 『제민요술 역주Ⅱ』권4 「種桃柰」, p.235; 『농상집요 역주』권7 「禽魚 · 歲用雜事」, p.637에도 『제민요술』의 지적과 같이 10월 중에 한 보 간격으로 구덩이를 파고 포도 덩굴을 둘둘 말아 구덩이 속에 묻는다고 하며, 또 같은 편, 『농상집요』에는 밤나무, 석류나무는 이 달에 풀로 덮어주지 않으면 얼어 죽는다고 한다. 게다가 『농상집요 역주』권5

단히 묶고서 (그 위에) 진흙으로 봉해주고, 겨와 쭉정이로 그 뿌리를 북돋아주면 서리와 눈에 얼어 손상되는 것을 면하게 된다.[215]

원문 10-7 耘麥

麥地內有草, 鉏去尤佳. 不耘鉏者, 其麥少收.

10-8 包裹木瓜石榴諸般等樹

以穀[216]草或[217]稻草將樹身[218]包裹, 用[219]草繩或檾麻綎定, 泥封, 以糠秕培壅其根, 免致霜雪凍損.

역문 10-9 꿀뜨기[割蜜][220]

날씨가 점차 추워져서 온갖 꽃이 이미 지고 나면 벌통의 뒷문을 여는데, 쑥[艾]을 태워서 연기를 약간 씌워주면 벌들은 자연스럽게 앞을 향해 날아간다. 만약 벌에 쏘일까 두렵다면 박하 잎을 잘게 씹어서

「果實·安石榴」, p.471에는 10월 중순에 부들과 짚으로 석류 나뭇가지가 얼어 죽지 않게 감싸준다고 하고, 이런 행사를 권7「禽魚·歲用雜事」에서 다시 한 번 강조하고 있다. 『사시찬요 역주』「十月·雜事」, pp.502-503에도 포도 덩굴을 똬리 틀어 땅에 묻고, 밤나무, 석류나무 밑동을 얼어 죽지 않게 감싸주고, 같은 책,「二月·雜事」, pp.189-190에는 이들을 모두 걷어내고 제자리로 되돌린다고 한다.

215 역자주 안개, 이슬과 어저귀와의 관계는 [4-3]의 각주를 참고하라.
216 '곡(穀)'자는 대자본에 의거하였으며 월의본과 청각각본, 명각본에서는 '곡(穀)'으로 잘못 적고 있다. 이후 왕위후는 교주수정(校注修訂)에서 곡(穀)자는 마땅히 곡(穀)으로 수정해야 한다고 하였다. 역자주 사고전서본에서는 '곡(穀)'자로 적고 있다.
217 '혹(或)'자는 대자본, 월의본에서 모두 '성(盛)'으로 잘못 적고 있다.
218 '신(身)'자는 대자본에서는 '상(上)'으로 잘못 표기하고 있다.
219 '용(用)'자는 대자본에서는 '유(有)'로 잘못 적고 있다.
220 역자주 『농상집요 역주』권7「禽魚·蜜蜂」, pp.631-632에 '신첨(新添)'으로 벌통의 청소, 벌의 수량과 건강상태에 따른 여왕벌 개체수의 조절 같은 설명이 처음 등장하지만 본서가 진일보한 느낌을 준다.

손 위에 발라주면 벌들이 자연스레 쏘지 않는다. 간혹 명주비단으로 머리나 몸 위를 감싸거나 다섯 손가락이 들어가는 가죽 장갑을 끼면 더욱 효과가 좋다. 남아 있는 꿀을 대강 헤아려 벌들이 겨울에서 봄까지 먹고 남을 만한 꿀이 많이 든 벌집을 가려 예리한 칼로 잘라내고 도로 그 벌통 뒷문을 봉한다. 벌집은 갓 짠 (정련하지 않은) 베로 비틀어 깨끗하게 짜는데, (걸러낼 때) 가열하지 않은 꿀은 (흰색을 띠어) '백사밀白沙蜜'이라 하고, 가열을 거친 꿀은 '자밀紫蜜'이라고 한다. (꿀은) 대나무 상자[簍]에 넣어 담아 둔다.²²¹ 다시 짠 벌집 찌꺼기는 솥 안에 넣고 뭉근한 불로 달인다. 녹으면 꺼내서 찌꺼기를 비틀어 짜고 다시 달인다. 미리 청동 대야[錫鏇]²²²나 질그릇 동이[瓦盆]를 준비하여 각각 찬물을 담아두고, 그 다음에 밀랍즙[蠟汁]을 그 안에 쏟아 넣으면 엉기면서 저절로 황랍黃蠟이 만들어진다. 찌꺼기 속의 밀랍 성분이 다 없어질 때까지 (되풀이) 한다. 그 해에 거둘 꿀의 많고 적음을 알고자 한다면 당해에 비가 얼마나 왔는지를 살피면 된다. 만약 비가 적당히 내려 나무에 달린 꽃이 무성하면 그 해에는 반드시 꿀의 수확이 많으며, 만약 비가 적게 내려 꽃이 듬성해지면 그해 꿀 수확은 적어진다. 간혹 벌이 (겨울에서 봄까지) 식용할 정도의 꿀을 남겨두지 않았다면 암탉 한두 마리를 털을 벗겨서 내장을 걷어내고 벌통 안에 걸어두면 벌들이 자연히 그것을 먹고, 힘이 평상시의 두 배나 증진된다. 이듬해 봄 2월이 되어 봉해둔 벌통을 열어보면 단지 닭 뼈만 남아 있을 뿐이다.²²³

221　역자주 꿀의 효능에 대해 『음선정요 역주』 권3 「米穀品・蜜」, pp.373-374에 의하면, 놀라서 야기되는 경풍에 효과적이며, 오장의 부족한 것을 보충하고 통증을 멈추게 하고, 귀와 눈을 맑게 하고 온갖 약들을 조화롭게 한다고 한다.
222　역자주 Baidu 백과에서 오늘날 청석반(銅錫盤)을 선(鏇)이라고 하며, 잡고 돌리면서 사용한 것으로 보아 청동제 대야였음을 알 수 있다.
223　역자주 본서에서 꿀벌에 대해 다룬 항목은 본문과 [4-8]의 내용이다. 한국의 『농정서(農政書)』(19세기 전반기 간행) 「土・六畜」(농촌진흥청, 2002), pp.292-293에는 두 내용을 동

원문 10-9 割蜜

天氣漸寒, 百花已盡, 宜開蜂窶後門, 用艾²²⁴燒煙微薰, 其蜂自然飛向前去. 若怕蜂蜇,²²⁵ 用薄荷葉²²⁶嚼細, 塗在手面上, 其蜂自然不蜇. 或用紗帛蒙頭及身上截, 或用皮五指套手, 尤²²⁷妙. 約量存蜜, 自冬至春, 其蜂食之餘者, 揀大蜜脾²²⁸ 用利刀割下, 却封其窶. 將蜜脾用新生布紐²²⁹淨, 不見火者爲「白沙蜜」,²³⁰ 見火者爲「紫蜜」. 入窶²³¹盛²³²頓, 却將紐下蜜柤²³³入鍋內, 慢火煎熬. 候融化拗²³⁴出,²³⁵ 紐柤²³⁶再熬. 預先安排錫鏇或瓦盆,²³⁷ 各盛冷水, 次傾²³⁸蠟汁在內,

시에 소개하면서 참고했던 문헌으로 본서보다 늦은 기록들을 제시하고 있다.
224 '애(艾)'자는 대자본에서는 '의(乂)'로 잘못 적고 있다.
225 '철(蜇)'자는 청각각본에 의거하며, 명각각본에서는 '칩(蟄)'으로 잘못 적고 있고 대자본, 월의본에서 또한 '칩(蟄)'으로 잘못 적고 있다. 신은서에서는 '석(螫)'으로 적고 있다. 살펴건대 『설문』에서는 "'석(螫)'은 벌레가 독을 쏘는 것이다."라고 하였으며, 옥편에서는 "'철(蜇)'은 벌레가 쏘는 것이다."라고 한다. 이하 동일하다.
226 대자본의 이 구절에는 '엽(葉)'자가 없다.
227 '우(尤)'자는 대자본에서는 '롱(籠)'으로 적고 있다. 생각건대 만약 '롱(籠)'으로 적는다면, 마땅히 위의 '수(手)'자와 더불어 연결지어 읽어야 한다.
228 '밀비(蜜脾)'는 대자본, 묵해본, 주총본과 청풍실본에 의거한 것이며, 명각본, 월의본에서는 모두 '봉비(蜂脾)'라고 잘못 적고 있고, 장은실본, 반무원본(半畝園本) 또한 '밀패(蜜牌)'로 잘못 적고 있다. 신은서, 경세록 또한 '밀비(蜜脾)'라고 적고 있다.
229 '뉴(紐)'자는 대자본에서는 '려(濾)'로 적고 있다. 이하 동일하다. 이 글자는 원래는 마땅히 '뉴(扭)'로 적어야 한다.
230 '백사밀(白沙蜜)'은 청풍실본에서는 '사밀(沙蜜)'로 적고 있으며, '백(白)'자가 빠져 있다. 신은서, 경세록에도 모두 이 글자가 있다.
231 '루(窶)'자는 월의본에서는 '루(簍)'로 잘못 적고 있다. 역자주 조선의 『해동농서(海東農書)』 권5 「牧養·養蜂」에는 이 부분의 내용을 "火者爲紫蜜入磁器盛之"라고 하여 '사기 그릇'에 담아 둘 것을 권하고 있다.
232 '성(盛)'자는 대자본에서는 '성(成)'으로 잘못 적고 있다.
233 '사(柤)'자는 월의본에서는 '조(租)'자로 잘못 적고 있는데, 청각각본에서는 또한 '조(粗)'로 잘못 적고 있다. 신은서에서는 '사(渣)'로 적고 있으며 경세록에서는 명각본과 더불어 같다. 이하 동일하다.
234 '요(拗)'자는 대자본에서는 '물(物)'로 잘못 적고 있다.
235 왕위후의 교주수정에는 붉은 펜으로 출(出)자 다음에 ', ' 부호를 보충하고 있다.
236 '뉴사(紐柤)' 두 글자는 대자본에서는 '서사(鈕柤)'로 적고 있으며 월의본에서는 '뉴조(紐租)'라고 적고 있어 각각 한 글자씩 틀리게 적고 있다. 청각각본에서는 '뉴(紐)'자가 빠져 있고, 또한 '사(柤)'자는 '사(粗)'로 잘못 기록하고 있다. 신은서에서는 이것을 "拗扭出渣"

凝定²³⁹自成黃蠟. 以柤內蠟盡爲度. 要知其年收蜜多寡, 則看當年²⁴⁰ 雨水如何. 若雨水調勻,²⁴¹ 花木茂盛, 其年²⁴²蜜必多, 若雨水少, 花木稀, 其蜜必少. 或蜜不敷蜜蜂食用, 宜以草雞或一隻·或二隻. 退毛,²⁴³ 不用肚腸, 懸掛窠內, 其蜂自然食之, 又力倍常. 至來春二月間, 開其封視之, 止存雞骨而已.

역문 10-10 돼지종자 거두기[收猪種]

(돼지종자는) 주둥이가 짧고 부드러운 털이 없는 놈을 고르는 것이 좋으며, 한 쪽에 어금니가 세 개 있는 것은 잘 살지 못하고, 살찌우기도 어렵다.²⁴⁴ 어릴 때 지게미를 먹이면 잘 자라지 않는다. 돼지가 온병瘟病²⁴⁵에 걸리면 황색 치자[黃梔] 물을 (목에 부어넣어) 먹이거나 꼬리를 뾰족하게 잘라주고, 수초水草와 녹두를 먹이거나 혹은 쌀뜨물이나 소금물을 부어 먹이면 즉시 낫는다.

---

237 라고 적고 있고, 경세록에서는 "拗出絞柤"라고 적고 있는데, 의미는 모두 서로 동일하다. 청각각본에서는 '와분(瓦盆)' 두 글자가 도치되어 있다. 역자주 사고전서본에서도 '분와(盆瓦)'라고 적고 있다.
238 '경(傾)'자는 대자본에서는 '순(順)'으로 잘못 적고 있다.
239 '정(定)'자는 대자본에서는 '냉(冷)'으로 적고 있다.
240 청풍실본에서는 이 구절에 '연(年)'자가 빠져 있다.
241 대자본에서는 이 구절의 '조균(調勻)' 두 글자가 도치되어 있다.
242 이 구절은 대자본에 의거했으며, 기타 각본에는 모두 '연(年)'자가 없다. 역자주 사고전서본에도 '연(年)'자가 누락되어 있다.
243 대자본에서는 이 부분을 "宜也大鷄一隻或二隻退去毛…"라고 적고 있다.
244 역자주 이 내용은 『제민요술 역주(齊民要術譯註)Ⅲ』(서울: 세창출판사, 2018)(이후 『제민요술 역주Ⅲ』로 간칭) 권6 「양저(養豬)」, p.162와 『농상집요 역주』 권7 「군축·저(豢畜·豬)」, p.616에 등장한다. 주둥이가 길어 이빨이 한 쪽에 3개 이상이면 살찌우기 어려우니 번거롭게 기를 필요가 없다고 한다.
245 역자주 '온병(瘟病)'은 급성 열병을 이르는 말이다.

10-11 소 멍석 만들기 [造牛衣]²⁴⁶

도롱이풀[蓑草]²⁴⁷에 갈대꽃²⁴⁸을 사이에 끼워서 도롱이를 짜는 방식처럼 만든다. 위쪽을 도롱이풀로 짜게 되면 물이 잘 빠지고, 아래쪽에 갈대꽃으로 교차해서 연결하면 따뜻하다. 서로 연결하여 짜게 되면 사방 한 조각이 된다. 아주 추워서 코에서 맑은 콧물이 흐르면 (소의) 허리가 약해져 힘이 없게 되는데 도롱이[蓑衣: 멍석]를 소의 등에 씌워주고 삼끈으로 묶어주면 추위에 대적할 수 있으며, 얼어서 상해를 입는 것을 피할 수 있다.

---

246 역자주 『사시찬요 역주』「十月·雜事」, p.502에도 이달에 "짚 등으로 우의(牛衣)를 만든다."고 하고, 『농상집요 역주』 권7「禽魚·歲用雜事」, p.637에도 10월에 우의를 만든다고 기술하고 있는데, 이러한 행사는 한국에서도 20세기까지 줄곧 이어져 왔다. 조선의 초『산가요록(山家要錄)』「牛」항목에 의하면 소는 농한기에는 따뜻한 외양간에 넣고 각종 겨나 짚을 깔아주고, 다음날 또 겨나 짚을 덮어준다. 이렇게 매일 한 번씩 덮어주었다가 10일에 한 번씩 쳐낸 것을 보면 소를 사람 못지않게 대접했음을 알 수 있다. 그도 그럴 것이『금양잡록(衿陽雜錄)』(1492년 간행)「農談二」에는 소 한 마리가 9인의 노동력을 대신하며, 홍만선(1643-1715년)의『산림경제(山林經濟)』「牧養·養牛」에서는 본서의 [1-4]에서와 같이 소 한 마리가 7인의 갈이 노동력을 대신한다고 했다. 그 때문인지『산림경제(山林經濟)』「牧養·養牛」에는 신은(神隱: 神隱書)의 기록을 인용하여 소에게 우의(牛衣)까지 착용했다고 하는데, 이 내용은『농상의식촬요』의 내용과 완전 동일하다. 단지 사초(蓑草)를 사초(簑草)라고 표기한 것만 다를 뿐이다. 특히『산림경제(山林經濟)』에서는 중국의 '신은(神隱)' 즉 '구선신은서(臞仙神隱書)'를 적극적으로 인용하고 있는데, 이것은 왕위후가 본서의 서문에서 검증한 바와 같이 그 중 월령의 내용은『농상의식촬요』를 그대로 복사한 책이라고 볼 수 있다. 그 내용이『증보산림경제(增補山林經濟)』「牧養·牛」에 그대로 인용되고, 또『농정회요(農政會要)』(1830년 간행)「農餘·牛」로 이어진 것을 보면 조선도 이미『농상의식촬요』의 영향을 적지 않게 받았음을 확인할 수 있다. 이러한 사실은 중국 인접국가에서도 마찬가지였을 것이다.

247 역자주 '사초(蓑草)' Baidu 백과에 의하면 학명은 *Eulaliopsis binata* (Retz.) C. E. Hubb. 이며, 화본과 의금모속(擬金茅屬) 식물로서 줄기는 30-80cm이고, 매끈하여 털이 없다고 한다. KPNIC나 BRIS에는 등재되어 있지 않아 국명은 불명하나 일종의 띠풀[茅草]인 듯하다.

248 역자주 '노화(蘆花)'는 갈대화[蘆葦花] 꽃 아래 떨기로 자라는 흰털이다. 외관상으로 꽃처럼 보이며, 보통 오인하여 노화라고 하거나 노서(蘆絮)라고도 한다.

10-12 소·말 우리 진흙 바르기[泥飾牛馬屋]

날씨가 청명할 때 지붕에 물이 새는 것을 보수하며, 또 진흙으로 담장과 벽을 발라서 미리 비와 눈에 대비한다.[249]

원문 10-10 收豬種

取短喙[250]無柔毛者良,[251] 一廂[252]有三牙者難留·難肥. 小時餵糟不長. 豬瘟[253]病, 灌以黃梔,[254] 或斷尾[255]尖, 啖以水草·菉豆, 或灌米泔, 或灌鹽水,[256] 即愈.

10-11 造牛衣[257]

將蓑草間蘆花, 如織蓑衣法. 上用蓑草結綴, 則利水; 下用蘆花結絡,[258] 則溫暖. 相連織成四方一片. 遇極寒, 鼻流淸涕, 腰軟無力, 將蓑衣搭在牛背脊,[259] 用麻繩絟繫, 可以敵寒, 免致凍損.

---

249 역자주 『사시찬요 역주』「十月·雜事」, p.502에는 이 달에 "추위를 대비하기 위해 거적을 짜서 소와 말의 마구간을 가렸다."고 하고, 이는 『농상집요 역주』 권7「禽魚·歲用雜事」에서도 되풀이하여 지적하고 있다.
250 청각각본의 주(注)에서 이르길 "'喙'의 음은 '예(穢)'이며, 민간에서는 '취(觜)'라고 한다."라고 하였다.
251 역자주 사고전서본에는 양(良)자 다음에 "喙音穢, 俗稱觜"란 소주(小注)가 있다.
252 역자주 '일상(一廂)'은 一邊, 一面의 뜻이다.
253 왕위후의 보기(補記)에는 필사본에서 '온(瘟)'을 '온(溫)'으로 잘못 적고 있다고 한다.
254 대자본에서는 '치(梔)'자 아래에 '자(子)'자 한 자가 더 많다.
255 '미(尾)'자는 청각각본에서 '모(毛)'로 잘못 적고 있다.
256 대자본에서는 이 구절에 '수(水)'자가 없다.
257 대자본에서는 이 조항의 표제에 '의(衣)'자가 빠져 있다.
258 '락(絡)'자를 대자본에서는 '종(終)'자로 잘못 적고 있다.
259 '척(脊)'자를 대자본에서는 '권(眷)'으로 잘못 적고 있다. 또한 청각각본에서는 이 구절에 '탑(搭)'자 아래에 '재(在)'자 한 자가 더 있고, 또 '배척(背脊)' 두 글자가 도치되어 있다. 역자주 사고전서본에는 '배척(背脊)'을 '척배(脊背)'라고 쓰고 있다.

10-12 泥飾牛馬屋

天色晴明, 修補屋漏; 又²⁶⁰泥飾墻壁, 預²⁶¹備雨雪.²⁶²

---

260 '우(又)'자를 대자본에서는 '급(及)'으로 적고 있다.
261 '예(預)'자를 대자본에서는 '현(顯)'으로 잘못 적고 있다.
262 유인본에서는 '우설(雨雪)' 두 글자가 도치되어 있다.

십일월 十一月

역문 11-1 산초나무 북돋우기 [壅椒]

초토분焦土糞263과 마른 거름으로 북돋아주고 풀로 산초나무를 덮어주면 얼어 죽는 것을 면할 수 있다. 가뭄이 들면 물을 대준다. 산초

---

263 역자주 '초토(焦土)'의 의미가 분명하지 않으나 태워서 만든 화분(火糞)과 흡사하다. 화분은 초니회(焦泥灰)라고도 하고, 쌓은 흙과 초목, 잡동사니를 함께 모아 태운 것으로 흙의 함량이 적지 않아 토분(土糞)이라고도 한다. 때문에 단순한 초목재[草木灰], 초목거름[草木糞]과는 구분된다. 화분 중 흙의 함량이 적으면 초니회에 가깝고, 흙의 함량이 많으면 훈토(燻土)에 가깝다. 최덕경, 『진부농서 역주(陳旉農書譯註)』(세창출판사, 2016), p.116에는 흙이 섞인 각종 쓰레기를 태운 거름을 '화분(火糞)'이라고 지칭하기도 한다. 또 『왕정농서(王禎農書)』「農桑通訣集之三·糞壤」에 의하면 "풀이나 나무를 층층이 쌓아 불을 질러서, 식으면 궁굴대[碌軸]로 곱게 다져서 사용하는데, 강남지역은 물이 많아 땅이 차갑기 때문에 화분을 많이 사용한다. 맥을 파종하거나 채소를 재배할 때 효과적이다."라고 한다. 동일한 내용을 19세기 조선의 『임원경제지(林園經濟志)』「本利志」권4 「糞壤·火糞」에도 그대로 전재하면서, 조선의 아궁이에서 나오는 재와 짚을 태운 재도 모두 화분으로 인식하고 있다.

나무는 양지에서 자라는 나무여서 추위에 견디지 못한다.[264]

11-2 소나무·삼나무·향나무[265]·측백나무[266] 등 나무 심기
[種松杉檜栢等樹]

동지 이후부터 춘사일[267] 전까지 모두 파종할 수 있으며, 그러면 쉽게 살아난다.[268]

원문 11-1 甕椒

宜用焦土乾糞培甕與草蓋, 免致凍死. 遇旱用水澆灌.[269] 此物乃陽中之樹, 所以不耐寒.[270]

---

264 **역자주** 『제민요술 역주Ⅱ』 권4 「種椒」, pp.319-320;『농상집요 역주』 권6 「藥草·椒」, p.550에 의하면, 산초나무의 본성은 추위를 견디지 못하기에 햇볕을 충분히 받아야 한다. 겨울철에는 반드시 마른 풀로 감싸주어야 얼어 죽지 않는다고 한다.

265 **역자주** 회(檜)는 원백(圓柏), 회백(檜柏)이라고도 한다. Baidu백과에 의하면 상록교목으로 학명은 *Juniperus chinensis* L. 혹은 *Juniperus chinensis* L.이며, KPNIC에서는 이것을 측백나무과 향나무속 '향나무'(비추천명: 노송나무)라고 한다.

266 **역자주** 백(栢)은 柏과 동일하며, 주로 장강유역에 분포한다. Baidu 백과에 의하면 학명은 *Cupressus funebris* Endl.이다. KPNIC에서는 이를 측백나무과 쿠프레수스속 '중국수양쿠프레수스'라고 한다. 여기서는 [1-9]의 항목에서와 같이 '측백나무'라고 이름하였다.

267 **역자주** 춘사일은 입춘이 지난 뒤 다섯 번째의 무일(戊日)을 가리킨다.

268 **역자주** 『제민요술 역주Ⅱ』 권4 「栽樹」, p.200에는 최식(崔寔)의 말을 인용하여 소나무, 잣나무 등은 "정월에는 초하루부터 그믐에 이르기까지 옮겨 심고, 과일이 달리는 나무는 망일(望日)까지 옮겨 심는다."라고 한다. 이러한 내용은 『농상집요 역주』 권6 「竹木·松」, pp.493-494에도 이어지며, 이외에도 이 책에는 신첨(新添)으로 8-9월에 송백의 씨를 가려 이듬해 춘분 때 첨수(甛水)에 열흘 동안 담갔다가 이랑에 뿌리고 2년이 지난 후 3월 중순에 흙 채로 옮겨 심는 방법을 제시하고 있다. 아울러 향나무[檜]의 꺾꽂이 번식기술도 소개하고 있다.

269 청각각본에서 이 구절을 "頻以水澆灌"으로 적고 있다. **역자주** 사고전서본에서도 본문의 '우한용(遇旱用)' 대신 '빈이(頻以)'로 쓰여 있다.

270 청각각본에는 '한(寒)'자 아래 '동야(凍也)' 두 글자가 더 있다. **역자주** 사고전서본에서도 이와 동일하다.

11-2 種松杉檜栢等樹

自冬至後至春社前皆可種之,²⁷¹ 則易得²⁷²生活.

〈그림79〉 삼(杉)나무와 그 잎

역문 11-3 유채 김매기[鉏油菜]

깨끗하게 호미질하고, 거름을 주어 그 뿌리를 북돋아준다. 이 달에 북돋아주지 않으면 이듬해 뿌리가 생기지 않는다.

11-4 오곡 종자 시험하기[試穀種]²⁷³

동지일에 저울질하여²⁷⁴ 오곡을 각각 한 되[升]씩 달아서 푸대에 담

---

271 대자본에서는 이 구절에 '자(自)'자가 없다. 또 '지(至)'자는 '입(立)'자로 잘못 적고 있다.
272 이 구절은 대자본, 월의본, 청각각본에 의거한 것이며, 명각본에는 '득(得)'자가 없다.
273 역자주 이와 관련된 내용은 『제민요술 역주Ⅰ』권1「收種」, pp.110-112에 처음 등장하지만 내용상 다소 차이가 있다. 『범승지서(氾勝之書)』를 인용한 『제민요술』에는 이듬해 수확이 가장 적합한 곡물을 알기 위해 같은 용기로 저울질 하여 (동짓날에) 포대 속에 각종 곡물을 넣어 응달에 묻어 두었다가 동지 후 50일이 지난 후에 파내어 가장 많이 불어난 것을 택했다고 하였다. 이와 동일한 내용이 『농상집요 역주』권2「播種·收九穀種」, pp.90-91에도 그대로 전하며, 덧붙여 최식(崔寔)의 말을 인용하여 오곡을 한 되씩 작은 옹기에 넣고 담장 그늘 아래 묻어두고 위와 같이 판정했다고 한다. 하지만 당말(唐末)

아 북쪽 담장 그늘 아래 묻어두고, 동지 후 15일, (혹자는) 또 49일이라고 말하는 시기에 꺼내어 저울에 달아서 무게가 가장 많은 것이 이듬해 수확이 가장 좋으니 이것을 많이 파종하는 것이 좋다.

원문 **11-3** 鉏油菜

鉏淨, 加糞壅其根. 此月不培壅, 來年無根脚.[275]

11-4 試穀種

冬至日平,[276] 量五穀[277]種各一升,[278] 用布囊盛頓, 於北墻陰下埋之, 於冬至後十五日, 又云四十九日, 取出平量, 最[279]多者來歲好收,[280] 宜多種之.

의 『사시찬요 역주』「十一月·試穀種」, pp.519-520에는 위 본문처럼 동지 후 15일째 되는 날에 꺼내 가장 많이 늘어난 곡물을 파종했다고 한다. 원대의 『농상의식촬요』에서 『제민요술』과 『농상집요』가 아닌 당말의 『사시찬요』를 따르고 있다는 것이 흥미롭다.

274 역자주 이 '평(平)'자는 '칭(秤)'과 같은 의미인 "저울질하다"로 쓰인 듯하다.
275 신은서에서는 이 구절을 "來年其菜不茂"로 적고 있다.
276 이 구절은 대자본에 의거한 것이며 다른 각본에서는 '일(日)', '평(平)' 두 글자가 도치되어 있다. 역자주 사고전서본에서는 '일평(日平)'을 '평일(平日)'이라고 적고 있다.
277 왕위후는 교주수정(校注修訂)에서 곡(穀)은 마땅히 곡(穀)으로 고칠 것을 주문하고 있다.
278 청각각본에서는 이 아래에서 주석하기를, "살피건대 최식(崔寔)이 이르길, '平量五穀各一升'이라고 하는데, 이에 의거한즉 마땅히 '冬至日平量五穀種各一升'으로 적어야 할 것이다."라고 하였다. 역자주 사고전서본에도 이 부분에 위와 같은 소주(小注)가 남아 있다.
279 역자주 사고전서본에는 '최(最)'자 앞에 '식(息)'자가 한 자 삽입되어 있다.
280 대자본에는 이 구절에 사고전서본과는 달리 '최(最)'자가 없다. 또 청각각본에는 이 구절의 '최(最)'자 앞에 항상 '식(息)'자가 한 자 더 많다. 신은서, 경세록에는 모두 이 글자가 없다. 생각건대 이 구절에 '식(息)'자가 있는 것이 의미가 자연스럽고 더욱 명료하나 이 글자가 없어도 이해하기는 어렵지 않다. 이처럼 신은서와 경세록이 명각각본, 월의본과 더불어 서로 동일한 것은 원 각본에도 모두 이 글자가 없었을 수도 있다는 것이다.

역문 **11-5** **오리알 염장하기**[鹽鴨子]

동지 이후부터 청명 전에 이르기까지, 오리알 백 개마다 소금 10 냥, 재 3되를 미음과 조제하여 덩어리로 만들어 거두어 마른 항아리 속에 저장하면, 여름 때까지 두고 먹을 수 있다.[281]

11-6 **소똥 거두기**[收牛糞][282]

많이 거두어 쌓아두고, 봄에 따뜻할 때 밟아서 둥글넓적하게 날벽돌로 만들어서 잠실에서 태우면 누에에게 좋다.

11-7 **연못 보수하기**[修池塘][283]

농한기에 연못의 제방을 보수하여 높이는 것이 좋으며, 연못 중간을 파내어 깊게 해주면 물이 모이는 것이 넓고 많아져서 미리 가뭄에 대비할 수 있기 때문에 논벼에 물을 댈 수 있다.

---

281 역자주 1560년에 출간된『거가필용사류전집(居家必用事類全集)』의「醃鹹鴨卵」에 의하면 "不拘多少, 洗淨控乾, 用竈灰篩細二分, 塩一分, 拌匀. 却將鴨卵於濃米飲湯中蘸濕, 入灰塩滾過, 收貯."라고 하여 내용상 차이가 적지 않다. 즉 거가필용의 내용은 "오리알의 수에 관계없이 아궁이 재와 소금을 2:1 비율로 고르게 섞고, 오리알을 진한 미음 속에 담근 후에 재와 소금 위에 굴려서 저장했다."라고 하고 있다. 오리알은 표면장력이 크고 재는 흡수력이 강하기 때문에 미음 속에 소금과 재를 섞으면 표면에 가루가 잘 붙지 않을 가능성이 크다. 하지만 소금과 재는 접착력이 높아서 오리알을 염장하는 데 보다 효과적이었을 것으로 보인다.

282 역자주『사시찬요 역주』「附錄 · 十二月」, p.586에는『농상집요 역주』권7「禽魚 · 歲用雜事」를 이용하여 12월에 "收牛糞"한다고 지적하고 있다. 그리고『농상집요 역주』권7「農事豫備 · 收牛糞」, p.286에는『무본신서』를 인용하여 봄철에 대비하여 겨울철에 쇠똥을 많이 거두어 쌓아 둔다고 한다.

283 역자주 연못을 보수한 이유가 물을 많이 모아 수전(水田)을 대비하기 위한 것을 보면, 이 항목 역시 [1-21]의 '도랑 치기'와 같이 가뭄을 대비하는 관개사업의 일환인 듯하다. 음력 11월에 작업이 시행된 것을 보면 농한기에 이듬해의 농사 준비를 위해 다각도로 활동했음을 알 수 있다.

원문 11-5 鹽鴨子

自冬至後至淸明前,[284] 每一百箇用鹽十兩, 灰三[285]升, 米飮[286]調成團, 收乾甕內, 可留至夏間[287]食.

11-6 收牛糞

多收, 堆聚,[288] 春暖踏成墼[289]塊[290]於蠶房內燒, 宜蠶.

11-7 修池塘

宜於農隙之時塡補塘[291]岸令高, 中間要挑掘令深, 則聚水寬廣, 所以預[292]備乾旱,[293] 澆灌田禾.

---

284 청각각본에서는 이 문장에 '후지(後至)' 두 자가 빠져 있다. 이후 왕위후는 교주수정(校注修訂)에서 이 문장 다음에 연필로 "또 문국각본(文國閣本)에는 이 구절의 끝부분에 '전(前)'자가 없다."라고 보충하고 있다.
285 '삼(三)'자는 대자본에서는 '이(二)'로 적고 있다.
286 '음(飮)'자는 청각각본에서 '반(飯)'으로 적고 있다.
287 '간(間)'자는 대자본에서 '월(月)'로 적고 있다.
288 대자본에는 이 네 글자를 '동수우분(冬收牛糞)'으로 적고 있다.
289 '격(墼)'자는 청각각본에 근거한 것이며, 명각본에서는 '참(塹)'으로 잘못 적고 있다. 대자본, 월의본에서는 모두 '격(擊)'으로 잘못 적고 있다.
290 '괴(塊)'자는 청각각본에서 '배(坏)'로 적고 있으며, 신은서도 '배(坏)'로 적고 있다. 역자주 사고전서본에서는 '괴(塊)'자를 '배(坏)'자로 쓰고 있다.
291 '당(塘)'자는 청각각본에서 '갱(埂)'으로 적고 있다. 신은서도 '갱(埂)'으로 적고 있다. 역자주 사고전서본에도 '당(塘)'자를 '갱(埂)'으로 적고 있다.
292 역자주 사고전서본에서는 '예(預)'자를 '방(防)'으로 적고 있다.
293 청각각본에서는 이 문장을 "可以防備乾旱"으로 적고 있다. 다만 청풍실본에는 이 구절 중 '비(備)'자가 없다.

〈그림80〉 송화단(松花蛋)과 오리알

십이월 十二月

역문 12-1 뽕나무 옮겨심기[栽桑]

구덩이를 파는데 깊이와 폭을 대략 소척 기준으로 2자[尺]²⁹⁴로 하고,²⁹⁵ 다시 구덩이 두둑에서 흙과 거름을 취해 (구덩이 속에서) 섞어서 진흙탕을 만들어서 뽕나무의 뿌리를 안정되게 묻고서 다시 분토로 배토

---

294 역자주 치우꽝밍[丘光明]의 편저 『중국역대도량형고(中國歷代度量衡考)』, 과학출판사, 1992년, p.98에 의하면 북송대 1자[尺]의 길이는 31.6cm, 남쪽 절강성의 경우는 1자가 27.43cm, 복건성의 1자는 27~28cm 정도이다.

295 역자주 『제민요술 역주Ⅱ』 권5 「種桑柘」, pp.335-336에 의하면 나무 사이의 간격은 쟁기를 사용하여 갈이하기 위해 그루당 간격을 5자[尺]로 하고 있으며, 가지가 팔뚝 굵기로 자라면 정월에 다시 옮겨 심는데, 이때에는 10보(步)마다 한 그루씩 심는다고 한다. 『농상집요 역주』 권3 「栽桑·地桑」, p.202, 206에도 뽕나무 심는 간격에 대한 동일한 기록이 전한다. 아울러 10보 간격으로 뽕나무를 심은 이유를 『농상집요 역주』 권3 「栽桑·布行桑」, pp.225-226에는 나무 그늘이 서로 닿지 않게 하고, 아울러 나무 사이에 우경(牛耕)을 이용해 화두(禾豆)를 재배하기 때문이라고 한다.

해준다. 뽕나무를 옮겨 심으면서 위를 향하도록 약간 들어 올려주면, 그 뿌리가 편안하게 자리 잡게 된다. 다시 흙으로 복토하여 지면과 더불어 평평하게 해준다. 다음날 견실하게 다져주고 절대 흔들어서는 안 된다.²⁹⁶ (그렇게 하면) 그 뽕나무가 두 배로 왕성해지며 봄에 옮겨 심는 것보다 낫다.

12-2 뽕나무 가지치기[修桑]²⁹⁷

작은 가지를 잘라내면 가지와 잎이 무성해진다. 마른 가지를 제거해주면 (나무가) 거칠어지지 않는다.²⁹⁸

원문 12-1 栽桑

掘坑, 深闊²⁹⁹約二小尺, 却於坑畔取土糞和成³⁰⁰泥漿, 將桑根埋定, 再用糞土培壅.³⁰¹ 微將桑栽向上提起, 則根舒暢. 復用土壅與地平. 次

---

296 **역자주** 이상과 거의 비슷한 내용이 『사시찬요 역주』「正月·栽樹」, pp.100-101에도 등장하고 있는 것을 볼 때 식수과정은 큰 차이가 없었던 것 같다. 차이가 있다면 『사시찬요』에는 나무의 원래 방향을 중시하여 식수하고, 심을 때는 흔들어서 뿌리 사이로 진흙이 들어가게 하지만, 본문(또는 1-6의 사례)에서와 같이 심은 후에는 절대 흔들어서는 안 된다는 점이다. 『농상집요 역주』권3「栽桑·移栽」, p.212에는 1년 중 대한(大寒) 시기에는 뽕나무를 옮겨 심을 수 없지만 나머지 달에는 가능하다고 한다. 본문과 동일한 내용이 『임원경제지(林園經濟志)』「本利志」권1「蠶績上·移栽」에도 그대로 전재되어 있다.
297 **역자주** 『제민요술 역주 II』권5「種桑柘」, pp.340-341에는 뽕나무 가지치기는 12월이 가장 좋고 그 다음이 정월이고 2월이 가장 좋지 않다고 한다. 그 이유는 가지를 자른 후 유즙이 흘러나오면 뽕잎이 손상을 입기 때문이란다.
298 **역자주** 『제민요술 역주 II』권5「種桑柘」, p.336; 『농상집요 역주』권3「栽桑·移栽」, pp.206-207에는 뽕나무를 옮겨 심은 후 첫 2년간은 신중히 하여 뽕잎을 따고 가지를 쳐서는 안 된다고 한다. 가지치기할 경우의 이점은 『농상집요 역주』권3「栽桑·科斫」, pp.237-240를 참조하라.
299 왕위후의 보기(補記)에는 필사본에서 '활(闊)'자를 '관(寬)'으로 적고 있다고 지적한다.
300 '성(成)'자는 청각각본에서는 '혹(或)'으로 잘못 적고 있다.
301 이 구절은 청각각본에 의거했으며, 명각본과 월의본에서는 모두 '용(用)'자가 빠져 있고, 또 '배(培)'자를 '배(倍)'로 잘못 적고 있다. 대자본에서는 전체 구절을 "再用糞土壅培"로 적고 있다. 또 묵해본에서는 '분토(糞土)' 두 글자가 도치되어 있다.

日築實, 切不可動搖. 其桑加倍榮旺,³⁰² 勝如春栽.

12-2 修桑

削去小枝條, 則枝葉茂盛.³⁰³ 去其³⁰⁴枯枝則不荒.

역문 12-3 누에 알받이종이 씻기[浴蠶連]³⁰⁵

12월 8일에 물로 (알받이종이를) 씻어주는데,³⁰⁶ 눈 녹은 물이라면 더욱 좋다. 섣달 그믐밤에 오방초五方草, 즉 쇠비름[馬齒菜]³⁰⁷을 도부桃符³⁰⁸ 조각과 함께 물에 끓이고 그 물을 식혀 새해 첫날의 오경五更³⁰⁹에 씻어주면 온갖 악을 피하고 저주에서 벗어나게 되어 누에에게 유익하다.

12-4 깔개 거두기[收蓐草]

띠풀과 마른 쑥[蒿]을 베어서 쌓아두는데 비를 맞아 떠서 손상되어

---

302 '왕(旺)'자는 청각각본에서는 '장(壯)'으로 적고 있다.
303 청각각본에서는 이 두 구절을 "削去小枝葉, 則枝條茂盛"이라고 적고 있다.
304 '기(其)'자는 장은실본(長恩室本), 반무원본(半畝園本)에서는 '모(某)'로 잘못 적고 있다.
305 역자주 『농상집요 역주』 권4 「養蠶·浴連」, p.279에 본문과 동일한 내용이 전한다. 다만 『농상집요』에는 흐르는 물에 씻는 것이 가장 좋고 정화수가 그 다음이라고 한다. 씻는 시기에 대해 위의 책, 권4 「養蠶·浴連」, pp.276-277에 의하면 세 차례, 즉 12월 8일, 18일, 28일에 씻어 알이 나방의 독기에 오염되는 것을 막는다고 한다.
306 역자주 『제민요술 역주Ⅱ』 권5 「種桑柘」, pp.353-360에 의하면 누에 종자를 씻는 시기는 다르지만 알을 거두어 항아리에 넣고 차가운 계곡물에 담가두는 이유는 그 냉기로 알이 부화되는 속도를 지연하여 뽕잎이 나오는 시기와 맞추기 위함이라고 한다.
307 역자주 '마치채(馬齒菜)'는 곧 오방초(五方草)로서 학명은 *Portulaca oleracea* L.이다. KPNIC에서는 '쇠비름'이라고 명명하고 있다.
308 역자주 '도부(桃符)'는 악귀를 쫓는 부적의 일종이다. 복숭아나무 판자에 신도(神荼), 울루(鬱壘)의 두 신상(神像)을 그려서 대문 옆에 걸어두면 악귀를 쫓는다는 고사에서 유래되었다.
309 역자주 '오경(五更)'은 하룻밤을 다섯으로 나눴을 때의 다섯째 부분으로 오전 세시에서 다섯 시까지에 해당한다.

서는 안 된다. 이듬해 봄에 누에 깔개를 만들면 누에에게 좋으며,[310] 섶에 오른 익은누에[311]가 서늘하면 고치를 짓는 것이 두 배 더 두껍고 실하여 그 생사는 더욱 좋아진다.

원문 12-3 浴蠶連

臘月八日, 以水浴之, 遇雪水, 尤佳. 歲除夜, 用五方草,[312] 卽馬齒菜[313]也, 同桃符木柤[314]以水煎之, 放[315]冷, 於元日五更浴之, 避諸[316]惡厭魅, 則宜蠶.

12-4 收苫草[317]

刈茅草乾蒿[318]收積, 勿令雨浥[319]損. 來春作蠶蓐則宜蠶, 簇蠶大涼,[320] 作[321]繭加倍厚實,[322] 其絲更好.

---

310 역자주 『농상집요 역주』 권4 「蠶事豫備·收苫草」, p.286에 12월에 띠풀을 베어 누에 깔개로 사용하면 누에에게 좋다는 내용이 그대로 전한다.
311 역자주 이 때 '잠(蠶)'은 대잠(大蠶)으로 섶에 오르기 직전의 익은누에이다.
312 왕위후의 보기(補記)에서는 필사본에서 '초(草)' 자를 '장(章)'으로 잘못 적고 있다고 한다.
313 '채(菜)'자는 대자본에서는 '현(莧)'으로 적고 있다. 유인본, 신은서는 대자본과 더불어 동일하다.
314 '사(柤)'자는 청각각본에서는 '서(鉏)'로 잘못 적고 있다.
315 '방(放)'자는 대자본에서는 '어(於)'자로 잘못 적고 있다.
316 대자본에서는 이 구절의 '제(諸)'자 아래에 '반(般)'자가 한 자 더 많다.
317 왕위후는 본서 목차의 교기에서 원래 욕(蓐)자의 획이 결손 되고 초(草)자는 빠져 있다고 한다. 역자주 사고전서본에는 '收苫草'라고 바르게 기록되어 있다.
318 '호(蒿)'자는 월의본에서는 '교(蕎)'로 잘못 적고 있다. 신은서에서는 '호(蒿)'로 적고 있다.
319 청각각본에서는 이 구절에 '읍(浥)'자가 빠져 있고, 신은서에는 이 글자가 있다. 역자주 사고전서본에는 우(雨)와 손(損)자 사이에 '읍(浥)'자가 빠져 있다.
320 대자본에서는 이 구절을 "護蠶不涼"이라고 적고 있다. 또한 청각각본에는 '잠대량(蠶大涼)' 세 글자가 없다. 신은서는 명각각본과 더불어 동일하다. 왕위후의 교주수정(校注修訂)에서 위의 문장 다음에 붉은 글씨로 "'蠶大' 두 글자가 도치된 것 같다."라고 보충하고 있다. 역자주 사고전서본에도 '잠대량(蠶大涼)'의 세 글자가 빠져 있다.
321 '작(作)'자는 대자본에서는 '즉(則)'으로 적고 있다.
322 역자주 이 문장을 문연각 사고전서(文淵閣四庫全書)본에서는 "來春作蠶蓐則宜蠶, 簇作繭加倍厚實"로 되어 있고, 중화서국관에서는 이를 "來春作蠶蓐則宜蠶簇, 作繭加倍厚實"

〈그림81〉 쇠비름[馬齒菜]과 그 꽃

역문 12-5 어저귀 파종하기[種苘檾]³²³

쟁기로 비옥한 땅을 부드럽게 갈이하는 것이 좋다. 12월 8일에 파종한 것이 좋으며, 1, 2월에 파종한 것과 더불어 마찬가지이다.

12-6 마른 뽕잎 갈기[擣磨乾桑葉]³²⁴

12월 중에 제조한 것은 누에의 열병을 해소할 수 있다. 찧고 갈아서 가루를 내어 깨끗한 항아리 속에 거두어 저장한다. 누에를 먹이고 남은 것을 소의 사료로 쓸 수 있는데, 소가 아주 잘 먹는다.

로 보고 있어 모두 '蠶大涼'의 세 글자는 누락되어 있고 표점도 다르다. 왕위후는 최종적으로 이를 "來春作蠶蓐則宜蠶, 簇蠶大涼, 作繭加倍厚實."로 해독하였다. 본서는 왕위후의 교주수정본에 근거하여 번역하였음을 밝혀둔다.

323 역자주 어저귀[檾]는 1년생 초본식물로서 줄기는 직립이다. 껍질의 섬유는 끈을 만들 수 있고 종자는 약으로 사용된다. 하지만 『농상집요』에 등장하는 어저귀의 용도는 흥미롭게도 약초나 뽕나무 같은 묘목의 그늘을 만들어주는 용도로 사용되었으며, 『농상의식촬요』에서는 주로 삼[麻]과 함께 끈을 만드는 용도로 사용되고 있다. 흥미로운 점은 어저귀를 밧줄에 군데군데 묶어 곡물이나 과실수에 앉은 안개, 이슬과 서리를 털어내는 용도로 사용했다는 것이다.

324 역자주 『농상집요 역주』권4「蠶事豫備·收乾桑葉」, p.283에 본문의 문장이 그대로 수록되어 있다. 마른 뽕잎은 뽕나무에서 잎이 지려고 할 때 따는데, 일찍 따면 뽕 눈이 손상되고 떨어진 뽕잎을 취하면 영양분이 없다고 한다.

12-7 대와 나무 베기[伐竹木]³²⁵

이 달에 대나무와 나무를 베면 나무에 좀이 슬지 않고³²⁶ 건고해지며 7월에 베는 것과 같다.

원문 **12-5** 種麻檾

宜犁³²⁷熟肥地. 臘八日種者爲佳,³²⁸ 與正二月³²⁹同.

12-6 擣磨乾桑葉

臘月內製者能消蠶熱病. 擣磨成麪,³³⁰ 入潔淨甕內收³³¹貯. 飼蠶餘剩者, 可做牛料, 甚美食之.

12-7 伐竹木

此月伐竹木, 則不蛀而堅, 與七月間斫者同.

---

325 역자주 '죽목(竹木)'은 대나무로 해석할 수 있지만, Baidu 한어와 Naver 한자사전에는 이를 모두 '대나무와 나무'라고 해석하고 있다.
326 역자주 이와 동일한 내용이『사시찬요 역주』「십이월·務斬伐竹木」, p.561에 전하며,『농상집요 역주』권6「竹木·種竹」, p.493에도 삼복(三伏)과 12월에 베어낸 대나무에는 좀이 슬지 않는다고 한다. 혹자는 삼복 기간은 대나무가 성장하는 계절이기 때문에 벌목해서는 안 되며, 또 이때 벌목하면 좀이 생기기 쉽다고 한다. 묘치위[繆啓愉] 교석,『원각농상집요교석(元刻農桑輯要校釋)』(농업출판사, 1988), p.392 참조.
327 역자주 사고전서본에는 '리(犁)'를 '리(犂)'로 적고 있다.
328 이 구절은 청각각본에 의거한다. 명각본, 월의본에는 모두 '가(佳)'자가 빠져 있다. 신은서, 경세록에서도 모두 이 글자가 있다. 또한 대자본의 이 구절은 '위가(爲佳)' 두 글자가 없으며, 또 '정(正)'자 아래에 '월(月)'자 한 자가 더 있다.
329 청각각본은 이 구절의 '월(月)'자 아래 '종자(種者)' 두 자가 더 있다.
330 역자주 사고전서본에는 '면(麪)'자를 '면(麵)'으로 적고 있다.
331 왕위후의 보기(補記)에는 필사본에서 '수(收)'자를 '어(於)'로 잘못 적고 있다고 한다.

〈그림82〉 어저귀[麻薐]와 그 종자

역문 12-8 눈물³³² 거두기[收雪水]³³³

눈[雪]은 천지의 기운이며 오곡의 정기이다. 각종 종자를 (눈에) 담가두면 가뭄을 견디고 벌레가 생기지 않는다. 깨끗한 물을 돼지에게 뿌리면 소아반진小兒斑疹³³⁴을 치료하며, 조개 가루를 배합하면 땀띠를 치료할 수 있다.

---

332 눈 녹은 물의 효과에 대해 이미 "눈 녹은 물은 오곡의 정수로서 농작물이 가뭄을 잘 견디게 한다. 겨울에 항상 눈 녹인 물을 모아서 용기에 담아 땅 속에 묻어두고, 이로써 종자를 처리하면 항상 두 배를 수확한다."라고 하였다. 구소비에트 연방의 연구에 의하면, 눈 녹인 물은 생물의 성장을 억제하는 중수(重水) 함유량이 보통 빗물의 3/4 정도라고 한다. 발아의 경우도 보통의 물과 눈 녹은 물의 발아율은 100 : 140의 비율이라고 한다. 그래서 우리 속담에 "눈이 많이 내리면 그 해 농사가 풍년이 든다."라는 말이 생겼는지도 모르겠다. 최덕경,「播種期 農作物에 대한 農民의 生態 認識」『中國史硏究』제73집, 2011, pp.36-37 참조.

333 역자주 『사시찬요 역주』「十一月・貯雪水」, p.520에는 『요술(要術)』에서 이르길 "이달에 그릇에 눈을 저장하여 땅속에 묻는다. (이후) 눈 녹은 물[雪水]로 곡물을 담가 파종하면 곧 수확이 배가 된다.[要術云, 是月以器貯雪埋地中. 以水漫穀種, 則收倍.]"라고 한다. 같은 책,「十二月・雜事」에도 '貯雪'이라고 간단하게 언급하고 있다. 이런 사례는 『농상집요 역주』권7「禽魚・歲用雜事」, p.637에도 마찬가지로 12월에는 "눈 녹은 물을 저장한다."라고 하고 있다. 이처럼 눈 녹인 물을 종자 처리에 활용한 것은 『제민요술』에서 근거로 한 『범승지서』에서부터 확인할 수 있다.

334 역자주 '소아반진(小兒斑疹)'은 소아가 열병을 앓는 동안에 체표에 나타나는 반과 진의 두 증후이다.

12-9 기름 만들기[造油]³³⁵

섣달에 짠 식물성 기름³³⁶을 거두어 저장했다가 잠실 안의 등을 밝히면 각종 벌레가 들어오지 않고, 고약을 달이면 아주 신묘한 효과가 있다. 부녀가 머리에 바르면 검은 광택이 나며, 또 두발의 이[蝨]와 서캐[蟣]³³⁷가 없어진다.

원문 12-8 收雪水

雪者, 天地之氣, 五穀³³⁸之精. 浸諸色種子, 耐旱, 不生蟲. 淋猪淸, 治³³⁹小兒斑³⁴⁰疹; 調蛤粉治痱子.

12-9 造油

臘月所榨³⁴¹淸油收貯, 蠶屋³⁴²內點燈, 諸蟲不入, 熬膏藥大有神效. 婦人揉頭黑光, 更無蝨³⁴³蟣.³⁴⁴

---

335 역자주 이 사료를 보면 12월에 짠 식물성 기름은 단순히 식용과 조명 및 윤활유의 연료에 머문 것이 아니고 고약과 여성들의 피부 및 두발 보호제와 치료제 등 전방위적으로 활용되었음을 알 수 있다. 당시 유료(油料)작물의 착유법 및 그 용도에 대해서는 최덕경, 「중국 고대의 기름과 搾油法」『東洋史學硏究』제148집, 2019 참조 바람.
336 역자주 '청유(淸油)'는 식물성 기름의 총칭이거나 또 가열 후 다시 볶거나 재차 가열하지 않은 기름을 가리킨다. [9-13]의 주석 참조.
337 역자주 '서캐'는 이[蝨]의 알을 가리킨다.
338 왕위후는 이후 교주수정(校注修訂)에서 穀자는 당연히 穀으로 바꿀 것을 주문하고 있다.
339 '치(治)'자는 대자본에서는 '자(者)'로 잘못 적고 있다.
340 '반(斑)'자는 대자본에서 '반(班)'으로 잘못 적고 있다. 이하 동일하다. 역자주 사고전서본에서는 '반(斑)'자를 '반(瘢)'자로 쓰고 있다.
341 '착(榨)'자는 월의본에서는 '착(搾)'으로 적고 있으며 유인본에서는 '착(榨)'으로 적고 있다. 청각자본 중 청풍실본에서 '착(搾)'이라고 쓴 것을 제외한 그 나머지에서는 모두 '착(榨)'으로 적고 있다.
342 '옥(屋)'자는 청각자본에서는 '방(房)'으로 적고 있다.
343 '슬(蝨)'자는 대자본에서 '슬(虱)'로 적고 있다.
344 '기(蟣)'자는 대자본에서 '아(胒)'로 적고 있다.

역문 **12-10** 납월 술지게미 효모장 만들기[收臘糟酵渾頭³⁴⁵]³⁴⁶

(겨울에 양조한) 마른 술지게미에 소금을 넣고 섞어서 다져넣어 (뚜껑을) 진흙으로 봉해주면 향기로운데, 술기가 있는 지게미는 신맛을 띠며 맛이 좋지 않다.³⁴⁷ (이 술지게미로 만든) 효모[酵]를 넣은 밀가루 반죽을 햇볕에 말려, 부수어 곱게 가루로 내고 깨끗한 소금을 고루 섞어 항아리 속에 넣고 눌러 열흘간 햇볕을 쬐면 자연스럽게 장이 된다. 그 맛은 달고 맛있으며 파리와 벌레가 생기지 않는다.

12-11 쏘가리³⁴⁸ 거두기[收鱖魚]³⁴⁹

섣달 8일에 쏘가리를 잡아서 (이로써) 소아반진³⁵⁰을 치료하면 더 이

---

345 역자주 '효혼두(酵渾頭)'에서의 효(酵)는 술지게미로서 효모와 호소의 집합체이며, 발효의 씨앗이다. 술지게미 속에는 탄수화물과 일정량의 당과 알콜이 포함되어 있고, 곡물 속에는 10%정도의 단백질도 함유되어 있다. 술지게미와 식염 속의 세균과 효모가 효소를 내어 분해를 돕고 향(香)성분의 풍미를 발산한다.

346 역자주 '술지게미를 이용한 효모장[臘糟酵渾頭]'은 기존의 다른 농서에서 볼 수 없는 독특한 제법이며, 12월에 담근 술지게미를 말려 효모로 만들었다는 것이 특징이다. 효모를 넣어 반죽하여 발효시킨 밀가루를 효자(酵子), 또는 효두(酵頭)라고 한다. 제목 속의 혼두(渾頭)는 반죽이 둥근 형태[渾圓]를 띤 것으로 효혼두(酵渾頭)라고도 한다. 이처럼 효자(酵子)를 이용하여 정병(鉦餠)을 만든 것이 『음선정요 역주』 권1 「聚珍異饌·鉦餠」, pp.155-156에 보인다. 참고로 Naver 백과에 의하면 효모를 가장 먼저 관찰한 것은 1680년 네덜란드의 과학자인 안톤 반 레벤후크(Anton van Leeuwenhoek)이고, 당시는 생물로 간주하지 않았으며, 이후 루이 파스퇴르(Louis Pasteur)가 1859년 효모에 의한 에탄올의 생산을 처음 밝혀 효모의 생물학적 의의가 처음 알려지게 되었다고 한다.

347 역자주 『사시찬요 역주』 「十二月·雜事」, p.566에서는 12월에 술지게미를 거두었다고 한다. 술지게미 속의 주기(酒氣)의 정도와 소금량의 다소에 따라 초[酸]로 변하는 속도가 달라질 것이다.

348 Baidu 백과에 의하면 쏘가리[鱖]의 학명은 *Siniperca chuatsi*로서 BRIS에는 국명을 '궐어'로 명명하고 Naver 백과에서는 꺽지과 '(중국)쏘가리'라고 이름한다. 본서에서 어떻게 생선 중 유일하게 쏘가리[鱖]가 선택되었는지는 알 수가 없다. 뿐만 아니라 『음선정요』 권3 「魚品」 속에도 이 생선은 포함되어 있지 않다. 이것은 원대에 식용이나 약재로서 그다지 주목하지 않았다는 것이다. 하지만 본 항목에는 쏘가리가 특별히 소아반진과 구충제로도 사용되었다고 한다. 유독 섣달 8일에 잡은 쏘가리로 소아반진을 치료했던 것을 보면 강 유역의 민간요법이 아니었을까 한다. 쏘가리는 담수어로서 비교적 깨끗한 물속에 서식하기를 좋아한다. 낮에는 대개 물밑에 잠복하다가 야간에는 사방으로 먹이 활동

상 나오지 않는다. 태워도 성분이 남으며 (이를) 아주 곱게 갈아서 묽은 술에 배합하여 복용하면 즉시 효과가 발휘되어 더욱 안정된다.351 뒷간에 매달아 놓으면 벌레가 생기지 않는다.

원문 12-10 收臘糟352酵渾頭353

乾糟用鹽354拌, 捺355實泥封則香, 帶酒則酸, 不香.356 酵子渾357頭358

을 한다. 서유구(徐有榘: 1764~1845년)의 만년에 간행한 『임원경제지(林園經濟志)』 「佃漁志」 권4 「魚名攷·江魚·鱗類·鱖」에는 그의 책 『蘭湖漁牧志』를 인용하여 "쏘가리는 몸통이 납작하며 배가 넓다. 큰 입에 가는 비늘이 덮여 있고 누런 바탕에 검은 무늬가 있다. 껍질은 두꺼우며 육질은 탄탄하고 등에는 지느러미가 있어 사람을 찌르거나 쏜다. 늦은 봄 복사꽃이 피고 물이 차오르면 쏘가리 살도 차오른다. 일명 수돈(水豚)이라고도 하는데, 그 맛이 돼지고기처럼 좋기 때문에 붙인 이름이다. 한반도에서는 이를 금린어(錦鱗魚)라고 부르기도 했다."라고 한다.

349 역자주 '궐어(鱖魚)'는 오화어(鰲花魚), 계어(桂魚)라고 하며, 담수어로서 강과 호수 등 수초가 무성하고 비교적 깨끗한 곳에 서식하며 낮에는 바다에 잠복하다가 저녁에 활동하는 육식성 어류이다. 예로부터 문인들 사이에서 외모가 아름답고 궐(闕)자와 음이 같아 고귀하게 여겼으며, 시문과 회화 등에 흔히 등장한다.

350 역자주 소아의 피부에 점모양의 반(斑)과 도드라져 나온 모양의 진(疹)이 나타나는 증상이다.

351 역자주 Baidu 백과에 의하면 쏘가리[鱖魚]는 성질이 난폭하고 깨끗한 수역의 수생식물이 무성한 곳에서 서식하며 어류와 기타 수생동물을 먹이로 한다. 가시가 적고 살이 많으며 영양이 풍부하여 민물 어류 중 최고급 생선으로 취급된다. 특히 이 생선은 기와 혈을 보양하고 비장과 위장을 이롭게 하는 기능이 있다고 한다.

352 역자주 '납조(臘糟)'는 12월에 양조한 술지게미이다.

353 대자본에서는 이 조항의 제목을 '수납조교우두(收臘糟䊤芋頭)'로 적고 있다. 청각각본에서는 제목에서 '조(糟)'자가 빠져 있고, 또 제목 밑의 주(注)에서 이르길 "'효(酵)'의 음은 교(敎)이다."라고 하고 있다. 신은서에서는 '수(收)'자를 '치(治)'로 적고 있다. 역자주 사고전서본에서도 청각각본과 같이 '조(糟)'자가 누락되어 있고 동일한 소주(小注)가 달려 있다.

354 청각각본에서의 이 구절에는 '염(鹽)'자 아래에 '수(水)'자가 한 자 더 있다. 신은서에서는 이 글자가 없다. 역자주 사고전서본에도 '염(鹽)'자 아래에 '수(水)'자가 한 자 더 있다.

355 '날(捺)'자는 대자본에서는 '체(撩)'로 잘못 적고 있다. 이하 동일하다.

356 신은서에서는 이 곳을 "帶酒味酸, 又不香"으로 적고 있다.

357 '혼(渾)'자는 대자본에서는 '우(芋)'로 적고 있다.

358 역자주 '효자혼두(酵子渾頭)'는 '효혼두(酵渾頭)'라고도 하며, 간칭으로 '효두(酵頭)'이다. 이는 발효시켜 남겨둔 밀가루 반죽으로 이를 효면(酵麵), 면인자(麵引子), 면두(麵頭), 노면(老麵)이라고 하며, 효모(酵母)의 기능을 한다.

曬乾為細末, 用淨鹽拌勻, 捺入甕中, 曬旬日間, 自然成醬. 其味甘美, 並無蠅蟲.

12-11 收鱖魚

臘八日收鱖魚, 治小兒斑疹不出. 燒存性, 研極細,³⁵⁹ 用淡酒調服, 卽發, 尤³⁶⁰安.³⁶¹ 懸厠上, 不生蟲.

〈그림83〉 쏘가리[鱖魚]

역문 12-12 돼지비계 거두기[收猪肪脂]³⁶²

뒤쪽 그늘진 곳에 매달아 놓으며 각종 옴[瘡疥]³⁶³을 치료할 수 있

---

359 대자본에서는 '세(細)'자 아래에 '말(末)'자가 한 자 더 있다.
360 '우(尤)'자는 대자본에서는 '용(冗)'으로 적고 있다.
361 청각각본에서는 여기에 '우안(尤安)' 두 글자가 없다. **역자주** 사고전서본에서도 '우안(尤安)'이란 두 글자가 없다.
362 **역자주** 돼지비계를 거두는 이유에 대해『사시찬요 역주』권5「十二月・收猪脂」, p.560에는 "납일에 돼지비계를 구입한다. 물에 씻지 말고 새 항아리에 담아 북부서 방향의 땅속에 100일 동안 묻어 놓으면, 악성 종기를 치료할 수 있다. (이달 중에 거두어들인 것도 좋다.) [收猪脂: 臘日收買猪脂. 勿令經水, 新瓷器盛, 埋亥地百日, 治療癰疽. (此月中收者亦得.)]" [( )는 소주(小注)임.]라고 한다. 보통 '납일'은 민간이나 조정에서 조상이나 종묘, 사직에 제사 지내던 날로서 동지 뒤 셋째 술(戌)일이다. 이날 돼지비계를 땅속에 묻어둔 것은 악성 종기를 치료하고자 한 민간의 주술적인 행위인 듯하다. 하지만 실제『제민요술』의 각처에는 돼지기름을 이용하여 가축의 옴, 이[虱]나 상처, 종기를 치료하는데 널리 사용하고 있다.
363 **역자주** '창개(瘡疥)'는 옴이다. 인간 피부 표피의 옴 진드기에 의해 발생하는 전염성 피부 질환으로 가족이나 접촉한 사람들 사이에 전염될 수도 있다.

고, 화상[湯火瘡]이나 육축의 옴에 바르면 구더기와 파리를 물리칠 수 있으며,364 각종 가죽 끈에 발라 정제하면 문드러지지 않고 두 배로 굳세고 질겨진다.

12-13 납육 만들기[臘肉]365

고기 한 근에 소금 한 냥 반을 비벼 문지른다. 5, 6일간 눌러주고, 술지게미 혹은 탁주를 넣고 뒤집어서 다시 5일 정도 눌러두었다가, 뒤쪽 그늘진 곳에 널어 말린다. 만약 흰 곰팡이가 생기면 진흙으로 봉해 하룻밤 재우는데, (꺼내어) 삶는 법은 이전과 같다. 검은콩 속에 저장하면 여름을 넘길 수 있다.

원문 12-12 收豬肪脂

背陰處懸掛, 能治諸般瘡疥, 敷湯火366瘡367及六畜瘡疥, 去疽368蠅, 熟諸般皮條, 不爛, 加倍壯靭.369

---

364 역자주 이상과 비슷한 내용이 『사시찬요 역주』「十二月·收猪脂」, p.560에 보이는데, 납일에 돼지비계를 구입하여 물에 씻지 말고 새 항아리에 담아 북북서 방향의 땅속에 100일 동안 묻어 놓으면 악성종기를 치료하는 치료약으로 사용된다고 하여 거두는 방식을 제시하고 있다.
365 역자주 납육(臘肉)은 소금에 절인 후에 햇볕이나 불에 말린 고기[乾肉]로서 부패를 방지하여 보존시간을 연장하고 특유의 풍미가 있다. 12월에 이런 가공품을 만들기 때문에 납육이라고 한다. 이미 중국 중서부지역의 특산으로 수 천 년의 역사를 지닌다. 베이컨과는 다른 독특한 풍미를 지닌다.
366 '탕화(湯火)' 두 글자는 원래 '탕(燙)'자였는데 잘못 잘려서 두 글자가 된 것으로 의심된다. 유인본에서는 이 부분에 다만 '탕(盪)' 한 자가 있는데, 어쩌면 이는 곧 '탕(燙)'의 오자일 것이다.
367 대자본에서는 '탕화(湯火)' 아래에 '창(瘡)'자가 없다.
368 '저(疽)'자는 청각각본에서는 '저(蛆)'로 적고 있다.
369 대자본에서는 '급육축창개(及六畜瘡疥)' 이하를 "亦宜不人諸般皮條不宜對倍壯靭"로 적고 있으며, 자구가 아주 혼란스럽다. 살피건대 기타 각본에서 이 부분의 문맥이 명확하지 않은 것을 보면 확실히 비교적 이른 판본부터 이미 잘못되었거나 빠져 있음을 알 수 있다.

12-13 臘肉

肉一斤, 鹽一兩半³⁷⁰擦³⁷¹之.³⁷² 壓五六日, 入酒糟或濁酒, 翻轉了, 再壓五日, 背陰處晾³⁷³乾. 若生白殕,³⁷⁴ 以泥封一宿, 煮³⁷⁵如故. 黑豆中藏, 可過夏月.³⁷⁶

역문 **12-14** 양 종자 거두기[收羊種]³⁷⁷

섣달에 태어난 것이 좋으며, 정월에 태어난 것 또한 좋다. 봄과 여름에는 일찍 풀어놓고 일찍 거두어들이는데, 만약 늦게 거두어들일 경우 사오시巳午時³⁷⁸가 되어 더워지면 반드시 땀이 나는데, 먼지와 흙이 털 속으로 들어가면 바로 옴이 생긴다. 가을과 겨울에는 늦게 풀어놓는데, 만약 일찍 풀어놓아서 이슬을 머금은 풀을 먹게 되면 입 속에

---

370 '반(半)'자는 대자본, 월의본과 청각각본에 의거하였으며, 명각본에서는 '간(干)'으로 잘못 적고 있다.
371 '찰(擦)'자는 청각각본에 의거하였으며, 명각본에서는 모두 '체(擦)'로 잘못 적고 있다. 또 청각각본에서는 이 글자 아래에 있는 주에서 이르길 "'찰(擦)'은 '스며든다[參]'는 의미로서 입성이다."라고 한다.
372 역자주 사고전서본에는 '찰지(擦之)' 다음에 "擦參入聲"이란 소주(小注)가 있다.
373 '량(晾)'자는 청각각본에서는 '량(亮)'으로 적고 있다. 또 대자본에서는 '량(晾)'자 앞에 '쇄(晒)' 한 자가 더 있으며, 이는 군더더기 글자임이 분명하다. 역자주 사고전서본에는 '량(晾)'자를 '량(眼)'으로 적고 있다.
374 '부(殕)'자는 대자본에서는 '부(韸)'로 잘못 적고 있다. 역자주 음식물이 쉬어 부패하게 되면 대량의 곰팡이균이 발생하는데, 흰막과 균사가 자라나는 것을 '부(殕)'라고 한다.
375 '자(煮)'자는 대자본에서는 '자(者)'로 잘못 적고 있다. 역자주 사고전서본에는 '자(煮)'를 '자(賣)'로 적고 있다.
376 대자본에서는 이 구절에 '월(月)'자가 없다.
377 역자주 『사시찬요 역주』「十二月 · 留羊種」, p.560에서는 「正月 · 收羔種」, pp.123-124의 내용과 같다고 한다. 정월의 내용은 본서 본문과 거의 동일하다. 정월에 태어난 새끼양은 어미양의 젖이 충분하고 젖을 다 먹고 나면 봄풀을 먹을 수 있어 새끼양이 야위지 않게 된다고 한다. 정월 이외의 달에 태어난 새끼양의 장단점은 『농상집요 역주』권7「孼畜 · 羊」, pp.606-607을 참고 바란다.
378 역자주 '사시(巳時)'는 오전 9시부터 오전 11시, '오시(午時)'는 오전 11시부터 오후 1시이기 때문에 '사오시(巳午時)'는 오전 9시부터 오후 1시를 가리킨다.

부스럼이 생기고, 또 코에 고름이 생긴다. 진흙탕에 오래 있으면 발굽 각질이 부르터 농이 생기게 된다. (양은) 소금을 좋아하는 성질이 있어 늘 소금을 먹는 것이 신기하다. 만약 옴이 있으면, 즉시 서로 거리를 떠워주는 것이 좋으며, (그렇게 하면) 서로 전염되는 것을 면할 수 있다.

원문 12-14 收羊種

臘月生者良, 正月[379]亦好. 春夏早放早收, 若收晚, 遇[380]巳午時熱必汗出, 有塵土入毛內, 卽生瘡疥.[381] 秋冬晩放, 若放早, 喫露水草, 口內生瘡, 又鼻生膿. 久在泥中, 則生繭蹄.[382] 性好鹽, 常以鹽啖爲妙. 若有疥,[383] 便宜間[384]出,[385] 則免致相染.

역문 12-15 통속직설通俗直說[386]

사방은 풍토와 기후가 달라 무릇 농업에 힘쓰는 자는 마땅히 농시에 순응하여 움직여야 한다.

한 집안의 생계는 화목함에 달려 있다.

아버지는 자애롭고 자식은 효도하며 형은 우애롭고 동생은 공손

---

379 대자본에서 이 구절의 '정월(正月)' 아래 '생자(生者)' 두 자가 더 있다.
380 '우(遇)'자는 대자본에서는 '과(過)'로 적고 있다.
381 '즉생창개(卽生瘡疥)' 구절은 대자본에서 '생창(生瘡)'으로 적고 있다.
382 역자주 '견제(繭蹄)'의 의미가 무엇인지 뚜렷하지 않다. 비슷한 내용이 『사사찬요 역주』 「正月·收羔種」, pp.123-124의 "양을 방목할 때는 물 가까이에 두어서는 안 되는데, 물에서 상처가 나면 발굽에서 농이 생긴다.[放羊勿近水, 傷水則蹄甲膿出.]"라고 한 것에서 볼 때, 물에 오래 머물면서 발굽 각질이 부르터 농이 생긴 것으로 보인다.
383 '개(疥)'자는 대자본에서 '창(瘡)'으로 적고 있다.
384 '간(間)'자는 대자본에서 '간(簡)'으로 기록하고 있다.
385 '출(出)'자는 청각각본에서 '거(去)'로 쓰고 있다.
386 역자주 이 항목은 흠정사고전서본에는 누락되어 있다. 왕위후[王毓瑚] 교주, 『농상의식촬요』에 의거하여 보충하였음을 밝혀둔다.

하며 부부가 화목하면 이 집은 가업이 번창한다.

일생의 계책은 근면함에 있다.

"부귀를 구하고자 한다면, 모름지기 죽도록 공부에 힘써야 한다."라고 사람들이 늘 하는 말은 아주 일리가 있다.

한 해의 계획은 봄에 달려 있다.

봄이 되어 힘을 다하지 않으면 가을 수확을 어찌 하겠는가? 종자를 파종하고 싹이 트는 때에 잘 해야 한다.

하루의 계획은 인시寅時387에 달려 있다.

해가 저물면 자고 또한 일찍 일어나는데, 세 번의 아침(시간)은 하루의 작업량에 해당한다.388 집에 있을 때는 근면과 신중함을 우선해야 한다.

원문 12-15 通俗直說389

四方風土氣候不同, 凡務本者, 宜順時而動.

一家之計在390和.

父慈子孝, 兄友弟恭, 夫婦和睦, 此家之肥也.

一生之計在391勤.

「欲求生富貴, 須下苦392工夫.」人之常談, 甚有理.393

---

387 역자주 '인시(寅時)'는 오전 3시부터 5시까지를 가리킨다.
388 역자주 "三朝當一工"은 속담으로 "일을 하기 위해 아침에 일찍 일어나면 세 번의 아침에 일찍 일어나서 하는 일은 하루 종일 일한 가치가 있다."라는 의미이며, 이른 아침 업무 효율성을 잘 나타낸다.
389 이 조항이 청각각본에는 전부 빠져 있다. 역자주 청각각본이 저본으로 삼은 사고전서본에는 이 조항이 전부 누락되어 있다.
390 대자본에서는 이 구절에 '재(在)'자 아래 '어(於)'자가 한 자 더 있다.
391 대자본에서는 이 구절에 '재(在)'자 아래 '어(於)'자가 한 자 더 있다.
392 '고(苦)'자는 대자본에서는 '사(死)'자로 적고 있다.
393 '심유리(甚有理)'는 대자본에서 '이지지당(理之至當)'으로 적고 있다.

一年³⁹⁴之計在春.³⁹⁵

當春不用力, 秋收何及? 宜布種發生之時.³⁹⁶

一日³⁹⁷之計在³⁹⁸寅.

晏眠並早起, 三朝當一工. 居家以勤謹爲先.³⁹⁹

---

394 '연(年)'자는 대자본에 의거한 것이며, 명각각본에서는 '생(生)'자로 잘못 적고 있다.
395 대자본에서는 이 구절의 '재(在)'자 아래 '어(於)'자가 한 자 더 있다. 또 월의본에서는 이 구절부터 전부 빠져 있다.
396 대자본에서는 이 몇 구절을 "當春不種, 秋無所收, 早宜種植, 勿致失時"라고 적고 있다.
397 '일(日)'자는 대자본에 의거했으며, 명각본에서는 '생(生)'자로 잘못 적고 있다.
398 대자본에서 이 구절은 '재(在)'자 아래 '어(於)'자가 한 자 더 있다.
399 대자본에서 "三朝當一工" 구절 다음에 "若不加勤謹, 家豈得從容"이라고 적고 있다.

부록 1

사고전서총목 제요[1]

역문

　　신 등이 삼가 살피건대, 『농상의식촬요農桑衣食撮要』 두 권卷은 원대 노명선魯明善이 찬술한 것입니다. 노명선은 『원사元史』에 열전이 없어 그 생애의 본말이 상세하지 않습니다. 이 책에 그 막료인 도강導江 장률張慄의 서序 한 편이 있는데, 명선을 휘오이(輝烏爾 옛날에는 외오아(畏吾兒)로 적었으며 지금은 원대 언어의 어법에 의거하여 바로잡는다.) 사람이라고 칭하며, 아버지의 족성族姓인 '노魯'를 성으로 삼았고 철주鐵柱라고 이름하여 그 이름자를 항렬로 삼았으며, 연우延祐 연간 갑인甲寅년 수양군壽陽郡 관리였을 때에 이 책을 처음 찬술하고 또한 판각하였습니다.

　　또 노명선은 자서自序에서 칭하기를 외람되게 기율(法紀)을 세우는 직위를 맡아 보관해 둔 농상촬요를 취해 학궁에서 간행했으며, 말미에 지순至順 원년 6월이라고 서명하였는데, 대개 수양壽陽에서 간행한 이후 17년이 지나 열람하고 다시 판각한 것입니다. 『시경詩經』「빈풍豳風」을 살펴 기율한 것은 모두 물후物候였으며, 『하소정夏小正』을 기율한 것 또

---

[1] 이 내용은 1782년에 만들어진 흠정사고전서 자부(子部)에 편입된 『농상의식촬요』의 제요(提要)이다.

한 대부분 농사에 관한 것입니다. 고래의 『사민월령四民月令』, 『사시찬요四時纂要』와 같은 책들은 그 유지가 가려져 있고 지금은 대부분 전해지지 않습니다. 지원至元 연간에 『농상집요農桑輯要』를 간행·반포하여 밭 갈고 파종하며 나무를 심고 가축을 기르는 방법에 대해서 자못 상세하게 언급하였으며, "매년 해야 하는 잡다한 일들[歲用雜事]"은 책 말미에 한 편으로 배열했는데, 아직 두루 갖춰져 있지는 않습니다. 노명선의 이 책은 12월령을 나누고 건 수 별로 묶고 조항별로 나누었으며, 간단 명료하고 쉽게 이해할 수 있어서 파종하고 김매고 수확하고 저장하는 절목이 책을 폈을 때 분명하여 『농상집요』에서 갖추지 못한 것을 암암리에 보충하였는데, 이 또한 백성들의 일에 유의하여 실용적인 것을 찾아낸 것이라고 말할 수 있습니다. 건륭 46년[2] 9월 삼가 교정하여 올립니다.

총찬관總纂官 기윤紀昀 육석웅陸錫熊 손사의孫士毅

총교관總校官 육비지陸費墀

2　역자주 건륭 46년은 1781년에 해당한다.

부록 1

四庫全書總目提要

원문

臣等謹案, 農桑衣食撮要二卷, 元魯明善撰. 明善元史無傳, 其始末未詳. 此本[3]有其幕僚導江張楙序一篇, 稱明善輝[4]和爾 舊作畏吾兒, 今依元國語解改正 人, 以父字魯爲氏, 名鐵柱, 以字行, 于延祐甲寅出監壽陽[5]郡, 始撰是書, 且鋟諸梓. 又[6]有明善自序則稱, 叨憲紀之任, 取所藏[7]農桑撮要刊之學宮, 末署至順元年六月, 蓋自壽陽刊板之後閱十有七年而重付剞劂者也. 考爾風所紀, 皆陳物候, 夏小正所紀, 亦多切田功. 古來四民月令四時纂要諸書, 蓋其遺意, 而今多不傳. 至元中[8]頒行農桑輯要, 於[9]耕種樹畜之法, 言之頗詳, 而歲用雜事, 僅列爲卷末一篇, 未爲賅備. 明善此書, 分十二月令, 件系條別, 簡明易曉, 使種

3　역자주 '본(本)'을 왕위후의 교주본에서는 '별(別)'로 표기하고 있다.
4　역자주 '휘(輝)'를 왕위후의 교주본에서는 '위(威)'로 적고 있다.
5　역자주 '양(陽)'자가 왕위후의 교주본에서는 누락되어 있다.
6　역자주 '우(又)'가 왕위후의 교주본에서는 '이(而)'로 표기되어 있다.
7　역자주 '장(蔵)'을 왕위후의 교주본에서는 '장(藏)'으로 표기하고 있다.
8　역자주 '중(中)'자가 왕위후의 교주본에서는 누락되어 있다.
9　역자주 '어(於)'자를 왕위후의 교주본에서는 '어(扵)'로 표기하고 있다.

藝斂蔵[10]之節, 開卷了然, 蓋以陰補農桑輯要所未備, 亦可謂留心[11] 民事講求實用者矣. 乾隆四十六年九月恭校上.

總纂官 臣 紀昀 臣 陸錫熊 臣 孫士毅
總校官 臣 陸費墀

---

10 역자주 '장(蔵)'을 왕위후의 교주본에서는 '장(藏)'으로 표기하고 있다.
11 역자주 '유심(留心)'을 왕위후의 교주본에서는 '능이(能以)'로 적고 있다.

부록 2

교주 후 보충기[校後補記][1]

역문

    교주한 원고를 조판에 넘긴 이후에 비로소 출판사 측에서 북경 도서관北京圖書館의 『양민월의養民月宜』[2]의 유인본油印本을 보았다. 이는 원래 사용하였던 필사본과 더불어 모두 북경 도서관이 소장하고 있었던 명 각본 원서의 마이크로필름으로서 이 두 가지는 상호 다른 부분이 많이 있다. 이것은 주로 필름상의 적지 않은 글자에 명백한 흠결이 있어 초사한 사람이 상이한 글자로 인식했기 때문이다. 그 외에도 초사란 본래 또 착오를 벗어나기 어려운 것이다. 본문 교기校記의 배열순서가 이미 정해졌으므로 다시 바꾸기는 곤란하여 그 때문에 몇몇 같지 않은 부분 중 일부분은 관련된 교기의 각 조항에 보충해 넣고서 '유인월의본油印月宜本' 혹은 '유인본油印本'으로 표기했다. 이처럼 교기校記 속의 '월의본月宜本'은 바로 지적한 바의 원래 사용했던 필사본이다. (주석 상 포함하지 않

---

[1] **역자주** 본 내용은 왕위후[王毓瑚] 교주, 『농상의식촬요』, 북경: 농업출판사, 1962년의 '교후보기(校後補記)'를 번역한 것이며, 이미 번역 상에 반영하였다. 다만 이런 자료가 등장하게 된 의도를 설명하기 위해 원문을 번역하여 제시한다.
[2] **역자주** 왕위후의 이끄는 말[引言]에 의하면 북경도서관이 소장한 『양민월의(養民月宜)』는 명대에 판각된 "농상의식촬요"의 별명이라고 한다.

은) 유인본과 필사본 중 차이 나는 또 다른 부분을 지금 집중적으로 여기에서 기록했으니 참고하길 바란다.

3월 부분:

'종산약種山藥' 조항에서 '간산약상유입망자자揀山藥上有粒芒刺者' 구절 중의 '간揀'자 밑에 '출出' 자 하나가 더 있다. 또 '쇄碎'자를 '쇄粹'로 잘못 적고 있다.

'종출서種秫黍' 조항에서 '채寨'자를 '새塞'자로 잘못 적고 있다.

'종강種薑' 조항에서 '활濶'자를 '관寬'으로 적고 있다.

5월 부분:

'수소맥收小麥' 조항에서 '추秋'자를 '앙秧'으로 적고 있다.

'수완두收豌豆' 조항에서 '상甞'자를 '상常'으로 잘못 적었다.

8월 부분:

'종대맥소맥種大麥小麥' 조항에서 '밀密'자를 '밀蜜'로 잘못 적고 있다. 또 '행다불주杏多不蛀' 구절에서의 '주蛀'자를 '휴畦'로 잘못 적고 있다.

'재목과栽木瓜' 조항에서 '여與'자를 '어於'로 잘못 적고 있다.

9월 부분:

'예자채刈紫菜' 조항에서 '즉卽'자를 '즉則'으로 적고 있다. 또 '수초의속收草宜速' 구절의 '초草'자를 '자子'로 적고 있다.

'수율收栗' 조항에서 제목과 본문 내에 적힌 '율栗' 자를 모두 '속粟'으로 잘못 적고 있다.

'수오곡종收五穀³種' 조항에서 '파簸' 자를 '시蓰'로 잘못 적고 있다.

---

3   왕위후는 교주수정(校注修訂)에서 곡(穀)자는 마땅히 곡(穀)으로 고칠 것을 요구하고 있다.

'엄개채醃芥菜' 조항에서 '약約'을 '구絇'로 잘못 적고 있다.

10월 부분:

'엄함채醃醎菜' 조항에서 '균반勻拌' 두 글자가 도치되어 있다.

'수저종收猪種' 조항에서 '온瘟'을 '온溫'으로 잘못 적고 있다.

12월 부분:

'재상栽桑' 조항에서 '활濶' 자를 '관寬'으로 적고 있다.

'욕잠연浴蠶連' 조항에서 '초苴' 자를 '장章'으로 잘못 적고 있다.

'도마건상엽擣磨乾桑葉' 조항에서 '수收' 자를 '어於'로 잘못 적고 있다.

부록 3

초판본 교주자 수정기록[1]

王毓瑚校注≪农桑衣食撮要≫
农业出版社1962年3月初版本校注者修订记录

원문

1、页一七, ≪张栗序≫正文一行"皇宋混一四海"中, 有铅笔划去"宋"字, 旁注"元"字. 正文五行原缺字处有铅笔补字, 文末用铅笔注曰: "原闕字据瞿映山手抄本补". 即: "传. 口以 数幅之楮, 而备 周 岁之计; 黄童白叟, 日用不知, 一览瞭然, 如 梦 呼 觉. 用天时, 因地利…".

2、页二六, ≪教牛≫条正文二行"家有一牛, 可代七人力. 虽然畜类, 性与人同, 切宜爱惜保养.""力"字后", "号红笔改". "号.

3、页二八, ≪种柳≫条正文三行"足可以供柴. 箕柳去河边及下地不堪种五谷之处, 耕地数遍, 刈取四五寸, 漫撒栽之…"中, 原"箕"字后". "移前. 又此句上有铅笔注曰: "足可, 瞿映山手抄本作可足. 又柴字作紫."

4、页三二, 校记注一五文"'保'字, 大字本、月宜本作'饱'. 神隐书也作'饱.'"中, 在"也"字前有铅笔补"瞿映山手抄本"六字.

---

1 역자주 이 내용은 왕위후[王毓瑚] 교수의 유고작(遺稿作)으로 본서 출판을 계약하면서 저자의 장자이신 왕징양[王京陽] 교수가 2021년 9월 정리하여 필자에게 보낸 원문의 내용으로 독자와 공유하기 위해 게재한다.

5、页三七,《种黍穄》条正文一行"频铻. 三五窠作一叢."中,"铻"字后红笔补". "号. 又下面"书曰"有铅笔注曰: "应作'氾胜之书曰'"七字.

6、页三九,《种穀楮》条中,"穀"改作"榖"字.

7、页三九,《种枣》条正文一行"至花开时,以杖击树,振去狂花,则结实多."中"振"字后注四一删去. 又页四八中 注四一条删去.

8、页四〇,《插芙蓉》条中,"插"字旁有红笔"？"号. 未见说明文字.

9、页四三,《种苏子》条正文一行"于五穀地边近道处种"中,"穀"字应作"榖"字.

10、页五二,《浸稻种》条正文二行"浸三四日,微见白芽如针尖大,然后取出…"中"针"字旁有铅笔注文曰:"针字, 文澜阁本作鍼".

11、页五二,《种粟穀》条正文一行"浸穀. …凡种穀、遇小雨…"中, "穀"字应改作"榖".

12、页五四,《种紫草》条正文一行"良田一亩用子二升半, 薄田用子三升."中,"三"字旁铅笔注文曰:"三字, 瞿映山手抄本作二."

13、页五七,《种红豇豆白豇豆》条正文一行"穀雨前后种, 六月收子."中"穀"字应作"榖".

14、页五七,《种芝麻》条正文一行"上半月种者筴多."中,"半"字后铅笔补"月"字.

15、页六一,《饲养总论》条正文六行"葉宜薄掺, 厚则多伤. 慢饲之病."中,"伤"字后红笔补". "号.

16、页六五, 注一七文末, 有铅笔补"文澜阁本作秖"六字.

17、页六五, 注二九文"按, 农桑辑要载种芋法"中, "农桑辑要"四字改作"齐民要术".

18、页七〇, 注八四中, "按, 原本作'细草犉如臂大'. 犉字无攷."中, 犉字旁铅笔注文曰:"犉字, 文囗阁本作稕".

19、页七一, 注一一一文"明刻本误作'蛾'."中, 删去"误"字.

20、页七八, ≪虫不蛀皮货≫条正文一行"用莞花末掺之、不蛀."中, "莞"字旁红笔注曰: "莞应作芫".

21、页七八, ≪虫不蛀氈毛物≫条正文一行"用莞花末掺之, 或取角黃, 又名黃蒿, 五月收角曬乾布撒, …"中, "莞"字同前改"芫", "角黃"的"黃"字, 铅笔改为"蒿"字.

22、页八三, ≪移竹≫条正文一行"切忌用脚踏、椎打, 则次年便出笋."中, 红笔将"踏"字后"、"号改"."号. "打"后","号删去.

23、页九二, ≪做麦醋≫条正文四行"二槽有味, 再釀之."中, "槽"字有红笔注曰: "槽应作糟".

24、页九二, ≪做米醋≫条正文一行"用秈穀三斗, 每日换水, 浸七日."中, "穀"字应改为"榖". 正文二行"以穀黃擣碎"中, "穀"也改为"榖".

25、页一〇三, ≪刈蓝≫条正文三行"存蓝根, 後开花结子."中, "根"字后红笔补","号.

26、页一〇六, ≪种大麦小麦≫条正文一行"古人云: '无灰不种麦, 两经社自佳'."中, "自"字旁铅笔注文曰: "自字文口阁本作日".

27、页一一三, ≪收五穀种≫条题中"五"字旁有铅笔注"?"号, 未见说明文字.

28、页一一五, ≪收鸡种≫条正文二行"餵小麦飰则易大."中, "餵"字和"飰"字旁有铅笔注曰: "文口阁本餵字作餧, 飰字作饭".

29、页一一六, 注八文"'砂'字, 清刻各本误作'沙'."中, 红笔删去"误"字.

30、页一二〇, ≪包裹木瓜石榴诸般等树≫条正文一行"以穀草或稻草将树身包裹……"中, "穀"字应改为"榖".

31、页一二〇, ≪割蜜≫条正文五行"候融化拗出, 紐粗再熬."中, "出"

字后红笔补",".号.

32、页一二七,≪试穀种≫条正文一行"冬至日平,量五穀种各一升…"中,"穀"字应改为"穀".

33、页一二九, 注八文"清刻各本此句脱'後至'二字." 文后铅笔补"又文口阁本此句末无前字."

34、页一三二,≪收雪水≫条正文一行"雪者、天地之气,五穀之精,…"中,"穀"字应改为"穀".

35、页一三五, 注一二文"大字本此句作'護蠶不凉'. 又清刻各本无'蠶大凉'三字. 神隐书与明刻各本同."后,红笔补"又蠶大二字疑颠倒."八字.

36、页一四二,≪校後补记≫篇第二页正文一一行"收五穀种'条中,"穀"字应改为"穀".

（完）

2021年9月21日星期二打印

부록 4

왕위후의 "교정 농상의식촬요"의 서문[1]

역문

『농상의식촬요農桑衣食撮要』는 고대 농서 중에서도 비교적 좋은 책이라고 할 수 있다. 그러나 근세에 통용되는 판본은 모두 불완전하고 또한 글자와 문장이 적잖이 잘못되어 있다. 본서는 비교적 이른 시기의 판본에 근거하여 보충하고, 동시에 각종 판본을 참고하여 비교적 상세하게 교정하였다. 이 같은 정리를 거친 후에도 여전히 또한 약간의 의문스럽고 혼란한 부분은 말끔하게 처리하지 못했지만 단지 독자에게 다소나마 도움이 되길 희망할 따름이다.

이 농서의 분량은 결코 많지 않으나, 전래된 과정에는 적지 않은 우여곡절이 있다. 이 상황을 설명해보고자 한다. 각 판본의 연원을 소개하기 전에 먼저 서명書名 문제부터 살펴보자.

근세에 유행한 각 판본의 서명은 모두『농상의식촬요農桑衣食撮要』라고 적혀 있고, 사고전서 총목 속에도 이처럼 기록되어 있어 마치

---

1 **역자주** 이 내용은 왕위후[王毓瑚] 교주,『농상의식촬요(農桑衣食撮要)』, 북경: 農業出版社, 1962년의 첫머리 '校訂農桑衣食撮要引言'을 번역한 것으로『농상의식촬요』판본의 변천을 이해하는 데 유익하여 수록한다.

어떤 문제도 없는 듯 여겨진다. 그러나 현존하는 명대 두 각본은 제목이 모두 『농상촬요農桑撮要』이고, "의식衣食"이라는 두 글자가 없다. 이 외에 북경 도서관에도 명대에 판각한 책이 소장되어 있는데, 책 이름은 『양민월의養民月宜』이며, 내용은 명대에 판각한 『농상촬요農桑撮要』 두 부와 완전히 일치한다. 왜 같은 책에 각각 상이한 이름이 존재하는가? 우리가 짐작할 수 있는 것은 명대의 문인들 사이에서 좋지 않은 버릇이 유행하고 있었는데, 바로 기존 저작을 대우하는 태도가 매우 정중하지 않았다는 점이다. 그들은 재차 책을 판각할 때 종종 마음대로 실체를 바꾸거나 다시 내용을 변경하거나 어떨 때는 의도적으로 위조까지 했는데, 그 목적은 속이는 데 있었다. 『양민월의』라는 제목은 재차 판각하는 사람의 뜻에 따라 자연스럽게 제목을 바꾼 것이다. 그나마 다행인 것은 책의 내용은 바뀌지 않아서 우리는 조금의 의심도 없이 그것이 바로 이 책임을 확신할 수 있다. 여기에 덧붙여 언급할 것은 명나라의 이름난 유자의 『백천서지百川書志』 속 '농가류農家類'에 『농상사시촬요農桑四時撮要』 한 권이 있는데, 뒤의 주석에서 "저자를 알 수 없으나 월령에 따라 서술하고 있으며 거의 이백 조항에 달한다."라고 하였다. 주석 문장에서 말하는 책의 편폭과 체제는 모두 본서와 서로 부합되며, 서명 또한 매우 흡사하여 의심을 가지게 한다. 이 책의 제목이 『농상사시촬요』로 되어 있는 것을 보면 이것이 바로 『농상의식촬요』가 아닌가 한다. 만약 이 같은 추측이 잘못이 아니라면, 그것은 바로 본서가 명대 각본 중의 '또 다른 제목'이라는 것이다.

　　『양민월의』는 긍정할만하지만, 『농상사시촬요』가 약간의 의문의 여지가 있는 것은 더할 나위가 없다. 문제가 되는 것은 『농상촬요』의 이름이다. 명대 사람 주홍조周弘祖가 편찬한 『고금서각古今書閣』에는 당시 각 성에서 판각한 서적이 기록되어 있다. 즉 남경국자감南京國子監, 회

안부淮安府, 양주부楊州府, 서주부瑞州府, 건녕부서방建寧府書房과 여녕부汝寧府에서 판각한 책 속에는 모두 『농상촬요』란 책이 있다. '조정우서목趙定宇書目' 속에도 "『농상촬요』 한 권"이 실려 있다. 이 서목에 책의 저자와 권수는 실려 있지 않지만, 책의 분량으로 짐작하면 이것이 바로 본서라고 생각된다. 우리가 보았던 명대 목록학자들은 모두 이 이름으로 기록했으며, 현존하는 두 가지의 명대각본 또한 모두 이 제목을 달고 있다. 이로 보아 최소한 우리가 생각할 수 있는 것은 명대에는 대개 『농상촬요』를 본서의 서명이라고 간주했다는 것이다.

본서의 청대의 각종 각본은 『농상의식촬요』라고 쓰고 있으나 명대의 각종 각본의 제목은 『농상촬요』라고 쓰여 있다. 시대의 선후에 따라 말하자면 책 제목에서 '의식衣食'이란 두 글자가 덧붙여졌음을 알 수 있다. 특히 저자의 자서에서 "이전에 외람되게 법률과 기강의 책임을 맡은 적이 있어 그로 인해 의식의 근본을 생각하게 되었고, 보관해왔던 『농상촬요農桑撮要』를 꺼내 학궁學宮에서 간행했다."라는 말은 저자 본인도 서명을 『농상촬요』라고 불렀다는 것인데, 응당 이 같은 견해는 더욱 유력한 근거가 된다. 그런데 재차 고민해보니 또한 본서는 당초 제목에 '의식衣食'이란 두 글자가 있었다는 것을 깨닫게 된다. 청각각본은 사고전서본에 근거하고, 후자는 『영락대전』에서 초록한 것이다. 그 (영락)대전은 명나라 초기에 편찬된 것이고, 당시 근거한 것은 거의 다 원나라 판본이었을 것이다. 초사하는 것은 자연히 틀리기 마련이지만, 책 제목을 잘못 쓸 가능성은 크지 않다. 때문에 믿을 수 있는 것은 원각본元刻本의 제목에 이 두 글자가 있었다는 것이다. 이 외에 『고금서각古今書刻』에 실린 남경국자감각서南京國子監閣書 중에도 『농상촬요』의 앞에 『농상의식』이라는 글자가 있다. 이 책은 과거에 들어본 적이 없고 또한 이 네 글자는 한 책의 제목이라 여겨지지는 않는다. 왜냐하면 두 책의 제목이 앞뒤로 바짝 붙어 있기 때문이다. 이것이 바로 우리를 의심케 한다. 본래『농상의식촬요』는 한 책이었는데, 초사하는 사람이 잘못하여 두 개로 나눈 듯하다. 당연히 이 또한 하나의 추측에 불과하며, 단지 참고용으로 제기한 것이다. 왜 저자의 자서에『농상촬요』라는 이름을 사용하게 되었는지는 책에 대한 간칭으로 해석할 수 있다. 위에서 방금 (농상은) "의식의 근본"이라고 말한 적이 있었기 때문에, 문장의 중복을 피하기 위한 목적으로 책 제목에서 '의식' 두 글자를 생략한 데는 이상할 바가 없다. 여하튼 명대의 판각한 사람들을 전부 믿을 수 없다. 더욱 확실한 증거를 찾기 전까지 우리는 사고전서총목에 기록된 이름을 따르는 것이 비교적 타당할 것이라고 생각한다.

여기서 또한 함께 설명하고자 하는 것은 청대 전대흔錢大昕의『보원사예문지補元寺藝文志』속의『농상의식촬요』의 아래 부분에 "『농안기요農案機要』"라고 쓴 주석이 있는데, 대략 황우직黃虞稷의 '천경당서목千頃堂書目'에 근거한 것인 듯하다. 황씨의 '농가류'를 기록한 서목에는『노명선농상기요魯明善農桑機要』라는 한 책이 있는데, 그 아래에 "수주壽州의 관리였을 때 편찬했다."라는 주석이 달려 있어, 이것은 확실히 본서임을 알 수 있다. 전씨는 당시에 자연스럽게 단지 관에서 반포한 사고전서의 기록에 의거하였을 것이며, 그 때문에 이러한 주석문을 덧붙인 것이다. '상桑'자는 '안案'자와 매우 흡사해서 대체로 베껴 쓰는 사람이나 글을 판각하는 사람이 착오를 빚을 만하다. 황씨 서목 중『농상기요』는 또 분명『농상촬요』의 착오일 것이다. 착오의 원인은 마찬가지로 '촬撮'과 '기機'의 글자 모양이 유사함에서 말미암았을 것이다. 이 같은 한두 번의 착오가 모두 이러한 책의 윗부분(제목)에서 저질러졌다는 것은 실로 공교롭다.

『농상촬요』라는 제목에서 견인된 또 다른 문제 역시 여기서 분명히 해명할 필요가 있다. 명대의 초횡焦竑의 『국사경적지國史經籍志』 '농가류' 속에 기록된 "나문진 농상촬요 7권羅紋振農桑撮要七卷"이 있다. 후에 청대 사람인 예찬倪璨의 『보요금원예문지補遼金元藝文志』와 전대흔의 『보원사예문지補元史藝文志』에도 똑같은 기록이 있다. 대부분 초씨焦氏를 답습한 것이다. 이 책은 본서의 제목과 더불어 동일하나 권수와 저자가 또한 모두 같지 않은 농서이다. 이 같은 경우는 과거에 들어본 적이 없는 것으로 바로 본서일 것이며, 초씨가 권수와 작자를 오기했을 가능성이 크다. 명말 청초의 황씨黃氏 '천경당서목千頃堂書目' 속에도 『국사경적지』와 동일한 기록이 있으며, 황씨는 당시 유명한 대장서가大藏書家로서, 기왕의 장서 서목에 근거하면 논리상 당연히 이 책이 있어야 한다. 그러나 현재 통용되고 있는 황씨의 서목에는 확실히 아직 완전히 정리되지 않은 초고와 간행본이 있다는 점을 근거할 때, 그 중 일부분에 확실히 어떤 것이 있는지 알 수 없다. 나문진의 책 아랫부분에 붙어있는 것이 바로 『노명선농상기요』이다. 우리가 추측할 수 있는 것은 황씨가 실제 노씨의 『농상촬요』를 소장하고 있었다는 것이고, 준비해서 참고했을 가능성이 있으며, 『국사경적지』의 이 기록을 한 쪽 옆에 부기해두었다가 후대에 도리어 본문으로 처리한 듯하다. 이것은 단지 추측일 따름이다. 나문진의 책은 여전히 하나의 현안으로 남겨두는 것이 합당하다.

　　서명의 문제를 명백히 밝힌 이후에야 바로 판본板本의 연원을 말할 수 있을 것이다. 본서는 원대에 최소한 연우延祐 갑인甲寅 원간본原刊本과 지순至順 원년의 중간본重刊本 두 종류의 판본이 있다. 명대 초기에 이르러 『영락대전』에 편입되었으나 각 지역의 관부와 민간에서는 이후 대부분 전각傳刻이 있었다. 원대 각본은 일찍이 찾아볼 수 없었다. 우리가 현재 발견한 명대 각본은 세 종류가 있는데, 그 중 두 종류의 제목은 『농상촬요農桑撮要』이며(한 종은 전면에 '신간(新刊)' 두 글자가 있다), 다른 한 종은 책 이름이 『양민월의養民月宜』이다.

이 세 종의 판본은 기본적으로는 서로 같으며 내원은 하나이다. 이 외에도 주리정周履靖이 편집하여 판각한 『이문광독夷門廣牘』 중에는 또 한 『농상촬요』 한 종류가 수록되어 있는데, 내용이 매우 간략하여 마치 하나의 목록과 같아서 우리는 이것을 계산에 넣지 않았다. 청대에 이르러 처음에는 사람들의 주의를 크게 끌지 못했다. 그것은 대개 『농상집요』와 『농정전서農政全書』류의 대형 농서가 보편적으로 유행했기 때문에 청조 정부 또한 전후하여 『광군방보廣群芳譜』, 『수시통고授時通考』 등을 편집했다. 그렇게 되자 규모가 비교적 큰 『왕정농서王禎農書』조차도 이미 직접 보지 않았고, 본서는 자연스럽게 더 이상 사람들에게 언급되지 않았다. 후에 관방에서 사고전서를 편찬함에 따라 또한 세간에는 보지 못했던 『영락대전』의 초본을 채용할 것을 표방했다. 사고총목四庫總目의 본서제요本書提要 속에는 "별본別本"으로 제시된 도강導江 장률張櫓의 서문이 있는데, 여기서 말한 별본은 바로 확실히 명대 통용되던 각본의 하나이다. 당시의 정황상 이 같은 책은 대전본大典本과 같이 경쟁할 도리가 없어 단지 폐기되었다. 영락대전에서 초록한 이 판본을 『사고전서본』이라고 부른다.

가경嘉慶 연간 장해붕張海鵬이 편집한 『묵해금호총서墨海金壺總書』는 영락대전에 수록된 다양한 책을 입수한 것이며, 본서 또한 그 속에 있다. 총서 범례에서 제시한 바로 추측하자면, 대개 근거한 것은 문란각장본文瀾閣藏本이다. 이 총서의 판각은 오래지 않아 화재를 만나 소실되었다. 도광道光 연간에 전희조錢熙祚가 또 한 차례 중각하여 그의 『주총별록珠叢別錄』 총서 중에 수록했다. 이후 다시 함풍咸豐 연간에 판각한

『장은서실長恩書室』과 동치同治 연간에 판각한『반무원半畝圓』, 광서光緖 연간의『청분당淸芬堂』,『청풍실淸風室』등 총서와 농학총서農學總書와 민국시대 상무인서관商務印書館에서 출판한『총서집성叢書集成』속에도 또한 이 책이 있지만, 다만 하나로 된 단행본이 없을 뿐이다.『주총별록본珠叢別錄本』은『묵해금호본墨海金壺本』에서 나온 것이며,『청풍실본』이 근거한 것은 또『주총별록본』이다.『총서집성본』은 또한『묵해금호본』에 의거하여 조판하여 인쇄한 것이다.『장은서실본』과『반무원본』은 곳곳이 거의 하나의 양식으로 되어 있어서 모두 동일한 판각으로 보인다. 그리고『농학총서본』또한『장은서실본』의 번인본翻印本이다. 이상 몇 종의 판본들은 모두 하나의 공통점을 가지고 있는데, 그것은 바로 내용이 모두 명 각본에 비해 약간 적고, 그러면서 어떤 부분은 배치된 위치가 같지 않고, 또한 명 각본에 비해 축소된 부분과 배치가 같지 않은 부분이 각 본에서도 모두 일치한다. 다만『청분당본』은 있으나 보지 못했을 뿐, 대체로 예외는 없다. 이로써 말할 수 있는 것은 이 판본들이 기본상 서로 동일하고, 모두『묵해금호본』에 근거하며, 후자의 것은『사고전서본』에서부터 나왔다는 점이다. 이 판본들이 생긴 이후부터 명 각본은 더욱 사라지고 드러나지 않았다.『농상집요』라고 제목한 두 종의 명대 각본은 판각한 장소에 대한 기록이 없는데, 아마도 이것은『고금서각古今書刻』을 담당한 몇 개의 지방 중에 있었을 것이다. 총괄하여 하나의 표를 만들어 대략적인 판본의 연원을 표시해둔다.

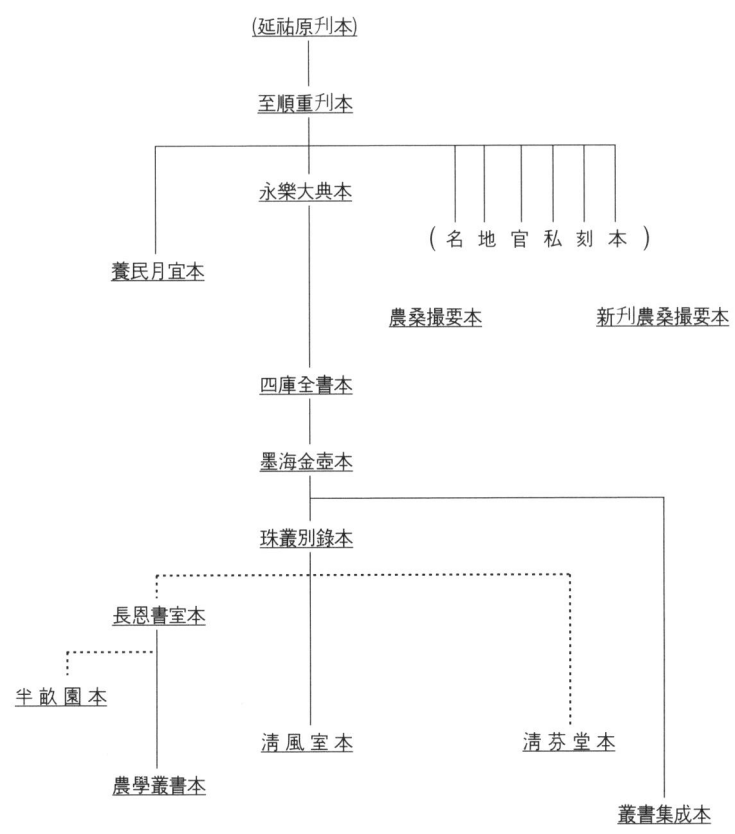

본서의 내용은 일 년 중 12개월을 나누어 매 월간 농가에서 마땅히 해야 할 작업을 열거하고 있으며, 더욱이 간단명료한 문장을 사용해 설명을 덧붙이고 있다. 이는 중국 전통적인 "월령月令" 체제이며, 또한 매우 좋은 농서 체제 중 하나이다. 선진시기의 『하소정夏小正』, 『여씨춘추呂氏春秋』 '십이기十二紀'와 『예기禮記』 '월령月令'에서 시작되었으며, 이후 역대 모두 이런 류의 저작이 있었다. 비교적 저명한 것으로는 후한 최식崔寔의 『사민월령四民月令』 같은 것이 있는데, 최근까지 중요한 농서로 인식되고 있으나 아쉽게도 책 전체가 일찍부터 전해지지

않으며, 현재 겨우 몇 종의 집본만 있을 뿐이다. 『수서경적지隋書經籍志』 속에도 『전가력田家曆』이라는 책이 있고, 또한 당대 위행규韋行規의 『보생월록保生月錄』과 한악韓鄂의 『사시찬요四時纂要』[2] 역시 전해지는 것이 없다. 송대 인이 저술한 『십이월찬요十二月纂要』, 『사시재종기四時栽種記』와 등어부鄧御夫의 『농력農曆』 등도 마찬가지로 모두 실전되었다. 원대 초 편찬된 『농상집요』의 내용에서 여러 차례 인용된 『사시찬요四時纂要』 역시 이 같은 성질의 농서로서, 집요에서 인용한 몇몇 단편적인 기록을 제외하고는 또한 찾아볼 수 없다. 『집요』의 가장 뒷부분에 위치한 「세용잡사歲用雜事」란 절은 이 책의 윤곽을 살필 수 있다. 이로 인해 이 『농상의식촬요農桑衣食撮要』는 완전하게 보존되어 지금까지 이르렀으며, 비교적 가장 이른 시기의 월령체제 농서라고 말할 수 있다. 이후 명대에는 이러한 류의 저작 역시 적지 않지만 『절령요람節令要覽』, 『종예잡력種藝雜曆』 및 고청顧淸·진명학陳鳴鶴의 『전가월령田家月令』과 같은 것은 모두 본 적이 없으며, 이미 실전되었을 가능성이 있다. 현재 여전히 볼 수 있는 것은 『전가력田家曆』으로 내용이 역시 지나치게 간략하다. 비교할 만한 것은 단지 주권朱權의 『구선신은서臞仙神隱書』와 계악桂萼의 『경세민사록經世民事錄』으로 이 두 책의 관련된 부분은 기본적으로 모두 본서를 그대로 복사한 것이다. 이를 볼 때 본서가 귀하다는 점은 더욱 명백히 알 수 있다. 청대 인이 썼던 이 같은 체제의 농서 중 포송령蒲松齡의 『농잠경農蠶經』과 같은 것은 고작 아주 불완전한 초고만 볼 수 있을 뿐이다. 이외 유일하게 본서와 더불어 제시

---

2   역자주 이 서문을 쓴 이후 조선에서 1590년 판각한 중각본 『사시찬요(四時纂要)』를 1960년 일본 산본서점(山本書店)에서 해제와 함께 영인 출판하였으며, 아울러 2017년 대한민국 경북 예천에서 다시 계미자본 『사시찬요』가 발견되어 동년 12월에 필자가 『사시찬요 역주』란 이름으로 세창출판사에서 출판한 바 있다. 최덕경 역주, 『사시찬요 역주』, 서울: 세창출판사, 2017. 12 참조.

해 논할 수 있는 것은 아마도 단지 정의중丁宜曾의『농포편람農圃便覽』뿐이다. 우리는 '월령月令'의 체제를 사용하여 종합적 성격의 농서를 쓴 것은 매우 제창할 만한 가치가 있다고 생각한다. 이는 또한 바로 우리가 본서를 정리하고 중간重刊하는 동기 중 하나이다.

  이 책은 원대의 중요한 농서 세 가지 중 하나인데, 그 밖의 두 가지는 곧 원초 관官에서 반포한『농상집요』와 이후 왕정이 쓴『농서』이다. 본서는 연우延祐 갑인甲寅년(1314)에 처음 판각되었고,『왕정농서』의 원래 서문은 황경皇慶 계축癸丑년(1313)에 쓰였기에 이 두 책을 간행한 시기는 매우 가깝다고 생각된다. 그러나 두 저자가 대체적으로 서로를 잘 알지 못하였으며 그 때문에 자연스럽게 피차 간에 어떤 영향을 받았는지 알 수 없다. 그리고 또 두 책의 체제 또한 아주 다르다. 반면에『농상집요』는 모든 사람들이 알고 있어서 본서(『농상의식촬요』)의 저자는 의도적으로『집요』의 내용을 정선하고 비교적 통속적인 문장을 사용하고, 아울러 월령의 체제에 따라 거듭 새롭게 편집하여 책을 만들었는데, 목적은 명백하게 책의 실용 가치를 높이고 이를 통해 독자의 범위를 확대하는 데 있었다.『농상집요』는 비록 편찬된 것은 매우 정치하나 기본적으로 바로 고서의 원문을 인용하여 당대의 사람들이 읽기에는 여전히 힘들었다. 본서에서는 더 이상 경전經典을 인용하거나 전거하지 않았으며 또한 문장을 잘 다듬어 꾸미지도 않고 각종 작업을 기술하였는데, 비록 문장은 비교적 간략하지만 대단히 정확하고 적절하며 말이 요긴하고 번잡하지 않다고 할 만하다. 마땅히 이는 본서의 한 가지 특징이자 동시에 또한 장점이라고 말할 수 있을 것이다.

  이 책의 저자 노명선魯明善의 일생에 관하여 장률張㮚의 서문에서 잠시 언급한 곳을 제외하면 어떤 자료에서도 찾을 수 없다. 그는 외오아畏吾兒[3] 사람이며, 즉 현재의 위구르족이다. 이 종족의 사람들은 원대의 문화, 기술, 노동 방면에서 대단히 탁월했으며, 노魯 씨는 바로 그 중의 한 사람이었다. 중국의 형제 민족 속에서 이처럼 탁월한 농학가農學家가 나왔다는 것은 확실히 긍지를 느낄 만하다.

이번에 정리한 것은 세 종류의 명대의 각본과 다섯 종류의 청대 각본을 사용하여 서로 비교하고 교정한 것이다. 세 종류의 명대의 각본은 바로 『농상촬요본農桑撮要本』, 『신간농상촬요본新刊農桑撮要本』과 『양민월의본養民月宜本』이며, 통칭하여 '명각각본明刻各本'이라고 한다. 다섯 종의 청대의 각본은 『묵해금호본墨海金壺本』, 『주총별록본珠叢別錄本』, 『장은서실본長恩書室本』, 『반무원본半畝園本』과 『청풍실본淸風室本』으로 통칭하여 '청각각본淸刻各本'이라고 한다. 이 5가지 판본은 모두 총서 편찬자의 교정을 거쳤기 때문에 자못 상이한 곳이 있다. 『농학총서본農學叢書本』과 『총서집성본叢書集成本』은 완전히 구판본에 의거하여 번각翻刻한 것이고, 간행된 시기 또한 가장 늦으며, 교정에 대해 말하자면 참고가치가 크지 않아서 그다지 많이 이용하지 않았다. 『청분당본淸芬堂本』은 단지 찾지 못했기 때문에 비로소 포기한 것이다. 매우 유감스러운 점은 『사고전서본』에서 (원 내용을) 충분히 볼 수 없다는 점이다. 청각각본은 명각각본에 비해 내용이 짧은 것으로 알고 있는데, 도대체 애초에 사고전서가 편찬되었을 때에 『영락대전』에서부터 누락된 것인가? 아니면 묵해금호총서의 편집자가 『사고전서본』을 전사할 때 빠트린 것인가? 이 문제는 『사고전서본』을 봐서는 해결할 수 없다. 현재의 판본에 비추어보면 청대 각본의 배열 양식이 비교적 정리가 엄격하고 합리적이다. 명나라 사람들이 책을 판각한 악습을 고려하면, 우리들은 또한 현존하는 명대 각본이 본서 원각의 면모를 완전하게 간직하고 있는지의 여부

---

3 역자주 '외오아(畏吾兒)'는 또한 서주회홀(西州回鶻)이라고 부른다. 당대에는 회홀인(回鶻人)이라고 불렸다. 회홀인은 원래 막북(漠北)에 거주했다.

를 의심하지 않을 수 없다.

이번 교정은 명나라 때 판각한 '농상촬요본農桑撮要本'을 가장 중심으로 삼았는데, 그 이유는 명대 각본의 내용이 비교적 완전하고 세 종류의 명 각본 중 '농상촬요본'이 착오가 가장 적기 때문이다. 각 판본은 상호 차이가 나는 자구字句가 매우 많았으며, 어떤 곳에서는 여전히 출입이 적지 않다. 모든 이런 차이에 대해 전부 하나하나 대비하였고, 검토를 거쳐 취사선택을 결정하고, 아울러 근거한 바의 이유를 '교기校記'에 적어 매월의 원문의 뒤에 첨부하였다. 우리의 목적은 교감을 위해 교감을 한 것이 아니라 본서를 더욱 유용하게 변화시키는 데 있었다. 이 때문에 무릇 충분히 수긍할 만한 것은 바로 수긍하고, 동시에 또한 어느 곳 혹은 어떤 판본이 잘못된 것인지를 제시하였다. 수긍할 수 없는 것, 혹은 문자가 비록 다르지만 함의가 서로 동일하거나 내용이 무관한 것은 곧 '농상촬요본農桑撮要本'에 의거하고, '교기校記'에서 기타 판본의 상이한 자구를 주석하여 구별함으로써 참고하도록 하였다. 그 이외에 『구선신은서臞仙神隱書』와 『경세민사록經世民事錄』과 같은 두 권의 명대인의 저서는 모두 본서의 매우 많은 부분을 인용하고 있으며, 그 중 일부분은 교감상의 문제를 해결하는 데 도움을 줄 수 있는 것이기에 두 책에서 서로 부응하는 자구를 해당 항목의 교기校記에 적어 증거로 삼았다.

편의를 위해 교정에 사용한 각종 판본 중 명칭이 비교적 긴 것은 모두 간칭을 부여하였는데, 즉 농상촬요본은 '명각본明刻本'이라고 칭하였다. 신간농상촬요본新刊農桑撮要本은 '대자본大字本'이라고 칭하였는데, 그 이유는 서체가 특별히 크기 때문이다. (매 한 쪽 당 16행이 있고, 매 행은 13자이다.) 양민월의본養民月宜本은 '월의본月宜本'으로 칭하였다. 청각각본 즉, 묵해금호본墨海金壺本은 '묵해본墨海本', 주총별록본珠叢別錄本은 '주총본珠

叢本', 장은서실본長恩書室本은 '장은실본長恩室本'으로 칭했다. 이외에 『구선신은서臞仙神隱書』와 『경세민사록經世民事錄』 역시 간칭으로 구분하여 '신은서神隱書'와 '경세록經世錄'으로 하였다.

각종 판본은 월의본月宜本을 제외하고 전면에 모두 저자의 자서自序가 있다. '명각본'은 이 이외에 또한 도강導江 장률張棫이 쓴 서문이 있으며, '청풍실본淸風室本'의 전면에도 총서 편찬자 전보당錢保塘의 짧은 서문이 있다. 이 몇 편의 서문은 모두 참고할만한 가치가 있으며, 이번에 모두 수록하였다. 청각각본 전면에도 모두 사고전서총목四庫全書總目의 본서 제요를 모두 기재하였는데, 이 또한 참고할 만한 가치가 있어서 본서에서는 그것을 부록으로 넣어 책의 뒷부분에 배치하였다.

교정 작업은 "스스로의 역량을 헤아리지 못하고" 행한 것이어서 당연히 착오를 피하기 어렵다. 이 또한 적지 않은 문제를 남기니, 모두 이 책을 소중히 여기는 동지들이 잘못을 지적하고 바로잡아 해결하기를 기대한다. 본서의 교정 작업은 진실로 원서의 면모가 보존되어 여러분들이 참고하기를 바랄 뿐이다. 그 정수를 취하고 찌꺼기를 버려 진일보된 연구를 기대한다. 그 외에 하나의 희망이 있는데 이는 곧 어떤 농학자가 또한 월령의 체제에 따라 하나의 종합적이고 지역적이며 실용 가치가 매우 높은 현대 농서를 편집하기를 기대한다.

왕위후[王毓瑚]
1960년 9월 25일

중문소개

中文介绍

≪农桑衣食撮要≫是以万民衣食之根源的农业和养蚕为要旨的农书。1314年(延祐元年)元朝鲁明善以月令形式编辑,充分说明了近世黎明期出现的栽培作物实际情况和农民的日常生活。

本译注书的底本是[王毓瑚]注释的≪农桑衣食撮要≫(中国农业出版社, 1962)。因为连中国也尚未出版本书的翻译书,从这一点来看,其出版意义非常大。

因≪元史≫中没有列传,因此作者鲁明善的行迹不明,但据他的幕友张槃的序言,鲁明善是维吾尔人,名为铁柱,明善是他的字。本书是延祐元年鲁明善作为劝农使出仕视察江淮地区农政时,与有经验的尊长们讨论获得经验后编撰而成。从自序的至顺元年(1330)的署名可以看出在编撰后过了17年,本书再次发行。

自序中出现了有关作者动机的一句话就是让农民熟悉衣食之根本的农桑,这种想法的基础是创造财富、寻找丰富的食用方法,为上侍奉父母、下养育子女打下基础,衣食充足之后可以用礼仪进行教化,这样国家和天下就能长期稳定和维持和平。所以编撰成让那些平时不懂日用之根本道理的人也能一看就能理解的内容，试图巩固百姓的根本。另外，他希望按照天时和地利从事农业，并希望将本书广泛普及到其他地区，从这一点上可以看出作者对农民衣食的关心和作为官吏的责任意识。

　　本书由上下两册组成，上册为正月到6月，下册为7月到12月。各册按月份记载了多种农活，据上册内容，以3月(整个农活的18.4%)、2月(14.5%)、正月(12%)、6月(10.1%)的顺序集中进行农活，仅按栽培和工作量的种类来看，前半期(1-6月)的量为68.6%，为后半期31.4%的两倍多。春天和夏天主要关注了各种谷物、果树和蔬菜的播种、除草以及奶酪、黄油和醋等食品的制造，还有养蚕，秋天和冬天主要是收获、储存、补修和砍树、腌菜等。尤其，12月和1月集中于腊肉、榨油、修理和维修工作等。本书的著述时期是元代，这是值得关注的特点之一。宋元时期从时代区分上来看，是经过唐宋变革时期后发生新变化的时期，这种现象也反映在了农书上。首先，提出日常的月令形式也存在差异。以前的≪礼记·月令≫归纳于五行相生，汉代的≪四民月令≫是地主经营的家历，唐代的≪四时纂要≫中有不少占卜和祈禳的迷信因素和为奢侈品的农业劳动。相反，本书与这些不同，是具有很强的总结自营农民所需生产活动性质的指导书。最重要的是，在按照作物编成的≪农桑辑要≫中，将岁用杂事这一项目附加在末尾，将未完成处理的内容，本书设定为日常的本令，对此进行了补充。而且，这些都是与百姓们一起日常生活，与老农进行深入讨论的过程中找到的实用性的内容，体现出了劝农官对生产者的深切关怀。

　　其实，唐代之前≪齐民要术≫和≪四时纂要≫等的中世纪农书中，农桑栽培或食品加工和烹饪对象主要是贵族或地主。再加上，≪齐民要术≫的时代因南北和西域之间的各种接触和冲突尖锐化，多种作物和技术直接或间接流入中原，出现容纳、融合的样态。其中具有代表性的内容是10卷的"五谷果蓏菜茹非中国物产者"，这个项目的分量几乎占≪齐民要术≫的一半。据推测，这种作物和栽培技术的融合对隋唐时代等的中国形成(Making of China)带来了不少的贡献，≪四时纂要≫作为其结果，可以观察到不少的外来宗教色彩和统治集团的农业生产。

但是，经过宋元时代后，以前的农业方式转换为自营农民和生产者中心的农业体系。在这个过程中，官撰的≪农桑辑要≫(1273年发行)提出了其标准，≪王祯农书≫(1313年发行)即使在「白谷谱」、「农器图谱」中没有记录小农民的样态，但是在生产者的立场上详细说明栽培方式和生产手段，这就是与之前农书的不同之处。更值得关注的是，通过各种各样的交流，被埋在风土和农时的农业方式逐渐克服局限性，积极探索了选种和栽培方式。同一时期，≪农桑衣食撮要≫详细说明在这种变化下的农村的农民农业劳动和生活样态，并以月令形式展现出来。

当然，即使在宋元时代，地主对佃户的统治很强烈，但以自营农民的生产者中心的经济和以此为基础的国内外市场的扩大和商人的活动不仅丰富了农业栽培方式和提高了农业技术，还为农产品对外开放和扩散起到了很大的作用。这一点在≪岛夷志略≫和≪饮膳正要≫中都可以看到，通过在朝鲜农书中出现的作物和栽培技术可以观察到这种交流痕迹。朝鲜并没有直接接受≪齐民要术≫、≪四时纂要≫的技术，而是主要接受了从元代的观点上重新整理的≪农桑辑要≫和≪王祯农书≫的栽培技术和农法，这种现象持续影响到了19世纪的农书。

在转换期接受和传播新文化总是伴随着不少的文化冲突。经过了因风土差异引起的抵抗和纠纷以及接受之后的验证和考验、和解和落实的过程。在≪农桑辑要≫阶段,以不同种类的谷物和各自风土的方式抗拒接受,甚至以风土不符为借口不予理会。但是关于风土,各地区都采用同样的农时。"就如胶柱鼓瑟一样无法知道音律的变通"[1]的看法也值得关注。最终,未受风土限制,按照各地区的情况调整农耕,结果种植了西域、南方及非洲物产,反而生产出了与原产地生产没有区别的农作物,现在甚至连这些作物从其他地区引入的事实都不知。这些作物有苎麻、木棉、西瓜、核桃、葡萄、茶、石榴、红花等,难以全部罗列,这些作物让农民受益匪浅。通过≪农事直说≫和此后的农书可以得知朝鲜也走同样的路,并进而积极开发食用和药用产品。

≪农桑衣食撮要≫把中世纪接受的外部世界的农作物引入到宋元时代,并在小规模自营农户栽培稳定方面发挥了重要的引导作用。尤其,作者鲁明善作为西北地区出身,在撰写本书时应该是总结了汉族老农们的生产经验和西北少数民族的生产经验,为以此为基础确立的农业技术和生产方式再次传播到外部起到了桥梁作用。笔者在译注本书时,是以≪农桑衣食撮要≫为中心,观察了相较于前一阶段农书的变化和接受过程,并以此为基础试图了解元代农村和农民以及农业生活,进一步通过与朝鲜农书的比较观察,考察在宋元时代的这些技术是如何传播到外部并被接受的。该翻译的意义在于可以了解中国古代和中世纪的农业是如何在近代发生变化的,以及它如何影响邻国朝鲜的农业。

在研究≪农桑衣食撮要≫时需要关注的另一个特点就是版本的问

---

[1] [译者註] 引用崔德卿,≪农桑辑要译注≫(首尔:世昌出版社, 2012) 卷2 ≪论九谷风土时月及苎麻木绵≫, p.183 以及≪氾胜之书≫补充道:"種無期,因地爲時。"

题和为收集和整理其版本而倾注努力的王毓瑚的业绩。与≪农桑衣食撮要≫版本有关的问题，在本译注书中记载的王毓瑚的引言中进行了较好的说明。本书的版本共有两种，一个是延祐甲寅原刊本，另一个是至顺元年(1330)的重刊本。明代初期编入≪永乐大典≫，各地区的官府和民间也应该有传刻，但再也找不到元代刻本。而且，清代流行大量的农书，本书不再被人提及。只有在官方编撰四库全书时标明采用≪永乐大典≫的抄本而受到了关注。清代的各种刻本将本书都写为≪农桑衣食撮要≫，但现存明代两个刻本都取名为≪农桑撮要≫[其中一种正面附有'新刊'字样]，此外北京图书馆收藏的明代版刻本名为≪养民月宜≫。书中内容与≪农桑撮要≫第2部完全一致，可见这3种版本基本上来源相同。据了解，王毓瑚在整理本书时，将明朝的≪农桑撮要≫本放在最中，其原因是明代刻本的内容比较完整，错误较少。如此，书的题目和版本很多，非常混乱，连书是否完整都不透明。因此，本书在日本和发行国家中国都没有翻译本。这样的书籍被王毓瑚彻底整理，复原成完整的书，这一点意义非常大。王毓瑚在他的序言中表示："本书的校正工作真实地保存了原书的面貌，只希望大家参考"，并希望复原的原书能得以保存。

在译注本书的过程中，一开始只想翻译底本的原文并注释，但在翻译过程中觉得不应该疏忽王毓瑚的这种业绩。于是与中国农业出版社联系，获得了作者的著作权。在这个过程中，农业出版社的老朋友孙鸣风老师和王毓瑚的长子王京阳教授的帮助很大。尤其，王京阳教授还记得数年前参加其父亲王毓瑚诞辰100周年的译者，欣然同意在韩国出版其父亲的杰作。不仅如此，在书稿完成后，为了本书的出版，首次提供了王毓瑚先生遗作版本的校注者修订，使本书的内容更加充实。

最后，有不少人为本书的出版做出了各种努力。首先，感谢为了解决本文中的难题而多次参与共同讨论的中国郑州大学的年轻学者李勇、张帆、赵玉兵先生和南京农大惠富平教授。还有，向为了本书出版而无条件同意著作权的中国农业出版社陈邦勋社长表示感谢，也感谢欣然同意出版并负责解决各种麻烦的新书苑郑用国社长。

2022年3月27日

纪念获得洗礼名"JEROME"的日子：
译註者在海云台冬柏岛对面的1723号编写

• 찾아보기

㉠

가공식품 6
가사협(賈思勰) 54
가시연 207
가시연밥 207
가죽 장갑 235
가죽 143
가지 50, 70, 175, 177, 199, 218, 222
가지장아찌 177
가지치기 48, 152, 250
가축 84
갈고리 123
갈대꽃 238
갈대자리 112
갈돌[磨盤] 195
갈졸참나무 91
갈퀴 162
감물 211
감초(甘草) 167~168, 229
갓 221
강두(豇豆) 112
강아지풀 97
개미 61, 93
개미누에 123, 126, 133
개사철쑥 158
개살구 146
개살구씨 145
개아그배나무 90
개오동 29
개채(芥菜) 54, 221
『거가필용사류전집(居家必用事類全集)』 56, 224~245
거름물 42, 107, 209
거수(去水) 181

거위 212
거적 127, 239
거품 164
검은콩 57, 134, 174, 260
검정콩 115
겨울 채소 216
격양가 24
경마[檾麻, 苘麻] 65, 77, 138
『경세민사록(經世民事錄)』(경세록) 39, 43, 85, 99, 163, 180, 197, 244, 254, 284, 287~288
경칩일(驚蟄日) 61~62
곁가지 70
곁뿌리 44
계곡물 251
계묘일(癸卯日) 198
계미자본(癸未字本)『사시찬요(四時纂要)』 116
계미자본(癸未字本) 284
계어(桂魚) 258
계획 263
『고금서각(古今書刻)』 277, 282
고기비계덩이 87
고도(稿稻) 181
고려 103
고리 163~164
고리버들 47
고매(苦蕒) 54
고무래 162
고수[胡荽] 101, 222
고양이 231
곡생(穀生) 212
곡우(穀雨) 112
곡저(穀楮) 71

찾아보기 295

곰팡이　57, 130, 167, 171, 174, 180
곰팡이균　261
곳집　142
『과농소초(課農小抄)』　138
과실수 묘목　63
과실수　42, 88, 233
과육　153
과일　232
관개　58
관개사업　245
『광군방보(廣群芳譜)』　281
광맥(穬麥)　182
광합성　65
교기(校記)　269, 287
교맥(蕎麥)　196
교백(茭白)　112
교화　6, 23~24
구기자　119
구덩이　69, 110, 249
구릿대　67
『구선신은서(臞仙神隱書)』(신은서)　39, 43, 85, 99, 113, 163, 180, 190, 210, 238, 244, 284, 287~288
구영산(瞿映山)　29, 48
구충제　167, 171, 182
『구황촬요(救荒撮要)』　45
구휼　23
『국사경적지(國史經籍志)』　280
군달(莙薘)　231
『군방보(群芳譜)』　195
권농사(勸農使)　5
귀족　7
귤껍질　174
근대　231
근세　276
근접(根接)　91

『금양잡록(衿陽雜錄)』　105, 238
기공　138
기러기발　8
기름　187, 256
기상재해　138
기양(祈禳)　7
김매기　181, 184
까끄라기　98
깔개　251
깨[胡麻]　84
깻묵　67, 98~99, 110, 155, 181
꺾꽂이　86~87
껍질　155
꼬투리　80, 94, 113, 179
꽃가루　84
꽃다지[葶藶]　39
꾸지뽕나무　44
꿀뜨기　234
꿀벌　142
끝눈[頂芽]　73

ⓝ
나리　121
나무 가지치기　53
나무 거세　44
나무　254
나무껍질　88, 90
나무시집보내기　41
나무판자　164
나문진 농상촬요 7권(羅紋振農桑撮要七卷)　280
나방　123
나복(蘿蔔)　184
낙수(落水)　181
남가새[蒺藜]　39
남경국자감각서(南京國子監閣書)　278

남방개   112
납육   260
납팔일(臘八日)   124
내한성   64
냉기   124
냉난방   126
냉이[薺菜]   39
냉이꽃   93
네팔(Nepal)   198
노농(老農)   7, 9, 139
노랑선씀바귀   54
노명선(魯明善)   5, 9, 27, 265, 285
『노명선농상기요(魯明善農桑機要)』   279~280
노복(蘆菔)   159
노상(魯桑)   44
녹두(菉豆)   103, 134, 177, 179, 237
녹두가루   134~135
논벼   245
『농가집성(農家集成)』   42, 54, 70, 116, 196
농기구   57
「농기도보(農器圖譜)」   7
『농력(農曆)』   284
『농사직설(農事直說)』   49, 83~84, 150, 177, 181, 196
농상(農桑)   6, 23
『농상기요』   279
『농상사시찰요(農桑四時撮要)』   277
『농상의식찰요(農桑衣食撮要)』   10, 85~86, 116, 190, 196, 238, 253, 276, 278, 284
『농상집요(農桑輯要)』   8, 53, 70, 86, 107, 113, 162, 184, 186, 233, 253, 266, 281~282, 284~285
『농상집요 역주』   49, 54, 68, 96, 103, 115, 118, 121, 129, 150, 161, 180~181, 185, 187, 197, 212, 215, 231, 233, 242~243, 253, 261
『농상찰요(農桑撮要)』   10, 23, 38, 265, 277~279, 281, 286~287
『농서집요(農書輯要)』   150
농시(農時)   8
『농안기요(農案機要)』   279
농언   198
『농잠경(農蠶經)』   284
농장(農場)   161
『농정서(農政書)』   235
『농정신편(農政新編)』   49, 68, 84, 98, 101
『농정전서(農政全書)』   103, 146, 159, 281
『농정회요(農政會要)』   39, 82, 138, 238
『농포편람(農圃便覽)』   285
농학가(農學家)   286
『농학총서본(農學叢書本)』   286
농한기   58
누거(耬車)   72, 98, 105, 107, 208~209
누룩   171
누룩가루   87
누룩곰팡이   57, 171
누리   115
누수 정비   58
누에   122
누에나방   124
누에똥   68~69, 110, 152, 155
누에섶   122
누에알   123
누에알받이종이   123, 126
누에채반   130
누에치기   6, 128
눈물   255

느릅나무　45~46
능금나무　90
늦벼　95
늦외　185

ⓒ
닥나무　71~72, 139~140
단물[甛水]　195
단오　149
단지　142
달군 불　127
닭똥　53, 121, 206
닭 종자　224
담(擔)　195
담장　57, 220
당근　184, 222
대껍질　163
대나무 칼　155
대나무　154, 197, 254
대나무밭　212
대두　56
대리(大梨)　90
대마(大麻)　103, 118
대맥　233
대목[砧木]　88, 90
대비두　77
대사농사(大司農司)　23
대원(大苑)　86
대자본(大字本)　124~125, 131, 197,
　　230, 237, 244, 263, 287
대추　74, 204
대추나무　74, 150
댑싸리　81
덩굴식물　69
도꼬마리　167, 182
도끼　200

도끼날　42
도끼머리　41~42, 150
도랑　58, 101
도로가　84
도롱이　238
도부(桃符)　251
『도이지략(島夷志略)』　8
독기　123
돌배나무　90
돌피　223
동과(冬瓜)　51~52, 222, 231
동맥[宿麥]　203
동방삭(東方朔)　38
동아[冬瓜]　50, 52, 70, 222, 231
동지　244
동지일　243
돼지 똥　206
돼지비계　259
돼지종자　237
두둑　76, 249
두발　256
두시(豆豉)　174, 176
두잠[兩眠, 停眠]　126, 129
두잠누에　134
둥근마　99
들깨　83~84
등불　84, 187
등불기름　158
딜[蒔蘿]　168, 174, 229
땀띠　255
땔나무　47, 105
떡갈나무　91
떡잎　110
똥물　68
똥오줌　70, 123
띠풀　216, 251

ㄹ

람(藍)　107

ㅁ

마(麻)　49, 98
마[山藥]　219
마구간　239
마늘　118, 208
마늘종대　118~119
마른 뼈　122
마른 뽕잎　135, 253
마른 치즈　164
마름　207
마신(麻籸)　111
마자(麻子)　49
막잠[大眠]　127, 129, 135
막잠누에　134
말　219
말똥　154
말린 야채　187
말복(末伏)　171
말엽　24
망종(芒種)　96, 150
매실나무　153
매운 여뀌　182
맥초(麥醋)　233
메기장　64~65
메밀　196
메벼[秈穀]　171
메주　175
멥쌀[粳米]　171
멧대추나무　88
면화　116
명각각본(明刻各本)　38, 46, 127, 158, 163, 200, 217, 236, 286
명각본(明刻本)　124~125, 131~132, 141, 147, 154, 163, 178, 200, 287
『명의별록(名醫別錄)』　145~146
명자나무　210
명주비단　235
모과　210, 233
모내기　96
모래　215, 218
모래땅　184
모시껍질　157
모시포(毛施布)　103
모시풀　103, 155~156, 215, 232
모직물　144
모판[秧田]　95
모판　150
목록학자　278
목면　9, 115
목욕재계　37
목찬(木鑽)　164
목화　116
몽둥이　74
묏대추나무　74
묘비(苗肥)　179
묘종법(苗種法)　150
무[蘆菔]　75, 159, 184, 227
『무본신서(務本新書)』　44, 99, 162, 245
무뿌리　63
『묵해금호본(墨海金壺本)』　31, 282, 286
『묵해금호총서(墨海金壺總書)』　281
묵해본(墨海本)　287
문국각본(文國閣本)　120
문지방[門檻]　62
문턱　61
문화충돌　8
물소　40
물억새　107
물웅덩이　40

물풀[水藻] 39
물후(物候) 179, 265
밀 수확 135
밀 156, 203, 233
밀가루 174~175
밀기울 176
밀기울메주 176
밀랍(蜜蠟) 142~143
밀랍즙 235
밀봉 232

ⓑ
박 50, 199
『박문록(博聞錄)』 81, 120
박피 41
박하 141
『반무원본(半畝園本)』 225, 282, 286
발효 51
밤 218
밤나무 90
방가지똥 54
방수용 211
배꼽 231
배나무 90
배추[白菜] 75, 159, 229
배추절임 229
배토 160
백(栢) 242
백강병(白殭病) 130
「백곡보(百穀譜)」 7
백동부 112
백로(白露) 203
백목(柏木) 45
백부(白裒) 180
백사밀(白沙蜜) 235
백숭(白菘) 229

백점미 97
백지(白地) 114
백채(白菜) 75, 159
『백천서지(百川書志)』 277
백합(百合) 121
버터 163
번데기 130
벌레 61, 256, 258
벌목 254
벌씀바귀 54
벌집 142, 235
벌통 142, 235
『범승지서(氾勝之書)』 64~65, 84, 152, 223, 233, 243
벼룩 93
벽돌 142, 175
볍씨 96
볏모 95, 150, 181
볏짚 95~96, 219, 233
보름날 37
보리[大麥] 168, 203
보리누룩[黃子] 168~169, 174
보리초 168, 233
『보생월록(保生月錄)』 284
『보요금원예문지(補遼金元藝文志)』 280
『보원사예문지(補元史藝文志)』 279~280
보호제 256
복랍(伏臘) 27
복사나무 153
복숭아 204
복숭아나무 88
복토 209
본업 24
본전[水田] 95, 150
『본초강목(本草綱目)』 103, 110, 135
봉군(封君) 118

부귀 263
부뚜막 51, 93
부스럼 262
부용 77
부추 53, 206, 222
『북사(北史)』 38
북지콩배나무 92
분청색 162
분토(糞土) 101, 110, 118
불쏘시개 217
비쑥 144
비장 258
비지(肥地) 114
비질[掃箒] 231
뼈 121
뽕나무 79, 152, 249
뽕잎 126, 133
뿌리 68
뿌리나누기 206
뿌리줄기 209

ⓢ

『사고전서(본)』 10, 43, 52, 55, 58, 97, 125, 141, 147, 163, 170, 175, 178, 182, 186, 217, 223, 234, 242, 244, 252, 261, 282, 286
사고전서총목(四庫全書總目) 288
『사고총목(四庫總目)』 31
『사농필용(士農必用)』 44, 63, 133
사무(沙霧) 138
사무(紗霧) 138
『사민월령(四民月令)』 7, 266, 283
『사시유요(四時類要)』 154, 199
『사시재종기(四時栽種記)』 284
『사시찬요(四時纂要)』 7, 42, 103, 113, 115~116, 153, 184, 266, 284

『사시찬요 역주』 50, 54, 68, 72, 99, 145~146, 150, 161, 184, 204, 218, 231, 244, 250, 254~255, 261, 284
『사시찬요초(四時纂要抄)』 50, 88, 116
사오시(巳午時) 261
4월갓 54
사일(社日) 203
사직(社稷) 37
사흘날 38
『산가요록(山家要錄)』 46, 50, 54, 70, 72, 86, 105, 107, 110, 158, 187, 217, 238
『산림경제(山林經濟)』 42, 155, 196, 224, 238
산복사나무 88
산복숭아 88
산약(山藥) 98
산초[椒] 67, 168, 179
산초나무 144, 241~242
살구 145
살구꽃 94, 179
살구나무 88, 146, 153
살구씨 145
살충제 182
삼 49, 77, 180
삼끈 82
삼나무 242
삼대 181
3령 134
삼복(三伏) 171, 181, 184, 254
삼투압 227
상강(霜降) 99, 224
상수리나무 90~91
상추 54, 67, 221
새 곡식 161
새 뽕잎 135

새끼줄 65, 137~138, 233
새벽이슬 188
새죽순 140
『색경(穡經)』 49, 54, 65, 72, 79, 84~
　85, 88, 103, 107, 116, 155, 161, 181
생 비름 189
생강 109, 174, 205, 223
생람(生藍) 196
생리현상 41, 44
생분(生糞) 232
생사(生絲) 128, 252
생수 164, 172
생채 54, 67
생철 80
서리 40, 184, 253
서명(書名) 276
서유구(徐有榘) 189
서캐[蟣] 256
석류 9, 121
석류나무 234
석회(石灰) 61
선종(選種) 8
성시 115
세균 257
「세용잡사(歲用雜事)」 7, 284
세조(世祖) 23
소 명석 238
소 40, 219
소금 184, 231, 262
소금물 229, 237
소나무 45, 242
소두(小豆) 56, 177
소두장 56
소똥 98, 119, 123, 245
소맥 233
소아반진(小兒斑疹) 255, 257

소유(小油) 187
소화기관 129
소회향 170
속(粟) 61
송곳 164
쇄근(曝根) 181
쇠비름[馬齒菜] 251
쇠스랑 107
수군(壽郡) 27
수돈(水豚) 258
수박 9, 69
수박씨 70
수삼[麻] 83~84
수생동물 258
『수서경적지(隋書經籍志)』 284
『수시통고(授時通考)』 281
수양군(壽陽郡) 28, 265
수양버들 47~48
수염뿌리 53, 67
수오리 212
수전(水田) 96, 160
수초(水草) 237
숙분(熟糞) 87, 101
순무[蕪菁] 64, 75, 159, 187, 227
술지게미 72, 177, 205, 257, 260
술항아리 72
숭채 75, 159
습기 159, 205
습열 130
『시경(時經)』 265
시금치 198
시라(蒔蘿) 174
시래기 187
시렁 98, 110
시비법 160
시집보내기 150

식력(食力) 131
『식물본초(食物本草)』 185
식물성 기름 256
식사량 131
식용 9
식토(埴土) 98
『신간농상촬요본(新刊農桑撮要本)』 38, 197, 286
『신농본초경(神農本草經)』 119, 186
신첨(新添) 54, 70, 82, 103, 115, 118~119, 200, 234, 242
12월령 266
『십이월찬요(十二月纂要)』 284
쌀가루 135
쌀겨[米糠] 172
쌀뜨물 237
쌀초 171
쌍인(雙仁) 145~146
써레 107, 109
써레질 95, 108~109, 216
쏘가리 257
쑥[蓬] 39

◎
아리(鵝梨) 227
아욱 101
아프리카 69
악성종기 260
안개 137~138, 204
「안석류(安石榴)」 121
알받이종이 씻기 251
알받이종이 123, 149
암삼[麻子] 84, 219
암삼씨 83
앙금 161
야채절임 6

약엽(篛葉) 169
약재 9
약죽(篛竹) 63, 75~76
『양민월의본(養民月宜本)』 10, 100, 269, 277, 281, 286
양조 169, 173
양 종자 261
양탄자 144
어금니 237
어저귀 65, 77, 137~138, 204, 233, 253
어혈 231
여뀌 171
여드레 38
여명기 5
『여씨춘추(呂氏春秋)』 149, 283
여왕벌 142
연기 130, 149, 216, 224
연꽃 173
연못 보수 245
연못 72, 207
연밥 72, 73
연뿌리[藕] 39, 72
연애(碾磑) 156
연우(延祐) 5, 27, 265
연지(燕脂) 158
연화초 173
열독 135
열병 253
열사(熱邪) 196
열후(列侯) 118
염교 53
『영락대전』 10, 278, 280, 286
영양분 53
『예기(禮記)』 160, 283
예의 23
예찬(倪瓚) 280

5경(五更) 41, 251
오곡(五穀) 47, 84~85, 219~220, 243, 255
오과(五果) 210
오디 62, 152
5령 134
오리알 212, 245
오매(烏梅) 172
오방초(五方草) 251
오얏나무 179
오이 50, 70
오줌 99, 149
오화어(鰲花魚) 258
온돌 98
온병(瘟病) 237
올벼 95
옮겨심기 42, 44
옴[瘡疥] 259~260
옻 200
옻나무 200
완두 161
왕위후[王毓瑚] 10
『왕정농서(王禎農書)』 7, 63, 81, 96, 109, 132, 160, 162, 241, 281, 285
외[瓜] 83, 175
외곡(隈曲) 96
외씨 185
외오아(畏吾兒) 28, 286
외쪽마늘 119
요접 90
욕초(蓐草) 127
용수[篘] 172~173
우경(牛耕) 249
우두숭(牛肚菘) 229
우리 239
우물물 123, 149

우산 211
우유 146
우의(牛衣) 238
운대(蕓薹) 220
울외 50, 70
울타리 105
원각본(元刻本) 278
원단(元旦) 37
『원사(元史)』 265
원지(園地) 51
월과(越瓜) 51
월내삼묘(月內三卯) 61, 93, 137
월령(月令) 5, 7~8, 283, 285
월의본(月宜本) 111, 113, 198, 287~288
위구르족 28, 70
위장 258
유기물질 72
유실수 42
유인본(油印本) 100, 269
유즙 146, 163~164
유채 220, 243
유채기름 224
육신(六神) 37
윤활유 158
은행 81
『음선정요 역주』 8, 68, 75, 184, 187, 198, 206~207, 218, 257
『음선정요(飮膳正要)』 196
음지 68
의식(衣食) 5~6, 277~278
이[蝨] 256
이란 185
이랑 62, 105, 119, 152, 184, 206
2령 134
이묘(移苗) 150

『이문광독(夷門廣牘)』 281
이슬 65, 253, 261
이식(移植) 150
이앙법 150
익은누에 126, 128, 130, 252
인도 204
인분(人糞) 98~99, 155
인시(寅時) 263
일상 5
일생 263
일용(日用) 28
일월성신 37
임금(林檎) 90
『임원경제지(林園經濟志)』 45, 56~57, 65, 94, 138, 150, 152, 163~164, 173, 189~190, 199, 217, 222, 241, 250, 258
입동(立冬) 99
입추 179, 196
입하(入夏) 109
잇꽃 79, 158

ㅈ

자각(觜角) 152
자갈 121
자갈돌 122
자고(茈菰) 112
자두 211
자두나무 42, 88, 153
자벌레 67
자서(自序) 265, 278
자소(紫蘇) 174
자숭(紫菘) 229
자연신 37
자초(紫草) 105, 186
작업량 263

잠박(蠶箔) 58, 128~130
잠실 58
잡초 77
잣나무 45
장(醬) 115, 167
장건(張騫) 121
장대 123
장률(張槱) 5, 27~28, 31, 265, 288
장마 118, 156
장마철 118
『장은서실본(長恩書室本)』 208, 225, 281, 286, 288
『장은실총서(長恩室叢書)』 31
재(梓) 29
재거름 54, 67, 79, 81, 103, 110, 159~160, 181, 189, 204, 206
쟁기 96, 253
쟁기질 95
저마(苧麻) 232
저마(苴麻) 49
저수(楮樹) 71
『전가력(田家曆)』 284
『전가보(傳家寶)』 189
『전가월령(田家月令)』 284
전대흔(錢大昕) 279~280
전보당(錢保塘) 31, 55, 154, 288
전호(佃戶) 8, 161
전희조(錢熙祚) 281
절기 27
절인 무 228
점미(黏米) 97
점술 7
점험 38
점후(占候) 137, 179
접붙이기 88, 90
접수 88

접시꽃　76
정기　123, 255
정비작업　6
정화수　251
제릅[骨麻]　181
『제민요술(齊民要術)』　7, 94, 96, 103, 107, 113, 153, 174, 185~186
『제민요술 역주Ⅰ』　49, 84, 110, 150, 177, 180, 200, 223, 233, 243
『제민요술 역주Ⅱ』　45~46, 107, 118, 121, 153, 158~159, 184, 187, 196, 198, 206, 212, 218, 233, 251
『제민요술 역주Ⅲ』　73, 144, 146, 163~164, 212, 237
『제민요술 역주Ⅴ』　91
제방　245
『제번지(諸蕃志)』　103
제분기　156
조[穀]　97, 223
조각자나무　80
조리대　81
조선농서　116
조협(皂莢)　80
존장(尊長)　5, 27
좁쌀[小米]　97
종기　259
종목면법(種木綿法)　115~116
『종예잡력(種藝雜曆)』　284
종이　72, 140, 146
종자고치　122
종자 처리　255
주걱　162
주둥이　237
『주총별록본(珠叢別錄本)』　31, 281~282, 286
주총본(珠叢本)　111, 287

주홍조(周弘祖)　277
『죽교편람(竹僑便覽)』　81
죽도(竹刀)　98
죽목(竹木)　254
죽미일(竹迷日)　154
죽순　140, 155
죽순즙　140
죽엽(竹葉)　76
줄풀　112
중복(中伏)　171, 179
중수(重水)　255
중통(中統)　23
『증보산림경제(增補山林經濟)』　45~46, 49, 70, 81~82, 84, 86, 88, 91, 94, 103, 107, 110, 118, 121, 138, 155, 158, 196, 211, 218, 224, 238
지게미　185, 237
지리(地利)　6
지마(芝麻)　103, 113, 232
지상[地桑]　44
지순(至順)　5
지주　7
지치　105, 186, 216
지혈　231
직(稷)　219
『진부농서(陳旉農書)』　57, 160
『진부농서 역주』　203, 241
진일(辰日)　197
진흙　73, 142, 160, 177, 181, 212, 232, 234, 239
진흙탕　42, 249, 262
질그릇　235
질소　44
짚신　99
쪼개접[劈接法]　88, 90, 92
쪽　107, 195

쭝즈[粽子] 76
쭉정이 98, 155, 219, 223, 232, 234
찌꺼기 235

ㅊ

차 68, 215
차나무 215
차조기 83
착유법 256
찰기장 64~65, 105
찰벼 96
참기름[香油] 187~188, 229
참깨[胡麻] 112, 177, 187, 232
참깨대 98, 103, 217
참나리 121
참외 51, 110
찹쌀[糯米] 171
찻잎 68, 75
창개(瘡疥) 259
창문 127
창포 149
채마밭 103
채반 126, 129~130, 133, 135
채반 나누기 134
채소 142, 222
채소절임 227
처마 218
천시(天時) 6
철주(鐵柱) 5, 28, 265
첫잠[頭眠, 一眠] 129, 133
첫잠누에 133
청각각본(淸刻各本) 38, 78, 85, 114, 122, 124, 139, 141, 147, 154, 163, 165, 170, 180, 200, 236, 244, 261, 286
청각본(淸刻本) 162

청대 107, 161~162
청명절 95, 109
『청분당본(淸芬堂本)』 282, 286
청유(淸油) 187, 224, 256
『청풍실본(淸風室本)』 55, 66, 91, 139, 151, 170, 217, 282, 286, 288
초 231
초복(初伏) 171
초본식물 189
초분(草糞) 160
초토분(焦土糞) 241
초파일 137
초피나무 144
초하루 37
초하룻날 38
초횟(焦矻) 280
촉수 123
『총서집성(叢書集成)』 282, 286
촬요(撮要) 27
『촬요신서(撮要新書)』 88
최식(崔寔) 84, 159, 184, 196, 206, 243, 283
추사 205
추사일 203, 210
춘대두(春大豆) 94
춘분(春分) 64
춘사(春社) 51, 79
춘사일 51, 203, 242
측백나무 45, 242
치료제 256
치자 118
치즈 146

ㅋ

카놀라 기름 221
콩 94, 175

콩꼬투리　161
콩대　219
큰마름　207
키버들　47

ⓔ
탁주　260
탄소　44
태모시　156
토란　51, 63~64, 102, 188, 209
토분(土糞)　241
토양　24
통속직설　262

ⓟ
파[葱]　53, 168, 222
파 씨　206
파종량　204
판본(板本)　9, 280
판석(板石)　216
팥꽃나무　143~144
패(稗)　223
페르시아　229
『편민도찬(便民圖纂)』　115
포기　151
포도　9
포도나무　86
포도 덩굴　86, 233
포도주　87
풀거름　62~63
풍사(風沙)　138
풍사(風邪)　196
풍잠(風蠶)　130
풍토　8
필사본　116, 269

ⓗ
『하소정(夏小正)』　265, 283
학궁(學宮)　23, 278
한로(寒露)　103, 215~216
『한씨직설(韓氏直說)』　134, 136, 158
한잠[一眠]　127
『한정록(閑情錄)』　79, 103
항아리　96, 162, 171, 175, 177, 229, 253
해니(廨泥)　232
『해동농서(海東農書)』　49, 84, 103, 110, 138, 158, 236
해송자(海松子)　45
『해약본초(海藥本草)』　174
해충　97
행동령(行冬令)　116
『행업경영금기(行業經營禁忌)』　152
『행포지(杏蒲志)』　138
향기　130
향나무　242
향유(香油)　229
향택(香澤)　158
혈기일(血忌日)　198
형상(荊桑)　44
호과(胡瓜)　51
호로(葫蘆)　199
호리병박　50, 70, 199
호마(胡麻)　113
호미　105, 208
호미질　51, 70, 77, 79, 83, 87, 98, 103, 108, 115, 118, 243
호전(戽田)　181
홍강병(紅殭病)　130
홍나복(紅蘿蔔)　185
홍동부　112
홍람화　9, 158

홍화 79
홑옷 127
화(禾) 61, 219
화기 75
화목 263
화분 50
화분(火糞) 241
화상 260
화일(火日) 168
화장품 158
화초[花椒, 小椒] 67, 144, 168, 174, 179
황랍(黃蠟) 235
황사 137~138
황우직(黃虞稷) 279
황점미 97
황토 90
황해쑥[艾] 39
황호(黃蒿) 144
회(檜) 242

회향(茴香) 118, 168, 170
회화나무 45, 94
회흘인(回鶻人) 286
효도 262
효두(酵頭) 257
효모[酵母, 酵] 257~258
효모장 257
효자(酵子) 257
휘묻이 79, 89, 210
휴경지 114
흉년 187, 223
흑완두 79
흠정사고전서(欽定四庫全書) 23
흰 곰팡이 171, 260
흰 기름때[白膩] 182
흰 소금 221
흰 참깨 113
흰 콩가루 167

찾아보기 309